HISTOIRE
DE LA
RÉVOLUTION
FRANÇAISE.

Se trouve aussi

A la Galerie de Bossange père, rue de Richelieu, n° 60.

Chez { Bossange frères, libraires, rue de Seine, n° 12; Rey et Gravier, libraires, quai des Augustins, n° 55; Pontheu, libraire, au Palais-Royal.

Et à Londres,

Chez Martin Bossange et C°, 14 Great Marlborough street.

HISTOIRE

DE LA

RÉVOLUTION

FRANÇAISE,

DEPUIS 1789 JUSQU'EN 1814;

Par F. A. MIGNET.

PARIS,

FIRMIN DIDOT, PÈRE ET FILS, RUE JACOB, N° 24.
LADVOCAT, AU PALAIS-ROYAL.

M DCCC XXIV.

INTRODUCTION.

Caractère de la révolution française, ses résultats, sa marche. — Formes successives de la monarchie. — Louis XIV et Louis XV. — État des esprits, des finances, du pouvoir et des besoins publics, à l'avénement de Louis XVI. — Son caractère. — Maurepas, premier ministre; sa tactique. — Il choisit des ministres populaires et réformateurs; dans quel but. — Turgot, Malesherbes, Necker; leurs plans; ils rencontrent l'opposition de la cour et des privilégiés; ils échouent. — Mort de Maurepas; influence de la reine Marie-Antoinette. — Aux ministres populaires succèdent des ministres courtisans. — Calonne et son système, Brienne, son caractère, ses tentatives. — Détresse des finances, opposition de l'assemblée des notables, opposition du parlement, opposition des provinces. — Renvoi de Brienne, second ministère de Necker. — Convocation des états généraux. — Comment la révolution a été inévitable.

Je vais tracer rapidement l'histoire de la révolution française qui commence en Europe l'ère des sociétés nouvelles, comme la révolution d'Angleterre a commencé l'ère des gouvernements nouveaux. Cette révolution n'a pas seulement modifié le pouvoir politique, elle a changé toute l'existence intérieure de la nation. Les formes de la société du moyen âge existaient encore. Le sol était divisé en provinces ennemies, les hommes étaient distribués en classes rivales. La noblesse avait perdu tous ses pouvoirs, quoiqu'elle eût conservé ses distinctions; le peuple ne possédait aucun droit, la royauté n'avait pas de limites et la France était livrée à la confusion de l'arbitraire ministériel, des régimes particuliers et des priviléges des corps. A cet ordre abusif la révolution en a substitué un plus conforme à la justice et plus approprié à nos temps. Elle a remplacé l'arbitraire par la loi, le privilége par l'égalité; elle a délivré les hommes des distinctions des classes, le sol des barrières des provinces, l'industrie des entraves des corporations et des jurandes, l'agriculture des sujétions féodales et de l'oppression des dîmes, la propriété des gênes des substitutions; et elle a tout ramené à un seul état, à un seul droit, à un seul peuple.

Pour opérer d'aussi grandes réformes, la révolution a eu beaucoup d'obstacles à vaincre, ce qui a produit des excès passagers à côté de ses bienfaits durables. Les privilégiés ont voulu l'empêcher, l'Europe a tenté de la soumettre; et, forcée à la lutte, elle n'a pu ni mesurer ses efforts, ni modérer sa victoire. La résistance intérieure a conduit à la souveraineté de la multitude, et l'agression du dehors à la domination militaire. Cependant le but a été atteint, malgré l'anarchie et malgré le despotisme : l'ancienne société a été détruite pendant la révolution et la nouvelle s'est assise sous l'empire.

Lorsqu'une réforme est devenue nécessaire, et que le moment de l'accomplir est arrivé, rien ne l'empêche, et tout la sert. Heureux alors les hommes, s'ils savaient s'entendre, si les uns cédaient ce qu'ils ont de trop, si les autres se contentaient de ce qui leur manque; les révolutions se feraient à l'amiable, et l'historien n'aurait à rappeler ni excès, ni malheurs; il n'aurait qu'à montrer l'humanité rendue plus sage, plus libre et plus fortunée. Mais jusqu'ici les annales des peuples n'offrent aucun exemple de cette prudence dans les sacrifices : ceux qui devraient les faire, les refusent; ceux qui les demandent, les imposent; et le bien s'opère comme le mal, par le moyen et avec la violence de l'usurpation. Il n'y a pas encore eu d'autre souverain que la force.

En retraçant l'histoire de cette importante période, depuis l'ouverture des états-généraux jusqu'en 1814, je me propose d'expliquer les diverses crises de la révolution, en même temps que j'en exposerai la marche. Nous verrons par la faute de qui, après s'être ouverte sous de si heureux auspices, elle dégénéra si violemment; de quelle manière elle changea la France en république, et comment sur les débris de celle-ci elle éleva l'empire. Ces diverses phases ont été presque obligées, tant les événements qui les ont produites ont eu une irrésistible puissance. Il serait pourtant téméraire d'affirmer que la face des choses n'eût pas pu devenir différente; mais ce qu'il y a de certain, c'est que la révolution, avec les causes qui l'ont amenée et les passions qu'elle a employées ou soulevées, devait avoir cette marche et cette issue. Avant d'en suivre l'histoire, voyons ce qui a conduit à la convocation des états-généraux, qui ont conduit eux-mêmes à tout le reste. J'espère, en retraçant les préliminaires de la révolution, montrer qu'il n'a pas été plus possible de l'éviter que de la conduire.

La monarchie française n'avait eu, depuis son établissement, ni forme constante, ni droit public fixe et reconnu. Sous les premières races la couronne était élective, la nation était souveraine, et le roi n'était qu'un simple chef militaire dépendant des délibérations communes sur les décisions à porter et les entreprises à faire. La nation élisait son chef, elle exerçait le pouvoir législatif dans les champs de mars, sous la présidence du monarque, et le pouvoir judiciaire, dans les plaids, sous la direction d'un de ses officiers. Cette démocratie royale avait fait place, pendant le régime féodal, à une aristocratie royale. La souveraineté était remontée; les grands en avaient dépouillé le peuple, comme le prince devait bientôt en dépouiller les grands. A cette époque, le monarque était devenu héréditaire, non comme roi, mais comme possesseur du fief; l'autorité législative appartenait aux grands dans les parlements de Barons, et l'autorité judiciaire aux vassaux dans les justices seigneuriales. Enfin la puissance s'était concentrée encore davantage, et de même qu'elle était allée du grand nombre au petit, elle était venue en dernier lieu du petit nombre à un seul. Pendant plusieurs siècles d'efforts consécutifs, les monarques avaient battu en ruines l'édifice féodal, et s'étaient élevés sur ses débris. Ils avaient envahi les fiefs, subjugué les vassaux, supprimé les parlements de Barons, annulé ou assujetti les justices seigneuriales; ils s'étaient attribué le pouvoir législatif, et avaient fait exercer, pour leur compte, le pouvoir judiciaire dans des parlements de légistes.

Les états-généraux, qu'ils convoquèrent dans des besoins pressants pour obtenir des subsides, et qui furent composés des trois ordres de la nation, du clergé, de la noblesse, et du tiers-état, n'eurent jamais une existence régulière. Intervenus pendant que la prérogative royale était en progrès, ils furent d'abord dominés, puis supprimés par elle. L'opposition la plus forte et la plus obstinée que rencontrèrent les rois dans leurs projets d'agrandissement, vint beaucoup moins de ces assemblées auxquelles ils enlevaient où ils conféraient arbitrairement leur droit, que des grands qui défendirent contre eux, d'abord leur souveraineté, ensuite leur importance politique. Depuis Philippe Auguste jusqu'à Louis XI, ils combattirent pour conserver leur pouvoir; depuis Louis XI jusqu'à Louis XIV, pour devenir les ministres du pouvoir royal. La fronde fut la dernière campagne de l'aristocratie. Sous Louis XIV, la monarchie absolue s'établit d'une manière définitive, et domina sans contestation. Ceci prouve que le despotisme est plus récent que l'oligarchie, et l'oligarchie plus récente que la liberté. Celle-ci, de quelque manière qu'on la considère, a été de nos jours justement rétablie. Si l'on fait de la nature des gouvernements une question de temps, elle a pour elle l'ancienneté; de justice, elle a le droit; de force, elle a le fait.

Le régime de la France, depuis Louis XIV jusqu'à la révolution, fut plus arbitraire encore que despotique; car les monarques pouvaient beaucoup plus qu'ils ne faisaient. De faibles barrières s'opposaient aux débordements de cette immense autorité. La couronne disposait des personnes par les lettres de cachet; des propriétés par les confiscations; des revenus par les impôts. Il est vrai que certains corps possédaient des moyens de défense qu'on appelait des priviléges. Mais ces priviléges étaient rarement respectés. Le parlement avait celui de consentir ou de refuser l'impôt, mais le roi le forçait à l'enregistrement par un lit de justice, et punissait ses membres par des lettres d'exil. La noblesse avait celui de n'être point imposée; le clergé celui de s'imposer lui-même par des dons gratuits; quelques provinces étaient abonnées à l'impôt, et quelques autres en faisaient elles-mêmes la répartition. Telles étaient les modiques garanties de la France, et encore tournaient-elles toutes au profit des classes avantagées et au détriment du peuple.

Cette France, si asservie, était de plus très-mal organisée; les excès du pouvoir y étaient encore moins insupportables que leur injuste répartition. Divisée en trois ordres, qui se divisaient eux-mêmes en plusieurs classes, la nation était livrée à tous les coups du despotisme, et à tous les maux de l'inégalité. La noblesse se décomposait en hommes de cour, qui vivaient des graces du prince, c'est-à-dire des sueurs du peuple, et qui obtenaient ou les gouvernements des provinces, ou les emplois élevés dans l'armée ; en parvenus anoblis qui dirigeaient l'administration, étaient revêtus des intendances, et exploitaient les provinces ; en hommes de robe qui géraient la justice et étaient seuls aptes à en posséder les charges ; en nobles de terre, qui opprimaient les campagnes par l'exercice des droits privés féodaux qui avaient survécu aux droits politiques. Le clergé était partagé en deux classes, dont l'une était destinée aux évêchés, aux abbayes et à leurs riches revenus, et l'autre aux travaux apostoliques et à leur pauvreté. Le tiers-état, pressuré par la cour, humilié par la noblesse, était séparé lui-même en corporations qui se renvoyaient les mépris et les maux qu'elles recevaient des rangs supérieurs. Il possédait à peine la troisième partie des terres, sur laquelle il était réduit à payer les redevances féodales aux seigneurs, la dîme au clergé, les impôts au roi. En dédommagement de tant de sacrifices, il ne jouissait d'aucun droit, n'avait aucune part à l'administration, et n'était point admis aux emplois.

Cet ordre des choses ne pouvait pas durer long-temps, et c'était le prince qui était destiné lui-même à en provoquer le terme. Par ses profusions, il devait épuiser ses moyens, et détruire tout équilibre entre ses besoins et ses revenus; en favorisant le mouvement des esprits, il devait appeler l'examen sur son gouvernement et donner la puissance des lumières à ce tiers-état si humilié et si asservi; en exigeant sans cesse de nouveaux impôts, il devait se mettre dans la dépendance, d'abord de ceux qui les autorisaient, ensuite de ceux qui les fournissaient, et provoquer la résistance de la nation, après avoir enhardi l'opposition des parlements. Les cours sont portées à des prodigalités que l'arbitraire favorise, qui conduisent à l'épuisement, et par l'épuisement à une réforme. C'est toujours à cause des facilités et du peu de limites de son pouvoir, qu'un gouvernement se crée des besoins, et c'est toujours par ses besoins qu'il succombe.

Louis XIV usa les ressorts de la monarchie absolue par une tension trop longue, et un exercice trop violent. Irrité des troubles de sa jeunesse, épris de la domination, il brisa toutes les résistances, interdit toutes les oppositions, et celle de l'aristocratie qui s'exerçait par des révoltes, et celle des parlements qui s'exerçait par des remontrances, et celle des protestants qui s'exerçait par une liberté de conscience que l'église réputait hérétique, et la royauté factieuse.

Louis XIV assujettit les grands en les appelant à la cour, où ils reçurent en plaisirs et en faveurs le prix de leur dépendance. Le parlement qui jusque-là avait été l'instrument de la couronne, voulut en devenir le contre-poids, et le prince lui imposa avec hauteur une soumission et un silence de soixante années. Enfin la révocation de l'édit de Nantes fut le complément de cet œuvre de despotisme. Un gouvernement arbitraire, non-seulement ne veut pas qu'on lui résiste, mais il veut encore qu'on l'approuve et qu'on l'imite. Après avoir soumis les conduites, il persécute les consciences, car il faut qu'il agisse, et qu'il aille chercher les victimes lorsqu'elles ne se présentent pas. L'immense pouvoir de Louis XIV s'exerça au-dedans contre les hérétiques, déborda au-dehors contre l'Europe; l'oppression trouva des ambitieux qui la conseillèrent, des dragons qui la servirent, des succès qui l'encouragèrent; les plaies de la France furent couvertes de lauriers, et ses gémissements furent étouffés par les chants de victoire. Mais à la fin, les hommes de génie moururent, les victoires cessèrent, l'industrie émigra, l'argent disparut, et il se vit bien que la tyrannie épuise ses moyens par ses succès, et qu'elle dévore d'avance son propre avenir.

La mort de Louis XIV fut le signal de la réaction : il s'opéra un passage subit de l'intolérance à l'incrédulité, et de l'esprit d'obéissance à l'esprit de discussion. La cour poursuivait des guerres peu brillantes et très-ruineuses; elle engagea une lutte sourde avec l'opinion, avouée avec le parlement. L'anarchie se mit dans son sein, le gouvernement tomba entre les mains des maîtresses, le pouvoir fut en pleine décadence, et l'opposition fit chaque jour de nouveaux progrès.

Les parlements avaient changé de position et de système. La royauté les avait investis d'une puissance qu'ils tournèrent alors contre elle. Au moment où la ruine de l'aristocratie fut consommée par leurs efforts communs, ils se désunirent, comme tous les alliés après la victoire. La royauté aspira à briser un instrument qui devenait dangereux pour elle en cessant de lui être utile, et le parlement à dominer la royauté. Cette lutte, favorable aux monarques sous Louis XIV, mêlée de revers et de succès sous Louis XV, ne se termina qu'à la révolution. De sa nature le parlement n'était appelé qu'à servir d'instrument. Comme l'exercice de sa prérogative, et son ambition de corps, le portaient à s'opposer aux forts et à seconder les faibles, il servit tour-à-tour la couronne contre l'aristocratie, et la nation contre la couronne. C'est ce qui le rendit si populaire sous Louis XV et Louis XVI, quoiqu'il n'attaquât la cour que par rivalité. L'opinion ne lui demandait pas compte de ses motifs, elle applaudissait non son ambition, mais sa résistance; elle le soutenait parce qu'elle en était défendue. Enhardi par ces encouragements, il était devenu formidable à l'autorité. Après avoir cassé le testament du roi le plus impérieux et le mieux obéi; après s'être élevé contre la guerre de sept ans; après avoir obtenu le contrôle des opérations financières, et la destruction des jésuites, sa résistance devint si énergique et si fréquente, que la cour le rencontrant partout, comprit qu'il fallait lui obéir ou le soumettre. Elle exécuta donc le plan de désorganisation proposé par le chancelier Maupeou. Cet homme hardi, qui avait offert de *retirer*, selon son expression, *la couronne du greffe*, remplaça ce parlement hostile par un parlement dévoué, et fit essuyer le même sort à toute la magistrature de France qui suivait l'exemple de celle de Paris.

Mais ce n'était plus le temps des coups d'état. L'arbitraire était tellement décrédité, que le roi en hasardait l'emploi avec défiance et rencontrait même la désapprobation de sa cour. Il s'était formé une puissance nouvelle, celle de l'opinion, qui, sans être reconnue, n'en était pas moins influente, et dont les arrêts commençaient à devenir souverains. La nation nulle jusque-là reprenait peu-à-peu ses droits; elle ne participait pas au pouvoir, mais elle agissait sur lui. Cette marche est celle de toutes les puissances qui s'élèvent: avant d'être admises dans le gouvernement elles le surveillent au-dehors, elles passent ensuite du droit de contrôle à celui de coopération. L'époque où le tiers-état devait entrer en partage de la domination était enfin arrivée. Il avait dans d'autres temps fait des tentatives infructueuses, parce qu'elles étaient prématurées. Il était alors émancipé depuis peu, il n'avait rien de ce qui établit la supériorité et fait acquérir la puissance, car on n'obtient le droit que par la force. Aussi n'avait-il été que le troisième ordre dans les insurrections comme dans les états-généraux; tout se faisait avec lui, mais rien pour lui. Sous la tyrannie féodale il avait servi les rois contre les seigneurs; sous le despotisme ministériel et fiscal, il avait servi les grands contre les rois; mais, dans le premier cas, il n'avait été que l'employé de la couronne, et dans le second, que celui de l'aristocratie. La lutte était déclarée dans une sphère et pour des intérêts qui n'étaient pas les siens. Lorsque les grands furent définitivement abattus à l'époque de la fronde, il déposa les armes, ce qui prouve combien son rôle était secondaire.

Enfin, après un siècle de soumission absolue, il reparut dans l'arène, mais pour son propre compte. Le passé ne se refait pas, et il n'était pas plus possible à la noblesse de se relever de sa défaite, qu'il ne l'est aujourd'hui à la monarchie absolue de se relever de la sienne. La cour devait avoir un autre antagoniste, car il en faut toujours un, la puissance ne manquant jamais de candidat. Le tiers-état dont l'accroissement, les richesses, la consistance et les lumières augmentaient chaque jour, était destiné à la combattre et à la déposséder. Le parlement ne formait pas une classe, mais un corps, et dans cette nouvelle lutte, il pouvait aider le déplacement de l'autorité, mais il ne pouvait pas l'arrêter à lui.

La cour elle-même avait favorisé les progrès du tiers-état, et avait contribué au développement d'un de ses principaux moyens, les lumières. Le plus absolu des monarques aida le mouvement des esprits, et créa l'opinion publique sans le vouloir. En encourageant l'éloge, il prépara le blâme, car on ne peut pas provoquer l'examen en sa faveur, sans le subir ensuite à son détriment. Lorsque les chants furent épuisés, les discussions commencèrent, et les philosophes du dix-huitième siècle succédèrent aux littérateurs du dix-septième. Tout devint l'objet de leur recherche et de leurs réflexions;

et les gouvernements, et la religion, et les lois, et les abus. Ils découvrirent les droits, exposèrent les besoins, signalèrent les injustices. Il se forma une opinion publique forte et éclairée, dont le gouvernement subit les atteintes, et n'osa pas étouffer la voix. Elle convertit ceux même qu'elle attaqua : les courtisans par bon ton, le pouvoir par nécessité, se soumirent à ses décisions, et le siècle des réformes fut préparé par le siècle de la philosophie, comme celui-ci l'avait été par le siècle des beaux-arts.

Tel était l'état de la France, lorsque Louis XVI monta sur le trône. Des finances que n'avaient pu restaurer ni le ministère réparateur du cardinal de Fleuri, ni le ministère banqueroutier de l'abbé Terray ; un pouvoir déconsidéré, des parlements intraitables, une opinion publique impérieuse, voilà les difficultés dont le règne nouveau hérita des règnes précédents. De tous les princes, Louis XVI était celui qui, par ses intentions et ses vertus, convenait le mieux à son époque. On était lassé de l'arbitraire, et il était disposé à en abandonner l'emploi : on était irrité des onéreuses dissolutions de la cour de Louis XV, et il avait des mœurs pures, et des besoins peu dispendieux ; on réclamait des améliorations devenues indispensables, et il sentait les nécessités publiques, et mettait sa gloire à les satisfaire. Mais il était aussi difficile d'opérer le bien que de continuer le mal; car il fallait avoir la force de soumettre les privilégiés aux réformes, ou la nation aux abus, et Louis XVI n'était ni régénérateur ni despote. Il manquait de cette volonté souveraine, qui seule accomplit de grands changements dans les états, et qui est aussi nécessaire aux monarques qui veulent limiter leur puissance qu'à ceux qui veulent l'agrandir. Louis XVI avait l'esprit juste, le cœur droit et bon; mais il était sans détermination de caractère, et il n'avait aucune persévérance dans la conduite. Ses projets d'améliorations rencontrèrent des obstacles qu'il n'avait pas prévus, et qu'il ne sut pas vaincre. Aussi succomba-t-il par ses tentatives de réforme, comme un autre aurait succombé par ses refus. Son règne, jusqu'aux états-généraux, ne fut qu'une longue entreprise d'améliorations sans résultat.

Le choix que fit Louis XVI, à son avènement au trône, de Maurepas pour premier ministre, contribua surtout à donner ce caractère d'irrésolution à son règne. Jeune, plein de l'idée de ses devoirs et de son insuffisance, il eut recours à l'expérience d'un vieillard qui avait été disgracié sous Louis XV pour son opposition aux maîtresses. Mais au lieu d'un sage, il ne rencontra qu'un courtisan, dont l'influence funeste s'étendit sur toute sa vie. Maurepas fut peu occupé du bien de la France, et de la gloire de son maître; il se montra uniquement attentif à sa faveur. Il rendit l'esprit de Louis XVI incertain, son caractère irrésolu; il l'habitua aux demi-mesures, aux changements de système, aux inconséquences de pouvoir, et surtout au besoin de tout faire par autrui et rien par lui-même.

Maurepas avait le choix des ministres. Ceux-ci se maintenaient auprès de lui, comme lui se maintenait auprès du roi. Frivole dans tout ce qui concernait le gouvernement, il ne jugeait pas les systèmes d'administration sur leur utilité, ni les ministres sur leur conduite, mais les uns et les autres sur les dispositions de la cour. Dans la crainte d'exposer son pouvoir, il éloignait du ministère les hommes puissants par leurs alentours, et nommait des hommes nouveaux qui avaient besoin de lui pour se maintenir et pour opérer leurs réformes. C'est ainsi qu'il appela tour-à-tour à la direction des affaires, Turgot, Malesherbes et Necker. Mais il fallait trop de conditions pour s'y soutenir. Si l'on entreprenait des améliorations, on mécontentait ou les privilégiés ou les courtisans; si l'on continuait les abus, on indisposait le peuple; si l'on obtenait les bonnes graces du monarque, on effrayait le ministre, et c'était là autant de motifs de destitution. Aussi ces administrateurs populaires firent place à des administrateurs courtisans qui ne durèrent pas plus qu'eux.

Turgot, Malesherbes et Necker tentèrent d'utiles réformes, chacun dans la partie du gouvernement qui avait été l'objet plus spécial de ses travaux. Malesherbes, d'une famille de robe, avait hérité des vertus et non des préjugés parlementaires. Il joignait l'esprit le plus libre à la plus belle ame. L'oppression lui paraissait à la fois illégale et mauvaise. Il voulut redonner à chacun ses droits, aux accusés la faculté d'être défendus, aux protestants la liberté de conscience, aux écrivains la liberté de la presse, à tous les Français la sûreté de leur personne, et il proposa l'abolition de la torture, le rétablissement de l'édit de Nantes, la suppression des lettres de cachet et celle de la censure. Turgot, esprit ferme et vaste, caractère d'une force et d'une fermeté peu communes, tenta de réaliser des projets plus étendus encore. Il s'adjoignit Malesherbes pour compléter avec son concours l'établissement d'un système d'administration, qui devait ramener l'unité dans le gouvernement et l'égalité dans l'état. Ce vertueux citoyen s'était constamment occupé de l'amélioration du sort du peuple : il entreprit seul ce que la révolution opéra plus tard, la suppression de toutes les servitudes et de tous les priviléges. Il proposa d'affranchir les campagnes de la corvée, les provinces de leurs barrières, le commerce des douanes intérieures, l'industrie de ses entraves, et enfin de faire contribuer la noblesse et le clergé aux impôts dans la même proportion que le tiers-état. Ce grand ministre de qui Malesherbes disait, *il a la tête de Bacon et le cœur de l'Hôpital,* voulait, par le moyen des assemblées provinciales, accoutumer la nation à la vie publique et la préparer au retour des états-généraux. Necker, étranger, banquier, et plus administrateur qu'homme d'état, se montra moins hardi que Turgot : il avait été nommé ministre pour trouver de l'argent à la cour, et il se servit des besoins de la cour pour procurer des libertés au peuple. Il rétablit les finances au moyen de l'ordre, et fit concourir d'une manière mesurée les provinces à leur administration. Ses idées étaient sages et justes ; elles consistaient à mettre les recettes au niveau des dépenses, en réduisant ces dernières ; à se servir des impôts en temps ordinaire, et des emprunts lorsque des circonstances impérieuses exigeaient d'imposer l'avenir comme le présent ; à faire asseoir les impôts par les assemblées provinciales, et à créer, pour la facilité des emprunts, la reddition des comptes. Ce système était fondé sur la nature de l'emprunt, qui, ayant besoin de crédit, exige la publicité de l'administration, et sur celle de l'impôt, qui, ayant besoin de consentement, exige le partage de l'administration. Toutes les fois que le gouvernement n'a pas assez, et qu'il demande, s'il s'adresse aux prêteurs il leur doit son bilan, s'il s'adresse aux contribuables il leur doit un concours au pouvoir. Aussi les emprunts amenèrent les comptes rendus; et les impôts, les états-généraux : deux choses dont la première plaça l'autorité sous la juridiction de l'opinion, et la seconde sous celle du peuple.

Mais Necker, quoiqu'il fût moins impatient de réformes que Turgot, quoiqu'il voulût racheter les abus que son devancier voulait détruire, ne fut pourtant pas plus heureux que lui. Sous le régime des priviléges particuliers et de l'asservissement général, tous les projets de bien public étaient impraticables. Ces divers ministres rencontrèrent d'invincibles obstacles, et ils quittèrent le pouvoir. Turgot avait mécontenté les courtisans par ses améliorations, déplu au parlement par l'abolition des corvées, alarmé le vieux ministre par l'ascendant que sa vertu lui donnait sur Louis XVI. Louis XVI l'abandonna tout en disant que Turgot et lui étaient les seuls qui voulussent le bien du peuple, tant est à plaindre la condition des rois! Necker, sans exciter d'aussi vifs regrets, éprouva le même sort. Ses économies avaient indisposé les courtisans, les travaux des assemblées provinciales avaient encouru la désapprobation des parlements qui voulaient garder pour eux le monopole de la résistance, et le premier ministre ne lui pardonnait pas une apparence de crédit.

La mort de Maurepas suivit de près la retraite de Necker. La reine le remplaça auprès de Louis XVI, et elle hérita de toute son influence sur lui. Ce bon mais faible prince avait besoin d'être dirigé. Sa femme, jeune, belle, active, ambitieuse, prit beaucoup d'empire sur lui. Cependant on peut dire que la fille de Marie-Thérèse se souvint trop ou trop peu de sa mère; elle mêla la frivolité à la domination, et ne disposa du pouvoir que pour en investir des hommes qui causèrent la ruine de l'état et la sienne propre. Maurepas, qui se défiait des ministres courtisans, avait toujours choisi des ministres populaires; il est vrai qu'il ne les avait pas soutenus, mais si le bien ne s'était point opéré, le mal ne s'était pas accru. Après sa mort, les ministres courtisans succédèrent aux ministres populaires, et rendirent inévitable par leurs fautes la crise que les autres voulaient prévenir par leurs réformes. Cette différence dans les choix est très-remarquable, c'est elle qui amena, par le changement des hommes, le changement de système dans l'administration. La révolution date de cette époque; l'abandon des réformes et le retour des désordres hâtèrent son approche et augmentèrent sa fougue.

Calonne fut appelé d'une intendance au contrôle général des finances. Ce ministère, le plus important de tous, devenait très-difficile à remplir. L'on avait déja donné deux successeurs à Necker sans pouvoir le remplacer, lorsqu'on s'adressa à Calonne. Calonne était hardi, brillant, disert, d'un travail facile, d'un esprit léger et fécond. Soit erreur, soit calcul, il adopta en administration un système entièrement opposé à celui de son prédécesseur. Necker avait conseillé l'économie, Calonne vanta la prodigalité; Necker était tombé par les courtisans, Calonne voulut se maintenir par eux. Ses sophismes furent soutenus de ses largesses; il convainquit la reine avec des fêtes, les grands seigneurs avec des pensions; il donna beaucoup de mouvement aux finances pour faire croire à la justesse de ses vues par le nombre et la facilité de ses opérations; il séduisit jusqu'aux capitalistes, en se montrant d'abord exact dans ses paiements. Il continua les emprunts après la paix, et il épuisa le crédit que la sage conduite de Necker avait valu au gouvernement. Arrivé à ce point, privé d'une ressource dont il n'avait pas même su ménager l'emploi, pour prolonger la durée de son pouvoir, il fallut recourir aux impôts. Mais à qui s'adresser? Le peuple ne pouvait plus rien payer; les privilégiés ne voulaient rien offrir. Cependant il fallait se décider, et Calonne, espérant davantage de ce qui était nouveau, convoqua une assemblée des notables. Mais le recours à autrui devait être le terme d'un système fondé sur la prodigalité. Un ministre qui s'était élevé en donnant ne pouvait pas se soutenir en demandant.

Les notables choisis par le gouvernement dans les hautes classes, formaient une assemblée ministérielle qui n'avait ni existence propre, ni mandat. Aussi était-ce pour éviter les parlements ou les états-généraux que Calonne s'était adressé à une assemblée plus subordonnée, et qu'il crut dès-lors plus docile. Mais composée de privilégiés, elle était peu disposée aux sacrifices. Elle le devint encore moins lorsqu'elle vit l'abîme qu'avait creusé une administration dévorante. Elle apprit avec effroi que les emprunts s'étaient élevés en peu d'années à un milliard six cent quarante-six millions, et qu'il existait dans le revenu un déficit annuel de cent quarante millions. Cette révélation fut le signal de la chute de Calonne. Il succomba, et il fut remplacé par l'archevêque de Toulouse, Brienne, son antagoniste dans l'assemblée. Celui-ci crut que la majorité des notables lui était dévouée, parce qu'elle s'était unie à lui pour combattre Calonne. Mais les privilégiés n'étaient pas plus portés à faire des sacrifices à Brienne qu'à son prédécesseur, ils avaient secondé ses attaques qui étaient dans leur intérêt, et non son ambition qui leur était étrangère.

L'archevêque de Toulouse, auquel on a reproché d'avoir manqué de plan, ne pouvait pas en avoir. Il n'était pas permis de continuer les profusions de Calonne, il n'était plus temps de revenir aux réductions de Necker. L'économie qui, dans l'époque antérieure, était un moyen de salut, n'en était plus un dans celle-ci. Il fallait ou des impôts, et le parlement s'y opposait, ou des emprunts, et le crédit était épuisé, ou des sacrifices de la part des privilégiés, et ils ne voulaient pas en faire. Brienne, dont le ministère avait été le but de toute la vie, qui, aux difficultés de sa position, joignait la faiblesse de ses moyens, tenta de tout et ne réussit dans rien. C'était un esprit actif mais sans force, un caractère téméraire mais sans constance. Hardi avant l'exécution, mais faible après, il se perdit par ses irrésolutions, par ses imprévoyances, et par ses changements de moyens. Il n'avait que de mauvais partis à prendre, mais il ne sut pas se décider pour un seul et le suivre; ce fut son vrai tort.

L'assemblée des notables se montra peu soumise et très-parcimonieuse. Après avoir approuvé l'établissement des assemblées provinciales, un réglement sur le commerce des blés, la suppression des corvées, et un nouvel impôt sur le timbre, elle se retira. Elle répandit dans toute la France ce qu'elle avait découvert des besoins du trône, des fautes des ministres, des dilapidations de la cour, et des misères irrémédiables du peuple. Brienne, privé de cette assistance, recourut aux impôts, comme à une ressource dont on avait, depuis quelque temps, abandonné l'usage. Il demanda l'enregistrement de deux édits, celui du timbre et celui de la subvention territoriale. Mais le parlement, qui était dans toute la force de sa vie, dans toute l'ardeur de son ambition, et à qui les embarras financiers du gouvernement offraient un moyen sûr d'accroître sa puissance, refusa l'enregistrement. Relégué à Troie, il se lassa de l'exil, et le ministre le rappela, à condition qu'il accepterait les édits. Mais ce n'était là qu'une suspension d'hostilités, les besoins de la couronne rendirent bientôt la lutte plus vive et plus acharnée. Le ministre avait de nouvelles demandes d'argent à faire; son existence était attachée à la réussite de plusieurs emprunts successifs jusqu'à la concurrence de quatre cent quarante millions. Il fallait en obtenir l'enregistrement.

Brienne s'attendait à l'opposition du parlement. Il fit dès-lors enregistrer cet édit dans un lit de justice; et, pour adoucir la magistrature et l'opinion, dans la même séance, les protestants furent rétablis dans leurs droits, et Louis XVI promit la publication annuelle d'un compte de finances, et la convocation des états-généraux avant cinq ans. Mais ces concessions n'étaient déjà plus suffisantes, le parlement refusa l'enregistrement et s'éleva contre la tyrannie ministérielle. Quelques-uns de ses membres, et entre autres le duc d'Orléans, furent exilés. Le parlement, par un arrêt, protesta contre les lettres de cachet, et demanda le rappel de ses membres. L'arrêt fut cassé par le roi et confirmé par le parlement. La guerre s'engagea de plus en plus. La magistrature de Paris fut soutenue par toute la magistrature de France, et encouragée par l'opinion publique. Elle proclama les droits de la nation, sa propre incompétence en matière d'impôts; et, devenue libérale par intérêt, rendue généreuse par l'oppression, elle s'éleva contre les détentions arbitraires, et demanda les états-généraux régulièrement convoqués. Après cet acte de courage, elle décréta l'inamovibilité de ses membres, et l'incompétence de quiconque usurperait leurs fonctions. Ce hardi manifeste fut suivi de l'arrestation de deux parlementaires, d'Éprémenil et Goislard, de la réforme du corps, de l'établissement d'une cour plénière.

Brienne avait compris que l'opposition du parlement était systématique, et qu'elle se renouvellerait à chaque demande de subsides, ou à chaque autorisation d'emprunt. L'exil n'était qu'un remède momentané, qui suspendait l'opposition sans la détruire. Il projeta dès-lors de réduire ce corps aux fonctions judiciaires, et il s'associa le garde-des-sceaux Lamoignon pour exécuter cette entreprise. Lamoignon était un homme à coups d'état. Il avait de l'audace, et il joignait à l'énergique constance de Maupeou, plus de considération et de probité. Mais il se méprit sur la force du pouvoir et sur ce qui était possible de son temps. Maupeou avait remplacé le parlement, en en changeant les membres; Lamoignon voulut le désorganiser. L'un de ces moyens, s'il eût réussi, n'eût produit qu'un repos temporaire; l'autre devait en produire un définitif, puisqu'il détruisait la puissance que l'autre se bornait à déplacer. Mais la réforme de Maupeou ne dura pas, et celle de Lamoignon ne put pas s'effectuer. L'exécution de cette dernière fut néanmoins assez bien conduite. Le même jour, toute la magistrature de France fut exilée afin que la nouvelle organisation judiciaire pût avoir lieu. Le garde-des-sceaux dépouilla le parlement de Paris de ses attributions politiques pour en investir une cour plénière, ministériellement composée, et il réduisit sa compétence judiciaire en faveur des bailliages dont il étendit le ressort. Mais l'opinion fut indignée, le châtelet protesta, les provinces se soulevèrent, et la cour plénière ne put ni se former ni agir. Des troubles éclatèrent en Dauphiné, en Bretagne, en Provence, en Flandre, en Languedoc, en Béarn; le ministère, au lieu de l'opposition régulière des parlements, rencontra une opposition plus animée et plus factieuse. La noblesse, le tiers, les états provinciaux, et jusqu'au clergé, en firent partie. Brienne, pressé par le besoin d'argent, avait convoqué une assemblée extraordinaire du clergé, qui fit sur-le-champ une adresse au roi, pour lui demander l'abolition de sa cour plénière et le prompt retour des états-généraux. Eux seuls pouvaient désormais réparer le désordre des finances, assurer la dette publique, et terminer ces conflits d'autorité.

L'archevêque de Sens, par sa contestation avec le parlement, avait ajourné la difficulté financière, en créant une difficulté de pouvoir. Au moment où cette dernière cessa, l'autre reparut, et détermina sa retraite. N'obtenant ni impôts ni emprunts, ne pouvant pas faire usage de la cour plénière, ne voulant pas rappeler les parlements, Brienne essaie d'une dernière ressource et promet les états-généraux. Mais ici sa fin arrive. Il a été appelé aux finances pour remédier à des embarras qu'il a augmentés, pour trouver de l'argent qu'il n'a pas pu obtenir. Loin de là, il a exaspéré la nation, soulevé les corps de l'état, compromis l'autorité du gouvernement, et rendu inévitable le pire des moyens d'avoir de l'argent, selon la cour, les états-généraux ; il succombe. L'occasion de sa chute fut la suspension du paiement des rentes de l'état, ce qui était un commencement de banqueroute. Ce ministre a été le plus décrié, parce qu'il est venu le dernier. Héritier des fautes et des embarras du passé, il eut à lutter contre les difficultés de sa position avec des moyens trop faibles. Il essaya de l'intrigue, de l'oppression ; il exila le parlement, le suspendit, le désorganisa : tout lui fut obstacle, rien ne lui fut secours. Après s'être long-temps débattu, il tomba de lassitude et de faiblesse, je n'ose pas dire d'impéritie, car eût-il été bien plus fort et bien plus habile, eût-il été Richelieu ou Sully, il fut tombé de même. Il n'appartenait plus à personne d'obtenir de l'argent ou d'opprimer. Il faut dire à sa décharge que la position dont il ne sut pas se tirer, il ne l'avait pas faite, il n'eut que la présomption de l'accepter. Il périt par les fautes de Calonne, comme Calonne avait profité pour ses dilapidations, de la confiance inspirée par Necker. L'un avait détruit le crédit, et l'autre, en voulant le rétablir par la force, détruisit l'autorité.

Les états-généraux étaient devenus le seul moyen de gouvernement et la dernière ressource du trône. Ils avaient été demandés à l'envi par le parlement et les pairs du royaume le 13 juillet 1787, par les états du Dauphiné dans l'assemblée de Vizille, par le clergé dans son assemblée de Paris. Les états provinciaux y avaient préparé les esprits; les notables en étaient les avant-coureurs. Le roi, après en avoir promis, le 18 décembre 1787, la convocation dans cinq ans, en fixa, le 8 août 1788, l'ouverture au 1er mai 1789. Necker fut rappelé, le parlement rétabli, la cour plénière abolie, les bailliages détruits, les provinces satisfaites, et le nouveau ministre disposa tout pour l'élection des députés et pour la tenue des états.

Il s'opéra à cette époque un grand changement dans l'opposition, qui jusque-là avait été unanime. Le ministère avait essuyé sous Brienne la résistance de tous les corps de l'état parce qu'il avait voulu les opprimer. Il essuya sous Necker la résistance de ces mêmes corps qui voulaient le pouvoir pour eux et l'oppression pour le peuple. De despotique il était devenu national, et il les eut également contre lui. Le parlement avait soutenu une lutte d'autorité et non de bien public; la noblesse s'était réunie au tiers-état plus contre le gouvernement qu'en faveur du peuple. Chacun de ces corps avait demandé les états-généraux dans l'espoir, le parlement de les dominer comme en 1614, et la noblesse de reprendre son influence perdue. Aussi la magistrature proposa-t-elle pour modèle des états-généraux de 1789, la forme de ceux de 1614, et l'opinion l'abandonna; la noblesse se refusa-t-elle à la double représentation du tiers, et la division éclata entre ces deux ordres.

Cette double représentation était réclamée par les lumières de l'époque, par la nécessité des réformes, par l'importance qu'avait acquise le tiers-état. Elle avait été déja admise dans les assemblées provinciales. Brienne, avant de quitter le ministère, ayant fait un appel aux écrivains, afin de savoir quel devait être le mode le plus convenable de composition et de tenue pour les états-généraux, on avait vu paraître au nombre des ouvrages favorables au peuple, la célèbre brochure de Sieyes sur le *tiers-état* et celle de d'Entraigues sur les *états-généraux*. L'opinion se déclarant chaque jour davantage, Necker voulant la satisfaire, et ne l'osant pas, desireux de concilier tous les ordres, d'obtenir toutes les approbations, convoqua de nouveau les notables. Il croyait leur faire accepter le doublement du tiers, ils le refusèrent, et il fut obligé de décider malgré eux ce qu'il aurait dû décider sans eux. Necker ne sut pas éviter les contestations en résolvant toutes les difficultés d'avance. Il ne prit pas l'initiative sur le doublement du tiers, comme dans la suite il ne la prit pas sur le vote par ordre ou par tête. Lorsque les états-généraux furent assemblés, la solution de cette seconde question, d'où dépendait le sort du pouvoir et celui du peuple, fut abandonnée à la force.

Quoi qu'il en soit, Necker n'ayant pas pu faire adopter le doublement du tiers par les notables, le fit adopter par le conseil. Il obtint l'admission des curés dans l'ordre du clergé, et des protestants dans celui du tiers. Les assemblées bailliagères furent convoquées pour les élections; chacun s'agita pour faire nommer des membres de son parti, et dresser des cahiers dans son sens. Le parlement eut peu d'influence dans les élections, la cour n'en eut aucune. La noblesse choisit quelques députés populaires, mais la plupart dévoués aux intérêts de leur ordre, et aussi contraires au tiers-état qu'à l'oligarchie des grandes familles de la cour. Le clergé nomma des évêques et des abbés attachés aux priviléges, et des curés favorables à la cause populaire qui était la leur; enfin, le tiers-état choisit des hommes éclairés, fermes, et unanimes dans leur vœu. L'ouverture des états-généraux fut fixée au 5 mai 1789.

Ainsi fut amenée la révolution : la cour tenta vainement de la prévenir, comme dans la suite elle tenta vainement de l'annuler. Sous la direction de Maurepas, le roi nomma des ministres populaires, et fit des essais de réformes; sous la direction de la reine, il nomma des ministres courtisans et fit des essais d'autorité. L'oppression ne réussit pas plus que les réformes ne purent se réaliser. Après avoir inutilement recouru aux courtisans pour des économies, aux parlements pour des impôts, aux capitalistes pour des emprunts, il chercha une nouvelle classe de contribuables, et fit un appel aux privilégiés. Il demanda aux notables composés de la noblesse et du clergé, une participation aux charges de l'état qu'ils refusèrent. Alors seulement il s'adressa à la France entière, et il convoqua les états-généraux. Il traita avec les corps avant de traiter avec la nation, et ce ne fut que sur le refus des premiers qu'il en appela à une puissance dont il redoutait l'intervention et l'appui. Il préférait des assemblées particulières, qui, isolées, devaient rester secondaires, à une assemblée générale qui, représentant tous les intérêts, devait réunir toute la puissance. Jusqu'à cette grande époque, chaque année vit les besoins du gouvernement augmenter, et la résistance s'étendre. L'opposition passa des parlements à la noblesse, de la noblesse au clergé, et d'eux tous au peuple. A mesure que chacun d'eux participa au pouvoir, il commença son opposition, jusqu'à ce que toutes ces oppositions particulières vinssent se confondre dans l'opposition nationale ou se taire devant elle. Les états-généraux ne firent que décréter une révolution déja faite.

CHAPITRE I.

Ouverture des états généraux. — Opinions de la cour, du ministère, des divers corps du royaume touchant les états. — Vérification des pouvoirs; question du vote par ordre ou par tête. — L'ordre des communes se forme en assemblée nationale. — La cour fait fermer la salle des états; serment du jeu de paume. — La majorité de l'ordre du clergé se réunit aux communes. — Séance royale du 23 juin; son inutilité. — Projets de la cour; événements du 12, 13, et 14 juillet; renvoi de Necker, insurrection de Paris, formation de la garde nationale; siége et prise de la Bastille. — Suites du 14 juillet. — Décrets de la nuit du 4 août. — Caractère de la révolution qui vient de s'opérer.

Le 5 mai 1789 était le jour fixé pour l'ouverture des états-généraux. La veille, une cérémonie religieuse précéda leur installation. Le roi, sa famille, ses ministres, les députés des trois ordres, se rendirent processionnellement de l'église Notre-Dame à l'église Saint-Louis, pour y entendre la messe d'ouverture. On ne vit pas sans ivresse le retour de cette solennité nationale dont la France était privée depuis si long-temps. Elle eut l'aspect d'une fête. Une multitude immense était venue à Versailles de toutes parts; le temps était magnifique, on avait prodigué la pompe des décorations; les chants de la musique, l'air de bonté et de satisfaction du roi, les graces et la démarche noble de la reine, et autant que cela, les espérances communes, exaltaient tout le monde. Mais on remarqua avec peine l'étiquette, les costumes, l'ordre de rangs des états de 1614. Le clergé en soutane, grand manteau, bonnet carré, ou en robe violette et en rochet, occupait la première place. Venait ensuite la noblesse en habit noir, veste et parement de drap d'or, cravate de dentelle, et chapeau à plumes blanches retroussé à la Henri IV. Enfin le modeste tiers-état se trouvait le dernier, vêtu de noir, le manteau court, la cravate de mousseline, et le chapeau sans plumes et sans ganses. A l'église, les mêmes distinctions existèrent pour les places entre les trois ordres.

Le lendemain la séance royale eut lieu dans la salle des menus. Des tribunes en amphithéâtre étaient remplies de spectateurs. Les députés furent appelés et introduits par gouvernement suivant l'ordre établi en 1614. Le clergé était conduit à droite, la noblesse à gauche, les communes en face du trône placé au fond de la salle. De vifs applaudissements accueillirent la députation du Dauphiné, celle de Crépi en Valois, dont faisait partie le duc d'Orléans, et celle de Provence. M. Necker, lorsqu'il entra, fut aussi l'objet de l'enthousiasme général. La faveur publique s'attachait à tous ceux qui avaient contribué à la convocation des états-généraux. Lorsque les députés et les ministres eurent pris leurs places, le roi parut suivi de la reine, des princes, et d'un brillant cortége. La salle retentit d'applaudissements à son arrivée. Louis XVI se plaça sur son trône; et dès qu'il eut mis son chapeau, les trois ordres se couvrirent en même temps. Les communes, contre l'usage des anciens états, imitèrent sans hésiter le clergé et la noblesse; le temps était passé où le troisième ordre devait se tenir découvert et parler à genoux. On attendit alors dans le plus grand silence les paroles du roi. On était avide d'apprendre quelles étaient les dispositions réelles du gouvernement à l'égard des états. Voudrait-il assimiler la nouvelle assemblée aux anciennes, ou bien lui accorderait-il le rôle que lui assignaient les besoins de l'état et la grandeur des circonstances?

« Messieurs, dit le monarque avec émotion,
« ce jour que mon cœur attendait tant est enfin
« arrivé, et je me vois entouré des représentants
« de la nation à laquelle je me fais gloire de
« commander. Un long intervalle s'était écoulé

« depuis les dernières tenues des états-généraux;
« et quoique la convocation de ces assemblées
« parût être tombée en désuétude, je n'ai pas
« balancé à rétablir un usage dont le royaume
« peut tirer une nouvelle force, et qui peut ou-
« vrir à la nation une nouvelle source de bon-
« heur. » Ces premières paroles qui promettaient
beaucoup, ne furent suivies que d'explications
sur la dette, et d'annonces de réduction dans
les dépenses. Le roi, au lieu de tracer sagement
aux états la marche qu'ils devaient suivre, invitait les ordres à être d'accord entre eux, exprimait des besoins d'argent, des craintes d'innovations, et se plaignait de l'inquiétude des esprits,
sans annoncer aucune mesure qui pût les satisfaire. Cependant il fut couvert d'applaudissements, lorsqu'il finit par ces mots qui peignaient
bien ses intentions : « Tout ce qu'on peut atten-
« dre du plus tendre intérêt au bonheur public,
« tout ce qu'on peut demander à un souverain,
« le premier ami de ses peuples, vous pouvez,
« vous devez l'espérer de mes sentiments. Puisse,
« messieurs, un heureux accord régner dans
« cette assemblée, et cette époque devenir à ja-
« mais mémorable pour le bonheur et la prospé-
« rité du royaume! c'est le souhait de mon cœur,
« c'est le plus ardent de mes vœux; c'est enfin
« le prix que j'attends de la droiture de mes

« intentions et de mon amour pour mes peu-
« ples. »

Le garde-des-sceaux Barentin parla ensuite; son discours fut une véritable amplification sur les états-généraux et sur les bienfaits du roi. Après un long préambule il aborda enfin les questions du moment. « Sa majesté, dit-il, en
« accordant une double représentation en fa-
« veur du plus nombreux des trois ordres, de
« celui sur lequel pèse principalement le far-
« deau de l'impôt, n'a point changé la forme
« des anciennes délibérations. Quoique celle par
« tête, en ne produisant qu'un seul résultat, pa-
« raisse avoir l'avantage de mieux faire connaître
« le désir général, le roi a voulu que cette nou-
« velle forme ne puisse s'opérer que du con-
« sentement libre des états-généraux, et avec
« l'approbation de Sa Majesté. Mais quelle que
« doive être la manière de prononcer sur cette
« question; quelles que soient les distinctions à
« faire entre les différents objets qui deviendront
« la matière des délibérations, on ne doit pas
« douter que l'accord le plus parfait ne réu-
« nisse les trois ordres relativement à l'impôt. »
Le gouvernement n'était pas éloigné du vote par tête dans les matières pécuniaires parce qu'il était plus expéditif, tandis que dans les matières politiques il se déclarait en faveur du vote par

ordre, qui était très-propre à empêcher les innovations. Il voulait ainsi parvenir à son but, les subsides, et ne pas permettre à la nation d'atteindre le sien, les réformes. La manière dont le garde-des-sceaux fixa les attributions des états-généraux fit ressortir encore davantage les intentions de la cour. Il les réduisit en quelque sorte à l'examen de l'impôt pour le voter, à la discussion d'une loi sur la presse pour lui imposer des bornes, et à la réforme de la législation civile et criminelle. Il proscrivit tous les autres changements, et il s'écria : « Les demandes
« justes ont été accordées; le roi ne s'est point
« arrêté aux murmures indiscrets, il a daigné
« les couvrir de son indulgence; il a pardonné
« jusqu'à l'expression de ces maximes fausses et
« outrées à la faveur desquelles on voudrait
« substituer des chimères pernicieuses aux prin-
« cipes inaltérables de la monarchie. Vous re-
« jetterez, messieurs, avec indignation ces inno-
« vations dangereuses que les ennemis du bien
« public voudraient confondre avec les change-
« ments heureux et nécessaires qui doivent amener
« cette régénération, le premier vœu de Sa Ma-
« jesté. »

C'était peu connaître le vœu de la nation, ou le combattre bien ouvertement. On s'attendait à un tout autre langage de la part de M. Necker.

Il était le ministre populaire, il avait fait obtenir la double représentation, et l'on espérait qu'il approuverait le vote par tête, qui devait seul permettre au tiers-état d'utiliser son nombre. Mais il parla en contrôleur général et en homme prudent; son discours, qui dura trois heures, fut un long budget de finances; et lorsqu'il en vint, après avoir lassé l'assemblée, à la question qui occupait tous les esprits, il la laissa indécise pour ne se commettre ni avec la cour ni avec le peuple.

Le gouvernement aurait dû mieux comprendre l'importance des états-généraux. Le retour de cette assemblée annonçait seul une grande révolution. Attendus avec espérance par la nation, ils reparaissaient à une époque où l'ancienne monarchie était affaissée, et où ils étaient seuls capables de réformer l'état, de pourvoir aux besoins de la royauté. La difficulté des temps, la nature de leur mandat, le choix de leurs membres, tout annonçait qu'ils n'étaient plus convoqués comme contribuables, mais comme législateurs. Le droit de régénérer la France leur était accordé par l'opinion, dévolu par leurs cahiers, et ils devaient trouver dans l'énormité des abus et dans les encouragements publics, la force d'entreprendre et d'accomplir cette grande tâche.

Il importait au monarque de s'associer à leurs travaux. Il aurait pu de cette manière restaurer son pouvoir, et se garantir d'une révolution en l'opérant lui-même. Si, prenant l'initiative des changements, il avait fixé avec fermeté mais avec justice le nouvel ordre des choses; si, réalisant les vœux de la France, il eût déterminé les droits des citoyens, les attributions des états-généraux, les limites de la royauté; s'il eût renoncé à l'arbitraire pour lui, à l'inégalité pour la noblesse, aux priviléges pour les corps; enfin, s'il eût accompli toutes les réformes qui étaient réclamées par l'opinion et qui furent exécutées par l'assemblée constituante, cette résolution aurait prévenu les funestes dissensions qui éclatèrent plus tard. Il est rare de trouver un prince qui consente au partage de son pouvoir et qui soit assez éclairé pour céder ce qu'il sera réduit à perdre. Cependant Louis XVI l'aurait fait, s'il avait été moins dominé par ses alentours, et s'il eût suivi ses inspirations personnelles. Mais l'anarchie la plus grande régnait dans les conseils du roi. Lorsque les états-généraux s'assemblèrent, aucune mesure n'avait été prise; on n'avait rien décidé de ce qui pouvait prévenir les contestations. Louis XVI flottait irrésolu entre son ministère, dirigé par Necker, et sa cour dirigée par la reine et par quelques princes de sa famille.

Le ministre, satisfait d'avoir obtenu la double représentation du tiers-état, craignait l'indécision du roi et le mécontentement de la cour. N'appréciant pas assez l'importance d'une crise qu'il considérait plus comme financière que comme sociale, il attendait les évènements pour agir, et se flattait de les conduire sans avoir rien fait pour les préparer. Il sentait que l'ancienne organisation des états ne pouvait plus être maintenue, que l'existence des trois ordres, ayant chacun le droit de refus, s'opposait à l'exécution des réformes et à la marche de l'administration. Il espérait, après l'épreuve de cette triple opposition, réduire le nombre des ordres, et faire adopter le gouvernement anglais, en réunissant le clergé et la noblesse dans une seule chambre, et le tiers-état dans une autre. Il ne voyait pas que, la lutte une fois engagée, son intervention serait vaine, que les demi-mesures ne conviendraient à personne; que les plus faibles par opiniâtreté, et les plus forts par entraînement, refuseraient ce système modérateur. Les concessions ne satisfont qu'avant la victoire.

La cour, loin de vouloir régulariser les états-généraux, désirait les annuler. Elle préférait la résistance accidentelle des grands corps du royaume au partage de l'autorité avec une assemblée permanente. La séparation des ordres favorisait ses vues; elle comptait fomenter leur désaccord, et les empêcher d'agir. Autrefois ils n'avaient jamais eu aucun résultat à cause du vice de leur organisation ; elle espérait d'autant plus qu'il en serait de même aujourd'hui, que les deux premiers ordres seraient moins disposés à condescendre aux réformes sollicitées par le dernier. Le clergé voulait conserver ses priviléges et son opulence ; il prévoyait bien qu'il aurait plus de sacrifices à faire que d'avantages à acquérir. La noblesse, de son côté, tout en reprenant une indépendance politique depuis long-temps perdue, n'ignorait point qu'elle aurait plus à céder au peuple qu'à obtenir de la royauté. C'était presque uniquement en faveur du tiers-état que la nouvelle révolution allait s'opérer, et les deux premiers ordres étaient portés à se coaliser avec la cour contre lui, comme naguère ils s'étaient coalisés avec lui contre la cour. L'intérêt seul motivait ce changement de parti ; et ils se réunissaient au monarque sans attachement, comme ils avaient défendu le peuple, sans vue de bien public.

Rien ne fut épargné pour maintenir la noblesse et le clergé dans ces dispositions. Les députés de ces deux ordres furent l'objet des prévenances et des séductions. Un comité dont les plus illustres personnages faisaient partie, se tenait chez la comtesse de Polignac ; leurs principaux

membres y furent admis. C'est là qu'on gagna
d'Eprémenil et d'Entragues, deux des plus ardents défenseurs de la liberté dans le parlement
ou avant les états-généraux, et qui devinrent
depuis ses antagonistes les plus déclarés. C'est
là que fut réglé le costume des députés des divers ordres, et qu'on chercha à les séparer d'abord par l'étiquette, ensuite par l'intrigue, et en
dernier lieu par la force. Le souvenir des anciens états-généraux dominait la cour : elle
croyait pouvoir régler le présent sur le passé,
contenir Paris par l'armée, les députés du tiers
par ceux de la noblesse, maîtriser les états en
divisant les ordres, et pour séparer les ordres
faire revivre les anciens usages qui relevaient la
noblesse et abaissaient les communes. C'est ainsi
qu'après la première séance, on crut avoir tout
empêché en n'accordant rien.

Le lendemain de l'ouverture des états, la noblesse et le clergé se rendirent dans leurs chambres respectives et se constituèrent. Le tiers, à
qui sa double représentation avait fait accorder
la salle des états, parce qu'elle était la plus
grande, y attendit les deux autres ordres; considéra sa situation comme provisoire, ses membres comme députés présumés, et adopta un
système d'inertie jusqu'à ce que les deux autres
ordres se ralliassent à lui. Alors commença une

lutte mémorable dont l'issue devait décider si la révolution serait opérée ou interdite. Tout l'avenir de la France était dans la séparation ou dans la réunion des ordres. Cette importante question s'éleva à propos de la vérification des pouvoirs. Les députés populaires prétendaient, avec raison, qu'elle devait être faite en commun, puisque, même en se refusant à la réunion des ordres, on ne pouvait pas contester l'intérêt que chacun d'eux avait à l'examen des pouvoirs des autres; les députés privilégiés prétendaient au contraire que, les ordres ayant une existence distincte, la vérification devait être respective. Ils sentaient qu'une seule opération commune rendrait désormais toute séparation impossible.

Les communes agirent alors avec beaucoup de circonspection, de maturité et de constance. Ce fut par une suite d'efforts qui n'étaient pas sans périls, de succès lents et peu décisifs, de luttes constamment renaissantes, qu'elles arrivèrent à leur but. L'inaction systématique qu'elles adoptèrent dès le commencement était le parti le plus sage et le plus sûr : il est des occasions où il ne faut que savoir attendre pour triompher. Les communes étaient unanimes, et formaient à elles seules la moitié numérique des états-généraux; la noblesse comptait dans son sein des dissidents populaires; la majorité du clergé, composée de quelques évêques amis de la paix, et de la nombreuse classe des curés, qui était le tiers-état de l'église, avait des dispositions favorables aux communes. La lassitude devait donc opérer la réunion; c'est ce que le tiers espéra, ce que les évêques craignirent, et ce qui les engagea à se proposer pour médiateurs. Mais cette médiation devait être sans résultat, puisque la noblesse ne voulait point le vote par tête, ni les communes le vote par ordre. Aussi les conférences conciliatoires, après avoir été vainement prolongées, furent rompues par la noblesse, qui se prononça pour la vérification séparée.

Le lendemain de cette détermination hostile, les communes, résolues à se déclarer assemblée de la nation, invitèrent, *au nom du dieu de paix et de l'intérêt public*, le clergé à se réunir à elles. La cour, alarmée de cette démarche, intervint pour faire reprendre les conférences. Les premiers commissaires conciliateurs avaient eu mission de régler les différends des ordres, le ministère se chargea de régler les différends des commissaires. Par ce moyen, les états dépendaient d'une commission, et la commission avait pour arbitre le conseil du prince. Mais ces nouvelles conférences n'eurent pas une issue plus heureuse que les premières : elles traînèrent en longueur, sans qu'aucun des ordres voulût rien céder à l'autre, et la noblesse finit par les rompre en confirmant tous ses arrêtés.

Cinq semaines s'étaient déja écoulées en pourparlers inutiles. Le tiers-état, voyant que le moment était venu de se constituer, que de plus longs retards indisposeraient contre lui la nation, dont le refus des ordres privilégiés lui avait obtenu la confiance, se décida à agir, et y mit la mesure et la fermeté qu'il avait montrées dans son inertie. Mirabeau annonça qu'un député de Paris avait une motion à faire; et Sieyes, dont le caractère était timide, l'esprit entreprenant, qui avait beaucoup d'autorité par ses idées, et qui, plus que tout autre, était propre à motiver une décision, démontra l'impossibilité de l'accord, l'urgence de la vérification, la justice qu'il y avait à l'exiger en commun, et il fit décréter par l'assemblée que la noblesse et le clergé seraient *invités* à se rendre dans la salle des états pour y assister à la vérification qui aurait lieu *tant en leur absence qu'en leur présence.*

La mesure de la vérification générale fut suivie d'une autre plus énergique encore. Les communes, après avoir terminé la vérification, se constituèrent, sur la motion de Sieyes, en *assemblée nationale.* Cette démarche hardie, par laquelle l'ordre le plus nombreux, et le seul dont les pouvoirs étaient légalisés, se déclarait la représentation de la France, et méconnaissait les deux autres jusqu'à ce qu'ils eussent subi la vérification, tranchait des questions jusque-là indécises, et changeait l'assemblée des états en assemblée du peuple. Le régime des ordres disparaissait dans les pouvoirs politiques, et c'était le premier pas vers l'abolition des classes dans le régime privé. Ce mémorable décret du 17 juin contenait la nuit du 4 août; mais il fallait défendre ce qu'on avait osé décider, et il était à craindre qu'on ne pût pas maintenir une pareille détermination.

Le premier arrêté de *l'assemblée nationale* fut un acte de souveraineté. Elle avait placé sous sa dépendance les privilégiés, en proclamant l'indivisibilité du pouvoir législatif. Il lui restait à contenir la cour par les impôts. Elle déclara leur illégalité, vota néanmoins leur perception provisoire tant qu'elle serait réunie, et leur cessation si elle était dissoute; elle rassura les capitalistes en consolidant la dette publique, et pourvut aux besoins du peuple, en nommant un comité de subsistances.

Cette fermeté et cette prévoyance excitèrent l'enthousiasme de la nation. Mais ceux qui dirigeaient la cour sentirent que les divisions fomentées entre les ordres avaient manqué leur but; qu'il fallait, pour l'atteindre, recourir à un autre moyen. L'autorité royale leur parut seule capable de prescrire le maintien des ordres que l'opposition de la noblesse ne pouvait plus conserver. On profita d'un voyage à Marly pour soustraire Louis XVI aux avis prudents et pacifiques de Necker, et pour lui faire adopter des projets hostiles. Ce prince, également accessible aux bons et mauvais conseils, entouré d'une cour livrée à l'esprit de parti, supplié dans l'intérêt de sa couronne, au nom de la religion, d'arrêter la marche factieuse des communes, se laissa gagner et promit tout. On décida qu'il se rendrait avec appareil à l'assemblée, casserait ses arrêtés, ordonnerait la séparation des ordres comme constitutive de la monarchie, et fixerait lui-même toutes les réformes que les états-généraux devaient opérer. Dès-lors le conseil secret occupa le gouvernement et n'agit plus sourdement, mais d'une manière ouverte. Le garde des sceaux Barantin, le comte d'Artois, le prince de Condé, le prince de Conti, conduisirent seuls les projets qu'ils avaient concertés. Necker perdit toute influence; il avait proposé au roi un plan conciliateur, qui aurait pu réussir avant que la lutte fût parvenue à ce degré d'animosité, mais qui ne le pouvait plus aujourd'hui. Il avait conseillé une nouvelle séance royale, dans laquelle on aurait accordé le vote par tête en matière d'impôts, et laissé subsister le vote par ordre en matière d'intérêts particuliers et de priviléges. Cette mesure, qui était défavorable à la nation, puisqu'elle tendait à maintenir les abus en investissant la noblesse et le clergé du droit d'empêcher leur abolition, aurait été suivie de l'établissement des deux chambres pour les prochains états-généraux. Necker aimait les demi-partis, et voulait opérer par des concessions successives un changement politique qui devait être réalisé d'un seul coup. Le moment était venu d'accorder à la nation tous ses droits, ou de les lui laisser prendre. Son projet de séance royale, déja bien insuffisant, fut changé en coup d'état par le nouveau conseil. Ce dernier crut que les injonctions du trône intimideraient l'assemblée, et que la France serait satisfaite de quelques promesses de réformes. Il ne savait pas que les derniers hasards auxquels il faut exposer la royauté, sont ceux de la désobéissance.

Ordinairement les coups d'état éclatent d'une manière inattendue, et surprennent ceux qu'ils doivent frapper. Il n'en fut pas de même de celui-ci : ses préparatifs contribuèrent à l'empêcher de réussir. On craignait que la majorité du clergé ne reconnût l'assemblée en se réunissant à elle; et, pour prévenir cette démarche décisive, au lieu d'avancer la séance royale, on ferma la salle des états pour suspendre l'assemblée jusqu'à ce jour. Les préparatifs qu'exigeait la présence du monarque servirent de prétexte. L'assemblée était alors présidée par Bailly. Ce citoyen vertueux avait obtenu, sans les rechercher, tous les honneurs de la liberté naissante. Il fut le premier président de l'assemblée, comme il avait été le premier député de Paris, et comme il devait être son premier maire. Il était chéri des siens, respecté de ses ennemis, et quoiqu'il eût les vertus les plus douces et les plus éclairées, il possédait au plus haut degré le courage du devoir. Averti par le garde des sceaux, dans la nuit du 20 juin, de la suspension des séances, il se montra fidèle au vœu de l'assemblée, et ne craignit pas de désobéir à la cour. Le lendemain, à l'heure fixée, il se rend à la salle des états, la trouve envahie par la force armée, et proteste contre cet acte de despotisme. Sur ces entrefaites les députés surviennent, la rumeur augmente, tous sont résolus à braver les périls d'une réunion. Les plus indignés veulent aller tenir l'assemblée à Marly, sous les fenêtres mêmes du prince; une voix désigne le jeu de paume : cette proposition est accueillie, les députés s'y rendent en cortége. Bailly est à leur tête, le peuple les suit avec enthousiasme, des soldats viennent eux-mêmes leur servir de gardes; et là, dans une salle dépouillée, les députés des communes debout, les mains levées, le cœur plein de la sainteté de leur mission, jurèrent tous, hors un seul, de ne se séparer qu'après avoir donné une constitution à la France.

Ce serment solennel prêté le 20 juin, à la face de la nation, fut suivi, le 22, d'un important triomphe. L'assemblée, toujours privée du lieu de ses séances, ne pouvant plus se réunir dans le jeu de paume, que les princes avaient fait retenir pour qu'on le leur refusât, se rendit à l'église de Saint-Louis. C'est dans cette séance que la majorité du clergé se réunit à elle, au milieu des plus patriotiques transports. Ainsi les mesures prises pour intimider l'assemblée, élevèrent son courage et hâtèrent la réunion qu'elles devaient empêcher. Ce fut par deux échecs que la cour préluda à la fameuse séance du 23 juin.

Elle arriva enfin. Une garde nombreuse entoura la salle des états-généraux; la porte fut ouverte aux députés, mais interdite au public. Le roi parut environné de l'appareil de la puissance. Il fut reçu, contre l'ordinaire, dans un

morne silence. Le discours qu'il prononça mit le comble au mécontentement par le ton d'autorité avec lequel il dicta des mesures réprouvées par l'opinion et par l'assemblée. Le roi se plaignit d'un désaccord excité par la cour elle-même; il condamna la conduite de l'assemblée qu'il ne reconnut que comme l'ordre du tiers-état, il cassa tous ses arrêtés, prescrivit le maintien des ordres, imposa les réformes et détermina leurs limites, enjoignit aux états-généraux de les accepter, les menaça de les dissoudre, et de faire seul le bien du royaume, s'il rencontrait encore quelque opposition de leur part. Après cette scène d'autorité, qui ne convenait point aux circonstances et qui n'était point selon son cœur, le monarque se retira en commandant aux députés de se séparer. Le clergé et la noblesse obéirent. Les députés du peuple immobiles, silencieux, indignés, ne quittèrent point leurs siéges. Ils restèrent quelque temps dans cette attitude, et Mirabeau, rompant tout à coup le silence : « Messieurs, dit-il,
« j'avoue que ce que vous venez d'entendre
« pourrait être le salut de la patrie, si les pré-
« sents du despotisme n'étaient pas toujours
« dangereux. Quelle est cette insultante dicta-
« ture? L'appareil des armes, la violation du
« temple national, pour vous commander d'être
« heureux! Qui vous fait ce commandement?

« votre mandataire. Qui vous donne des lois
« impérieuses? votre mandataire; lui qui les doit
« recevoir de vous, de nous, messieurs, qui
« sommes revêtus d'un sacerdoce politique et
« inviolable; de nous enfin de qui seuls vingt-
« cinq millions d'hommes attendent un bonheur
« certain, parce qu'il doit être consenti, donné
« et reçu par tous. Mais la liberté de vos délibé-
« rations est enchaînée; une force militaire en-
« vironne l'assemblée! Où sont les ennemis de
« la nation? Catilina est-il à nos portes? Je de-
« mande qu'en vous couvrant de votre dignité,
« de votre puissance législative, vous vous ren-
« fermiez dans la religion de votre serment; il
« ne nous permet de nous séparer qu'après avoir
« fait la constitution. » Le grand-maître des cérémonies voyant que l'assemblée ne se séparait
point, vient lui rappeler l'ordre du roi. « Allez
« dire à votre maître, s'écria Mirabeau, que
« nous sommes ici par l'ordre du peuple, et
« que nous n'en sortirons que par la puissance
« des baïonnettes. » « Vous êtes aujourd'hui,
« ajouta Sieyes avec calme, ce que vous étiez
« hier, délibérons. » Et l'asssemblée, pleine de
résolution et de majesté, se mit à délibérer.
Sur la motion de Camus, elle persista dans tous
ses arrêtés; et sur celle de Mirabeau, elle décréta l'inviolabilité de ses membres.

Ce jour-là fut perdue l'autorité royale. L'initiative des lois et la puissance morale passèrent du monarque à l'assemblée. Ceux qui, par leurs conseils, avaient provoqué la résistance n'osèrent pas la punir. Necker, dont le renvoi avait été décidé le matin, fut le soir conjuré de rester par la reine et par le monarque. Ce ministre avait désapprouvé la séance royale, et en refusant d'y assister il s'était concilié de nouveau la confiance de l'assemblée qu'il avait perdue par ses hésitations. Le temps des disgraces était pour lui le temps de la popularité. Il devenait alors par ses refus l'allié de l'assemblée, qui se déclarait son soutien. Il faut à chaque époque un homme qui serve de chef et dont le nom soit l'étendard d'un parti; tant que l'assemblée eut à lutter contre la cour, cet homme fut Necker.

A la première séance, la partie du clergé qui s'était réunie à l'assemblée dans l'église de Saint-Louis, vint de nouveau siéger avec elle; peu de jours après, quarante-sept membres de la noblesse, parmi lesquels se trouvait le duc d'Orléans, opérèrent aussi leur réunion, et la cour se vit enfin obligée d'inviter elle-même la noblesse, et la minorité du clergé, à cesser une dissidence désormais inutile. La délibération devint générale, les ordres cessèrent d'exister de droit, et bientôt disparurent de fait. Ils avaient conservé, même dans la salle commune, des places distinctes qui finirent par être confondues ; les vaines prééminences de corps devaient s'évanouir en présence de l'autorité nationale.

La cour, après avoir inutilement tenté d'empêcher la formation de l'assemblée, n'avait plus qu'à s'associer à elle pour diriger ses travaux. Elle pouvait encore, avec de la prudence et de la bonne foi, réparer ses fautes et faire oublier ses attaques. Il est des moments où l'on a l'initiative des sacrifices, il en est d'autres où il ne reste plus qu'à se donner le mérite de leur acceptation. Le monarque aurait pu, à l'ouverture des états-généraux, faire lui-même la constitution. Il fallait aujourd'hui la recevoir de l'assemblée : s'il se fût soumis à cette position, il l'eût infailliblement améliorée. Mais, revenus de la première surprise de la défaite, les conseillers de Louis XVI résolurent de recourir à l'emploi des baïonnettes, après avoir échoué dans celui de l'autorité. Ils lui firent entendre que le mépris de ses ordres, la sûreté de son trône, le maintien des lois du royaume, la félicité même de son peuple, exigeaient qu'il rappelât l'assemblée à la soumission ; que cette dernière, placée à Versailles, voisine de Paris, deux villes déclarées en sa faveur, devait être domptée par la force ; qu'il fallait la transférer ou la dissoudre; que cette résolution était urgente afin de l'arrêter dans sa marche, et qu'il était nécessaire, pour l'exécuter, d'appeler en toute hâte des troupes qui intimidassent l'assemblée et qui continssent Versailles et Paris.

Pendant que ces trames s'ourdissaient, les députés de la nation ouvraient leurs travaux législatifs, et préparaient cette constitution si impatiemment attendue, et qu'ils croyaient ne devoir plus être retardée. Des adresses leur arrivaient de Paris, et des principales villes du royaume; on les félicitait de leur sagesse, et on les encourageait à poursuivre l'œuvre de la régénération française. Sur ces entrefaites les troupes arrivaient en grand nombre : Versailles prenait l'aspect d'un camp; la salle des états était environnée de gardes, l'entrée en était interdite aux citoyens; Paris était cerné par divers corps d'armée, qui semblaient postés pour en faire, suivant le besoin, le blocus ou le siége. Ces immenses préparatifs militaires, des trains d'artillerie venus des frontières, la présence des régiments étrangers, dont l'obéissance était sans bornes, tout annonçait des projets sinistres. Le peuple était agité, l'assemblée voulut éclairer le trône et lui demander le renvoi des troupes. Sur la proposition de Mirabeau, elle fit une adresse au roi, respectueuse et ferme, mais qui fut inutile. Louis XVI déclara qu'il était seul juge de la nécessité de faire venir ou de renvoyer les troupes, assura que ce n'était là qu'une armée de précaution pour empêcher les troubles et garder l'assemblée ; il lui offrit d'ailleurs de la transférer à Noyon ou à Soissons, c'est-à-dire de la placer entre deux armées, et de la priver de l'appui du peuple.

Paris était dans la plus grande fermentation ; cette ville immense était unanime dans son dévouement à l'assemblée. Les périls dont les représentants de la nation étaient menacés, les siens propres, et le défaut de subsistances, la disposaient à un soulèvement. Les capitalistes, par intérêt, et dans la crainte de la banqueroute ; les hommes éclairés, et toute la classe moyenne, l'étaient par patriotisme ; le peuple, pressé par ses besoins, rejetant ses souffrances sur les privilégiés et sur la cour, désireux d'agitation et de nouveautés, avait embrassé avec chaleur la cause de la révolution. Il est difficile de se figurer le mouvement qui agitait cette capitale de la France ; elle sortait du repos et du silence de la servitude, elle était comme surprise de la nouveauté de sa situation, et s'enivrait de liberté et d'enthousiasme. La presse échauffait les esprits, les journaux répandaient les délibérations de l'assemblée, et faisaient assister en quelque sorte à ses séances; on discutait en plein air, sur les places publiques, les questions qui étaient agitées dans son sein. C'était au Palais-Royal surtout que se tenait l'assemblée de la capitale. Il était toujours rempli d'une foule qui semblait permanente, et qui se renouvelait sans cesse. Une table servait de tribune, le premier citoyen d'orateur; là on haranguait sur les dangers de la patrie, et on s'excitait à la résistance. Déja, sur une motion faite au Palais-Royal, les prisons de l'Abbaye avaient été forcées, et des grenadiers des gardes-françaises, qui avaient été renfermés pour avoir refusé de tirer sur le peuple, en avaient été ramenés en triomphe. Cette émeute n'avait pas eu de suite; une députation avait sollicité, en faveur des prisonniers délivrés, l'intérêt de l'assemblée, qui les avait recommandés à la clémence du roi; ils s'étaient remis en prison, et ils avaient reçu leur grace. Mais ce régiment, l'un des plus complets et des plus braves, était devenu favorable à la cause populaire.

Telles étaient les dispositions de Paris lorsque Necker fut renvoyé du ministère. La cour, après avoir établi des troupes à Versailles, à Sèvres, au Champ-de-Mars, à Saint-Denis, crut pouvoir exécuter son plan. Elle commença par l'exil de Necker et le renouvellement complet du ministère. Le maréchal de Broglie, Lagallissonnière, le duc de la Vauguyon, le baron de Breteuil et l'intendant Foulon, furent désignés comme remplaçants de Puiségur, de Montmorin, de la Luzerne, de Saint-Priest et de Necker. Celui-ci reçut le samedi, 11 juillet, pendant son diner, un billet du roi qui lui enjoignait de quitter le royaume sur-le-champ. Il dina tranquillement sans faire part de l'ordre qu'il avait reçu, monta ensuite en voiture avec madame Necker, comme pour aller à Saint-Ouen, et prit la route de Bruxelles.

Le lendemain dimanche, 12 juillet, on apprit à Paris, vers les quatre heures du soir, la disgrace de Necker et son départ pour l'exil. Cette mesure y fut considérée comme l'exécution du complot dont on avait aperçu les préparatifs. Dans peu d'instants la ville fut dans la plus grande agitation; des rassemblements se formèrent de toutes parts, plus de dix mille personnes se rendirent au Palais-Royal, émues par cette nouvelle, disposées à tout, mais ne sachant quelle mesure prendre. Un jeune homme plus hardi que les autres, et l'un des harangueurs habituels de la foule, Camille Desmoulins, monte sur une table, un pistolet à la main, et il s'écrie : « Citoyens, il n'y a pas un moment à « perdre; le renvoi de M. Necker est le tocsin

« d'une Saint-Barthélemy de patriotes! ce soir
« même tous les bataillons suisses et allemands
« sortiront du Champ-de-Mars pour nous égor-
« ger! il ne nous reste qu'une ressource, c'est
« de courir aux armes. » On approuve par de
bruyantes acclamations. Il propose de prendre
des cocardes pour se reconnaître et pour se défendre. — « Voulez-vous, dit-il, le vert, couleur
de l'espérance, ou le rouge, couleur de l'ordre
libre de Cincinnatus? » — « Le vert, le vert, répond la multitude. » L'orateur descend de la
table, attache une feuille d'arbre à son chapeau,
tout le monde l'imite, les marronniers du Palais
sont presque dépouillés de leurs feuilles, et
cette troupe se rend en tumulte chez le sculpteur Curtius.

On prend les bustes de Necker et du duc
d'Orléans, car le bruit que ce dernier devait
être exilé, s'était aussi répandu; on les entoure
d'un crêpe et on les porte en triomphe. Ce cortége traverse les rues Saint-Martin, Saint-Denis,
Saint-Honoré, et se grossit à chaque pas. Le
peuple fait mettre chapeau bas à tous ceux qu'il
rencontre. Le guet à cheval se trouve sur sa
route, il le prend pour escorte; le cortége s'avance ainsi jusqu'à la place Vendôme, où l'on
promène les deux bustes autour de la statue de
Louis XIV. Un détachement de Royal allemand

arrive, veut disperser le cortége, est mis en fuite à coups de pierres, et la multitude continuant sa route, parvient jusqu'à la place Louis XV. Mais là, elle est assaillie par les dragons du prince de Lambesc; elle résiste quelques moments, est enfoncée, le porteur d'un des bustes et un soldat des gardes-françaises sont tués; le peuple se disperse, une partie fuit vers les quais, une autre se replie en arrière sur les boulevards, le reste se précipite dans les Tuileries par le pont tournant. Le prince de Lambesc les poursuit dans le jardin, le sabre nu, à la tête de ses cavaliers; il charge une multitude sans armes qui n'était point du cortége et qui se promenait paisiblement. Dans cette charge, un vieillard est blessé d'un coup de sabre; on se défend avec des chaises, on monte sur les terrasses, l'indignation devient générale, et le cri aux armes retentit bientôt partout, aux Tuileries, au Palais-Royal, dans la ville et dans les faubourgs.

Le régiment des gardes-françaises était, comme nous l'avons déja dit, bien disposé pour le peuple; aussi l'avait-on consigné dans ses casernes. Le prince de Lambesc, craignant malgré cela qu'il ne prît parti, donna ordre à soixante dragons d'aller se poster en face de son dépôt, situé dans la Chaussée-d'Antin. Les soldats des gardes, déja mécontents d'être comme retenus prisonniers, s'indignèrent à la vue de ces étrangers, avec lesquels ils avaient eu une rixe peu de jours auparavant. Ils voulaient courir aux armes, et leurs officiers eurent beaucoup de peine à les retenir en employant, tour-à-tour, les menaces et les prières. Mais ils ne voulurent plus rien entendre, lorsque quelques-uns des leurs vinrent annoncer la charge faite aux Tuileries et la mort d'un de leurs camarades. Ils saisirent leurs armes, brisèrent les grilles, se rangèrent en bataille à l'entrée de la caserne, en face des dragons, et leur crièrent : Qui vive? — Royal Allemand. — Êtes-vous pour le tiers-état? — Nous sommes pour ceux qui nous donnent des ordres. — Alors les gardes-françaises firent sur eux une décharge qui leur tua deux hommes, leur en blessa trois et les mit en fuite. Elles s'avancèrent ensuite au pas de charge et la baïonnette en avant jusqu'à la place Louis XV, se placèrent entre les Tuileries et les Champs-Élysées, le peuple et les troupes, et gardèrent ce poste pendant toute la nuit. Les soldats du Champ-de-Mars reçurent aussitôt l'ordre de s'avancer. Lorsqu'ils furent arrivés dans les Champs-Élysées, les gardes-françaises les reçurent à coups de fusil. On voulut les faire battre, mais ils refusèrent : les Petits-Suisses furent les premiers à donner cet exemple que les autres régiments suivirent. Les officiers désespérés ordonnèrent la retraite; les troupes rétrogradèrent jusqu'à la grille de Chaillot, d'où elles se rendirent bientôt dans le Champ-de-Mars. La défection des gardes-françaises, et le refus que manifestèrent les troupes, même étrangères, de marcher sur la capitale, firent échouer les projets de la cour.

Pendant cette soirée le peuple s'était transporté à l'Hôtel-de-Ville, et avait demandé qu'on sonnât le tocsin, que les districts fussent réunis et les citoyens armés. Quelques électeurs s'assemblèrent à l'Hôtel-de-Ville, et ils prirent l'autorité en main. Ils rendirent pendant ces jours d'insurrection les plus grands services à leurs concitoyens et à la cause de la liberté par leur courage, leur prudence et leur activité; mais dans la première confusion du soulèvement, il ne leur fut guère possible d'être écoutés. Le tumulte était à son comble; chacun ne recevait d'ordre que de sa passion. A côté des citoyens bien intentionnés, étaient des hommes suspects qui ne cherchaient dans l'insurrection qu'un moyen de désordre et de pillage. Des troupes d'ouvriers, employés par le gouvernement à des travaux publics, la plupart sans domicile, sans aveu, brûlèrent les barrières, infestèrent les rues, pillèrent quelques maisons ; ce furent eux qu'on appela les brigands. La nuit du 12 au 13 se passa dans le tumulte et dans les alarmes.

Le départ de Necker, qui venait de soulever la capitale, ne produisit pas un moindre effet à Versailles et dans l'assemblée. La surprise et le mécontentement y furent les mêmes. Les députés se rendirent de grand matin dans la salle des états ; ils étaient mornes, et leur tristesse venait bien plus d'indignation que d'abattement. « A l'ouverture de la séance, dit un député, plu-
« sieurs adresses d'adhésion aux décrets furent
« écoutées dans le morne silence de l'assemblée,
« moins attentive à la lecture qu'à ses propres
« pensées. » Mounier prit la parole ; il dénonça le renvoi de ministres chers à la nation, le choix de leurs successeurs ; il proposa une adresse au roi pour lui demander leur rappel, lui faire entrevoir le danger des mesures violentes, les malheurs qui pouvaient suivre l'approche des troupes, et lui dire que l'assemblée s'opposait solennellement à une infame banqueroute. A ces mots l'émotion, jusque-là contenue, de l'assemblée éclata par des battements de mains et par des cris d'approbation. Lally-Tollendal, ami de Necker, s'avança ensuite d'un air triste, demanda la parole, et prononça un long et éloquent éloge du ministre exilé : il fut écouté avec le plus

grand intérêt; sa douleur répondait au deuil public, la cause de Necker était alors celle de la patrie. La noblesse elle-même fit cause commune avec les membres du tiers-état, soit qu'elle considérât le péril comme étant commun, soit qu'elle craignît d'encourir le même blâme que la cour si elle ne désapprouvait pas sa conduite, soit qu'elle obéît à l'entraînement général.

Un député noble, le comte de Virieu, donna l'exemple et dit : « Réunis pour la constitution, « faisons la constitution : resserrons nos liens « mutuels; renouvellons, confirmons, consacrons « les glorieux arrêtés du 17 juin, unissons-nous « à cette résolution célèbre du 20 du même « mois. Jurons tous, oui tous, tous les ordres « réunis, d'être fidèles à ces illustres arrêtés qui « seuls aujourd'hui peuvent sauver le royaume. » La constitution sera faite, ajouta le duc de La Rochefoucauld, ou nous ne serons plus. Mais l'accord fut bien plus unanime encore quand on vint annoncer à l'assemblée le soulèvement de Paris, les excès qui en avaient été la suite, les barrières incendiées, les électeurs assemblés à l'Hôtel-de-Ville, la confusion dans la capitale, et les citoyens prêts à être attaqués par les troupes ou à s'égorger eux-mêmes. Il n'y eut qu'un seul cri dans la salle : « Que le souvenir « de nos divisions momentanées soit effacé! Réu-

« nissons nos efforts pour le salut de la patrie! »
On envoya sur-le-champ une députation au roi, composée de quatre-vingts membres parmi lesquels se trouvaient tous les députés de Paris; l'archevêque de Vienne, président de l'assemblée, était à sa tête. Elle devait représenter au roi les dangers qui menaçaient la capitale et le royaume, la nécessité de renvoyer les troupes et de confier la garde de la ville à la milice bourgeoise; et si l'on obtenait du roi ces demandes, on devait faire partir une députation pour Paris, afin d'y annoncer ces consolantes nouvelles. Mais cette députation revint bientôt avec une réponse peu satisfaisante.

L'assemblée vit alors qu'elle n'avait plus à compter que sur elle-même, et que les projets de la cour étaient irrévocablement arrêtés. Loin de se décourager, elle n'en devint que plus ferme, et sur-le-champ, à l'unanimité des suffrages, elle décréta la responsabilité des ministres actuels et de tous les conseillers du roi, *de quelque rang et état qu'ils pussent être;* elle vota des regrets à Necker et aux ministres disgraciés; elle déclara qu'elle ne cesserait d'insister sur l'éloignement des troupes et sur l'établissement des milices bourgeoises; elle plaça la dette publique sous la sauve-garde de la loyauté française, et persista dans tous ses arrêtés précédents. Après ces mesures, elle en prit une dernière qui n'était pas la moins nécessaire : craignant que pendant la nuit on ne fermât militairement la salle des états pour disperser l'assemblée, elle s'établit en permanence jusqu'à nouvel ordre; elle décida qu'une partie des députés siégerait pendant la nuit, et qu'une autre viendrait la relever de grand matin. Pour épargner la fatigue d'une présidence continuelle au vénérable archevêque de Vienne, on nomma un vice-président qui devait le suppléer dans ces moments extraordinaires. Le choix tomba sur Lafayette, qui tint la séance de nuit. Elle se passa sans délibération, les députés étant sur leurs siéges, silencieux, mais calmes et sereins. C'est par ces motions, par ces regrets publics, par ces arrêtés, par cet enthousiasme unanime, par cette raison soutenue, par cette conduite inébranlable, que l'assemblée s'élevait de plus en plus à la hauteur de ses dangers et de sa mission.

A Paris l'insurrection prit le 13 un caractère plus régulier : dès le matin le peuple se présenta à l'Hôtel-de-Ville; on sonna le tocsin de la maison commune et celui de toutes les églises; des tambours parcoururent les rues en convoquant les citoyens. On se rassembla sur les places publiques; des troupes se formèrent sous le nom de volontaires du Palais-Royal, volontaires des

Tuileries, de la Bazoche, de l'Arquebuse. Les districts se réunirent; chacun d'eux vota deux cents hommes pour sa défense. Il ne manquait que des armes; on en chercha partout où l'on espéra pouvoir en trouver; on s'empara de celles qui se trouvaient chez les armuriers et les fourbisseurs, en leur expédiant des reçus. On vint en demander à l'Hôtel-de-Ville: les électeurs toujours assemblés répondirent vainement qu'ils n'en avaient point; on en voulait à toute force. Les électeurs mandèrent alors le chef de la ville, M. de Flesselles, prévôt des marchands, qui seul connaissait l'état militaire de la capitale, et dont l'autorité populaire pouvait être d'un grand secours dans de si difficiles conjonctures. Il arriva au milieu des applaudissements de la multitude: *Mes amis*, dit-il, *je suis votre père, vous serez contents*. Un comité permanent se forma à l'Hôtel-de-Ville pour prendre des mesures touchant le salut commun.

Vers le même temps on vint annoncer que la maison des lazaristes qui contenait beaucoup de grains avait été dévastée, qu'on avait forcé le Garde-Meuble pour y prendre de vieilles armes, et que les boutiques des armuriers étaient pillées. On craignit les plus grands excès de la part de la multitude; elle était déchaînée, et il paraissait difficile de maîtriser sa fougue. Mais elle était dans un moment d'enthousiasme et de désintéressement. Elle désarma elle-même les gens suspects; le blé trouvé chez les lazaristes fut porté à la halle; on ne pilla aucune maison; les voitures, les chariots, remplis de provisions, de meubles, de vaisselle, arrêtés aux portes de la ville, furent conduits à la place de Grève devenue un vaste entrepôt; la foule s'y amoncelait d'un moment à l'autre en faisant toujours entendre le même cri : *Des armes!* Il était alors près d'une heure; le prévôt des marchands annonça l'arrivée prochaine de douze mille fusils de la manufacture de Charleville, qui seraient bientôt suivis de trente mille autres.

Cette assurance apaisa pour quelque temps le peuple, et le comité se livra avec un peu plus de calme à l'organisation de la milice bourgeoise. En moins de quatre heures le plan fut rédigé, discuté, adopté, imprimé et affiché. On décida que la garde parisienne serait portée jusqu'à nouvel ordre à quarante-huit mille hommes. Tous les citoyens furent invités à se faire inscrire pour en faire partie; chaque district eut son bataillon, chaque bataillon ses chefs; on offrit le commandement de cette armée bourgeoise au duc d'Aumont, qui demanda vingt-quatre heures pour se décider. En attendant, le marquis de la Salle fut nommé commandant en second. La cocarde verte fut ensuite remplacée par la cocarde rouge et bleue qui étaient les couleurs de la ville. Tout cela fut le travail de quelques heures. Les districts apportaient leur adhésion aux mesures que le comité permanent venait de prendre. Les clercs du Châtelet, ceux du Palais, les élèves en chirurgie, les soldats du guet, et, ce qui valait mieux encore, les gardes-françaises, offraient leurs services à l'assemblée; des patrouilles commençaient à se former et à parcourir les rues. Mais le peuple attendait impatiemment l'effet des promesses du prévôt des marchands; les fusils n'arrivaient pas, le soir approchait, on craignait pour la nuit une attaque de la part des troupes. On se crut trahi en apprenant que cinq milliers de poudre sortaient secrètement de Paris, et que le peuple des barrières venait de les arrêter. Mais bientôt des caisses arrivèrent portant pour étiquette *artillerie;* leur vue calma l'effervescence, on les escorta à l'Hôtel-de-Ville, on crut qu'elles contenaient les fusils attendus de Charleville : on les ouvrit, et on les trouva remplies de vieux linge et de morceaux de bois. Alors le peuple cria à la trahison, il éclata en murmures et en menaces contre le comité et contre le prévôt des marchands. Celui-ci s'excusa, dit qu'il avait été trompé, et, pour gagner du temps, ou pour se débarrasser de la foule, il l'envoya aux Chartreux, afin d'y chercher des armes; mais il n'y en avait point, et elle en revint plus défiante et plus furieuse.

Le comité vit alors qu'il n'avait pas d'autres ressources pour armer Paris, et pour guérir le peuple de ses soupçons, que de faire forger des piques ; il ordonna d'en fabriquer cinquante mille, et sur-le-champ on se mit à l'œuvre. Pour éviter les excès de la nuit précédente, la ville fut illuminée, et des patrouilles la parcoururent dans tous les sens.

Le lendemain, le peuple qui n'avait pas pu trouver des armes la veille, vint en redemander de très-grand matin au comité, en lui reprochant les refus et les défaites de la veille. Le comité en avait fait chercher vainement; il n'en était point venu de Charleville, on n'en avait point trouvé aux Chartreux, l'arsenal même était vide. Le peuple, qui ne se contentait ce jour-là d'aucune excuse, et qui se croyait de plus en plus trahi, se porta en masse vers l'Hôtel-des-Invalides qui contenait nn dépôt d'armes considérable. Il ne montra aucune crainte des troupes établies au Champ-de-Mars, pénétra dans l'hôtel malgré les instances du gouverneur, M. de Sombreuil, trouva vingt-huit mille fusils cachés dans les caves, s'en empara, prit les sabres, les épées, les canons, et porta toutes ces armes en triomphe. Les canons furent postés à l'entrée des faubourgs, au château des Tuileries, sur les quais, sur les ponts, pour la défense de la capitale contre l'invasion des troupes, à laquelle on s'attendait d'un moment à l'autre.

Pendant cette matinée même on donna l'alarme, en annonçant que les régiments postés à Saint-Denis étaient en marche, et que les canons de la Bastille étaient braqués sur la rue Saint-Antoine. Le comité envoya de suite à la découverte, plaça des citoyens pour défendre ce côté de la ville, et députa au gouverneur de la Bastille pour l'engager à retirer ses canons et à ne commettre aucune hostilité. Cette alerte, la crainte qu'inspirait la forteresse, la haine des abus qu'elle protégeait, la nécessité d'occuper un point si important, et de ne plus le laisser à ses ennemis dans un moment d'insurrection, dirigèrent l'attention de la multitude de ce côté. Depuis neuf heures du matin jusqu'à deux heures, il n'y eut qu'un mot d'ordre d'un bout de Paris à l'autre, *A la Bastille! à la Bastille!* Les citoyens s'y rendaient de tous les quartiers par pelotons, armés de fusils, de piques, de sabres; la foule qui l'environnait était déjà considérable; les sentinelles de la place étaient postées, et les ponts levés comme dans un moment de guerre.

Un député du district de Saint-Louis de la Culture, nommé Thuriot de la Rosière, demanda alors, à parler au gouverneur, M. Delaunay. Admis en sa présence, il le somma de changer la direction des canons. Le gouverneur répondit que les pièces avaient été de tous temps sur les tours; qu'il n'était pas en son pouvoir de les faire descendre; que, du reste, instruit des inquiétudes des Parisiens, il les avait fait retirer de quelques pas et sortir des embrasures. Thuriot obtint avec peine de pénétrer plus avant, et d'examiner si l'état de la forteresse était aussi rassurant pour la ville que le disait le gouverneur. Il trouva, en avançant, trois canons dirigés sur les avenues de la place, et prêts à balayer ceux qui entreprendraient de la forcer. Environ quarante Suisses et quatre-vingts invalides étaient sous les armes. Thuriot les pressa, ainsi que l'état-major de la place, au nom de l'honneur et de la patrie, de ne pas se montrer ennemis du peuple. Les officiers et les soldats jurèrent tous de ne pas faire usage de leurs armes, s'ils n'étaient point attaqués. Thuriot monta ensuite sur les tours, et de là il aperçut une multitude immense qui accourait de toutes parts, et le faubourg Saint-Antoine qui s'avançait en masse. Déja au-dehors on était inquiet de ne pas le voir revenir, et on le demandait à grands cris. Pour rassurer le peuple, il se montra sur le rebord de la forteresse, et des applaudissements partirent du jardin de l'Arsenal. Il descendit, rejoignit les siens, leur fit part du résultat de sa mission, et se rendit ensuite au comité.

Mais la multitude impatiente demandait la reddition de la forteresse. De temps en temps on entendait s'élever du milieu d'elle ces paroles : *Nous voulons la Bastille! nous voulons la Bastille!* Tout d'un coup deux hommes sortent de la foule, s'élancent sur un corps-de-garde, et frappent à coups de hache les chaînes du grand pont. Les soldats leur crient de se retirer, et les menacent de faire feu. Mais ils continuent à frapper, ils brisent les chaînes, abaissent le pont et s'y précipitent avec la foule. Ils avancent vers le second pont pour l'abattre de même. La garnison fait sur eux une décharge de mousqueterie, et les disperse. Ils n'en reviennent pas moins à l'attaque, et pendant plusieurs heures tous leurs efforts se dirigent contre le second pont, dont l'approche est défendue par le feu continuel de la place. Le peuple, furieux de cette résistance opiniâtre, veut briser les portes à coups de hache, et mettre le feu au corps-de-garde. La garnison fait alors une décharge à mitraille, meurtrière pour les asssiégeants, et qui leur tue ou blesse beaucoup de monde. Ils n'en deviennent que plus ardents.

Ils avaient à leur tête des hommes qui, tels que Élie et Hulin, étaient d'une bravoure et d'une audace extraordinaires, et ils continuèrent le siége avec acharnement.

Le comité de l'Hôtel-de-Ville était dans la plus grande anxiété. Le siége de la Bastille lui paraissait une entreprise téméraire. Il recevait coup sur coup la nouvelle des désastres survenus au pied de la forteresse. Il était entre le danger des troupes si elles étaient victorieuses, et celui de la multitude qui lui demandait des munitions pour continuer le siége. Comme il ne pouvait pas en donner parce qu'il en manquait, on criait à la trahison. Il avait envoyé deux députations pour suspendre les hostilités et inviter le gouverneur à confier la garde de la place à des citoyens; mais au milieu du tumulte, des cris, de la décharge de la mousqueterie, elles n'avaient pas pu se faire entendre. Il en envoie une troisième avec un tambour et un drapeau pour être plus facilement reconnue, mais elle n'est pas plus heureuse. Des deux côtés on ne veut rien entendre. Malgré ses tentatives et son activité, l'assemblée de l'Hôtel-de-Ville était exposée aux soupçons des siens. Le prévôt des marchands excitait surtout la plus grande défiance. — Il nous a, disait l'un, déja donné plusieurs fois le change dans cette journée. — Il parle, disait un autre, d'ouvrir une tranchée, et il ne cherche qu'à gagner du temps pour nous faire perdre le nôtre. — Camarades, s'écria alors un vieillard, que faisons-nous avec ces traîtres? marchez, suivez-moi, sous deux heures la Bastille sera prise.

Il y avait plus de quatre heures qu'elle était assiégée, lorsque les gardes-françaises survinrent avec du canon. Leur arrivée fit changer le combat de face. La garnison elle-même pressa le gouverneur de se rendre. Le malheureux Delaunay, craignant le sort qui l'attendait, voulut alors faire sauter la forteresse, et s'ensevelir sous ses débris et sous ceux du faubourg. Il s'avança en désespéré, avec une mêche allumée à la main, vers les poudres. La garnison l'arrêta elle-même, arbora pavillon blanc sur la plate-forme, et renversa ses fusils, canons en bas, en signe de paix. Mais les assaillants combattaient et s'avançaient toujours en criant, *Abaissez les ponts!* A travers les créneaux un officier suisse demanda à capituler et à sortir avec les honneurs de la guerre. — Non, non, s'écria la foule! — Le même officier proposa de mettre bas les armes, si on leur promettait la vie sauve. — Abaissez le pont, lui répondirent les plus avancés des assaillants, il ne vous arrivera rien. — Sur cette assurance ils ouvrirent la porte, abaissèrent le pont, et les assiégeants se précipitèrent dans la Bastille. Ceux qui étaient à la tête de la multitude voulurent sauver de sa vengeance le gouverneur, les Suisses et les invalides; mais elle criait : *Livrez-nous-les, livrez-nous-les, ils ont fait feu sur leurs concitoyens, ils méritent d'être pendus*. — Le gouverneur, quelques Suisses et quelques invalides, furent arrachés à la protection de leurs défenseurs, et mis à mort par la foule implacable.

Le comité permanent ignorait l'issue du combat. La salle de ses séances était encombrée d'une multitude furieuse qui menaçait le prévôt des marchands et les électeurs. Flesselles commençait à être inquiet de sa position. Il était pâle, troublé; en butte aux reproches et aux plus furieuses menaces, on l'avait forcé de se rendre de la salle du comité dans la salle de l'assemblée générale où était réunie une immense quantité de citoyens. — Qu'il vienne, qu'il nous suive, avait-on crié de toutes parts. — C'en est trop, répondit Flesselles, marchons puisqu'ils le veulent, allons où je suis attendu. — Mais à peine était-il arrivé dans la grande salle, que l'attention de la multitude fut détournée par des cris qui s'élevèrent de la place de Grève. On entendit : *Victoire! victoire! liberté!* C'étaient les vainqueurs de la Bastille, dont on annonçait l'arrivée. Bientôt ils entrèrent eux-mêmes dans la salle, en offrant la pompe la plus populaire et la plus effrayante. Ceux qui s'étaient le plus signalés, étaient portés en triomphe et couronnés de lauriers : ils étaient escortés de plus de quinze cents hommes, les yeux ardents, les cheveux en désordre, ayant toutes sortes d'armes, se pressant les uns les autres, et faisant craquer les boiseries sous leurs pas. L'un portait les clefs et le drapeau de la Bastille, l'autre le réglement pendu à la bayonnette de son fusil; un troisième, chose horrible! levait d'une main sanglante la boucle du col du gouverneur. Ce fut dans cet appareil que le cortége des vainqueurs de la Bastille, suivi d'une foule immense qui inondait la place et les quais, entra dans la salle de l'Hôtel-de-Ville pour apprendre au comité son triomphe et décider du sort des prisonniers qui restaient. Quelques-uns voulaient s'en remettre au comité de leur jugement. Mais d'autres criaient : *Point de quartier aux prisonniers! point de quartier à ceux qui ont tiré sur leurs concitoyens.* — Le commandant La Salle, l'électeur Moreau de Saint-Méry, et le courageux Élie, parvinrent néanmoins à calmer la multitude et à obtenir d'elle une amnistie générale.

Mais alors vint le tour du malheureux Flesselles. On prétend qu'une lettre trouvée sur

Delaunay prouvait sa trahison qu'on soupçonnait déjà. « J'amuse, lui disait-il, les Parisiens « avec des cocardes et des promesses : tenez bon « jusqu'à ce soir, vous aurez du renfort. » Le peuple se pressa autour du bureau. Les plus modérés demandèrent qu'on se saisît de lui, et qu'il fût mis dans les prisons du Châtelet; mais d'autres s'y opposèrent en disant qu'il fallait le conduire au Palais-Royal pour y être jugé. Ce dernier vœu devint le vœu général. — *Au Palais-Royal! au Palais-Royal!* s'écrie-t-on de toutes parts. Eh bien! soit, messieurs, répond Flesselles d'un air assez tranquille, allons au Palais-Royal. — A ces mots, il descend de l'estrade, sort au milieu de la foule qui s'ouvre sur ses pas, et qui le suit sans lui faire aucune violence. Mais au coin du quai Pelletier, un inconnu s'avance vers lui, et l'étend mort d'un coup de pistolet.

Après ces scènes d'armement, de tumulte, de combat, de vengeances, les Parisiens qui craignaient une attaque pendant la nuit, comme l'indiquaient des lettres interceptées, se disposèrent à recevoir les ennemis. La population entière se mit à l'œuvre pour fortifier la ville. On forma des barricades, on ouvrit des retranchements, on dépava les rues, on forgea des piques, on fondit des balles; les femmes transportèrent les pierres en haut des maisons pour écraser les soldats; la garde nationale se partagea les postes; Paris ressembla à un immense atelier et à un vaste camp, et toute cette nuit fut passée sous les armes et dans l'attente du combat.

Pendant que l'insurrection de Paris prenait ce caractère de fougue, de durée, de succès, que faisait-on à Versailles? La cour se disposait à réaliser ses desseins contre la capitale et contre l'assemblée. La nuit du quatorze au quinze était fixée pour l'exécution. Breteuil, le chef du ministère, avait promis de relever, dans trois jours, l'autorité royale. Le commandant de l'armée réunie sous Paris, le maréchal de Broglie, avait reçu des pouvoirs illimités de toute espèce. Le quinze, la déclaration du vingt-trois juin devait être renouvelée, et le roi, après avoir forcé l'assemblée à l'accepter, devait la dissoudre. Quarante mille exemplaires de cette déclaration étaient prêts pour être publiés dans tout le royaume; et, afin de subvenir aux besoins pressants du trésor, on avait fabriqué pour plus de cent millions de billets d'état. Le mouvement de Paris, loin de contrarier la cour, favorisait ses vues. Jusqu'au dernier moment elle le considéra comme une émeute passagère facile à réprimer; elle ne croyait ni à sa persévérance, ni à sa réussite, et il ne lui paraissait pas possible qu'une ville de bourgeois pût résister à une armée.

L'assemblée connaissait tous ces projets. Depuis deux jours, elle siégeait continuellement au milieu de l'inquiétude et des alarmes. Elle ignorait en grande partie ce qui se passait à Paris. Tantôt on annonçait que l'insurrection était générale et que Paris marchait sur Versailles, tantôt que les troupes se mettaient en mouvement contre la capitale. On croyait entendre le canon, et on plaçait l'oreille à terre pour s'en assurer. Le quatorze, au soir, on assura que le roi devait partir pendant la nuit et que l'assemblée était laissée à la merci des régiments étrangers. Cette dernière crainte n'était pas sans fondement, une voiture était constamment attelée, et depuis plusieurs jours les gardes-du-corps ne quittaient pas leurs bottes. D'ailleurs, à l'Orangerie, il s'était passé des scènes vraiment alarmantes; on avait préparé par des distributions de vins et des encouragements les troupes étrangères à leur expédition, et tout portait à croire que le moment décisif était venu.

Malgré l'approche et le redoublement du danger, l'assemblée se montrait inébranlable et poursuivait ses premières résolutions. Mirabeau qui, le premier, avait demandé le renvoi des troupes, provoqua une nouvelle députation. Elle venait de partir, lorsqu'un député, le vicomte de Noailles, arrivant de Paris, fit part à l'assemblée des progrès de l'insurrection, annonça le pillage des Invalides, l'armement de la multitude, et le siége de la Bastille. Un autre député, Wimpfen, vint ajouter à ce récit, celui des dangers personnels qu'il avait courus, et assura que la fureur du peuple allait en croissant avec ses dangers. L'assemblée proposa d'établir des courriers pour avoir des nouvelles toutes les demi-heures.

Sur ces entrefaites, deux électeurs, MM. Ganilh et Bancal-des-Issarts, envoyés par le comité de l'Hôtel-de-Ville en députation auprès de l'assemblée, lui confirmèrent tout ce qu'elle venait d'apprendre : ils lui firent part des arrêtés que les électeurs avaient pris pour le bon ordre et la défense de la capitale; ils annoncèrent les malheurs arrivés au pied de la Bastille, l'inutilité des députations auprès du gouverneur, et ils dirent que le feu de la garnison avait jonché de morts les environs de la forteresse. A ce récit, un cri d'indignation s'éleva dans l'assemblée, et l'on envoya sur-le-champ une seconde députation pour porter au roi ces douloureuses nouvelles. La première revenait avec une réponse peu satisfaisante, il était dix heures du soir. Le roi, en apprenant ces désastreux événements qui en présageaient de plus grands encore, parut touché. Il luttait contre le parti qu'on lui avait fait prendre. — « Vous déchirez de plus en « plus mon cœur, dit-il aux députés, par le ré- « cit que vous me faites des malheurs de Paris. « Il n'est pas possible de croire que les ordres « qui ont été donnés aux troupes en soient la « cause. Vous savez la réponse que j'ai faite à « votre précédente députation, je n'ai rien à y « ajouter. » Cette réponse consistait dans la promesse d'éloigner de Paris les troupes du Champ-de-Mars, et dans l'ordre donné à des officiers-généraux de se mettre à la tête de la garde bourgeoise pour la diriger. De pareilles mesures n'étaient pas suffisantes pour remédier à la situation dangereuse dans laquelle on était placé; aussi l'assemblée n'en fut ni satisfaite, ni rassurée.

Peu de temps après, les députés d'Ormesson et Duport vinrent annoncer à l'assemblée la prise de la Bastille, la mort de Flesselles et celle de Delaunay. On voulait envoyer une troisième députation au roi, et demander de nouveau l'éloignement des troupes. — « Non, dit Clermont- « Tonnerre, laissons-leur la nuit pour conseil, il « faut que les rois, ainsi que les autres hommes, « achètent l'expérience. » C'est dans cet état que l'assemblée passa la nuit. Le matin, une nouvelle députation fut nommée pour faire envisager au monarque les calamités qui suivraient un plus long refus. C'est alors que Mirabeau, arrêtant les députés sur le point de partir: « Dites-lui bien! dites-lui, s'écria-t-il, que les hordes « étrangères dont nous sommes investis ont reçu « hier la visite des princes, des princesses, des « favoris, des favorites, et leurs caresses, et leurs « exhortations, et leurs présents; dites-lui, que, « toute la nuit, ces satellites étrangers, gorgés « d'or et de vin, ont prédit, dans leurs chants « impies, l'asservissement de la France, et que « leurs vœux brutaux invoquaient la destruction « de l'assemblée nationale; dites-lui que, dans « son palais même, les courtisans ont mêlé leurs « danses au son de cette musique barbare, et « que telle fut l'avant-scène de la Saint-Barthé- « lemy! Dites-lui, que ce Henri dont l'univers « bénit la mémoire, celui de ses aïeux qu'il « voulait prendre pour modèle, faisait passer des « vivres dans Paris révolté, qu'il assiégeait en « personne, et que ses conseillers féroces font « rebrousser les farines que le commerce apporte dans Paris fidèle et affamé. »

Mais, au même instant, le roi venait se rendre au milieu de l'assemblée. Le duc de Liancourt, profitant de l'accès que lui donnait auprès de sa personne la charge de grand-maître de la garderobe, lui avait appris, pendant la nuit, la défection des gardes-françaises, l'attaque et la prise de la Bastille. A ces nouvelles, que ses conseillers lui avaient laissé ignorer : *C'est une révolte!* dit le monarque étonné : — *Non, sire, c'est une révolution.* Cet excellent citoyen lui avait représenté les périls auxquels l'exposaient les projets de sa cour, les craintes, l'exaspération du peuple, les mauvaises dispositions des troupes, et il l'avait décidé à se présenter à l'assemblée pour la rassurer sur ses intentions. Cette nouvelle causa d'abord des transports de joie. Mais Mirabeau représenta à ses collègues qu'il ne convenait point de s'abandonner à des applaudissements prématurés. « Attendons, dit-il, « que Sa Majesté nous fasse connaître les bonnes « dispositions qu'on nous annonce de sa part. Le « sang de nos frères coule à Paris. Qu'un morne « respect soit le premier accueil fait au monar- « que par les représentants d'un peuple mal- « heureux : le silence des peuples est la leçon « des rois. » L'assemblée reprit l'attitude sombre qu'elle n'avait pas quittée depuis trois jours. Le roi parut sans gardes, et sans autre cortége que celui de ses frères. Il fut d'abord reçu dans un profond silence, mais lorsqu'il eut dit qu'il n'était qu'un avec la nation, et que, comptant sur l'amour et sur la fidélité de ses sujets, il avait donné ordre aux troupes de s'éloigner de Paris et de Versailles; lorsqu'il eut prononcé ces mots touchants, *Eh bien! c'est moi qui me fie à vous;* des applaudissements généraux se firent entendre; l'assemblée, par un mouvement spontané, se leva tout entière, et reconduisit le monarque au château.

L'alégresse fut vive à Versailles et à Paris. Le sentiment de la sécurité succéda aux agitations de la crainte, et le peuple passa de l'animosité à la reconnaissance. Louis XVI rendu à lui-même sentit combien il lui importait d'aller en personne apaiser la capitale, de reconquérir son affection, et de se concilier ainsi la puissance populaire. Il fit annoncer à l'assemblée qu'il rappelait Necker, et qu'il se rendrait le lendemain à Paris. L'assemblée avait déjà nommé une députation de cent membres, qui précéda le roi dans la capitale. Elle fut accueillie avec enthousiasme. Bailly et La Fayette qui en faisaient partie, furent nommés, l'un maire de Paris, l'autre commandant de la garde bourgeoise. Ils durent ces récompenses populaires, Bailly à sa longue et difficile présidence de l'assemblée, La Fayette à sa glorieuse conduite dans les deux mondes. Ce dernier, ami de Washington, et l'un des principaux auteurs de l'indépendance américaine, de retour dans sa patrie, avait prononcé le premier le nom des états-généraux, s'était réuni à l'assemblée avec la minorité de la noblesse, et s'était montré depuis un des plus zélés partisans de la révolution.

Les deux nouveaux magistrats allèrent, le dix-sept, recevoir le roi, à la tête de la municipalité et de la garde parisienne. — « Sire, lui dit « Bailly, j'apporte à votre majesté les clefs de sa « bonne ville de Paris : ce sont les mêmes qui « ont été présentées à Henri IV; il avait reconquis son peuple, ici le peuple a reconquis son « roi. » De la place Louis XV à l'Hotel-de-Ville, le roi traversa une haie de garde nationale, placée sur trois ou quatre rangs, armée de fusils, de piques, de lances, de faulx, et de bâtons. Les visages avaient encore quelque chose de sombre, et on ne faisait entendre que le cri souvent répété de *Vive la nation!* Mais quand Louis XVI fut descendu de voiture, qu'il eut reçu des mains de Bailly la cocarde tricolore, et que sans gardes, entouré de la foule, il fut entré avec confiance dans l'Hôtel-de-Ville, des applaudissements et des cris de *Vive le roi!* éclatèrent de toutes parts. La réconciliation fut entière, Louis XVI reçut les plus grands témoignages d'amour. Après avoir sanctionné les nouvelles magistratures, et après avoir approuvé le choix du peuple, il repartit pour Versailles, où l'on n'était pas sans inquiétude pour son voyage à cause des troubles précédents. L'assemblée nationale l'attendait dans l'avenue de Paris, elle l'accompagna jusqu'au château où la reine avec ses enfants vint se jeter dans ses bras.

Les ministres contre-révolutionnaires, et tous les auteurs des desseins qui venaient de manquer, quittèrent la cour. Le comte d'Artois, le prince de Condé, le prince de Conti, la famille Polignac, sortirent de France et commencèrent la première émigration. Necker revint en triomphe; ce moment fut le plus beau de sa vie, et il est peu d'hommes qui en aient eu de semblables. Ministre de la nation, disgracié pour elle, rappelé à cause d'elle, il recueillit sur sa route, de Bâle à Paris, les témoignages de la reconnaissance et de l'ivresse publique. Son entrée dans Paris fut un jour de fête. Mais ce jour, qui fut pour lui le comble de la popularité, en devint aussi le terme. La multitude, toujours agitée et toujours furieuse contre ceux qui avaient trempé dans les projets du 14 juillet, avait fait périr avec un acharnement que rien n'avait pu fléchir, Foulon, ministre désigné, et son neveu Berthier. Indigné de ces exécutions, craignant que d'autres n'en devinssent les victimes, et voulant surtout sauver le baron de Besenval, commandant de l'armée de Paris sous le maréchal de Broglie, et qui était retenu prisonnier, Necker demanda une amnistie générale, et l'obtint de l'assemblée des électeurs. Cette démarche était imprudente, dans ce moment de défiance et d'exaltation. Necker ne connaissait pas le peuple, il ne savait point avec quelle facilité il soupçonne ses chefs et brise ses idoles. Celui-ci crut qu'on voulait soustraire ses ennemis aux peines qu'ils avaient encourues; les districts s'assemblèrent, l'illégalité de l'amnistie, prononcée par une assemblée sans mission, fut vivement attaquée, et les électeurs eux-mêmes la révoquèrent. Sans doute il fallait conseiller le calme au peuple, et le rappeler à la miséricorde; mais le meilleur moyen était de demander, au lieu de l'élargissement des accusés, un tribunal qui les enlevât à la juridiction meurtrière de la multitude. Dans certains cas ce qui est le plus humain n'est pas ce qui le paraît le plus. Necker, sans rien obtenir, déchaîna le peuple contre lui, les districts contre les électeurs; il commença des-lors à lutter avec la révolution, dont il croyait pouvoir se rendre le maître, parce qu'il en avait été un instant le héros. Mais il se détrompa bien vite. Un homme est bien peu de chose pendant une révolution qui remue les masses; le mouvement l'entraîne ou l'abandonne, il faut qu'il précède ou qu'il succombe. Dans aucun temps, on n'aperçoit plus clairement la subordination des hommes aux choses : les révolutions emploient beaucoup de chefs, et ne se donnent qu'à un seul.

Les suites du 14 juillet furent immenses. Le mouvement de Paris se communiqua aux provinces : partout le peuple, à l'imitation de celui de la capitale, s'organisa en municipalités pour se régir, et en gardes nationales pour se défendre. L'autorité ainsi que la force se déplacèrent entièrement : la royauté les avait perdues par sa défaite, et la nation les avait conquises; les nouveaux magistrats étaient seuls puissants et seuls obéis, les anciens étant devenus l'objet de la défiance. Dans les villes on se déchaînait contre eux, et contre les privilégiés qu'on supposait, non sans raison, ennemis du changement qui venait de s'opérer. Dans les campagnes on incendiait les châteaux, et les paysans brûlaient les titres de leurs seigneurs. Il est bien difficile que dans un moment de victoire on n'abuse pas de la puissance. Mais il importait, pour apaiser le peuple, de détruire les abus, afin qu'en voulant s'y soustraire, il ne confondît point les privilèges avec les propriétés : les ordres avaient disparu, l'arbitraire était détruit; leur ancien accompagnement, l'inégalité devait être supprimée. C'est par là qu'il fallait procéder à l'établissement de l'ordre nouveau ; ces préliminaires furent l'œuvre d'une seule nuit.

L'assemblée avait adressé au peuple des proclamations propres à rétablir le calme. L'érection du Châtelet en tribunal chargé de juger les conspirateurs du 14 juillet, avait aussi contribué à ramener l'ordre en satisfaisant la multitude. Il restait à prendre une mesure plus importante, celle de l'abolition des priviléges. Le soir du 4 août, le vicomte de Noailles en donna le signal ; il proposa le rachat des droits féodaux, et la suppression des servitudes personnelles. Cette motion commença les sacrifices de tous les privilégiés : il s'établit entre eux une rivalité d'offrandes et de patriotisme. L'entraînement devint général ; en quelques heures on décréta la cessation de tous les abus. Le duc du Châtelet proposa le rachat des dîmes, et leur changement en taxe pécuniaire ; l'évêque de Chartres, la suppression du droit exclusif de chasse ; le comte de Virieu, celle des fuies et des colombiers ; et successivement l'abolition des justices seigneuriales, celles de la vénalité des charges de la magistrature, celle des immunités pécuniaires, et de l'inégalité des impôts, celle du casuel des curés, des annates de la cour de Rome, de la pluralité des bénéfices, des pensions obtenues sans titres, furent proposées et admises. Après les sacrifices des particuliers vinrent ceux des corps, des villes et des provinces. Les jurandes et les maîtrises furent abolies. Un député du Dauphiné, le marquis de Blacons, prononça en son nom une renonciation solennelle de ses privilèges. Les autres provinces imitèrent le Dauphiné, et les villes suivirent l'exemple des provinces. Une médaille fut frappée pour éterniser la mémoire de ce jour, et l'assemblée décerna à Louis XVI le titre de *Restaurateur de la liberté française*.

Cette nuit, qu'un ennemi de la révolution appela dans le temps la Saint-Barthélemi des propriétés, ne fut que la Saint-Barthélemi des abus. Elle déblaya les décombres de la féodalité : elle délivra les personnes des restes de la servitude, les terres des dépendances seigneuriales, les propriétés roturières des ravages du gibier et de l'exaction des dîmes. En détruisant les justices seigneuriales, restes des pouvoirs privés, elle conduisit au régime des pouvoirs publics ; en détruisant la vénalité des charges de la magistrature, elle présagea la justice gratuite. Elle fut le passage d'un ordre de choses où tout appartenait aux particuliers, à un autre où tout devait appartenir à l'état. Cette nuit changea la face du royaume, elle rendit tous les Français égaux, ils purent tous parvenir aux emplois, aspirer à la propriété, et exercer l'industrie : enfin cette nuit fut une révolution aussi importante que le soulèvement du 14 juillet, dont elle était la conséquence. Elle rendit le peuple maître de la société comme l'autre l'avait rendu maître du gouvernement, et elle lui permit de préparer la nouvelle constitution en détruisant l'ancienne.

La révolution avait eu une marche bien rapide, et avait obtenu en peu de temps de bien grands résultats; elle eût été moins prompte et moins complète si elle n'eût pas été attaquée. Chaque refus devint pour elle l'occasion d'un succès : elle déjoua l'intrigue, résista à l'autorité, triompha de la force; et, au moment où nous sommes parvenus, tout l'édifice de la monarchie absolue avait croulé par la faute de ses chefs. Le 17 juin avait vu disparaître les trois ordres, et les états-généraux se changer en assemblée de la nation; le 23 juin avait été le terme de l'influence morale de la royauté; le 14 juillet, celui de sa puissance matérielle, l'assemblée avait hérité de l'une, et le peuple de l'autre; enfin le 4 août avait été le complément de cette première révolution. L'époque que nous venons de parcourir se détache des autres d'une manière saillante: pendant sa courte durée la force se déplace, et tous les changements préliminaires s'accomplissent. L'époque qui suit est celle où le nouveau régime se discute, s'établit, et où l'assemblée, après avoir été destructrice, devient constituante.

CHAPITRE II.

État de l'assemblée constituante. — Parti du haut clergé et de la noblesse; Maury et Cazalès. — Parti du ministère et des deux chambres; Mounier, Lally-Tollendal. — Parti populaire; triumvirat de Barnave, Duport et Lameth, sa position; influence de Sièyes; Mirabeau chef de l'assemblée à cette époque. — Ce qu'il faut penser du parti d'Orléans. Travaux constitutionnels : déclaration des droits; permanence et unité du corps législatif; sanction royale, agitation extérieure qu'elle cause. — Projet de la cour, repas des gardes-du-corps, insurrection du 5 et 6 octobre; le roi vient habiter Paris.

L'ASSEMBLÉE nationale, composée de l'élite de la nation, était pleine de lumières, d'intentions pures et de vues de bien public; elle n'était pourtant pas sans partis, ni sans dissidence : mais la masse n'était sous l'empire, ni d'une idée, ni d'un homme, et ce fut elle qui, d'après une conviction toujours libre, souvent spontanée, décida des délibérations et décerna la popularité. Voyons quelles étaient, au milieu d'elles, les divisions de vues et d'intérêts.

La cour avait dans l'assemblée un parti, celui

des privilégiés, qui garda quelque temps le silence, et qui ne prit qu'une part tardive aux discussions. Ce parti était composé de ceux qui, à l'époque de la dispute des ordres, s'étaient déclarés contre la réunion. Malgré leur accord momentané avec les communes dans les dernières circonstances, les classes aristocratiques avaient des intérêts contraires à ceux du parti national. Aussi la noblesse et le haut clergé, qui formèrent la droite de l'assemblée, furent en opposition constante avec lui, excepté dans certains jours d'entraînement. Ces mécontents de la révolution, qui ne surent ni l'empêcher par leurs sacrifices, ni l'arrêter par leur adhésion, combattirent d'une manière systématique toutes ses réformes. Ils avaient pour principaux organes deux hommes qui n'étaient point parmi eux les premiers en naissance ni en dignités, mais qui avaient la supériorité du talent. Maury et Cazalès représentèrent en quelque sorte, l'un le clergé, l'autre la noblesse.

Ces deux orateurs des privilégiés, suivant les intentions de leur parti, qui ne croyait pas à la durée des changements, cherchaient moins à se défendre qu'à protester; et dans toutes leurs discussions ils eurent pour but, non d'instruire l'assemblée, mais de la déconsidérer. Chacun d'eux mit dans son rôle la tournure de son esprit et de son caractère; Maury fit de longues oraisons, Cazalès de vives sorties. Le premier conservait à la tribune ses habitudes de prédicateur et d'académicien; il discourait sur les matières législatives sans les comprendre, ne saisissant jamais le point véritable d'une question, ni même le point avantageux pour son parti; montrant de l'audace, de l'érudition, de l'adresse, une facilité brillante et soutenue, mais jamais une conviction profonde, un jugement ferme, une éloquence véritable. L'abbé Maury parlait comme les soldats se battent. Nul ne savait contredire plus souvent et plus long-temps que lui, ni suppléer aux bonnes raisons par des citations ou des sophismes, et aux mouvements de l'ame par des formes oratoires. Quoique avec beaucoup de talent, il manquait de ce qui le vivifie, la vérité. Cazalès était l'opposé de Maury : il avait un esprit prompt et droit; son élocution était aussi facile, mais plus animée; il y avait de la franchise dans ses mouvements, et les raisons qu'il donnait étaient toujours les meilleures. Nullement rhéteur, il prenait dans une question qui intéressait son parti le côté juste, et laissait à Maury le côté déclamatoire. Avec la netteté de ses vues, l'ardeur de son caractère, et le bon usage de son talent, il n'y avait de faux chez lui que ce qui appartenait à sa position; au lieu que Maury ajoutait les erreurs de son esprit à celles qui étaient inséparables de sa cause.

Necker et le ministère avaient également un parti, mais il était moins nombreux que l'autre, parce qu'il était un parti modéré. La France était alors divisée en privilégiés qui s'opposaient à la révolution, et en hommes du peuple qui la voulaient entière. Il n'y avait pas encore place entre eux pour un parti médiateur. Necker était déclaré pour la constitution anglaise, et tous ceux qui partageaient son avis, par croyance ou par ambition, s'étaient ralliés à lui. De ce nombre étaient Mounier, esprit ferme, caractère inflexible, qui considérait ce système comme le type des gouvernements représentatifs; Lally-Tollendal, tout aussi convaincu que lui et plus persuasif; Clermont-Tonnerre, l'ami et l'associé de Mounier et de Lally, participant aux qualités et aux vues de l'un et de l'autre; enfin la minorité de la noblesse et une partie des évêques qui espéraient devenir membres de la chambre haute, si les idées de Necker étaient adoptées.

Les chefs de ce parti qu'on appela plus tard le parti des *monarchiens* auraient voulu faire la révolution par accommodement: à chaque époque ils supplièrent ceux qui étaient les plus puissants de transiger avec les plus faibles. Avant le 14 juillet ils demandaient à la cour et aux classes privilégiées de contenter les communes; après ils demandèrent aux communes de recevoir à composition la cour et les classes privilégiées. Ils pensaient qu'il fallait conserver à chacun son action dans l'état, que des partis déplacés sont des partis mécontents, et qu'il faut leur créer une existence légale, sous peine de s'exposer à des luttes interminables de leur part. Mais ce qu'ils ne voyaient pas, c'était le peu d'à-propos de leurs idées dans un moment de passions exclusives. La lutte était commencée, la lutte qui devait faire triompher un système et non amener un arrangement. C'était une victoire qui avait remplacé les trois ordres par une seule assemblée, et il était bien difficile de rompre l'unité de cette assemblée pour parvenir au gouvernement des deux chambres. Les modérés n'avaient pas pu obtenir ce gouvernement de la cour, ils ne devaient pas l'obtenir davantage de la nation: à l'une il avait paru trop populaire, pour l'autre il était trop aristocratique.

Le reste de l'assemblée formait le parti national; on n'y remarquait pas encore les hommes qui, tels que Robespierre, Pétion, Buzot, etc., voulurent plus tard commencer une seconde révolution lorsque la première fut achevée. A cette époque les plus extrêmes de ce côté étaient Duport, Barnave et Lameth, qui formaient un triumvirat dont les opinions étaient préparées par Duport, soutenues par Barnave, et dont la conduite était dirigée par Alex. Lameth. Il y avait quelque chose de très-remarquable et qui annonçait l'esprit d'égalité de l'époque, dans l'union intime d'un avocat appartenant à la classe moyenne, d'un conseiller appartenant à la classe parlementaire, d'un colonel appartenant à la cour, qui renonçaient aux intérêts de leur ordre pour s'associer dans des vues de bien public et de popularité. Ce parti se plaça d'abord dans une position plus avancée que celle où la révolution était parvenue. Le 14 juillet avait été le triomphe de la classe moyenne : la constituante étan son assemblée; la garde nationale, sa force armée, la mairie, son pouvoir populaire. Mirabeau, La Fayette, Bailly, s'appuyèrent sur cette classe et en furent, l'un, le tribun; l'autre, le général; l'autre, le magistrat. Le parti Duport, Barnave et Lameth, avait les principes et soutenait les intérêts de cette époque de la révolution; mais, composé d'hommes jeunes, d'un patriotisme ardent, qui arrivaient dans les affaires publiques avec des qualités supérieures, de beaux talents, des positions élevées, et qui à l'ambition de la liberté joignaient celle du premier rôle; ce parti se plaça dès les premiers temps un peu en avant de la révolution du 14 juillet. Il prit son point d'appui dans l'assemblée sur les membres de l'extrême gauche; hors de l'assemblée, sur les clubs; dans la nation, sur la partie du peuple qui avait coopéré au 14 juillet, et qui ne voulait point que la bourgeoisie seule profitât de la victoire. En se mettant à la tête de ceux qui n'avaient pas de chefs, et qui étant un peu en dehors du gouvernement, aspiraient à y entrer, il ne cessa pas d'appartenir à cette première époque de la révolution. Seulement il forma une espèce d'opposition démocratique dans la classe moyenne même, ne différant des chefs de celle-ci que sur des points de peu d'importance, et votant avec eux dans la plupart des questions. C'était plutôt entre ces hommes populaires une émulation de patriotisme qu'une dissidence de parti.

Duport, dont la tête était forte, et qui avait acquis une expérience prématurée de la conduite des passions politiques dans les luttes que le parlement avait soutenues contre le ministère, et qu'il avait en grande partie dirigées, savait qu'un peuple se repose dès qu'il a conquis ses droits, et qu'il s'affaiblit dès qu'il se repose. Pour tenir en haleine ceux qui gouverneraient dans l'assemblée, dans la mairie, dans les milices; pour empêcher l'action publique de se ralentir, et ne pas licencier le peuple dont peut-être on aurait un jour besoin, il conçut et exécuta la fameuse confédération des clubs. Cette institution, comme tout ce qui imprime un grand mouvement à une nation, fit beaucoup de mal et beaucoup de bien. Elle entrava l'autorité légale lorsqu'elle était suffisante, mais aussi elle donna une énergie immense à la révolution, lorsque, attaquée de toutes parts, elle ne pouvait se sauver qu'au prix des plus violents efforts. Du reste, ses fondateurs n'avaient pas calculé toutes les suites de cette association : elle était tout simplement pour eux un rouage qui devait entretenir ou remonter sans danger le mouvement de la machine publique quand il tendrait à se ralentir ou à cesser. Ils ne crurent point travailler pour le parti de la multitude; après la fuite de Varennes, ce parti étant devenu trop exigeant et trop redoutable, ils l'abandonnèrent et ils s'appuyèrent contre lui sur la masse de l'assemblée et sur la classe moyenne, dont la mort de Mirabeau avait laissé la direction vacante. A cette époque il fallait promptement asseoir la révolution constitutionnelle, car la prolonger c'eût été conduire à la révolution républicaine.

La masse de l'assemblée, dont nous avons déja parlé, abondait en esprits justes, exercés, et même supérieurs; ses chefs étaient deux hommes étrangers au tiers-état et adoptés par lui. Sans l'abbé Sieyes, l'assemblée constituante eût peut-être mis moins d'ensemble dans ses opérations ; et sans Mirabeau, moins d'énergie dans sa conduite.

Sieyes était un de ces hommes qui font secte dans des siècles d'enthousiasme, et qui exercent l'ascendant d'une puissante raison dans un siècle de lumières. La solitude et les travaux philosophiques l'avaient mûri de bonne heure; il avait des idées neuves, fortes, immenses, mais un peu systématiques. La société avait surtout été l'objet de son examen, il en avait suivi la marche, décomposé les ressorts; la nature du gouvernement lui paraissait moins encore une question de droit qu'une question d'époque. Dans sa vaste intelligence était ordonnée la société de nos jours, avec ses divisions, ses rapports, ses pouvoirs et son mouvement. Quoique froid, Sieyes avait l'ardeur qu'inspire la recherche de la vérité et la passion que donne sa découverte; aussi était-il absolu dans ses idées, dédaigneux pour celles d'autrui, parce qu'il les trouvait incomplètes, et qu'à ses yeux la demi-vérité, c'était l'erreur. La contradiction l'irritait; il était peu communicatif; il aurait voulu se faire connaître en entier, et il ne le pouvait pas avec tout le monde. Ses adeptes transmettaient ses systèmes aux autres, ce qui lui donnait quelque chose de mystérieux, et le rendait l'objet d'une espèce de culte. Il avait l'autorité que procure une science politique complète; et la constitution aurait pu sortir de sa tête, tout armée comme la Minerve de Jupiter ou la législation des anciens, si de notre temps chacun n'avait pas voulu y concourir ou la juger. Cependant, à part quelques modifications, ses plans furent généralement adoptés, et il eut dans les comités beaucoup plus de disciples que de collaborateurs.

Mirabeau obtint à la tribune le même ascendant que Sieyes dans les comités : c'était un homme qui n'attendait qu'une occasion pour être grand. A Rome, dans les beaux temps de la république, il eût été un des Gracques, sur son déclin un Catilina; sous la fronde, un cardinal de Retz; et dans la décrépitude d'une monarchie, où un être tel que lui ne pouvait exercer ses immenses facultés que dans l'agitation, il s'était fait remarquer par la véhémence de ses passions, les coups de l'autorité, une vie passée à commettre des désordres et à en souffrir. A cette prodigieuse activité il fallait de l'emploi, la révolution lui en donna. Habitué à la lutte contre le despotisme, irrité des mépris d'une noblesse qui ne le valait pas, et qui le rejetait de son sein; habile, audacieux, éloquent,

Mirabeau sentit que la révolution serait son œuvre et sa vie. Il répondait aux principaux besoins de son époque. Sa pensée, sa voix, son action, étaient celles d'un tribun; dans les circonstances périlleuses il avait l'entraînement qui maîtrise une assemblée; dans les discussions difficiles, le trait qui les termine; d'un mot il abaissait les ambitions, faisait taire les inimitiés, déconcertait les rivalités. Ce puissant mortel, à l'aise au milieu des agitations, se livrant tantôt à la fougue, tantôt aux familiarités de la force, exerçait dans l'assemblée une sorte de souveraineté. Il obtint bien vite une popularité immense, qu'il conserva jusqu'au bout; et celui qu'évitaient tous les regards lors de son entrée aux états, fut à sa mort porté au Panthéon, au milieu du deuil et de l'assemblée et de la France. Sans la révolution, Mirabeau eût manqué sa destinée, car il ne suffit pas d'être grand homme, il faut venir à propos.

Le duc d'Orléans, auquel on a donné un parti, avait bien peu d'influence dans l'assemblée : il votait avec la majorité, et non la majorité avec lui. L'attachement personnel de quelques-uns de ses membres, son nom, les craintes de la cour, la popularité dont on récompensait ses opinions, des espérances bien plus que des complots, ont grossi sa réputation de factieux.

Il n'avait ni les qualités, ni même les défauts, d'un conspirateur; il peut avoir aidé de son argent et de son nom des mouvements populaires qui auraient également éclaté sans lui, et qui avaient un autre objet que son élévation. Une erreur commune encore, est d'attribuer la plus grande des révolutions à quelques sourdes et petites menées, comme si, en pareille époque, tout un peuple pouvait servir d'instrument à un homme.

L'assemblée avait acquis la toute-puissance, les municipalités relevaient d'elle, les gardes nationales lui obéissaient. Elle s'était divisée en comités, pour faciliter ses travaux et pour y suffire. Le pouvoir royal, quoique existant de droit, était en quelque sorte suspendu, puisqu'il n'était point obéi, et l'assemblée avait dû suppléer à son action par la sienne propre. Aussi, indépendamment des comités chargés de la préparation de ses travaux, en avait-elle nommé d'autres qui pussent exercer une utile surveillance au-dehors. Un comité des subsistances s'occupait des approvisionnements, objet si important dans une année de disette; un comité des rapports correspondait avec les municipalités et les provinces; un comité de recherches recevait les dénonciations contre les conspirateurs du 14 juillet. Mais le sujet spécial de son attention était les finances, et la constitution que les crises passées avaient fait ajourner.

Après avoir pourvu momentanément aux besoins du trésor, l'assemblée, quoique devenue souveraine, consulta, par l'examen des cahiers, le vœu de ses commettants. Elle procéda ensuite dans ses établissements avec une méthode, une étendue et une liberté de discussion, qui devaient procurer à la France une constitution conforme à la justice et à ses besoins. L'Amérique, au moment de son indépendance, avait consacré dans une déclaration les droits de l'homme et ceux du citoyen. C'est toujours par là qu'on commence. Un peuple qui sort de l'asservissement éprouve le besoin de proclamer ses droits, avant même de fonder son gouvernement. Ceux des Français qui avaient assisté à cette révolution, et qui coopéraient à la nôtre, proposèrent une déclaration semblable comme préambule de nos lois. Cette idée devait plaire à une assemblée de législateurs et de philosophes, qui n'était retenue par aucune limite, puisqu'il n'existait pas d'institutions, et qui allait aux idées primitives et fondamentales de la société, car elle était élève du dix-huitième siècle. Quoique cette déclaration ne contînt que des principes généraux, et qu'elle se bornât à exposer en maximes ce que la constitution devait mettre en lois, elle était propre à élever les ames et à donner aux citoyens le sentiment de leur dignité et de leur importance. Sur la proposition de La Fayette, l'assemblée avait déja commencé cette discussion, que les évènements de Paris et les décrets du 4 août l'avaient forcé d'interrompre; elle la reprit alors et la termina, en consacrant des principes qui servirent de table à la nouvelle loi, et qui étaient la prise de possession du droit au nom de l'humanité.

Ces généralités étant adoptées, l'assemblée s'occupa de l'organisation du pouvoir législatif. Cet objet était un des plus importants; il devait fixer la nature de ses fonctions, et établir ses rapports avec le roi. Dans cette discussion, l'assemblée allait uniquement décider de l'état à venir du pouvoir législatif. Quant à elle, revêtue de l'autorité constituante, elle était placée au-dessus de ses propres arrêtés, et aucun pouvoir intermédiaire ne devait suspendre ou empêcher sa mission. Mais quelle serait pour les sessions futures la forme du corps délibérant? Demeurerait-il indivisible ou se décomposerait-il en deux chambres? Dans le cas où cette dernière forme prévaudrait, quelle serait la nature de la seconde chambre? En ferait-on une assemblée aristocratique ou un sénat modérateur? Enfin, le corps délibérant, quel qu'il fût, serait-il permanent ou périodique, et le roi partagerait-il avec lui la puissance législative? Telles furent les difficultés qui agitèrent l'assemblée et Paris pendant le mois de septembre.

On comprendra facilement la manière dont ces questions furent résolues, si l'on considère la position de l'assemblée, et les idées qu'elle avait sur la souveraineté. Le roi n'était à ses yeux qu'un agent héréditaire de la nation, auquel ne pouvait appartenir ni le droit de convoquer ses représentants, ni celui de les diriger, ni celui de les suspendre. Aussi, lui refusa-t-elle l'initiative des lois et la dissolution de l'assemblée. Elle ne pensait pas que le corps législatif dût être mis dans la dépendance du roi; d'ailleurs elle craignait qu'en accordant au gouvernement une action trop forte sur l'assemblée, ou en ne tenant pas celle-ci toujours réunie, le prince ne profitât des intervalles où il serait seul pour empiéter sur les autres pouvoirs, et peut-être même pour détruire le régime nouveau. On voulut donc opposer à une autorité toujours active une assemblée toujours subsistante, et l'on décréta la permanence du corps législatif. Quant à son indivisibilité ou à son partage, la discussion fut très-animée. Necker, Mounier, Lally-Tollendal, voulaient, outre une chambre de représentants, un sénat dont les membres seraient nommés par le roi sur la présentation du peuple. Ils pensaient que c'était le seul moyen de modérer la puissance, et même d'empêcher la tyannie d'une seule assemblée. Ils avaient pour partisans quelques membres qui partageaient leurs idées, ou qui espéraient faire partie de la chambre haute. La majorité de la noblesse aurait voulu, non une pairie, mais une assemblée aristocratique dont elle aurait élu les membres. Ils ne purent dès lors pas s'entendre, le parti Mounier se refusant à un projet qui aurait ressuscité les ordres, et les aristocrates rejetant un sénat qui confirmait la ruine de la noblesse. Le plus grand nombre des députés du clergé et des communes était pour l'unité de l'assemblée. Il paraissait illégal au parti populaire de constituer des législateurs à vie : il croyait que la chambre haute servirait d'instrument à la cour et à l'aristocratie, et serait dès lors dangereuse, ou bien deviendrait inutile en se réunissant aux communes. Ainsi le parti nobiliaire par mécontentement, le parti national par esprit de justice absolue, rejetèrent également la chambre haute.

Cette détermination de l'assemblée a été l'objet de beaucoup de reproches. Les partisans de la pairie ont attribué tous les maux de la révolution à son absence, comme s'il eût été possible à un corps, quel qu'il fût, d'arrêter sa marche. Ce n'est point la constitution qui lui a donné le caractère qu'elle a eu, ce sont les évènements occasionnés par la lutte des partis. Qu'eût fait la chambre haute entre la cour et la nation? Déclarée en faveur de la première, elle ne l'eût ni conduite ni sauvée; en faveur de la seconde, elle ne l'eût pas renforcée, et, dans les deux cas, sa suppression était infaillible. On va vite en pareil temps, et tout ce qui arrête est de trop. En Angleterre, la chambre des lords, quoiqu'elle se montrât très-docile, fut suspendue pendant la crise. Ces divers systèmes ont chacun leur époque; les révolutions se font avec une seule chambre, et se terminent avec deux.

La sanction royale excita de grands débats dans l'assemblée, et une rumeur violente au-dehors. Il s'agissait de déterminer l'action du monarque dans la confection des lois. Les députés étaient presque tous d'accord sur un point. Ils étaient résolus à lui reconnaître le droit de sanctionner ou de refuser les lois : mais les uns voulaient que ce droit fût illimité; les autres, qu'il fût temporaire. Au fond, c'était la même chose; car il n'était pas possible au prince de prolonger son refus indéfiniment, et le *veto*, quoique absolu, n'aurait été que suspensif. Mais cette faculté, donnée à un homme seul, d'arrêter la volonté d'un peuple, paraissait exorbitante, hors de l'assemblée surtout où elle était moins comprise.

Paris n'était point encore revenu de l'agitation du 14 juillet; il était au début du gouvernement populaire, et il en éprouvait la liberté et le désordre. L'assemblée des électeurs, qui, dans des circonstances difficiles, avait tenu lieu de municipalité provisoire, venait d'être remplacée. Cent quatre-vingts membres, nommés par les districts, s'étaient constitués en législateurs et en représentants de la commune. Pendant qu'ils travaillaient à un plan d'organisation municipale, chacun voulait commander; car, en France, l'amour de la liberté est un peu le goût du pouvoir. Les comités agissaient à part du maire; l'assemblée des représentants s'élevait contre les comités, et les districts contre l'assemblée des représentants. Chacun des soixante districts s'attribuait le pouvoir législatif, et donnait le pouvoir exécutif à ses comités; ils considéraient tous comme leurs subordonnés, les membres de l'assemblée générale, et ils s'accordaient le droit de casser leurs arrêtés. Cette idée de souveraineté du mandant sur le délégué, faisait des progrès rapides. Tous ceux qui ne participaient pas à l'autorité se réunissaient en assemblées, et là se livraient à des délibérations; les soldats discutaient à l'oratoire, les garçons tailleurs à la colonnade, les perruquiers aux Champs-Élysées, les domestiques au Louvre. Mais c'était au Palais-

Royal surtout qu'avaient lieu les discussions les plus animées ; on y examinait les matières qui occupaient les débats de l'assemblée nationale, et l'on y contrôlait ses discussions. La disette occasionait aussi des attroupements, et ceux-là n'étaient pas les moins dangereux.

Tel était l'état de Paris lorsque la discussion sur le *veto* fut entamée. La crainte qu'excita ce droit accordé au roi fut extrême ; on eût dit que le sort de la liberté était attaché à cette décision, et que le *veto* ramènerait seul à l'ancien régime. La multitude, qui ignore la nature et les limites des pouvoirs, voulait que l'assemblée, en qui elle se confiait, pût tout, et que le roi, dont elle se défiait, ne pût rien : tout instrument laissé à la disposition de la cour paraissait un moyen contre-révolutionnaire. Le Palais-Royal s'agita, des lettres menaçantes furent écrites aux membres de l'assemblée qui, tels que Mounier, s'étaient déclarés pour le *veto* absolu ; on parla de les destituer comme des représentants infidèles, et de marcher sur Versailles. Le Palais-Royal envoya une députation à l'assemblée et fit demander à la commune de déclarer les députés révocables, et de les rendre en tout temps dépendants des électeurs. La commune fut ferme, repoussa les demandes du Palais-Royal, et prit des mesures pour empêcher les attroupements.

8.

La garde nationale la seconda, elle était fort bien disposée, La Fayette avait acquis sa confiance, elle commençait à être organisée, elle portait l'uniforme, elle se formait à la discipline, dont les gardes françaises lui donnaient l'exemple, et elle apprenait de son chef l'amour de l'ordre et le respect pour la loi. Mais la classe moyenne, qui la composait, n'avait pas encore exclusivement pris possession du gouvernement populaire. La multitude enrôlée le 14 juillet n'était pas tout-à-fait éconduite, l'agitation du dehors rendit orageux les débats sur le *veto* ; une question fort simple acquit par là une très-grande importance, et le ministère voyant combien l'effet d'une décision absolue pourrait être funeste, sentant d'ailleurs, que par le fait le *veto illimité* et le *veto suspensif* étaient les mêmes, décida le roi à se réduire à ce dernier et à se désister de l'autre. L'assemblée décréta que le refus de sanction du prince ne pourrait pas se prolonger au-delà de deux législatures, et cette décision satisfit tout le monde.

La cour profita de l'agitation de Paris pour réaliser d'autres projets : depuis quelque temps on agissait sur l'esprit du roi. Il avait d'abord refusé de sanctionner les décrets du 4 août, quoiqu'ils fussent constitutionnels, et qu'il ne pût dès lors que les promulguer. Après les avoir acceptés sur les observations de l'assemblée, il renouvelait les mêmes difficultés relativement à la déclaration des droits. Le but de la cour était de faire considérer Louis XVI comme opprimé par l'assemblée, et contraint de se soumettre à des mesures qu'il ne voulait pas accepter; elle supportait impatiemment sa situation, et voulait ressaisir son ancienne autorité. La fuite était le seul moyen, et il fallait la légitimer; on ne pouvait rien en présence de l'assemblée, et dans le voisinage de Paris. L'autorité royale avait échoué le 23 juin; l'appareil militaire, le 14 juillet; il ne restait plus que la guerre civile. Comme il était difficile d'y décider le roi, on attendit le dernier moment pour l'entraîner à la fuite, et son incertitude fit manquer le plan. On devait se retirer à Metz auprès de Bouillé, au milieu de son armée, appeler de là autour du monarque la noblesse, les troupes restées fidèles, les parlements; déclarer l'assemblée et Paris rebelles, les inviter à l'obéissance ou les y forcer; et si l'on ne rétablissait pas l'ancien régime absolu, se borner au moins à la déclaration du 20 juin. D'un autre côté, si la cour avait intérêt à éloigner le roi de Versailles, les partisans de la révolution avaient intérêt à le conduire à Paris; il importait aux autres qu'il pût entreprendre quelque chose; la faction d'Orléans, s'il en existait une, devait faire en sorte de pousser le roi à la fuite en l'intimidant, dans l'espoir que l'assemblée nommerait son chef *lieutenant général du royaume;* enfin le peuple, manquant de pain, devait espérer que le séjour du roi à Paris ferait cesser ou diminuer la disette. Toutes ces causes existant, il ne manquait plus qu'une occasion de soulèvement, la cour la fournit.

Sous le prétexte de se mettre en garde contre les mouvements de Paris, elle appela des troupes à Versailles; doubla les gardes-du-corps de service, fit venir des dragons et le régiment de Flandre. Cet appareil de troupes donna lieu aux craintes les plus vives; on répandit le bruit d'un coup d'état contre-révolutionnaire, et l'on annonça comme prochaine la fuite du roi et la dissolution de l'assemblée. Au Luxembourg, au Palais-Royal, aux Champs-Élysées, on aperçut des uniformes inconnus, des cocardes noires ou jaunes; les ennemis de la révolution montraient une joie qu'on ne leur voyait plus depuis quelque temps. La cour par sa conduite confirma les soupçons, et dévoila le but de tous ces préparatifs.

Les officiers du régiment de Flandre, reçus avec inquiétude par la ville de Versailles, furent fêtés au château et on les admit au jeu de la reine. On chercha à s'assurer de leur dévouement; un repas de corps leur fut donné par les gardes du roi : les officiers de dragons et des chasseurs qui se trouvaient à Versailles, ceux des gardes suisses, des cent suisses, de la prévôté, et l'état-major de la garde nationale, y furent invités. On choisit pour lieu du festin la grande salle des spectacles, exclusivement destinée aux fêtes les plus solennelles de la cour, et qui, depuis le mariage du second frère du roi, ne s'était ouverte que pour l'empereur Joseph II. Les musiciens du roi eurent ordre d'assister à cette fête, la première que les gardes eussent encore donnée. Pendant le repas on porta avec enthousiasme la santé de la famille royale, celle de la nation fut omise ou rejetée. Au second service, les grenadiers de France, les Suisses et des dragons furent introduits, pour être témoins de ce spectacle, et participer aux sentiments qui animaient les convives. Les transports augmentaient d'un moment à l'autre : tout d'un coup on annonce le roi, il entre dans la salle du banquet en habit de chasse, suivi de la reine qui tenait le dauphin dans ses bras. Des acclamations d'amour et de dévouement se font entendre; l'épée nue à la main, on boit à la santé de la famille royale; et au moment où Louis XVI se retire, la musique joue l'air : *O Richard, ô mon roi, l'univers t'abandonne!...* La scène prend alors un caractère bien significatif : la marche des hullans et les vins versés avec profusion font perdre aux convives toute réserve. On sonne la charge ; les convives chancelants escaladent les loges comme si l'on montait à l'assaut, des cocardes blanches sont distribuées, la cocarde tricolore est, dit-on, foulée aux pieds, et cette troupe se répand ensuite dans les galeries du château, où les dames de la cour lui prodiguent les félicitations et la décorent de rubans et de cocardes.

Tel fut ce fameux repas du 1er octobre que la cour eut l'imprudence de renouveler le 3. On ne peut s'empêcher de déplorer sa fatale imprévoyance : elle ne savait ni se soumettre à sa destinée, ni la changer. Le rassemblement des troupes, loin de prévenir l'agression de Paris, la provoqua ; le banquet ne rendit pas le dévouement des soldats plus sûr, tandis qu'il augmenta les indispositions de la multitude. Pour se garder il ne fallait pas tant d'ardeur, ni, pour fuir, tant d'appareil ; mais la cour ne prenait jamais la mesure propre à la réussite de ses desseins, ou ne la prenait qu'à demi, et pour se décider elle attendait toujours qu'il ne fût plus temps.

A Paris la nouvelle du repas, l'apparition des cocardes noires, produisirent la plus grande fermentation. Dès le 4, des rumeurs sourdes, des provocations contre-révolutionnaires, la crainte des complots, l'indignation contre la cour, la frayeur croissante de la disette, tout annonçait un soulèvement; la multitude tournait déjà ses regards vers Versailles. Le 5 l'insurrection éclata d'une manière violente et invincible : le manque absolu de farine en fut le signal. Une jeune fille entra dans un corps-de-garde, s'empara d'un tambour, et parcourut les rues en battant la caisse et en criant *du pain! du pain!* elle fut bientôt entourée d'un cortége de femmes. Cette troupe s'avance vers l'Hôtel-de-Ville en se grossissant toujours; elle force la garde à cheval qui était aux portes de la commune, pénètre dans l'intérieur en demandant du pain et des armes; elle enfonce les portes, s'empare des armes, sonne le tocsin, et se dispose à marcher sur Versailles. Bientôt le peuple en masse fait entendre le même vœu et le cri *A Versailles!* devient général. Les femmes partirent les premières sous la conduite de Maillard, un des volontaires de la Bastille. Le peuple, la garde nationale, les gardes-françaises demandaient à les suivre; le commandant La Fayette s'opposa long-temps au départ, mais ce fut vainement, et ni ses efforts, ni sa popularité, ne purent triompher de l'obstination de la multitude. Pendant sept heures il la harangua et la retint. Enfin, impatiente de tant de retards, méconnaissant sa voix, elle allait se mettre en marche sans lui, lorsque sentant que son devoir était de la conduire comme il avait été d'abord de l'arrêter, il obtint de la commune l'autorisation du départ, et il en donna le signal vers sept heures du soir.

A Versailles l'agitation était moins impétueuse mais aussi réelle : la garde nationale et l'assemblée étaient inquiètes et irritées. Le double repas des gardes-du-corps, l'approbation que venait de lui donner la reine en disant : « *J'ai été* « *enchantée de la journée de jeudi;* » le refus du roi d'accepter simplement les droits de l'homme, ses temporisations concertées, et le défaut de subsistances excitaient les alarmes des représentants du peuple et les remplissaient de soupçons. Pétion ayant dénoncé les repas des gardes, fut sommé par un député royaliste de développer sa dénonciation, et de faire connaître les coupables. « Que l'on déclare expressément que « tout ce qui n'est pas le roi est sujet et res- « ponsable, s'écria vivement Mirabeau, et je four- « nirai des preuves. » Ces paroles, qui désignaient la reine, forcèrent le côté droit au silence. Cette discussion hostile avait été précédée et fut suivie de discussions non moins animées sur le refus de sanction et sur la disette de Paris. Enfin une députation venait d'être envoyée au roi, pour lui demander l'acceptation pure et simple des droits de l'homme et pour le conjurer de faciliter l'approvisionnement de la capitale de tout son pouvoir, lorsqu'on annonça l'arrivée des femmes conduites par Maillard.

Leur apparition inattendue, car elles avaient arrêté tous les courriers qui auraient pu l'annoncer, excita l'effroi de la cour. Les troupes de Versailles prirent les armes et entourèrent le château; mais les dispositions des femmes n'étaient point hostiles. Maillard, leur chef, les avait décidées à se présenter en suppliantes, et c'est dans cette attitude qu'elles exposèrent successivement leurs griefs à l'assemblée et au roi. Aussi, les premières heures de cette tumultueuse soirée furent assez calmes; mais il était impossible que des causes de trouble et d'hostilité ne survinssent pas entre cette troupe désordonnée, et les gardes-du-corps, objet de tant d'irritation. Ceux-ci étaient placés dans la cour du château, en face de la garde nationale et du régiment de Flandre. L'intervalle qui les séparait était rempli de femmes et de volontaires de la Bastille. Au milieu de la confusion, suite inévitable d'un pareil rapprochement, une rixe s'engagea : ce fut le signal du désordre et du combat. Un officier des gardes frappa de son sabre un soldat parisien, et fut en retour atteint d'un coup de feu au bras. La garde nationale prit parti contre les gardes-du-corps ; la mêlée devint assez vive, et aurait été sanglante sans la nuit, le mauvais temps, et l'ordre que les gardes-du-corps reçurent d'abord de cesser le feu, puis de se retirer. Mais comme on les accusait d'avoir été les agresseurs, l'acharnement de la multitude fut quelque temps extrême ; elle fit une irruption dans leur hôtel : deux d'entre eux furent blessés, et un autre fut sauvé avec peine.

Pendant ce désordre, la cour était consternée, la fuite du roi était mise en délibération, des voitures étaient prêtes ; un piquet de garde nationale les aperçut à la grille de l'orangerie, et les fit rentrer après avoir fermé la grille. D'ailleurs le roi, soit qu'il eût ignoré jusque-là les desseins de la cour, soit qu'il ne les crût plus praticables, refusa de s'évader. Des craintes se mêlaient à ses intentions pacifiques, lorsqu'il ne voulait pas repousser l'agression ou prendre la fuite. Vaincu, il redoutait le même sort que Charles Ier en Angleterre ; absent, il craignait que le duc d'Orléans n'obtînt la lieutenance du royaume. Mais sur ces entrefaites la pluie, la fatigue, et l'inaction des gardes-du-corps, ralentirent la fureur de la multitude, et La Fayette arriva à la tête de l'armée parisienne.

Sa présence ramena la sécurité à la cour, et

les réponses du roi à la députation de Paris satisfirent la multitude et l'armée. En peu de temps, l'activité de La Fayette, le bon esprit et la discipline de la garde parisienne, rétablirent l'ordre partout. Le calme reparut : cette foule de femmes et de volontaires, vaincue par la lassitude, s'écoula ; et les gardes nationaux furent les uns commis à la défense du château, les autres reçus chez leurs frères d'armes de Versailles. La famille royale rassurée, après les alarmes et les fatigues de cette pénible nuit, se livra au repos vers deux heures du matin. A cinq heures La Fayette, après avoir visité les postes extérieurs, qui avaient été confiés à sa garde, trouvant le service bien exécuté, la ville calme, la foule ou évacuée ou endormie, prit aussi quelques instants de sommeil.

Mais vers six heures, quelques hommes du peuple, plus exaltés que les autres et éveillés plutôt qu'eux, rôdaient autour du château. Ils trouvent une grille ouverte, ils avertissent leurs compagnons, et pénètrent par cette issue. Malheureusement les postes intérieurs avaient été laissés aux gardes-du-corps, et refusés à l'armée parisienne ; et ce fatal refus causa tous les malheurs de cette nuit. La garde intérieure n'avait pas même été doublée ; on avait à peine visité les grilles, et le service se faisait négligemment comme en temps ordinaire. Ces hommes, agités de toutes les passions qui les avaient conduits à Versailles, aperçurent un garde-du-corps à une fenêtre, et l'assaillirent de leurs propos; il tira sur eux et blessa un des leurs. Ils se précipitèrent alors sur les gardes-du-corps, qui défendirent le château pied à pied et se dévouèrent avec héroïsme; l'un d'eux eut le temps d'avertir la reine, que menaçaient surtout les assaillants, et la reine s'enfuit, à demi nue, auprès du roi; le tumulte et les dangers étaient extrêmes dans le château.

La Fayette, averti de l'invasion de la demeure royale, monte à cheval, et se dirige en toute hâte vers le lieu du danger. Il rencontre sur la place, des gardes-du-corps entourés de furieux qui veulent les massacrer. Il se jette au milieu d'eux, appelle à lui quelques gardes-françaises qui n'étaient pas éloignés, et après avoir dispersé les assaillants et sauvé les gardes-du-corps, il se précipite au château. Il le trouve déjà secouru par les grenadiers des gardes-françaises, qui, au premier bruit du tumulte, avaient accouru et avaient protégé les gardes-du-corps contre la furie des Parisiens. Mais la scène n'était point terminée; la foule rassemblée dans la cour de marbre, sous le balcon du roi, le demandait à grands cris; le roi parut. On demanda son départ pour Paris, il promit d'y aller avec sa famille, et l'on couvrit cette nouvelle d'applaudissements. La reine était résolue à le suivre, mais les préventions étaient si fortes contre elle, que le voyage n'était pas sans danger; il fallait la réconcilier avec la multitude. La Fayette lui proposa de l'accompagner au balcon; après avoir hésité elle s'y décida. Ils parurent ensemble, et pour se faire entendre d'un signe à cette foule tumultueuse, pour vaincre ses animosités, réveiller son enthousiasme, La Fayette baisa avec respect la main de la reine; la foule répondit par ses acclamations. Il restait encore à faire la paix des gardes-du-corps, La Fayette s'avança avec un d'eux, plaça sur son chapeau sa propre cocarde tricolore, et l'embrassa à la vue du peuple qui s'écria: *Vivent les gardes-du-corps!* Ainsi finit cette scène; la famille royale partit pour Paris, escortée par l'armée et par ses gardes mêlés avec elle.

L'insurrection des 5 et 6 octobre fut un vrai mouvement populaire; il ne faut pas lui chercher des motifs secrets, ni l'attribuer à des ambitions cachées; elle fut provoquée par les imprudences de la cour. Le repas des gardes-du-corps, des bruits de fuite, la crainte de la guerre civile, et la disette, portèrent seuls Paris sur Versailles. Si des instigateurs particuliers, ce que les recherches les plus intéressées ont laissé douteux, contribuèrent à produire le mouvement, ils n'en changèrent ni la direction ni le but. Cet évènement eut pour résultat de détruire l'ancien régime de la cour; il lui enleva sa garde, il la transporta de la ville royale dans la capitale de la révolution, et la plaça sous la surveillance du peuple.

CHAPITRE III.

Suites des événements d'octobre. — Changement des provinces en départements; organisation des autorités administratives et municipales d'après le système de la souveraineté populaire et de l'élection. — Finances; tous les moyens auxquels on a recours sont insuffisants; on proclame les biens du clergé, biens nationaux. — La vente des biens du clergé amène les assignats. — Constitution civile du clergé; opposition civile des évêques. — Anniversaire du 14 juillet, abolition des titres, fédération du Champ-de-Mars. — Nouvelle organisation de l'armée, opposition des officiers. — Schisme à propos de la constitution civile du clergé. — Clubs. — Mort de Mirabeau. — Pendant toute cette époque la séparation des partis devient de plus en plus prononcée.

L'époque qui fait le sujet de ce chapitre fut moins remarquable par les évènements que par la séparation de plus en plus prononcée des partis. A mesure que des changements s'opéraient dans l'état et dans les lois, ceux dont ils blessaient les intérêts ou les opinions, se déclaraient contre eux. La révolution avait eu pour adversaires, dès le commencement des états-généraux, la cour; dès la réunion des ordres et l'abolition des priviléges, la noblesse; dès l'établissement d'une seule assemblée et le rejet des deux chambres, le ministère et les partisans du gouvernement anglais. Elle eut de plus contre elle, dès l'organisation départementale, les pays d'états; dès le décret sur les biens et sur la constitution civile du clergé, tout le corps ecclésiastique; dès les nouvelles lois militaires, tous les officiers de l'armée. Il semble que l'assemblée n'aurait point dû opérer tant de changements à la fois, pour ne pas se faire un si grand nombre d'ennemis; mais ses plans généraux, ses besoins, et les menées mêmes de ses adversaires, exigèrent toutes ces innovations.

L'assemblée, après les 5 et 6 octobre, eut son émigration comme la cour avait eu la sienne après le 14 juillet. Mounier et Lally-Tollendal la quittèrent, et désespérèrent de la liberté, au moment où leurs idées cessèrent d'être suivies. Trop absolus dans leurs plans, ils auraient voulu que le peuple, après avoir délivré l'assemblée au 14 juillet, cessât tout d'un coup d'agir, ce qui était méconnaître l'entraînement des révolutions. Lorsqu'on s'est servi du peuple, il devient très-difficile de le licencier; et le plus prudent n'est pas de contester, mais de régulariser son intervention. Mounier se rendit dans le Dauphiné sa province, qu'il tenta de soulever contre l'assemblée. Il y avait de l'inconséquence à se plaindre d'une insurrection, et à en provoquer une, lors surtout qu'elle eût profité à un autre parti, car le sien était trop faible pour se soutenir entre l'ancien régime et la révolution. Malgré son influence dans le Dauphiné, dont il avait dirigé les anciens mouvements, Mounier ne put pas y établir un centre de résistance durable, mais l'assemblée fut avertie par là de détruire l'ancienne organisation provinciale, qui pouvait servir de cadre à la guerre civile.

Après les 5 et 6 octobre, la représentation nationale avait suivi le roi dans la capitale, que leur présence commune avait beaucoup contribué à calmer. Le peuple était satisfait de posséder le roi, les motifs qui excitaient son effervescence avaient cessé; de près la défiance était moins grande, et à Paris les projets contre-révolutionnaires de la cour devenaient difficiles. Le duc d'Orléans, qui, à tort ou à raison, était considéré comme le machinateur de l'insurrection, venait d'être éloigné; il avait consenti à se rendre en Angleterre avec une mission. La Fayette était décidé à maintenir l'ordre; la garde nationale, animée du meilleur esprit, acquérait chaque jour l'habitude de la discipline et de l'obéissance; la municipalité sortait de la première confusion de son établissement, et commençait à prendre de l'autorité. Il ne restait plus qu'une cause de troubles, la disette : malgré le dévouement et la prévoyance du comité chargé des approvisionnements, des attroupements journaliers menaçaient la tranquillité publique. Le peuple, si facile à tromper lorsqu'il souffre, égorgea un boulanger nommé *François*, qui lui fut injustement désigné comme un accapareur. On proclama alors la loi martiale, qui autorisait la municipalité à faire usage de la force pour dissiper les attroupements, après avoir sommé les citoyens de se retirer. La puissance était entre les mains d'une classe intéressée à l'ordre : les communes et les gardes nationales étaient soumises à l'assemblée, l'obéissance à la loi étant la passion de cette époque. Les députés, de leur côté, n'aspiraient plus qu'à achever la constitution, et à effectuer la réorganisation de l'état. Ils avaient d'autant plus besoin de se hâter que les ennemis de l'assemblée se servirent de ce qui restait de l'ancien régime, pour lui susciter des embarras; aussi répondit-elle à chacune de leurs tentatives par un décret qui, en changeant l'ancien ordre des choses, les priva d'un de leurs moyens d'attaque.

Elle commença par distribuer le royaume d'une manière plus égale et plus régulière. Les provinces, qui avaient vu avec regret la perte de leurs priviléges, formaient de petits états, dont l'étendue était trop vaste, et l'administration trop indépendante : il importait de réduire leur dimension, de changer leurs noms et de les soumettre au même régime. L'assemblée adopta à cet égard le projet conçu par Sieyes et présenté par Thouret au nom d'un comité qui s'occupa sans relâche de cette matière pendant deux mois.

La France fut divisée en quatre-vingt-trois départements, à peu près égaux en étendue et en population ; le département fut divisé en districts, le district en cantons. On régla leur administration d'une manière uniforme et hiérarchique. Le département eut un conseil administratif composé de trente-six membres, et un directoire exécutif, composé de cinq : comme le nom l'indique, les fonctions de l'un furent de décider, celles de l'autre d'agir. Le district fut organisé de même : quoique sur un plus petit pied, il eut un conseil et un directoire, qui furent moins nombreux, et qui relevèrent du conseil et du directoire supérieurs. Le canton, composé de cinq ou six paroisses, fut une division électorale, et non administrative ; les citoyens actifs, et pour être tel il fallait payer une contribution équivalente à trois journées de travail, se réunirent au canton pour nommer leurs députés et leurs magistrats. Tout dans le nouveau plan fut soumis à l'élection ; mais celle-ci eut plusieurs degrés. Il paraissait imprudent de confier à la multitude le choix de ses délégués, et illégal de ne pas l'y faire concourir : on échappa à cette difficulté par la double élection. Les citoyens actifs du canton désignèrent des électeurs chargés de nommer les membres de l'assemblée nationale, les administrateurs du département, ceux du district, et les juges des tribunaux. On établit un tribunal criminel pour tout le département, un tribunal civil pour chaque district, et un tribunal de paix pour chaque canton.

Telle fut l'institution du département : il restait à régler celle de la commune. L'administration de cette dernière fut confiée à un conseil général et à une municipalité, composés de membres dont le nombre fut proportionné à la population des villes. Les officiers municipaux furent nommés immédiatement par le peuple, et purent seuls requérir l'action de la force armée. La commune forma le premier degré de l'association, le royaume en forma le dernier ; le département servit d'intermédiaire entre la commune et l'état, entre les intérêts universels et les intérêts purement locaux.

L'exécution de ce plan, qui organisait la souveraineté du peuple, qui faisait concourir tous les citoyens à l'élection de leurs magistrats, qui leur confiait leur propre administration, et les distribuait dans des cadres qui, en permettant à l'état entier de se mouvoir, maintenaient la correspondance dans ses parties et prévenaient leur isolement, excita le mécontentement de quelques provinces. Les états du Languedoc et de Bretagne protestèrent contre la nouvelle division du royaume; et de leur côté les parlements de Metz, de Rouen, de Bordeaux, de Toulouse, s'élevèrent contre les opérations de l'assemblée qui supprima les chambres de vacations, abolit les ordres, et déclara incompétentes les commissions des états. Les partisans de l'ancien régime saisissaient tous les moyens de l'inquiéter dans sa marche : la noblesse excitait les provinces, les parlements prenaient des arrêtés, le clergé faisait des mandements, et les écrivains profitaient de la liberté de la presse pour attaquer la révolution. Ses deux principaux ennemis furent les nobles et les évêques. Le parlement n'ayant pas de racine dans la nation, ne formait qu'une magistrature dont on prévenait les attaques en la détruisant; au lieu que la noblesse et le clergé avaient des moyens d'action qui survivaient à leur influence de corps. Les malheurs de ces deux classes furent causés par elles-mêmes; après avoir harcelé la révolution dans l'assemblée, elles l'attaquèrent plus tard à force ouverte, le clergé par des soulèvements intérieurs, la noblesse en armant l'Europe contre elle. Ils espérèrent beaucoup de l'anarchie, qui causa, il est vrai, de grands maux à la France, mais qui fut loin de rendre leur propre situation meilleure. Voyons comment furent amenées les hostilités du clergé, et pour cela reprenons les choses de plus haut.

La révolution avait commencé par les finances, et n'avait pas pu faire cesser encore les embarras qui l'avaient produite. De plus importants objets avaient occupé les moments de l'assemblée. Appelée, non plus à soudoyer l'administration, mais à constituer l'état, elle avait de temps en temps suspendu ses discussions législatives pour satisfaire aux besoins les plus pressants du trésor. Necker avait proposé des moyens provisoires qui avaient été adoptés de confiance, et presque sans discussion. Malgré cet empressement, il ne voyait pas sans humeur les finances subordonnées à la constitution, et le ministère à l'assemblée. Un premier emprunt de trente millions, décrété le 9 août, n'avait pas réussi; un emprunt postérieur de quatre-vingts millions, décrété le 27 du même mois, avait été insuffisant. Les impôts étaient réduits ou abolis, et ils ne produisaient presque rien à cause de la difficulté de leur perception. Il devenait inutile de recourir à la confiance publique, qui refusait ses secours; et, en septembre, Necker avait proposé, comme unique moyen, une contribution extraordinaire du quart du revenu, une fois payé : chaque citoyen devait le fixer lui-même, en employant cette formule de serment si simple, et qui peint si bien ces premiers temps de loyauté et de patriotisme : *Je déclare avec vérité.*

Ce fut alors que Mirabeau fit décerner à Necker une véritable dictature financière. Il parla des besoins urgents de l'état, des travaux de l'assemblée qui ne lui permettaient pas de discuter le plan du ministre, et qui lui interdisaient d'en examiner un autre, de l'habileté de Necker qui promettait la réussite du sien; et il pressa l'assemblée de se décharger sur lui de la responsabilité du succès en l'adoptant de confiance. Comme les uns n'approuvaient pas les vues du ministre, comme les autres suspectaient les intentions de Mirabeau à son égard, il finit ce discours, l'un des plus éloquents qu'il ait prononcés, en montrant la banqueroute menaçante et en s'écriant : « Votez ce subside extraor-
« dinaire, et puisse-t-il être suffisant ! Votez-le,
« parce que si vous avez des doutes sur les moyens,

« vous n'en avez pas sur la nécessité et sur notre
« impuissance à le remplacer; votez-le, parce
« que les circonstances publiques ne souffrent
« aucun retard, et que nous serions comptables
« de tout délai. Gardez-vous de demander du
« temps ; le malheur n'en accorde jamais... Hé !
« messieurs, à propos d'une ridicule motion du
« Palais-Royal, d'une risible incursion qui n'eut
« jamais d'importance que dans les imaginations
« faibles ou les desseins pervers de quelques hom-
« mes de mauvaise foi, vous avez entendu na-
« guère ces mots forcenés : *Catilina est aux*
« *portes de Rome, et l'on délibère!* Et, certes,
« il n'y avait autour de nous ni Catilina, ni pé-
« rils, ni factions, ni Rome : mais aujourd'hui la
« banqueroute, la hideuse banqueroute est là ;
« elle menace de consumer vous, vos propriétés,
« votre honneur; et vous délibérez! » Mirabeau
avait entraîné l'assemblée; et l'on avait voté la
contribution patriotique au milieu des applaudissements universels.

Mais cette ressource n'avait produit qu'un soulagement momentané. Les finances de la révolution dépendaient d'une mesure plus hardie et plus vaste; il fallait non-seulement faire subsister la révolution, mais encore combler l'immense déficit qui retardait sa marche et menaçait son avenir. Il ne restait qu'un moyen, celui de déclarer nationales les propriétés ecclésiastiques, et de les vendre à la décharge de l'état. L'intérêt public le prescrivait ainsi, et on le pouvait en toute justice, le clergé n'étant pas propriétaire, mais simple administrateur de ses biens, qui avaient été donnés au culte, et non aux prêtres. La nation, en se chargeant des frais de l'autel et de l'entretien de ses ministres, pouvait donc se les approprier, se procurer par là une ressource financière importante, et obtenir un grand résultat politique.

Il importait de ne plus laisser dans l'état de corps indépendant, et surtout ancien, car en temps de révolution tout ce qui est ancien est ennemi. Le clergé, par sa formidable hiérarchie et son opulence, étranger aux changements nouveaux, se serait maintenu en république dans le royaume. Cette forme convenait à un autre régime : lorsqu'il n'y avait pas d'état, mais seulement des corps, chaque ordre avait pourvu à son organisation et à son existence. Le clergé avait ses décrétales, la noblesse sa loi des fiefs, le peuple ses municipalités; tout était indépendant, parce que tout était privé; mais aujourd'hui, que les fonctions devenaient publiques, il convenait de faire du sacerdoce une magistrature, comme on l'avait fait de la royauté; et, pour les rendre dépendants de l'état, il fallait les faire salarier par lui, et reprendre au monarque ses domaines, au clergé ses biens, en affectant à l'un et à l'autre des dotations convenables. Voici comment fut conduite cette grande opération, qui détruisit l'ancien régime ecclésiastique.

Un des besoins les plus pressants était l'abolition des dîmes. Comme c'était un impôt payé au clergé par le peuple des campagnes, le sacrifice devait tourner au profit de ceux qui en étaient écrasés. Aussi, après les avoir déclarées rachetables, dans la nuit du 4 août, on les supprima sans équivalent le 11 du même mois : le clergé s'y opposa d'abord, mais il eut ensuite le bon esprit d'y consentir. L'archevêque de Paris abandonna les dîmes au nom de tous ses confrères, et, par cet acte de prudence, il se montra fidèle à la conduite des privilégiés, dans la nuit du 4 août ; mais ce fut le terme de ses sacrifices.

Peu de temps après, la discussion commença sur la propriété des biens ecclésiastiques. L'évêque d'Autun, Talleyrand, proposa au clergé d'y renoncer en faveur de la nation, qui les emploierait à l'entretien des autels et au paiement de sa dette. Il prouva la justice et la convenance de cette mesure ; il montra les grands avantages qui en résulteraient pour l'état. Les biens du clergé s'élevaient à plusieurs milliards; en se chargeant de ses dettes, du service ecclésiastique, de celui des hôpitaux, de la dotation de ses ministres, il restait encore de quoi éteindre toutes les rentes publiques, tant perpétuelles que viagères, et de quoi rembourser le prix des offices de judicature. Le clergé se souleva contre cette proposition. La discussion fut très-vive; et l'on prouva, malgré sa résistance, qu'il n'était pas propriétaire, mais simple dépositaire des biens consacrés aux autels par la piété des rois ou des fidèles, et que la nation, en fournissant au service, devait rentrer dans les biens. Le décret qui les mit à sa diposition fut porté le 2 décembre.

Dès lors éclata la haine du clergé contre la révolution. Il avait été moins intraitable que la noblesse au commencement des états-généraux, pour sauver ses richesses; depuis, il se montra aussi opposé qu'elle au nouveau régime. Cependant, comme le décret mettait les biens ecclésiastiques à la disposition de la nation sans les dénaturer encore, il n'éclata pas de suite. De quelque temps l'administration ne cessa pas de lui en être confiée, et il espéra qu'ils serviraient d'hypothèque à la dette, mais qu'ils ne seraient point vendus.

Il était difficile en effet de consommer cette vente, qui ne pouvait cependant pas être retardée., le trésor ne subsistant que d'anticipations, et la caisse d'escompte, qui lui fournissait ses billets, commençant à perdre tout crédit, à cause de la grande quantité de ses émissions. Voici comment on en vint à bout et de quelle manière on procéda à la nouvelle organisation financière. Les besoins de cette année et de l'année suivante exigeaient une vente de 400 millions de ses biens : pour la faciliter, la municipalité de Paris fit une soumission considérable, et les municipalités du royaume suivirent l'exemple de celle de Paris. Elles devaient verser au trésor les biens qu'elles recevaient de l'état pour les vendre aux particuliers; mais elles manquaient d'argent, et elles ne pouvaient pas verser le prix puisqu'elles n'avaient pas encore d'acheteurs. Que firent-elles alors? elles fournirent des billets municipaux, destinés à rembourser les créanciers publics, jusqu'à ce qu'elles eussent acquis les fonds nécessaires pour retirer ces billets. Lorsqu'on en fut arrivé là, on comprit qu'au lieu de ces billets municipaux, il valait mieux créer des billets d'état qui eussent un cours forcé et qui fissent fonction de monnaie : c'était simplifier l'opération en la généralisant. Ainsi naquirent les assignats.

Cette découverte servit beaucoup la révolution, et permit seule la vente des biens ecclésiastiques: les assignats, qui étaient un moyen d'acquittement pour l'état, devinrent un gage pour les créanciers et de plus une véritable monnaie. De cette manière, le créancier qui les recevait n'etait point tenu de se payer en terres de ce qu'il avait fourni en numéraire; mais tôt ou tard les assignats devaient parvenir à des hommes disposés à les réaliser, et alors ils devaient être détruits en même temps que leur gage cessait. Afin qu'ils remplissent leur but, on exigea leur circulation forcée; afin qu'ils fussent solides, on en limita la quantité à la valeur des biens qu'on mit en vente; afin qu'ils ne tombassent point par un change trop subit, on leur fit porter intérêt; l'assemblée voulut leur donner dès l'instant même de leur émission toute la consistance d'une monnaie. Elle espéra que le numéraire enfoui par la défiance, reparaîtrait aussitôt, et que les assignats entreraient en concurrence avec lui. L'hypothèque les rendait aussi assurés, et l'intérêt plus avantageux; mais cet intérêt, qui avait de grands inconvénients, disparut à la prochaine émission. Tel fut le commencement de ce papier monnaie émis avec tant de nécessité et de prudence, qui permit à la révolution l'accomplissement de si grandes choses, et qui fut décrédité par des causes qui tenaient moins à sa nature qu'à l'usage postérieur qu'on en fit.

Lorsque le clergé vit l'administration de ses biens transférée aux municipalités, la vente de quatre cents millions qu'on allait en faire, la création d'un papier monnaie qui facilitait son dépouillement et le rendait définitif, il n'oublia rien pour faire intervenir Dieu dans la cause de ses richesses. Il fit une dernière tentative, il offrit de réaliser en son nom l'emprunt des 400 millions, ce qui fut rejeté, parce qu'autrement on l'eût de nouveau reconnu propriétaire après avoir décidé qu'il ne l'était pas. Il chercha alors tous les moyens d'entraver les opérations des municipalités : dans le midi, il souleva les catholiques contre les protestants; dans la chaire il alarma les consciences, dans le confessional il traita les ventes de sacriléges, et à la tribune il chercha à rendre suspects les sentiments de l'assemblée. Il fit naître, autant qu'il put, des questions religieuses afin de la compromettre et de confondre la cause de son propre intérêt avec celle de la religion. Déjà lors de l'abolition des vœux monastiques, dont les abus et l'inutilité étaient alors reconnus par tout le monde, même par le clergé, l'évêque de Nancy avait proposé incidemment et d'une manière perfide que la religion catholique eût seule un culte public; l'assemblée s'était élevée contre les motifs qui avaient suggéré cette proposition, et elle avait passé outre. Mais la même proposition avait été présentée de nouveau dans une autre séance, et après les plus orageux débats, l'assemblée avait déclaré que, par respect pour l'Être Suprême et la religion catholique, la seule qui fût entretenue aux frais de l'état, elle ne croyait pas devoir prononcer sur la question qui lui était soumise.

Le clergé était dans ces dispositions, lorsque l'assemblée s'occupa de son organisation intérieure. Il attendait avec impatience cette occasion d'exciter un schisme. Ce projet dont l'adoption a fait tant de mal, tendait à reconstituer l'église sur ses antiques bases, et à ramener la pureté des croyances : il n'était point l'œuvre des philosophes, mais de chrétiens austères, qui voulaient appuyer le culte sur la constitution, et les faire concourir l'un et l'autre au bonheur de l'état. La réduction des évêchés au même nombre que les départements, la conformité de la circonscription ecclésiastique avec la circonscription civile, la nomination des évêques par les électeurs qui choisissaient les administrateurs et les députés, la suppression des chapitres et le remplacement des chanoines par des vicaires, tel était ce plan; rien de cela n'attaquait le dogme ou le culte de l'église. Pendant long-temps les évêques et les autres ecclésiastiques avaient été nommés par le peuple; et quant aux limites diocésaines, c'était une opération purement matérielle, et qui n'avait rien de religieux; il était d'ailleurs pourvu généreusement à l'entretien des membres du clergé; et si les hauts dignitaires voyaient leurs revenus réduits, les curés, qui en formaient la portion la plus utile et la plus nombreuse, obtenaient une augmentation dans les leurs.

Mais il fallait un prétexte, et celui de la constitution civile du clergé fut avidement saisi. Dès l'ouverture de la discussion, l'archevêque d'Aix protesta contre les principes du comité ecclésiastique. Selon lui la discipline s'opposait à ce que les évêques fussent institués par l'autorité civile ou destitués par elle; et au moment où le décret allait être mis aux voix, l'évêque de Clermont rappela les principes exposés par l'archevêque d'Aix, et il sortit de la salle à la tête de tous les membres dissidents. Le décret passa; mais le clergé se mit en guerre contre la révolution.

Dès ce moment le corps ecclésiastique se ligua d'une manière plus étroite avec la noblesse dissidente. Également ramenées à la condition commune, les deux classes privilégiées employèrent tous leurs efforts pour empêcher l'exécution des réformes. A peine les départements furent-ils formés, qu'elles y envoyèrent des commissaires pour réunir les électeurs, et tenter de nouvelles nominations. Leur espoir n'était point d'obtenir des choix favorables, mais de faire naître des divisions entre l'assemblée et les départements. Ce projet fut dénoncé à la tribune; et dès qu'il fut connu, il échoua. Ses auteurs s'y prirent alors d'une autre manière: le terme des mandats donné aux députés des états-généraux était arrivé, leur pouvoir ne devant durer qu'un an, d'après le vœu des bailliages; les aristocrates profitèrent de cette expiration pour demander le renouvellement de l'assemblée: s'ils l'avaient obtenu, ils auraient remporté un très-grand avantage, et c'est pour cela qu'ils invoquèrent eux-mêmes la souveraineté du peuple. « Sans doute, leur répondit « Chapelier, toute souveraineté réside dans le « peuple, mais ce principe est sans application « dans la circonstance présente. Ce serait dé- « truire la constitution et la liberté que de re- « nouveler l'assemblée avant même que cette « constitution soit finie : tel est en effet l'espoir « de ceux qui voudraient voir périr la constitu- « tion et la liberté, et voir renaître la destruc- « tion des ordres, la prodigalité du revenu pu- « blic, et les abus qui marchent à la suite du « despotisme. » Tous les regards se dirigèrent en ce moment vers le côté droit, et s'arrêtèrent sur l'abbé Maury. *Envoyez ces gens-là au Châtelet*, s'écria brusquement celui-ci, *ou si vous ne les connaissez pas, n'en parlez point.* — « Il « est impossible, continua Chapelier, que la « constitution ne soit pas faite par une seule as-« semblée. D'ailleurs les anciens électeurs n'exis-« tent plus, les bailliages sont confondus dans « les départements; les ordres ne sont plus sé-« parés. La clause de la limitation des pouvoirs « devient donc sans valeur; il est donc contraire « aux principes de la constitution, que les dé-« putés dont les mandats en sont frappés, ne « demeurent pas dans cette assemblée; leur ser-« ment leur commande d'y rester, et l'intérêt « public l'exige.

« On nous environne de sophismes, reprit « alors l'abbé Maury; depuis quand sommes-nous « une convention nationale? On parle du ser-« ment que nous avons fait le 20 juin, sans son-« ger qu'il ne saurait infirmer celui que nous « avions fait à nos commettants. Et puis, mes-« sieurs, la constitution est achevée, il ne vous « reste qu'à déclarer que le roi possède la plé-« nitude du pouvoir exécutif; nous ne sommes « ici que pour assurer au peuple français le droit « d'influer sur sa législation, pour établir que « l'impôt sera consenti par le peuple, pour as-

« surer notre liberté. Oui, la constitution est
« faite, et je m'oppose à tout décret qui limite-
« rait les droits du peuple sur les représentants.
« Les fondateurs de la liberté doivent respecter
« la liberté de la nation : elle est au-dessus de
« nous, et nous détruisons notre autorité en
« bornant l'autorité nationale. »

Les applaudissements du côté droit accueillirent ces paroles de l'abbé Maury. Mirabeau
monta sur le champ à la tribune. « On demande,
« dit-il, depuis quand les députés du peuple
« sont devenus convention nationale. Je réponds :
« c'est le jour où, trouvant l'entrée de leurs
« séances environnée de soldats, ils allèrent se
« réunir dans le premier endroit où ils purent
« se rassembler, pour jurer de plutôt périr que
« de trahir et d'abandonner les droits de la na-
« tion. Nos pouvoirs, quels qu'ils fussent, ont
« changé ce jour de nature; quels que soient les
« pouvoirs que nous avons exercés, nos efforts,
« nos travaux, les ont légitimés : l'adhésion de
« la nation les a sanctifiés. Vous vous rappelez
« tous le mot de ce grand homme de l'antiquité,
« qui avait négligé les formes légales pour sau-
« ver sa patrie. Sommé par un tribun factieux
« de dire s'il avait observé les lois, il répondit :
« Je jure que j'ai sauvé la patrie! Messieurs (en
« se tournant vers les députés des communes)

« je jure que vous avez sauvé la France! » L'assemblée entière se leva, par un mouvement spontané, et déclara que sa session ne finirait qu'au moment où son œuvre serait accomplie.

Les tentatives contre-révolutionnaires se multiplièrent aussi au dehors de l'assemblée. On essaya de séduire ou de désorganiser l'armée, mais l'assemblée prit de sages mesures à cet égard; elle attacha les troupes à la révolution, en rendant les grades et l'avancement indépendants de la cour et des titres nobiliaires. Le comte d'Artois, qui s'était réfugié à Turin, forma des intelligences avec Lyon et le midi; mais l'émigration n'ayant pas à cette époque la consistance extérieure qu'elle eut plus tard à Coblentz, et manquant d'appui dans l'intérieur, tous ses projets échouèrent. Les essais de soulèvement que le clergé tenta dans le Lauguedoc, furent sans résultat, ils amenèrent quelques troubles de peu de durée, mais ils n'engagèrent point une guerre religieuse. Il faut du temps pour former un parti, et il en faut davantage pour le décider à combattre sérieusement. Un dessein moins impraticable fut celui d'enlever le roi et de le conduire à Péronne. Le marquis de Favras s'apprêtait à l'exécuter lorsqu'il fut découvert. Le Châtelet condamna à mort cet intrépide aventurier, qui manqua son entreprise parce qu'il y mit trop d'appareil. L'évasion du roi, après les évènements d'octobre, ne pouvait plus avoir lieu que d'une manière furtive, comme il arriva plus tard à Varenne.

La cour était dans une position équivoque et embarrassée : elle encourageait toutes les entreprises, elle n'en avouait aucune ; elle sentait plus que jamais sa faiblesse et sa dépendance de l'assemblée ; et tout en désirant de s'y soustraire, elle craignait de le tenter parce que le succès lui paraissait difficile. Aussi excitait-elle les résistances sans y coopérer ouvertement : avec les uns elle rêvait l'ancien régime, avec les autres elle ne cherchait qu'à modérer la révolution. Mirabeau avait depuis peu traité avec elle. Après avoir été un des principaux auteurs des réformes, il voulait leur donner de la stabilité, en enchaînant les factions ; son but était de convertir la cour à la révolution, et non de livrer la révolution à la cour. L'appui qu'il offrit était constitutionnel, il ne pouvait pas en proposer d'autre, car sa puissance tenait à sa popularité, et sa popularité à ses principes. Mais il eut le tort de le faire acheter : si ses immenses besoins ne lui avaient pas fait accepter de l'argent et vendre ses conseils, il n'eût pas été plus blâmable que l'inaltérable La Fayette, les Lameth et les Girondins, qui s'abouchèrent successivement avec elle; mais ni les uns ni les autres n'acquirent jamais la confiance absolue de la cour, qui ne recourait à eux que comme à un pis aller: elle tentait par leur moyen de suspendre la révolution, tandis que, par celui des aristocrates, elle espérait la détruire. De tous les chefs populaires, Mirabeau fut peut-être celui qui exerça le plus d'ascendant sur la cour parce qu'il était le plus entraînant et le plus fort.

Au milieu de tous ces complots et de toutes ces intrigues, l'assemblée travaillait sans relâche à la constitution. Le torrent populaire, après avoir débordé contre l'ancien régime, rentrait peu-à-peu dans son lit. De nouvelles digues le contenaient de toutes parts; le gouvernement de la révolution s'établissait avec promptitude; l'assemblée avait donné au nouveau régime son monarque, sa représentation nationale, sa division territoriale, sa force armée, ses pouvoirs municipaux et administratifs, ses tribunaux populaires, sa monnaie, son clergé; elle avait trouvé une hypothèque pour sa dette, et un moyen de déplacer les propriétés sans injustice.

Toutes les magistratures nouvelles furent temporaires. Sous la monarchie absolue les pouvoirs découlant du trône, les fonctionnaires étaient nommés par le roi; sous la monarchie constitutionnelle, tous les pouvoirs découlant du peuple, les fonctionnaires furent nommés par lui. Le trône seul fut transmissible, les autres pouvoirs n'étant ni la propriété d'un homme, ni d'une famille, ne furent pas plus viagers qu'héréditaires. La législation de cette époque dépendit d'un principe unique, la souveraineté de la nation. Les fonctions judiciaires eurent elles-mêmes ce caractère de mobilité : le jury, institution démocratique, commune autrefois à tout le continent, et qui n'avait survécu qu'en Angleterre aux envahissements de la féodalité ou du trône, fut introduit dans les causes criminelles. Dans les causes civiles on nomma des juges spéciaux. On établit des tribunaux sédentaires, deux degrés de juridiction pour donner un recours contre l'erreur, et une cour de cassation qui veillât à la conservation des formes protectrices de la loi. Mais les juges furent élus et temporaires : ce redoutable pouvoir, lorsqu'il relève du trône, doit être inamovible pour être indépendant; mais il peut être temporaire lorsqu'il relève du peuple, parce qu'en dépendant de tous, il ne dépend de personne.

Dans une autre matière tout aussi importante, le droit de paix et de guerre, l'assemblée décida une question neuve, délicate, et le fit d'une manière prompte, sûre et juste, après une des discussions les plus lumineuses et les plus éloquentes qui aient illustré ses séances. Comme la guerre et la paix tenaient plus à l'action qu'à la volonté, contre la règle ordinaire, elle en donna l'initiative au roi. Celui qui était plus à portée d'en connaître la convenance devait la proposer, mais c'était au corps législatif à la résoudre.

Le 14 juillet approchait, ce jour était pour la nation l'anniversaire de sa délivrance; on se préparait à le célébrer par une solennité qui élevât l'ame des citoyens et resserrât les liens communs. Une confédération de tout le royaume devait avoir lieu dans le Champ-de-Mars, et là, en plein air, des députés envoyés par les quatre-vingt-trois départements, la représentation nationale, la garde parisienne et le monarque, devaient prêter serment à la constitution. Pour préluder à cette fête patriotique, les membres populaires de la noblesse proposèrent l'abolition des titres, et l'assemblée vit se renouveler une séance semblable à celle du 4 août. Les titres, les armoiries, les livrées, les ordres de chevalerie, furent abolis, et la vanité perdit ses priviléges comme le pouvoir avait perdu les siens.

Cette séance plaça l'égalité partout et mit d'accord les mots avec les choses en détruisant cet attirail d'un autre temps. Les titres avaient autrefois désigné les fonctions; les armoiries avaient distingué de puissantes familles; les livrées avaient été revêtues par des armées de vassaux ; les ordres de chevalerie avaient défendu l'état contre l'étranger, ou l'Europe contre l'islamisme; mais aujourd'hui rien de cela n'était plus. Les titres avaient perdu leur réalité et leur convenance : la noblesse, après avoir cessé d'être une magistrature, cessait même d'être une illustration, et le pouvoir comme la gloire devait sortir des rangs plébéiens. Mais, soit que l'aristocratie tînt plus à ses titres qu'à ses priviléges, soit qu'elle n'attendît qu'un prétexte pour se déclarer ouvertement, cette dernière mesure détermina plus qu'aucune autre son émigration et ses attaques. Elle fut pour la noblesse ce que la constitution civile fut pour le clergé, une occasion bien plus qu'une cause d'hostilité.

Le 14 juillet arriva, la révolution eut peu de journées si belles : le temps seul ne répondit point à cette magnifique fête. Les députés de tous les départements furent présentés au roi, qui les accueillit avec beaucoup d'affabilité; il reçut aussi les plus touchants témoignages d'amour, mais comme roi constitutionnel. — « Sire,
« lui dit le chef de la députation bretonne en
« mettant un genou en terre et en lui présen-
« tant son épée, je remets en vos mains l'épée
« fidèle des braves Bretons, elle ne se teindra

« que du sang de vos ennemis. » Louis XVI le relève, l'embrasse, lui remet son épée. « Elle « ne saurait être mieux, répondit-il, qu'entre « les mains de mes chers Bretons, je n'ai jamais « douté de leur tendresse et de leur fidélité : « assurez-les que je suis le père, le frère, l'ami « de tous les Français. — Sire, ajoute le député, « tous les Français vous chérissent et vous ché- « riront parce que vous êtes un roi citoyen. »

C'était dans le Champ-de-Mars que devait avoir lieu la fédération; les immenses préparatifs de cette fête venaient à peine d'être terminés. Paris entier avait concouru pendant plusieurs semaines aux travaux, afin que tout fût prêt le 14. Le matin, à sept heures, le cortége des électeurs, des représentants de la commune, des présidents des districts, de l'assemblée nationale, de la garde parisienne, des députés de l'armée, des fédérés des départements, partirent avec ordre de l'emplacement de la Bastille. La présence de tous les corps nationaux, les bannières flottantes, les inscriptions patriotiques, les costumes variés, les sons de la musique, l'allégresse du peuple, rendaient ce cortége imposant. Il traversa la ville et passa la Seine au bruit d'une salve d'artillerie, sur un pont de bateaux qu'on avait jeté la veille. Il entra dans le Champ-de-Mars, en passant sous un arc de triomphe, décoré d'inscriptions patriotiques. Chaque corps se mit, avec ordre et au bruit des applaudissements, à la place qui lui était destinée.

Le vaste emplacement du Champ-de-Mars était entouré de gradins de gazon occupés par quatre cent mille spectateurs; au milieu s'élevait un autel à la manière antique; autour de l'autel, sur un vaste amphithéâtre, on voyait le roi, sa famille, l'assemblée et la municipalité; les fédérés des départements étaient placés par ordre, sous leur bannières; les députés de l'armée et la garde nationale étaient à leurs rangs et sous leurs drapeaux. L'évêque d'Autun monta sur l'autel en habits pontificaux; quatre cents prêtres, revêtus d'aubes blanches et décorés de ceintures tricolores flottantes, se portèrent aux quatre coins de l'autel. La messe fut célébrée au bruit des instruments militaires; l'évêque d'Autun bénit ensuite l'oriflamme et les quatre-vingt-trois bannières.

Il se fit alors un profond silence dans cette vaste enceinte; et La Fayette, nommé ce jour-là commandant général de toutes les gardes nationales du royaume, s'avança le premier pour prêter le serment civique. Il fut porté entre les bras des grenadiers sur l'autel de la patrie au milieu des acclamations du peuple; et il dit d'une voix élevée en son nom, au nom des troupes et des fédérés : — « Nous jurons d'être à jamais « fidèles à la nation, à la loi et au roi, de main- « tenir de tout notre pouvoir la constitution dé- « crétée par l'assemblée nationale et acceptée « par le roi, et de demeurer unis à tous les « Français par les liens indissolubles de la fra- « ternité. » Aussitôt les salves de l'artillerie, les cris prolongés *vive la nation! vive le roi!* le cliquetis des armes, les sons de la musique, se mêlèrent ensemble. Le président de l'assemblée nationale prêta le même serment, et tous les députés le répétèrent à la fois. Alors Louis XVI se leva : « Moi, dit-il, roi des Français, je jure « d'employer tout le pouvoir qui m'est délégué « par l'acte constitutionnel de l'état, à mainte- « nir la constitution décrétée par l'assemblée na- « tionale et acceptée par moi. » La reine entraînée leva le dauphin dans ses bras, et le montrant au peuple : « Voilà mon fils, il se réunit ainsi « que moi dans les mêmes sentiments. » Au même instant les bannières s'abaissèrent, les acclamations du peuple se firent entendre, les sujets crurent à la sincérité du monarque, le monarque à l'attachement des sujets, et on termina cette heureuse journée par un cantique d'actions de graces.

Les fêtes de la fédération se prolongèrent

quelque temps encore : des joutes, des illuminations, des danses furent données par la ville de Paris aux députés des départements. Un bal eut lieu sur le sol même où un an auparavant s'élevait la Bastille; des grilles, des fers, des ruines étaient jetés çà et là, et sur la porte on avait écrit cette inscription qui contrastait avec l'ancienne destination de ce séjour: *Ici l'on danse.*
« On dansait, en effet, avec joie, avec sécurité,
« dit un contemporain, sur le même sol où cou-
« lèrent tant de pleurs, où gémirent tant de
« fois le courage, le génie, l'innocence; où fu-
« rent si souvent étouffés les cris du désespoir. »
Après que ces fêtes furent terminées, on frappa une médaille pour en éterniser le souvenir, et chacun des fédérés retourna dans son département.

La fédération ne fit que suspendre les hostilités des partis. On recommença de petites intrigues, tant dans l'assemblée qu'au dehors. Le duc d'Orléans était revenu de sa mission, ou, pour mieux dire, de son exil. L'information sur les journées des 5 et 6 octobre, dont on l'accusait d'être l'auteur avec Mirabeau, avait été conduite par le Châtelet. Cette procédure, qui avait été suspendue, fut alors reprise. La cour, par cette attaque, se montra de nouveau imprévoyante; car il fallait démontrer l'accusation, ou ne pas l'entamer. L'assemblée, qui était décidée à livrer les coupables, si elle en avait trouvé, déclara qu'il n'y avait pas lieu à poursuivre; et Mirabeau, après une foudroyante sortie contre cette procédure, força le côté droit au silence, et demeura triomphant d'une accusation qu'on n'avait élevée que pour l'effrayer.

On n'attaquait pas seulement quelques députés, mais l'assemblée elle-même. La cour intriguait contre elle, le côté droit la poussait à l'exagération. *Nous aimons ses décrets*, disait l'abbé Maury; *il nous en faut encore trois ou quatre*. Des libellistes soudoyés faisaient vendre à sa porte des écrits propres à lui enlever le respect du peuple; les ministres blâmaient et contrariaient sa marche. Necker, que le souvenir de son ancien ascendant poursuivait toujours, lui adressait des mémoires, dans lesquels il combattait ses décrets et lui donnait des conseils. Ce ministre ne pouvait pas s'accoutumer à un rôle secondaire; il ne voulait pas suivre les plans de l'assemblée, mais lui imposer les siens. Les temps étaient bien changés! Enfin, convaincu ou lassé de l'inutilité de ses efforts, Necker partit, et traversa obscurément les provinces qu'un an auparavant il avait parcourues en triomphateur. Grand exemple de la brièveté des faveurs populaires! En révolution, les hommes sont facilement oubliés, parce que les peuples en voient beaucoup et vivent vite. Si l'on ne veut pas qu'ils soient ingrats, il ne faut pas cesser un instant de les servir à leur manière.

D'un autre côté, la noblesse, qui avait reçu un nouveau sujet de mécontentement, par l'abolition des titres, continua ses tentatives contre-révolutionnaires. Comme elle ne parvenait pas à soulever le peuple qui, n'étant point privilégié, trouvait les changements nouveaux très-avantageux, elle recourut à un autre moyen qui lui parut plus sûr; elle quitta le royaume pour y rentrer ensuite, en mettant l'Europe dans sa querelle. Mais, en attendant que l'émigration pût s'organiser, en attendant qu'elle trouvât à la révolution des ennemis étrangers, elle continua à lui en susciter dans son sein. Les troupes étaient depuis quelque temps travaillées en sens divers, comme il a été dit plus haut. Le nouveau code militaire était favorable aux soldats; les grades accordés auparavant à la noblesse, il les donnait à l'ancienneté. La plupart des officiers étaient attachés à l'ancien régime, et ils ne s'en cachaient pas. Obligés de prêter le serment d'être fidèles *à la nation, à la loi et au roi*, qui était devenu le serment commun, les uns quittaient l'armée et allaient grossir les rangs de l'émigration, les autres cherchaient à gagner les soldats à leur parti. Le général Bouillé était de ce nombre : après avoir long-temps refusé le serment civique, il l'avait enfin prêté dans cette intention. Il avait sous son commandement des troupes assez nombreuses ; il était voisin de la frontière du Nord, habile, résolu, attaché au roi, ennemi de la révolution, telle qu'elle était devenue, quoique partisan d'une réforme ; ce qui le rendit par la suite suspect à Coblentz. Il maintint son armée séparée des citoyens, afin qu'elle demeurât fidèle, et qu'elle ne prît pas l'esprit d'insubordination qu'ils communiquaient aux troupes ; il sut aussi conserver, par une conduite ménagée et par l'ascendant d'un grand caractère, la confiance et l'attachement des soldats. Il n'en était pas de même ailleurs. Les officiers étaient l'objet d'un déchaînement général ; on les accusait de diminuer la solde, et de ne rendre aucun compte des masses militaires ; les opinions s'y mêlaient aussi. Ces causes réunies excitèrent des révoltes de la part des soldats ; celle de Nancy produisit de vives alarmes, et devint presque le signal d'une guerre civile. Trois régiments, celui de Châteauvieux, celui de Maistre-de-camp et celui du Roi, s'insurgèrent contre leurs chefs. Bouillé reçut ordre de marcher sur eux ; ce qu'il fit à la tête de la garnison et des gardes nationales de Metz. Après un combat assez vif, il les soumit. L'assemblée l'en félicita; mais Paris, qui voyait dans les soldats des patriotes, dans Bouillé un conspirateur, fut dans l'agitation à cette nouvelle. Des attroupements se formèrent, et l'on demanda l'accusation des ministres qui avaient donné l'ordre à Bouillé de marcher contre Nancy. Néanmoins La Fayette parvint à dissiper les mécontents, secondé par l'assemblée qui, se voyant entre la contre-révolution et l'anarchie, s'opposait à l'une et à l'autre avec la même sagesse et le même courage.

Les aristocrates triomphaient à la vue des difficultés qui embarrassaient l'assemblée nationale. Il fallait, selon eux, qu'elle se mît dans la dépendance de la multitude, ou qu'elle se privât de son appui; et, dans l'un et l'autre cas, le trajet à l'ancien régime leur paraissait plus court et plus facile. Le clergé s'y aida pour sa part : la vente de ses biens, qu'il entrava de toutes les manières, s'effectuait à un prix supérieur même à celui qui avait été fixé. Le peuple, délivré de la dîme, et rassuré sur la dette nationale, était loin de se prêter aux ressentiments des évêques : ils se servirent dès lors de la constitution civile du clergé pour exciter un schisme; ce décret de l'assemblée, comme on l'a vu, ne touchait ni à la discipline, ni aux croyances de l'église. Le roi le sanctionna; mais les évêques, qui voulaient couvrir leurs intérêts du manteau de la religion, déclarèrent qu'il empiétait sur la puissance spirituelle. Le pape, consulté sur cette mesure, purement politique, y refusa son adhésion, que le roi lui avait demandée avec instance, et il soutint de ses encouragements l'opposition des évêques. Ceux-ci décidèrent qu'ils ne concourraient point à l'établissement de la constitution civile; que ceux d'entre eux qui seraient supprimés protesteraient contre cet acte non canonique; que toute érection d'évêché, faite sans le concours du pape serait nulle, et que les métropolitains refuseraient l'institution aux évêques nommés selon les formes civiques.

En voulant déjouer cette ligue, l'assemblée la fortifia. Si elle eût abandonné les prêtres dissidents à eux-mêmes, malgré leur désir, ils n'auraient pas trouvé les éléments d'une guerre religieuse. Mais l'assemblée décréta que les ecclésiastiques jureraient d'être fidèles *à la nation, à la loi et au roi*, et de maintenir la constitution civile du clergé. Le refus de ce serment devait entraîner le remplacement des titulaires à leurs évêchés ou à leurs cures. L'assemblée espéra que le haut clergé, par intérêt, ou le clergé inférieur, par ambition, adhérerait à cette mesure. Les évêques crurent, au contraire, que tous les ecclésiastiques suivraient leur propre exemple, et qu'en refusant de jurer, ils laisseraient l'état sans culte et le peuple sans prêtres. Il n'en arriva selon le vœu ni de l'un ni de l'autre parti. Le plus grand nombre des évêques et des curés de l'assemblée refusa le serment; mais quelques évêques et beaucoup de curés le prêtèrent. Les titulaires opposants furent destitués, et les électeurs leur nommèrent des remplaçants qui reçurent l'institution canonique des évêques d'Autun et de Lida : mais les ecclésiastiques destitués refusèrent d'abandonner leurs fonctions; déclarèrent leurs successeurs des intrus; les sacrements administrés par eux, nuls; les chrétiens, qui ne craindraient pas de les reconnaître, excommuniés. Ils ne quittèrent point leur diocèse; ils y firent des mandements, y excitèrent à la désobéissance aux lois; et c'est ainsi qu'une affaire d'intérêt devint d'abord une affaire de religion, et ensuite une affaire de parti. Il y eut deux clergés, l'un constitutionnel, l'autre réfractaire; ils eurent chacun leurs sectateurs, et se traitèrent de rebelle ou d'hérétique. La religion devint, selon les passions et les intérêts, un instrument ou un obstacle; et lorsque les prêtres firent des fanatiques, les révolutionnaires firent des incrédules. Le peuple, qui n'avait pas encore atteint ce mal des hautes classes, perdit, dans les villes surtout, la foi de ses pères, à cause de l'imprudence de ceux qui

le placèrent entre la révolution et son culte.
« Les évêques, dit le marquis de Ferrières, dont
« on ne suspectera pas le blâme, refusèrent de
« se prêter à aucun arrangement; et, par leurs
« intrigues coupables, fermèrent toute voie de
« conciliation, sacrifiant la religion catholique à
« un fol entêtement et à un attachement con-
« damnable à leurs richesses. »

Le peuple était recherché par tous les partis;
on le courtisait comme le souverain de ces temps.
Après avoir tenté d'agir sur lui par la religion,
on mit en usage un autre moyen tout-puissant
alors, celui des clubs. Les clubs étaient, à cette
époque, des réunions privées, dans lesquelles
on discutait sur les mesures du gouvernement,
sur les affaires de l'état et sur les décrets de l'assemblée : leurs délibérations n'avaient aucune
autorité, mais elle n'étaient pas sans influence.
Le premier club avait dû son origine aux députés bretons, qui s'assemblaient entre eux pour
concerter leurs démarches. Lorsque la représentation nationale se transporta de Versailles à
Paris, les députés bretons et ceux de l'assemblée
qui pensaient comme eux tinrent leurs séances
dans l'ancien couvent des Jacobins, qui donna
son nom à leur réunion. Elle ne cessa pas d'abord
d'être une assemblée préparatoire : mais, comme
tout ce qui existe s'étend, le club jacobin ne se

contenta pas d'influencer l'assemblée ; il voulut encore agir sur la municipalité et sur la multitude, et il admit comme sociétaires des membres de la commune et de simples citoyens. Son organisation devint plus régulière, son action plus forte; il fit des affiliations dans les provinces, et il éleva à côté de la puissance légale une autre puissance, qui commença par la conseiller, et finit par la conduire.

Le club des Jacobins, en perdant son premier caractère philosophique et en devenant une assemblée populaire, avait été abandonné par une partie de ses fondateurs. Ceux-ci avaient établi une société sur le plan de l'ancienne, sous le nom de club de 89. Siéyes, Chapelier, La Fayette, Larochefaucault le dirigeaient, comme les Lameth et Barnave dirigeaient celui des Jacobins. Mirabeau faisait partie de l'un et de l'autre, et il y était également recherché. Ces clubs, dont l'un dominait dans l'assemblée, et l'autre sur le peuple, étaient attachés à l'ordre nouveau, quoique à divers degrés. Les aristocrates voulurent attaquer la révolution avec ses propres armes; ils ouvrirent des clubs royalistes pour les opposer aux clubs populaires. Celui qui fut établi le premier, sous le nom des *Impartiaux,* ne put pas se soutenir, parce qu'il ne s'adressait à aucune opinion. Ayant reparu sous le nom de club *Monar-*

chique, il eut pour membres tous ceux dont il représentait les vœux. Il voulut se rendre favorable le peuple et lui fit des distributions de pain: mais, loin de les accepter, le peuple considéra cet établissement comme une manœuvre contre-révolutionnaire, il en troubla les séances, et le força à changer plusieurs fois le lieu de ses réunions. Enfin, l'autorité municipale se vit obligée de fermer ce club, devenu l'occasion d'émeutes fréquentes.

La défiance de la multitude était extrême; le départ des tantes du roi, dont elle s'exagérait l'importance, vint accroître son inquiétude, et fit supposer qu'on préparait un autre départ. Les soupçons nétaient point sans fondement, et ils occasionèrent une sorte d'émeute dont les contre-révolutionnaires voulurent profiter pour enlever le roi. Ce projet échoua par la détermination et l'habileté de La Fayette. Pendant que la multitude se transportait à Vincennes pour abattre le donjon, qui, selon elle, communiquait avec les Tuileries, et devait servir à la fuite du roi, plus de six cents personnes, armées d'épées et de poignards, envahirent les Tuileries, afin d'entraîner le roi à fuir. La Fayette, qui s'était rendu à Vincennes à la tête de la garde nationale pour disperser la multitude, vint désarmer les contre-révolutionnaires du château, après avoir dissipé l'attroupement populaire; et il reconquit, par sa seconde expédition, la confiance que devait lui faire perdre la première.

Cette tentative fit craindre plus que jamais l'évasion de Louis XVI. Aussi, lorsqu'il voulut quelque temps après se rendre à Saint-Cloud, il en fut empêché par la foule et par sa garde elle-même, malgré les efforts de La Fayette, qui tenait à faire respecter la loi et la liberté du monarque. L'assemblée de son côté, après avoir décrété l'inviolabilité du prince, après avoir réglé sa garde constitutionnelle, attribué la régence au plus proche héritier mâle de la couronne, déclara que sa fuite hors du royaume entraînerait sa déchéance. Le redoublement de l'émigration, ses projets bien avoués, l'attitude menaçante des cabinets de l'Europe, étaient bien propres à faire craindre que le roi ne prît une semblable détermination.

Ce fut alors que pour la première fois l'assemblée voulut arrêter les progrès de l'émigration par un décret; mais ce décret était difficile. Si l'on punissait ceux qui sortaient du royaume, on violait les maximes de liberté consacrées dans la déclaration des droits : si l'on ne mettait pas

d'entraves à l'émigration, on exposait la France, que les nobles ne quittaient un moment que pour l'envahir. Dans l'assemblée, à part le côté favorable à l'émigration, les uns ne voyaient que le droit, les autres que le danger; et selon sa manière d'envisager la question, chacun se déclarait pour ou contre une loi répressive. Ceux qui la demandaient, la voulaient douce; mais, dans le moment, il n'y en avait qu'une praticable, et l'assemblée recula devant elle. Cette loi, sur la désignation arbitraire d'un comité de trois membres, devait prononcer la mort civile du fugitif et la confiscation de ses biens. « Le fré-
« missement qui s'est fait entendre à la lecture
« de ce projet, s'écria Mirabeau, prouve que cette
« loi est digne d'être placée dans le code de
« Dracon, et ne pourra figurer parmi les décrets
« de l'assemblée nationale de France. Je déclare
« que je me croirais délié de tout serment de fi-
« délité envers ceux qui auraient l'infamie de
« nommer une commission dictatoriale. La popu-
« larité que j'ambitionne, et dont j'ai eu l'hon-
« neur de jouir, n'est pas un faible roseau; c'est
« dans la terre que je veux l'enraciner, sur les
« bases de la justice et de la liberté. » La situation extérieure n'était pas encore assez allarmante pour amener une pareille mesure de sûreté et de défense révolutionnaire.

Mirabeau ne jouit pas long-temps d'une popularité dont il se croyait si sûr. Cette séance fut la dernière pour lui; il finit en peu de jours une vie usée par les passions et dans les travaux. Sa mort fut une calamité publique; tout Paris assista à ses funérailles, la France porta son deuil, et ses restes furent déposés dans la demeure qui venait d'être consacrée *aux grands hommes au nom de la patrie reconnaissante*. Il n'eut point de successeur en puissance et en popularité, et pendant long-temps, dans les discussions difficiles, les regards de l'assemblée se dirigèrent sur le siège d'où partait cette parole souveraine qui terminait ses débats. Mirabeau, après avoir aidé la révolution de son audace dans ses temps d'épreuve, de sa puissante raison depuis sa victoire, mourut peut-être à propos. Il roula dans sa tête de vastes desseins : il voulait renforcer le trône et consolider la révolution, deux choses bien difficiles en pareil temps. Il est à craindre que la royauté, s'il l'eût rendue indépendante, n'eût voulu soumettre la révolution, ou, s'il eût échoué, que la révolution n'eût aboli la royauté. Peut-être est-il impossible de convertir un pouvoir ancien à un ordre nouveau, peut-être faut-il qu'une révolution se prolonge pour qu'elle se légitime, et que le trône acquière en se relevant la nouveauté des autres institutions.

Depuis les 5 et 6 octobre 1789 jusqu'au mois d'avril 1791, l'assemblée nationale compléta la réorganisation de la France; la cour se livra à de petites intrigues et à des projets de fuite; les classes privilégiées cherchèrent de nouveaux moyens de puissance, ceux qu'elles possédaient autrefois leur ayant été successivement enlevés. Elles se servirent de toutes les occasions de désordre que leur fournirent les circonstances, pour ramener l'ancien régime à l'aide de l'anarchie. Au moment de la rentrée des parlements, la noblesse fait protester les chambres de vacations; lorsque les provinces sont abolies, elle fait protester les ordres; dès que les départements sont formés, elle tente de nouvelles élections; dès que les anciens mandats expirent, elle demande la dissolution de l'assemblée; dès que le nouveau code militaire est décrété, elle provoque la défection des officiers; enfin, tous ces moyens d'opposition ne la conduisant pas au terme de ses desseins, elle émigre pour exciter l'Europe contre la révolution. De son côté, le clergé, mécontent de la perte de ses biens plus encore que de la constitution ecclésiastique, veut détruire l'ordre nouveau par des soulèvements, et amener les soulèvements par un schisme. Ainsi ce fut pendant cette époque que les partis se désunirent de plus en plus, et que les deux classes ennemies de la révolution préparèrent les éléments de la guerre civile et de la guerre étrangère.

CHAPITRE IV.

Politique de l'Europe avant la révolution française; système d'alliances suivi par les divers états. — Coalition générale contre la révolution; motifs de chaque puissance. — Déclaration de Mantoue. — Fuite de Varennes; arrestation du Roi; sa suspension. — Le parti républicain se sépare pour la première fois du parti constitutionnel-monarchique. — Ce dernier rétablit le roi. — Déclaration de Pilnitz. — Le roi accepte la constitution; fin de l'assemblée constituante; jugement sur elle.

La révolution française devait changer la politique de l'Europe; elle devait terminer la lutte des rois entre eux, et commencer celle des rois avec les peuples. Cette dernière eût été beaucoup plus tardive, si les souverains eux-mêmes ne l'eussent pas provoquée. Ils voulurent réprimer la révolution, et ils l'étendirent; car, en l'attaquant, ils devaient la rendre conquérante. L'Europe était alors arrivée au terme du système politique qui la régissait. L'existence des divers états, après avoir été toute intérieure sous le gouvernement féodal, était devenue toute extérieure sous le gouvernement monarchique. La première époque avait fini presque en même temps pour les grandes nations de l'Europe. Alors les rois qui avaient été si long-temps en guerre avec leurs vassaux, parce qu'ils étaient en contact avec eux, se rencontrèrent les uns les autres aux limites de leurs états et se combattirent. Comme nulle domination ne put devenir universelle, ni celle de Charles-Quint, ni celle de Louis XIV, les faibles se liguant toujours pour abaisser les plus forts, il s'établit, après diverses vicissitudes de supériorité et d'alliances, une espèce d'équilibre européen. Il n'est pas inutile de connaître ce qu'il était avant la révolution, pour bien apprécier les événements ultérieurs.

L'Autriche, l'Angleterre et la France étaient les trois grandes puissances de l'Europe. L'intérêt liguait ensemble les deux premières contre la troisième. L'Autriche avait à redouter la France dans les provinces belgiques; l'Angleterre avait à la redouter sur mer. La rivalité de puissance ou de commerce les mettait souvent aux prises, et elles cherchaient à s'affaiblir ou à se dépouiller. L'Espagne, depuis qu'un prince de la maison de Bourbon occupait son trône, était l'alliée de la France contre l'Angleterre. Du reste, c'était une puissance déchue : reléguée dans un coin du continent, affaissée sous le système de Philippe II, privée par le pacte de famille du seul ennemi qui pût la tenir en haleine, elle n'avait conservé que sur mer un reste de son ancienne supériorité. Mais la France avait d'autres alliés sur tous les flancs de l'Autriche; dans le nord la Suède, dans l'orient la Pologne et la Porte, dans le midi les cercles Germaniques, dans l'ouest la Prusse, et dans l'Italie le royaume de Naples. Ces puissances ayant à redouter les envahissements de l'Autriche, devaient être naturellement les alliées de son ennemie. Placé entre deux, le Piémont était tantôt pour l'un tantôt pour l'autre : le cabinet de Turin ressemblait à un aventurier, qui louait ses services suivant les circonstances. La Hollande s'alliait à l'Angleterre ou à la France, suivant que le parti du stathouder ou celui du peuple dominait dans la république. La Suisse était neutre.

Deux puissances s'étaient élevées dans le Nord, dont l'une, la Prusse, quoique entrant dans cet équilibre, le dérangeait par la prépondérance qu'elle avait acquise, et dont l'autre, la Russie, était entièrement en dehors des rapports européens, parce qu'elle était toute récente. La Prusse avait été changée de simple électorat en royaume, par Frédéric-Guillaume, qui lui avait donné une armée, et par son fils, le Grand-Frédéric, qui s'en était servi pour l'agrandir. La Russie, placée en troisième ligne, commençait à déborder sur l'Europe, et à déranger son équilibre. Elle avait envahi la Pologne, elle menaçait la Porte; et comme son seul moyen d'agir était la conquête, elle méditait aussi l'occupation de la Turquie.

Tel était l'état de l'Europe lorsque la révolution française eut lieu. Les potentats qui n'avaient eu jusque-là d'autres ennemis qu'eux-mêmes, virent en elle un ennemi commun. Les anciens rapports de guerre ou d'alliance déjà méconnus pendant la guerre de sept ans, cessèrent entièrement alors : la Suède se réunit à la Russie, et la Prusse à l'Autriche. Il n'y eut plus que des rois d'une part et un peuple de l'autre, en attendant ceux que son exemple ou les fautes des princes lui donneraient pour auxiliaires. Une coalition générale se forma bientôt contre la révolution française : l'Autriche y entra dans l'espoir de s'agrandir, l'Angleterre dans celui de se venger de la guerre d'Amérique; la Prusse pour raffermir le pouvoir absolu menacé, et occuper son armée oisive; les cercles de l'Allemagne pour redonner à quelques-uns de leurs membres les droits féodaux, dont l'abolition de ce régime les avait privés en Alsace; le roi de Suède qui s'était fait le chevalier de l'arbitraire, pour le rétablir en France, comme il venait de le rétablir dans son propre pays; la Russie pour exécuter sans trouble le partage de la Pologne, tandis que l'Europe serait occupée ailleurs; enfin, tous les souverains de la maison de Bourbon, par intérêt de pouvoir et par attachement de famille. Les émigrés les encourageaient dans ces projets et les excitaient à l'invasion. Selon eux, la France était sans armée, ou du moins sans chefs, dénuée d'argent, livrée au désordre, lasse de l'assemblée, disposée à l'ancien régime, et elle n'avait ni moyens ni envie de se défendre. Ils arrivaient en foule pour prendre part à cette courte campagne, et ils se formaient en corps organisés, sous le prince de Condé, à Worms; sous le comte d'Artois, à Coblentz.

Le comte d'Artois hâtait surtout les déterminations des cabinets. L'empereur Léopold était en Italie, il se transporta auprès de lui avec Calonne qui lui servait de ministre, et le comte Alphonse de Durfort qui avait été son intermédiaire avec la cour des Tuileries, et qui lui avait rapporté l'autorisation du roi de traiter avec Léopold. La conférence eut lieu à Mantoue, et le comte de Durfort vint remettre à Louis XVI, au nom de l'empereur, une déclaration secrète, par laquelle on lui annonçait les secours prochains de la coalition. L'Autriche devait faire filer trente-cinq mille hommes sur la frontière de Flandre, les cercles quinze mille sur l'Alsace, les Suisses quinze mille sur la frontière du Lyonnais, le roi de Sardaigne quinze mille sur celle du Dauphiné; L'Espagne devait porter à vingt mille son armée de Catalogne; la Prusse était bien disposée en faveur de la coalition; le roi d'Angleterre devait en faire partie, comme électeur de Hanovre. Toutes ces troupes s'ébranleraient en même temps à la fin de juillet, alors la maison de Bourbon ferait une protestation, les puissances publieraient un manifeste; mais jusque là il importait de tenir ce dessein secret, d'éviter toute insurrection partielle, et de ne faire aucune tentative de fuite. Tel était le contenu de cette fameuse déclaration de Mantoue, du 20 mai 1791.

Louis XVI, soit qu'il ne voulût pas se mettre à la merci de l'étranger, soit qu'il craignît l'ascendant que le comte d'Artois, s'il revenait à la tête de l'émigration victorieuse, prendrait sur le gouvernement qu'il aurait établi, aima mieux relever la monarchie tout seul. Il avait dans le général Bouillé un partisan dévoué et habile, qui condamnait à la fois l'émigration et l'assemblée, et qui lui promettait un refuge et un appui dans son armée. Depuis quelque temps une correspondance secrète avait lieu entre lui et le roi : Bouillé préparait tout pour le recevoir. Sous prétexte d'un mouvement des troupes ennemies sur la frontière, il établit un camp à Montmédy; il plaça des détachements sur la route que devait suivre le roi, pour lui servir d'escorte; et comme il fallait un motif à ces dispositions, il prit celui de protéger la caisse destinée au paiement de ses troupes.

De son côté la famille royale fit en secret tous les préparatifs du départ; peu de personnes en furent instruites, aucune démarche ne le trahit. Louis XVI et la reine affectèrent au contraire tout ce qui pouvait en éloigner le soupçon, et le 20 juin dans la nuit, au moment fixé pour le départ, ils quittèrent le château un à un et déguisés. Ils échappèrent à la surveillance des gardes, se rendirent sur le boulevard où une voiture les attendait, et se mirent en route dans la direction de Châlons et de Montmédy.

Le lendemain, à la nouvelle de cette évasion, Paris fut d'abord saisi de stupeur; bientôt l'indignation prit le dessus, des groupes se formaient, le tumulte allait en croissant. Ceux qui n'avaient pas empêché la fuite, étaient accusés de l'avoir favorisée; la défiance n'épargnait ni La Fayette, ni Bailly. On voyait dans cet évènement l'invasion de la France, le triomphe de l'émigration, le retour de l'ancien régime, ou bien une longue guerre civile. Mais la conduite de l'assemblée redonna bientôt du calme et de la sécurité aux esprits. Elle prit toutes les mesures qu'exigeait une conjoncture si difficile. S'étant réunie sur-le-champ, elle manda à sa barre les ministres et les autorités, calma le peuple par une proclamation, fit prendre des précautions propres à maintenir la tranquillité publique, s'empara du pouvoir exécutif; chargea le ministre des relations extérieures, Montmorin, de faire part aux puissances de l'Europe de ses intentions pacifiques, envoya des commissaires aux troupes pour s'assurer d'elles, et recevoir leur serment, non plus au nom du roi, mais au sien; enfin elle fit partir pour les départements l'ordre d'arrêter quiconque sortirait du royaume. « Ainsi en moins de « quatre heures, dit le marquis de Ferrières, « l'assemblée se vit investie de tous les pouvoirs; « le gouvernement marcha, la tranquillité pu- « blique n'éprouva pas le moindre choc; et Paris « et la France apprirent par cette expérience « devenue si funeste à la royauté que presque « toujours le monarque est étranger au gouver- « nement qui existe sous son nom. »

Cependant Louis XVI et sa famille approchaient du terme de leur voyage. Le succès des premières journées, l'éloignement de Paris, rendirent le roi moins réservé et plus confiant; il eut l'imprudence de se montrer, il fut reconnu et arrêté à Varennes. Dans un instant toutes les gardes nationales furent sur pied, les officiers de détachements postés par Bouillé voulurent vainement délivrer le roi, les dragons et les hussards craignirent ou refusèrent de les seconder. Bouillé, averti de ce funeste accident, accourut lui-même à la tête d'un régiment de cavalerie. Mais il n'était plus temps; lorsqu'il arriva à Varennes, le roi en était parti depuis plusieurs heures, ses escadrons étaient fatigués et refusaient d'aller plus avant. Les gardes nationales étaient partout sous les armes, et il ne lui resta plus, après le mauvais succès de son entreprise, qu'à quitter l'armée et la France.

L'assemblée, en apprenant l'arrestation du roi, envoya pour commissaires auprès de lui trois de ses membres, Pétion, Latour-Maubourg et Barnave; ils joignirent la famille royale à Épernay, et retournèrent avec elle. Ce fut pendant ce voyage que Barnave, touché du bon sens de Louis XVI, des prévenances de Marie-Antoinette et du sort de toute cette famille royale si abaissée, lui témoigna le plus vif intérêt, et lui prêta dès ce jour ses conseils et son appui. Le cortége en arrivant à Paris traversa une foule immense qui ne fit entendre ni applaudissements ni murmures, et qui garda un long silence improbateur.

Le roi fut provisoirement suspendu; on lui

donna une garde ainsi qu'à la reine; des commissaires furent nommés pour l'interroger. Tous les partis s'agitèrent : les uns voulaient le maintenir sur le trône malgré sa fuite; les autres prétendaient qu'il avait abdiqué, en condamnant, dans un manifeste adressé au Français lors de son départ, et la révolution et les actes émanés de lui pendant cette époque, à laquelle il donnait le nom de captivité.

Le parti républicain commençait alors à paraître. Jusque-là il avait été ou dépendant ou caché, parce qu'il n'avait pas eu d'existence propre ou de prétexte pour se montrer. La lutte qui s'était engagée d'abord entre l'assemblée et la cour, ensuite entre les constitutionnels et les aristocrates, en dernier lieu entre les constitutionnels eux-mêmes, allait commencer entre les constitutionnels et les républicains. Telle est, en temps de révolution, l'inévitable marche de choses. Les partisans de l'ordre nouvellement établi se réunirent alors, pas et renoncèrent à des dissidences qui n'étaient sans inconvénient pour leur cause, lors même que l'assemblée était toute-puissante, et qui devenaient périlleuses au moment où l'émigration la menaçait d'un côté et la multitude de l'autre. Mirabeau n'était plus; le centre sur lequel s'appuyait ce grand homme, et qui formait la portion la moins ambitieuse de l'assemblée et la plus attachée aux principes, pouvait, en étant réuni aux Lameth, rétablir Louis XVI et la monarchie constitutionnelle, et s'opposer aux débordements populaires.

Cette alliance s'opéra : les Lameth s'entendirent avec d'André et les principaux membres du centre, s'abouchèrent avec la cour, et ouvrirent le club des Feuillants pour l'opposer à celui des Jacobins. Mais ceux-ci ne pouvaient pas manquer de chefs : ils avaient combattu sous Mirabeau contre Mounier, sous les Lameth contre Mirabeau; ils combattirent sous Pétion et Robespierre contre les Lameth. Le parti qui voulait une seconde révolution, avait constamment soutenu les acteurs les plus extrêmes de la révolution déjà faite, parce que c'était rapprocher de lui la lutte et la victoire. Enfin aujourd'hui, de subordonné il devenait indépendant; il ne combattait plus en faveur d'autrui et pour le compte d'une opinion étrangère, mais pour lui et sous sa propre bannière. La cour, par ses fautes multipliées, par ses machinations imprudentes, et en dernier lieu par la fuite du monarque, lui avait permis d'avouer son but; et les Lameth, en l'abandonnant, l'avaient laissé à ses véritables chefs.

Les Lameth essuyèrent à leur tour les reproches de la multitude, qui ne voyait que leur alliance avec la cour, sans en examiner les conditions. Mais soutenus de tous les constitutionnels, ils étaient les plus forts dans l'assemblée, et il leur importait de rétablir au plus tôt le roi, afin de faire cesser une controverse qui menaçait l'ordre nouveau, en autorisant le parti républicain à demander la déchéance tant que durerait la suspension. Les commissaires chargés d'interroger Louis XVI lui dictèrent eux-mêmes une déclaration qu'ils présentèrent en son nom à l'assemblée, et qui adoucit le mauvais effet de sa fuite. Le rapporteur déclara, au nom des sept comités chargés de l'examen de cette grande question, qu'il n'y avait pas lieu à mettre Louis XVI en jugement, ni à prononcer contre lui la déchéance. Sa discussion qui suivit ce rapport fut longue et animée; les efforts du parti républicain, malgré leur opiniâtreté, furent sans résultat. La plupart de leurs orateurs parlèrent : ils voulaient la déposition, ou une régence, c'est-à-dire le gouvernement populaire ou un acheminement vers lui. Barnave, après avoir combattu tous leurs moyens, finit son discours par ces remarquables paroles : « Régénérateurs de l'empire, suivez in« variablement votre ligne. Vous avez montré que « vous aviez le courage de détruire les abus de la « puissance, vous avez montré que vous aviez tout « ce qu'il faut pour mettre à la place, de sages et « d'heureuses institutions : prouvez que vous avez

« la sagesse de les protéger et de les maintenir.
« La nation vient de donner une grande preuve
« de force et de courage ; elle a solennellement
« mis au jour, et par un mouvement spontané,
« tout ce qu'elle pouvait opposer aux attaques
« dont on la menaçait. Continuez les mêmes pré-
« cautions ; que nos limites, que nos frontières
« soient puissamment défendues. Mais au moment
« où nous manifestons notre puissance, prou-
« vons aussi notre modération ; présentons la paix
« au monde inquiet des évènements qui se pas-
« sent au milieu de nous ; présentons une occa-
« sion de triomphe à tous ceux qui, dans les pays
« étrangers, ont pris intérêt à notre révolution !
« ils nous crient de toutes parts : vous êtes puis-
« sants, soyez sages, soyez modérés ; c'est là que
« sera le terme de votre gloire ; c'est ainsi que
« vous montrerez que, dans des circonstances
« diverses, vous savez employer des talents, des
« moyens et des vertus diverses. »

L'assemblée se rangea de l'avis de Barnave. Mais pour calmer le peuple, et afin de pourvoir à la sécurité de la France pour l'avenir, elle décréta que le roi aurait de fait abdiqué la couronne, s'il rétractait son serment à la constitution après l'avoir prêté, s'il se mettait à la tête d'une armée pour faire la guerre à la nation, ou s'il souffrait que quelqu'un la fît en son nom ;

qu'alors, redevenu simple citoyen, il cesserait d'être inviolable, et pourrait être accusé pour les actes postérieurs à son abdication.

Le jour où ce décret fut adopté par l'assemblée, les chefs du parti républicain excitèrent la multitude. Mais le lieu des séances était entouré de la garde nationale, et l'assemblée ne put être ni envahie ni intimidée. Les agitateurs n'ayant pas pu empêcher le décret, insurgèrent le peuple contre lui. Ils firent une pétition, dans laquelle ils méconnaissaient la compétence de l'assemblée, en appelaient à la souveraineté de la nation, considéraient Louis XVI comme déchu depuis qu'il s'était évadé, et demandaient son remplacement. Cette pétition, rédigée par Brissot, auteur du *Patriote français*, et président du comité des recherches de la ville de Paris, fut portée au Champ-de-Mars, sur l'autel de la patrie: une foule immense vint la signer. L'assemblée avertie manda la municipalité à sa barre, et lui enjoignit de veiller à la tranquillité publique. La Fayette marcha contre l'attroupement, et parvint à le dissiper une première fois sans effusion de sang. Les officiers municipaux s'établirent aux Invalides; mais dans le même jour la multitude revint en plus grand nombre, et avec plus de détermination; Danton et Camille Desmoulins la haranguèrent sur l'autel même de la patrie. Deux invalides qu'on prit pour des espions furent massacrés, et leurs têtes furent placées sur des piques. L'insurrection devenait alarmante ; La Fayette se transporta de nouveau au Champ-de-Mars à la tête de douze cents gardes nationaux. Bailly l'accompagna et fit déployer le drapeau rouge; on adressa alors à la multitude les sommations exigées par la loi, mais elle refusa de se retirer, et méconnaissant l'autorité, elle cria : *A bas le drapeau rouge!* et assaillit de coups de pierres la garde nationale. La Fayette fit tirer les siens, mais en l'air, la multitude ne fut point intimidée et recommença ; alors, contraint par l'obstination des insurgés, La Fayette ordonna une nouvelle décharge, mais celle-ci fut réelle et meurtrière. La multitude effrayée prit la fuite laissant nombre de morts sur le champ de la fédération; le trouble cessa, l'ordre fut rétabli, mais le sang avait coulé, et le peuple ne pardonna ni à La Fayette ni à Bailly la dure nécessité à laquelle il les avait contraints. C'était un véritable combat dans lequel le parti républicain qui n'était ni assez fort encore ni assez soutenu, fut défait par le parti monarchique constitutionnel. La tentative du Champ-de-Mars fut le prélude des mouvements populaires qui aboutirent au 10 août.

Pendant que ceci se passait dans l'assemblée et

dans Paris, les émigrés que la fuite de Louis XVI avait remplis d'espérance furent consternés de son arrestation. *Monsieur*, qui s'était évadé en même temps que son frère et qui avait été plus heureux que lui, arriva seul à Bruxelles avec les pouvoirs et le titre de régent. Les émigrés ne pensèrent dès lors plus qu'à l'assistance de l'Europe; les officiers quittèrent leurs drapeaux, deux cent quatre-vingt-dix membres de l'assemblée protestèrent contre ses décrets, afin de légitimer l'invasion; Bouillé écrivit une lettre menaçante dans l'espoir inconcevable d'intimider l'assemblée, et en même temps pour se charger seul de la responsabilité de son évasion; enfin l'empereur, le roi de Prusse et le comte d'Artois se réunirent à Pilnitz, où ils firent le fameux traité du 27 juillet qui préparait l'invasion de la France, et qui, au lieu d'améliorer le sort de Louis XVI, l'aurait compromis, si l'assemblée toujours sage n'eût pas suivi ses desseins malgré les menaces de la multitude et celles de l'étranger.

Dans la déclaration de Pilnitz, les souverains considéraient la cause de Louis XVI comme la leur; ils exigeaient qu'il fût libre de se porter où il voudrait, c'est-à-dire au milieu d'eux; qu'on le remît sur son trône, que l'assemblée fût dissoute, et que les princes de l'empire possessionnés en Alsace fussent rétablis dans leurs droits féodaux. En cas de refus, ils menaçaient la France d'une guerre à laquelle devaient concourir toutes les puissances qui s'étaient garanti la monarchie française. Cette déclaration irrita l'assemblée et le peuple, loin de les abattre. On se demanda de quel droit les princes de l'Europe intervenaient dans notre gouvernement; de quel droit ils donnaient des ordres à un grand peuple, et lui imposaient des conditions; et puisque les souverains en appelaient à la force, on se prépara à la résistance. Les frontières furent mises en défense, cent mille hommes de garde nationale furent levés, et l'on attendit avec assurance les attaques de l'ennemi, bien convaincu que le peuple français serait invincible en révolution et chez lui.

Cependant l'assemblée touchait au terme de ses travaux : les rapports civils, les contributions publiques, la nature des crimes, leur poursuite, leur instruction et leurs peines avaient été aussi sagement réglés que les rapports généraux et constitutionnels. L'égalité avait été introduite dans les successions, dans les impôts et dans les peines; il ne restait plus qu'à réunir tous les décrets constitutionnels en un seul corps pour les soumettre à l'acceptation du roi. L'assemblée commençait à se fatiguer de ses travaux et de ses divisions; le peuple lui-même, qui s'ennuie en France de ce qui dure trop, désirait une nouvelle représentation nationale; la convocation des colléges électoraux fut désignée pour le 25 septembre. Malheureusement les membres de l'assemblée actuelle ne pouvaient pas faire partie de la suivante; on l'avait ainsi décidé avant le départ de Varennes. Dans cette question importante, le désintéressement des uns, la rivalités des autres, des intentions d'anarchie de la part des aristocrates et de domination de la part des républicains, avaient entraîné l'assemblée. Vainement Duport avait dit : « Depuis qu'on nous rassasie « de principes, comment ne s'est-on pas avisé « que la stabilité est aussi un principe de gou- « vernement! veut-on exposer la France dont les « têtes sont si ardentes et si mobiles, à voir arriver « tous les deux ans une révolution dans les « lois et dans les opinions? » C'est ce que voulaient les privilégiés et les Jacobins, quoique avec des buts différents. Dans toutes les matières semblables, l'assemblée constituante se trompa ou fut dominée : lorsqu'il s'agit du ministère, elle décida, contre Mirabeau, qu'aucun député ne pourrait l'occuper; lorsqu'il s'agit de la réélection, elle décida, contre ses propres membres, qu'elle ne pourrait pas avoir lieu; ce fut dans le même esprit qu'elle leur interdit d'accepter pendant quatre ans aucun emploi conféré par le prince. Cette manie de désintéressement entraîna bientôt La Fayette à se démettre du commandement de la garde nationale, et Bailly de la mairie : aussi cette époque remarquable finit en entier avec la constituante et il n'en resta plus rien sous la législative.

La réunion des décrets constitutionnels en un seul corps fit naître l'idée de les réviser; mais cette tentative de révision excita un extrême mécontentement et fut à peu près nulle; il ne convenait pas de rendre après coup la constitution plus aristocratique, de peur que la multitude ne la voulût encore plus populaire. Pour enchaîner la souveraineté de la nation, et en même temps pour ne pas la méconnaître, l'assemblée déclara que la France avait le droit de revoir sa constitution, mais qu'il était prudent de ne pas user de ce droit pendant trente ans.

L'acte constitutionnel fut présenté au roi par soixante députés; la suspension fut levée : Louis XVI reprit l'exercice de son pouvoir, et la garde que la loi lui avait donnée fut sous son commandement. Redevenu libre, la constitution lui fut soumise. Après plusieurs jours d'examen : « J'accepte la constitution, écrivit-il à l'assemblée; « je prends l'engagement de la maintenir au de- « dans, de la défendre contre les attaques du

« dehors, et de la faire exécuter par tous les
« moyens qu'elle met en mon pouvoir. Je déclare
« qu'instruit de l'adhésion que la grande majorité
« du peuple donne à la constitution, je renonce
« au concours que j'avais réclamé dans le travail;
« et que, n'étant responsable qu'à la nation, nul
« autre, lorsque j'y renonce, n'a le droit de s'en
« plaindre. »

Cette lettre excita de vifs applaudissements. La Fayette demanda et fit décréter une amnistie en faveur de ceux qui étaient poursuivis pour le départ du roi, ou pour des faits relatifs à la révolution. Le lendemain le roi vint lui-même accepter la constitution dans l'assemblée; la foule l'y accompagna de ses acclamations; il fut l'objet de l'enthousiasme des députés et des tribunes, et ce jour-là il obtint de nouveau la confiance et l'affection du peuple. Enfin, le 29 septembre fut marqué pour la clôture de l'assemblée; le roi se rendit à la séance; son discours fut souvent interrompu par les applaudissements, et lorsqu'il dit : « Pour vous, messieurs, qui dans une longue
« et pénible carrière avez montré un zèle infati-
« gable, il vous reste encore un devoir à remplir,
« lorsque vous serez dispersés sur la surface de
« cet empire : c'est d'expliquer à vos concitoyens
« le véritable sens des lois que vous avez faites
« pour eux, d'y rappeler ceux qui les méconnais-

« sent, d'épurer, de réunir toutes les opinions par
« l'exemple que vous leur donnerez de l'amour
« de l'ordre et de la soumission aux lois. — Oui,
« oui! s'écrièrent d'un commun accord tous les
« députés. — Je compte que vous serez l'inter-
« prète de mes sentiments auprès de vos conci-
« toyens. — Oui, oui! — Dites-leur bien à tous
« que le roi sera toujours leur premier et leur plus
« fidèle ami; qu'il a besoin d'être aimé d'eux;
« qu'il ne saurait être heureux qu'avec eux et
« que par eux; l'espoir de contribuer à leur bon-
« heur soutiendra mon courage, comme la satis-
« faction d'y avoir réussi sera ma plus douce ré-
« compense. » C'est un discours à la Henri IV,
dit une voix; et Louis XVI sortit au milieu des
plus éclatants témoignages d'amour.

Alors Thouret, d'une voix forte et s'adressant
au peuple : « L'assemblée constituante, dit-il,
« déclare que sa mission est achevée, et qu'elle
« termine en ce moment ses séances. » Ainsi finit
cette première et glorieuse assemblée de la nation : elle fut courageuse, éclairée, juste, et n'eut
qu'une passion, celle de la loi. Elle accomplit en
deux ans par ses efforts, et avec une infatigable
persévérance, la plus grande révolution qu'ait
jamais vue une seule génération de mortels. Au
milieu de ses travaux elle réprima le despotisme
et l'anarchie, en déjouant les complots de l'aris-

tocratie, et en maintenant la subordination de la multitude. Son unique tort fut de ne pas confier la conduite de la révolution à ceux qui l'avaient faite; elle se démit du pouvoir, comme ces législateurs de l'antiquité qui s'exilaient de la patrie après l'avoir constituée. Une assemblée nouvelle ne s'attacha point à consolider son œuvre, et la révolution qu'il fallait finir fut recommencée.

La constitution de 1791 était faite d'après des principes qui convenaient aux idées et à la situation de la France. Cette constitution était l'œuvre de la classe moyenne, qui se trouvait alors la plus forte; car, comme on le sait, la force qui domine s'empare toujours des institutions. Mais lorsqu'elle appartient à un seul, elle est despotisme; à quelques-uns, elle est privilége; à tous, elle est droit; ce dernier état est le terme de la société, comme il est son origine. La France y était enfin parvenue, après avoir passé par la féodalité, qui était l'institution aristocratique, et par le pouvoir absolu, qui était l'institution monarchique. L'égalité fut consacrée parmi les citoyens, et la délégation fut reconnue dans les pouvoirs : telles devaient être sous le régime nouveau la condition des hommes et la forme du gouvernement.

Dans cette constitution le peuple était la source

de tous les pouvoirs, mais il n'en exerçait aucun ; il n'avait que l'élection primaire, et ses magistrats étaient choisis par des hommes pris dans la nation éclairée. Celle-ci composait l'assemblée, les tribunaux, les administrations, les municipalités, les milices, et possédait ainsi toute la force et tous les pouvoirs de l'état. Elle était alors seule propre à les exercer, parce qu'elle avait seule les lumières qu'exige la conduite du gouvernement. Le peuple n'était point encore assez avancé pour entrer en partage du pouvoir, aussi n'est-ce que par accident et d'une manière passagère qu'il est tombé entre ses mains ; mais il recevait l'éducation civique, et s'exerçait au gouvernement dans les assemblées primaires, selon le véritable but de la société, qui n'est pas de donner ses avantages en patrimoine à une classe, mais de les y faire participer toutes lorsqu'elles sont capables de les acquérir. C'était là le principal caractère de la constitution de 1791 : à mesure que quelqu'un devenait apte à posséder le droit, il y était admis ; elle élargissait ses cadres avec la civilisation, qui chaque jour appelle un plus grand nombre d'hommes à l'administration de l'état. C'est par là qu'elle avait établi la véritable égalité, dont le caractère réel est l'admissibilité, comme celui de l'inégalité est l'exclusion. En rendant le pouvoir mobile par l'élection, elle en faisait une magistrature publique; tandis que le privilége, en le rendant héréditaire par la transmission, en fait une propriété privée.

La constitution de 1791 établit des pouvoirs homogènes qui correspondaient entre eux et se contenaient réciproquement; cependant, il faut le dire, l'autorité royale y était trop subordonnée à la puissance populaire. Il n'en est jamais autrement: la souveraineté, de quelque part qu'elle vienne, se donne toujours un faible contrepoids lorsqu'elle se limite. Un assemblée constituante affaiblit la royauté; un roi législateur restreint les prérogatives d'une assemblée.

Cette constitution était pourtant moins démocratique que celle des État-Unis, qui a été praticable malgré l'étendue du territoire, ce qui prouve que ce n'est pas la forme des institutions, mais bien l'assentiment qu'elles obtiennent ou les dissidences qu'elles excitent, qui permettent ou empêchent leur établissement. Dans un pays nouveau, après une révolution d'indépendance, comme en Amérique, toute constitution est possible; il n'y a qu'un parti ennemi, celui de la métropole, et, dès qu'il est vaincu, la lutte cesse, parce que la défaite entraîne son expulsion. Il n'en est pas de même des révolutions sociales chez des peuples qui ont eu une longue existence. Les changements attaquent des intérêts, les intérêts forment des partis, les partis se mettent en lutte; et plus la victoire s'étend, plus les ressentiments augmentent : c'est ce qui arriva à la France. L'œuvre de l'assemblée constituante périt moins par ses défauts que par les coups des factions. Placée entre l'aristocratie et la multitude, elle fut attaquée par l'une et envahie par l'autre. Celle-ci ne serait pas devenue souveraine, si la guerre civile et la coalition étrangère n'avaient pas exigé son intervention et ses secours. Pour défendre la patrie il lui fallut la gouverner; alors elle fit sa révolution, comme la classe moyenne avait fait la sienne. Elle eut son 14 juillet, qui fut le 10 août; sa constituante, qui fut la convention; son gouvernement, qui fut le comité de salut public : mais, comme nous le verrons, sans l'émigration il n'y aurait pas eu de république.

ASSEMBLÉE NATIONALE LÉGISLATIVE.

CHAPITRE V.

Premiers rapports de l'assemblée législative avec le roi. — État des partis : les Feuillants appuyés sur la classe moyenne, les Girondins sur le peuple. — Émigration et clergé réfractaire; décret contre eux; *veto* du roi. — Annonces de la guerre. — Ministère Girondin; Dumouriez et Roland. — Déclaration de la guerre contre le roi de Hongrie et de Bohême. — Désastre de nos armées; décret d'un camp de réserve de vingt mille hommes sous Paris; décret de bannissement contre les prêtres non assermentés; *veto* du roi; chute du ministère Girondin. — Pétition insurrectionnelle du 20 juin pour faire accepter les décrets, et reprendre les ministres. — Dernières tentatives du parti constitutionnel. — Manifeste du duc de Brunswick. — Évènements du 10 août. — Insurrection militaire de La Fayette contre les auteurs du 10 août; elle échoue. — Division de l'assemblée et de la nouvelle commune; Danton. — Invasion des Prussiens. — Massacres du 2 septembre. — Campagne de l'Argonne. — Causes des évènements sous la législative.

La nouvelle assemblée ouvrit ses séances le 1er octobre 1791. Elle se déclara sur-le-champ *assemblée nationale législative*. Dès son début, elle eut occasion de montrer son attachement à l'ordre actuel, et le respect que lui inspiraient les fondateurs de la liberté française. Le livre de la constitution lui fut solennellement présenté par l'archiviste Camus, ayant pour cortége les douze membres de la représentation nationale les plus anciens d'âge. L'assemblée reçut l'acte constitutionnel debout et découverte, et prêta sur lui, au milieu des applaudissements du peuple qui occupait les tribunes, le serment *de vivre libre ou de mourir*. Elle vota ensuite des remerciements aux membres de l'assemblée constituante, et se disposa à commencer ses travaux.

Mais ses premiers rapports avec le roi n'eurent pas le même caractère d'union et de confiance. La cour, qui sans doute espérait reprendre sous la législative la position supérieure qu'elle avait perdue sous la constituante, ne ménagea pas assez une autorité populaire inquiète, susceptible, et qui passait alors pour la première de l'état. L'assemblée envoya soixante de ses membres en députation auprès du roi, pour lui annoncer qu'elle était constituée. Le roi ne les reçut pas lui-même, et leur fit dire par le ministre de la justice qu'il ne pourrait les admettre que le lendemain, à midi. Un renvoi aussi peu mesuré, et les communications entre le prince et la représentation nationale rendues indirectes au moyen

d'un ministre, blessèrent vivement la députation. Aussi, lorsqu'elle fut en présence de Louis XVI, Ducastel, qui la présidait, lui dit laconiquement : « Sire, l'assemblée nationale législative est défi-
« nitivement constituée ; elle nous a députés vers
« vous pour vous en instruire. » Louis XVI lui répondit plus sèchement encore : « Je ne puis vous
« aller voir avant vendredi. » Cette conduite de la cour à l'égard de l'assemblée était maladroite, et peu propre à lui concilier l'affection populaire.

L'assemblée approuva la manière froide dont le président de la députation s'était exprimé, et elle se permit bientôt un acte de représailles. Le cérémonial avec lequel le roi devait être reçu au milieu d'elle était réglé par les lois précédentes. Un fauteuil en forme de trône lui était réservé ; on se servait à son égard des titres de *sire* et de *majesté* ; et les députés, debout et découverts à son arrivée, s'asseyaient, se couvraient, et se levaient encore, en imitant avec déférence tous les mouvements du prince. Quelques esprits inquiets et exagérés trouvaient ces condescendances indignes d'une assemblée souveraine. Le député Grangeneuve demanda que les mots *sire* et *majesté* fussent remplacés par le titre *plus constitutionnel et plus beau de roi des Français*. Couthon renchérit encore sur cette mo-

tion, et proposa de donner au roi un simple fauteuil, entièrement semblable à celui du président. Ces demandes excitèrent une légère improbation de la part de quelques membres; le plus grand nombre les accueillit avec empressement. « J'aime à croire, dit Guadet, que le peu-
« ple français vénérera toujours beaucoup plus,
« dans sa simplicité, le fauteuil sur lequel s'as-
« seoit le président des représentants de la na-
« tion, que le fauteuil doré sur lequel s'asseoit
« le chef du pouvoir exécutif. Je ne parlerai pas,
« messieurs, des titres de *sire* et de *majesté*. Je
« m'étonne que l'assemblée nationale mette en
« délibération si elle les conservera. Le mot *sire*
« signifie seigneur; il tenait au régime féodal, qui
« n'existe plus. Quant à celui de *majesté*, on ne
« doit plus l'employer que pour parler de Dieu
« et du peuple. »

La question préalable fut demandée, mais faiblement; on mit ces diverses propositions aux voix, et elles furent adoptées à une majorité considérable. Cependant, comme un pareil décret paraissait hostile, l'opinion constitutionnelle se prononça contre lui, et blâma cette rigueur trop excessive dans l'application des principes. Le lendemain, ceux qui avaient invoqué la question préalable demandèrent que les décisions de la veille fussent abandonnées. Le bruit se répandit en même temps que le roi ne se présenterait point à l'assemblée si le décret était maintenu, et le décret fut rapporté. Ces petits démêlés entre deux puissances qui craignaient entre elles des usurpations, des démarches de hauteur, et surtout de la mauvaise volonté, finirent là cette fois. Le souvenir en fut entièrement effacé par la présence de Louis XVI dans le corps législatif, où il fut reçu avec les plus grands respects et le plus vif enthousiasme.

Son discours eut pour principal objet la pacification générale : il indiqua à l'assemblée les matières qui devaient attirer son attention, les finances, les lois civiles, le commerce, l'industrie, et la consolidation du gouvernement nouveau ; il promit d'employer ses efforts à ramener l'ordre et la discipline dans l'armée, à mettre le royaume en état de défense, et à donner sur la révolution française des idées propres à rétablir la bonne intelligence en Europe. Il ajouta ces paroles, qui furent beaucoup applaudies : « Messieurs, pour que vos importants travaux ainsi « que votre zèle produisent tout le bien qu'on « doit en attendre, il faut qu'entre le corps législatif et le roi il règne une constante harmonie « et une confiance inaltérable. Les ennemis de « notre repos ne chercheront que trop à nous « désunir ; mais que l'amour de la patrie nous

« rallie, et que l'intérêt public nous rende insé-
« parables ! Ainsi la puissance publique se dé-
« ploira sans obstacle ; l'administration ne sera
« pas tourmentée par de vaines terreurs ; la pro-
« priété et la croyance de chacun seront égale-
« ment protégées, et il ne restera plus à personne
« de prétexte pour vivre éloigné d'un pays où les
« lois seront en vigueur et où tous les droits se-
« ront respectés. » Malheureusement il y avait
deux classes en dehors de la révolution, qui ne
voulaient pas composer avec elle, et dont les
efforts en Europe et dans l'intérieur de la France
devaient empêcher la réalisation de ces sages et
pacifiques paroles. Dès qu'il y a des partis déplacés dans un état, il y a lutte de leur part,
et ils forcent à prendre contre eux des mesures
de guerre. Aussi les troubles intérieurs excités
par les prêtres non assermentés, les rassemblements militaires des émigrés, et les préparatifs
de la coalition, entraînèrent bientôt la législative plus loin que ne le permettait la constitution,
et qu'elle ne se le proposait elle-même.

La composition de cette assemblée était toute
populaire. Les idées étant tournées vers la révolution, la cour, la noblesse et le clergé n'a-
vaient exercé aucune influence sur les élections.
Il n'y avait donc point dans cette assemblée,
comme dans la précédente, des partisans du pou-

voir absolu et des priviléges. Les deux factions du côté gauche qui s'étaient divisées vers la fin de la constituante se trouvèrent encore en présence, mais non plus dans le même rapport de nombre et de force. La minorité populaire de l'autre assemblée devint la majorité de celle-ci. La défense d'élire des constituants déja éprouvés, la nécessité de choisir les députés parmi ceux que leurs opinions ou leur conduite avait le plus fait remarquer, et surtout l'influence active des clubs, conduisirent à ce résultat. Les opinions et les partis se montrèrent bientôt. Il y eut une droite, un centre, une gauche, comme dans la constituante, mais avec un tout autre caractère.

La droite, composée des constitutionnels fermes et absolus, forma le parti Feuillant. Ses principaux organes furent Dumas, Ramond, Vaublanc, Beugnot, etc. Elle eut quelques relations avec la cour par Barnave, Duport, Alex. Lameth, qui en étaient les anciens chefs, mais dont les conseils furent rarement suivis par Louis XVI, qui s'abandonnait avec plus de confiance aux avis de ses alentours. Elle s'appuyait au-dehors sur le club des Feuillants et sur la bourgeoisie. La garde nationale, l'armée, le directoire du département, et en général toutes les autorités constituées, lui étaient favorables. Mais ce parti, qui ne dominait plus dans l'assemblée, perdit bientôt un poste tout aussi essentiel, celui de la municipalité, qui fut occupé par ses adversaires de la gauche.

Ceux-ci formaient le parti qu'on nomma Girondin, et qui ne fut dans la révolution qu'un parti de passage de la classe moyenne à la multitude. Il n'avait alors aucun projet subversif; mais il était disposé à défendre la révolution de toutes les manières, à la différence des constitutionnels, qui ne voulaient la défendre qu'avec la loi. A sa tête se trouvaient les brillants orateurs de la Gironde, qui lui donnèrent son nom, Vergniaud, Guadet, Gensonné, et le provençal Isnard, qui avait une éloquence encore plus passionnée que la leur. Son principal meneur était Brissot, qui, membre de la municipalité de Paris pendant la session précédente, l'était devenu plus tard de l'assemblée. Les opinions de Brissot, qui voulait une réforme complète; sa grande activité d'esprit, qui le faisait se reproduire dans le journal du *Patriote*, à la tribune de l'assemblée, au club des Jacobins; ses notions précises et étendues sur la situation des puissances étrangères, lui donnaient beaucoup d'ascendant au moment d'une lutte entre les partis et d'une guerre contre l'Europe. Condorcet avait une influence d'une autre nature : il la devait à ses idées profondes, à sa raison supérieure, qui lui valurent à peu près le rôle de Siéyes dans cette seconde génération révolutionnaire. Pétion, d'un caractère calme et résolu, fut l'homme d'action de ce parti. Son front tranquille, son élocution facile, son habitude du peuple, le firent bientôt porter à la magistrature municipale, que Bailly avait exercée pour le compte de la classe moyenne.

Le côté gauche avait dans l'assemblée un noyau de parti plus extrême que lui, et dont les membres, tels que Chabot, Bazire, Merlin, furent aux Girondins ce que Pétion, Buzot, Robespierre avaient été au côté gauche de la constituante. C'était le commencement de la faction démocratique qui, du dehors, servait d'auxiliaire à la Gironde, et qui disposait de l'affiliation des clubs et de la multitude. Robespierre, dans la société des Jacobins, où il établit son empire après sa sortie de l'assemblée; Danton, Camille-Desmoulins et Fabre-d'Églantine aux Cordeliers, où ils avaient fondé un club de novateurs plus exaltés que les Jacobins, encore composés d'hommes de la bourgeoisie; le brasseur Santerre dans les faubourgs, où siégeait la force populaire, étaient les véritables chefs de cette faction, qui s'appuyait sur toute une classe, et qui aspirait à fonder son propre régime. Mais elle ne combattait qu'en sous-ordre, et il fallait des circonstances bien impérieuses pour amener son triomphe. C'était là le véritable parti du Champ-de-Mars.

Le centre de la législative était sincèrement attaché à l'ordre nouveau. Il avait, à peu de chose près, les mêmes opinions et le même goût de modération que le centre de l'assemblée constituante ; mais sa puissance était bien différente : il n'était plus à la tête d'une classe assise, et à l'aide de laquelle il pût maîtriser d'une manière forte et sage tous les partis exagérés. Les dangers publics, en faisant sentir de nouveau le besoin des opinions exaltées et des partis du dehors, annulèrent complètement le centre. Il appartint bientôt aux plus forts, ainsi qu'il arrive à toutes les réunions modérées, et la gauche le domina.

La position de l'assemblée était très-difficile : sa devancière lui avait laissé des partis qu'elle ne pouvait évidemment pas pacifier. Dès ses premières séances elle se vit obligée de s'occuper d'eux, et de s'en occuper pour les combattre. L'émigration faisait des progrès alarmants, les deux frères du roi, le prince de Condé et le duc de Bourbon, avaient protesté contre l'acceptation de l'acte constitutionnel par Louis XVI, c'est-à-dire contre le seul moyen d'accommodement ; ils avaient dit que le roi ne pouvait pas aliéner les droits de l'ancienne monarchie, et leur protestation, répandue dans toute la France, avait produit un grand effet sur leurs partisans. Les officiers quittaient les armées, les nobles abandonnaient leurs châteaux, des compagnies entières désertaient, pour aller s'enrégimenter sur les frontières. On envoyait des quenouilles aux traîneurs, et l'on menaçait ceux qui n'émigreraient point d'être relégués dans la bourgeoisie, lorsque la noblesse retournerait victorieuse. Il se formait dans les Pays-Bas autrichiens et dans les électorats limitrophes, ce qu'on appelait *la France extérieure*. La contre-révolution était ouvertement préparée à Bruxelles, à Worms, à Coblentz, sous la protection et même avec l'aide des cours étrangères. On recevait les ambassadeurs des émigrés, tandis que ceux du gouvernement français étaient ou renvoyés, ou mal vus, ou même emprisonnés comme le fut M. Duveryer; les voyageurs, ou les négociants français suspects de patriotisme et d'amour pour la révolution, étaient mis au ban de l'Europe. Plusieurs puissances s'étaient déclarées sans déguisement: de ce nombre se trouvaient la Suède, la Russie et l'Espagne, qui était dirigée alors par le marquis de Blanca-Florida, entièrement dévoué à l'émigration. En même temps, la Prusse gardait son armée sur le pied de guerre, le cordon des troupes sardes et espagnoles grossissait sur nos frontières des Alpes et des Pyrénées; et Gustave, le chef désigné de la coalition, réunissait une armée suédoise.

Les ecclésiastiques réfractaires n'oubliaient rien

pour opérer dans l'intérieur une diversion utile aux émigrés. « — Les prêtres et surtout les évê-
« ques, dit le marquis de Ferrières, employaient
« toutes les ressources du fanatisme pour sou-
« lever le peuple des campagnes et des villes
« contre la constitution civile du clergé. » Les évêques ordonnèrent aux prêtres de ne plus célébrer les offices religieux dans la même église que les prêtres constitutionnels, de peur que le peuple ne confondît les deux cultes et les deux sacerdoces. « Indépendamment, ajoute-t-il, de
« ces lettres circulaires écrites aux curés, on ré-
« pandit dans les campagnes des instructions
« destinées au peuple. On y disait que l'on ne
« pouvait s'adresser pour les sacrements aux prê-
« tres constitutionnels qualifiés d'intrus ; que
« tous ceux qui y participaient devenaient par
« leur seule présence coupables de péché mortel,
« que ceux qui se feraient marier par les intrus
« ne seraient pas mariés; qu'ils attireraient la ma-
« lédiction sur eux et sur leurs enfants; qu'il ne fal-
« lait avoir aucune communication avec eux, ni
« avec ceux qui s'étaient séparés de l'église; que les
« officiers municipaux qui les installaient deve-
« naient apostats comme eux ; qu'à l'instant même
« de l'installation, les sonneurs de cloches et les
« sacristains devaient abdiquer leur emploi....
« Ces écrits fanatiques produisirent l'effet qu'en

« attendaient les évêques : des troubles religieux
« éclatèrent de toutes parts. »

Les soulèvements eurent lieu surtout dans le Calvados, dans le Gévaudan et dans la Vendée. Ces pays étaient assez mal disposés pour la révolution, parce que la classe moyenne et éclairée y était peu nombreuse, et que la multitude s'était dès lors maintenue dans la dépendance du clergé et de la noblesse. Les Girondins alarmés voulurent prendre des mesures de rigueur contre l'émigration et les prêtres dissidents qui attaquaient l'ordre établi. Brissot proposa d'arrêter l'émigration en renonçant au système de mollesse et de complaisance qu'on avait jusque-là suivi à son égard. Il distingua les émigrants en trois classes : 1° Les principaux chefs, à la tête desquels il mettait les deux frères du roi ; 2° Les fonctionnaires publics qui abandonnaient leurs places et leur pays, et cherchaient à embaucher leurs collègues ; 3° Les simples particuliers qui, par crainte pour leurs jours, par haine pour la révolution, ou par d'autres motifs, quittaient leur patrie sans toutefois s'armer contre elle. Il demanda des lois sévères contre les deux premières classes, et dit qu'il serait au contraire d'une bonne politique de se montrer indulgent envers la dernière. Quant aux ecclésiastiques non assermentés et perturbateurs, quelques Girondins voulaient se borner à une surveillance plus étroite; les autres prétendaient qu'il n'y avait à leur égard qu'un moyen sûr à prendre, qu'on ne ferait cesser l'esprit de sédition qu'en les bannissant du royaume. — « Toute « voie de conciliation, dit l'impétueux Isnard, « est désormais inutile : je demande ce qu'ont « produit jusqu'ici tant de pardons réitérés? Vos « ennemis n'ont fait qu'augmenter leur audace « en proportion de votre indulgence; ils ne ces-« seront de vous nuire que quand ils n'en auront « plus les moyens. Il faut qu'ils soient vainqueurs « ou vaincus; voilà où il faut en venir, et tout « homme qui ne voit pas cette grande vérité est « à mon sens un aveugle en politique. »

Les constitutionnels étaient opposés à toutes ces mesures; ils ne niaient pas le danger, mais ils considéraient de pareilles lois comme arbitraires. Ils disaient qu'avant tout il fallait respecter la constitution, et se borner dès lors à des mesures de précaution; qu'il suffisait de se mettre en défense contre les émigrés; et d'attendre pour punir les prêtres dissidents qu'on découvrît de véritables conspirations de leur part; ils recommandaient de ne pas violer la loi, même contre ses ennemis, de peur qu'une fois engagé dans cette carrière on ne s'y arrêtât plus, et que la révolution ne se perdît comme l'ancien régime par ses injustices. Mais l'assemblée, qui croyait le salut de l'état plus important que l'observation stricte de la loi, qui voyait des périls dans l'hésitation, et qui était d'ailleurs travaillée des passions qui entraînent aux démarches expéditives, ne fut pas arrêtée par ces considérations. Le 30 octobre, elle adopta encore, du consentement commun, un décret relatif au frère aîné du roi, Louis Stanislas Xavier. Ce prince fut requis, aux termes de la constitution, de rentrer en France dans deux mois ; sinon, à l'expiration de ce délai, il était déchu de ses droits à la régence ; mais l'accord cessa quant aux décrets contre les émigrés et contre les prêtres. Le 9 du mois de novembre, l'assemblée décida que les Français rassemblés au-delà des frontières étaient suspects de conjuration contre la patrie ; que, si au 1er janvier 1792 ils étaient encore en état de rassemblement, ils seraient traités en conspirateurs, deviendraient punissables de mort, et qu'après leur condamnation par contumace les revenus de leurs biens seraient perçus au profit de la nation, sans préjudice *toutefois des droits de leurs femmes, de leurs enfants et de leurs créanciers légitimes*. Le 29 du même mois, elle prit une décision à peu près semblable sur les ecclésiastiques réfractaires ; ceux-ci furent tenus de prêter le serment civique sous peine d'être privés de leurs pensions et d'être suspects de révolte contre la loi. S'ils le refusaient de nouveau, ils devaient être surveillés étroitement ; s'il survenait des troubles religieux dans leurs communes, ils devaient être traduits au chef-lieu du département, et s'ils y avaient pris part en prêchant la désobéissance, ils étaient passibles d'une détention.

Le roi sanctionna le premier décret concernant son frère; il mit son *veto* sur les deux autres. Il avait désavoué l'émigration peu de temps auparavant par des démarches publiques, et il avait écrit aux princes émigrés pour les rappeler dans le royaume. Il les y avait invités, au nom de la tranquillité de la France, de l'attachement et de l'obéissance qu'ils lui devaient comme à leur frère et comme à leur roi; il leur disait en finissant cette lettre : « Je vous saurai gré « toute ma vie de m'avoir épargné la nécessité « d'agir en opposition avec vous, par la résolu- « tion invariable où je suis de maintenir ce que « j'ai annoncé. » Ses sages invitations n'avaient été suivies d'aucun résultat; mais Louis XVI, tout en condamnant la conduite des émigrés, ne voulut pas donner son adhésion aux mesures prises contre eux : il fut soutenu dans son refus de sanction par les constitutionnels, et par le directoire du département. Cet appui ne lui fut pas inutile dans le moment où il paraissait, aux yeux du peuple, complice de l'émigration, où il excitait le mécontentement des Girondins, et se séparait de l'assemblée. Il aurait dû s'unir étroitement à eux, puisqu'il invoquait la constitution contre les émigrés dans ses lettres, et contre les révolutionnaires par l'usage de sa prérogative. Sa position ne devenait forte qu'en souscrivant de bonne foi à la première révolution, et en faisant sa propre cause de celle de la bourgeoisie.

Mais la cour n'était pas aussi résignée : elle attendait toujours des temps meilleurs, ce qui l'empêchait d'agir d'une manière invariable, et lui faisait porter ses espérances de tous les côtés. Elle continuait d'entretenir des relations avec l'Europe, disposée dans certains moments à accepter l'intervention étrangère ; elle intriguait avec les ministres contre le parti populaire, et se servait des Feuillants, quoiqu'avec beaucoup de défiance, contre les Girondins. Ses principales ressources à cette époque étaient dans les petites menées de Bertrand de Molleville, qui dirigeait le conseil, qui avait établi un *club français* dont il soldait les membres, qui achetait les applaudissements des tribunes de l'assemblée, qui espérait, par cette contre-façon de la révolution, vaincre la révolution véritable, et dont le but était de jouer les partis, et d'annuler les effets de la constitution en l'observant littéralement.

Avec ce système de conduite, la cour eut même l'imprudence d'affaiblir les constitutionnels, qu'elle aurait dû renforcer; elle favorisa, à leurs dépens, la nomination de Pétion à la mairie. Par suite du désintéressement dont avait été saisie la précédente assemblée, tous ceux qui avaient exercé sous elle des emplois populaires s'en démirent successivement. La Fayette avait déposé le commandement de la garde nationale, et Bailly venait de renoncer à la mairie; le parti constitutionnel proposait La Fayette pour le remplacer dans ce premier poste de l'état, qui, en permettant d'exciter ou de prévenir les insurrections, donnait Paris à ceux qui l'occupaient. Jusque là il avait appartenu aux constitutionnels, qui par ce moyen avaient réprimé le mouvement du Champs-de-Mars. Ils avaient perdu la direction de l'assemblée, le commandement de la garde nationale : ils perdirent encore la municipalité. La cour porta sur Pétion, candidat des Girondins, toutes les voix dont elle disposait. « M. de La Fayette, disait la reine à Bertrand « de Molleville, ne veut être maire de Paris que « pour être bientôt après maire du palais. — Pé- « tion est jacobin, républicain, mais c'est un sot

« incapable d'être jamais un chef de parti. » Cette nomination devint bientôt décisive en faveur des Girondins.

Ceux-ci ne se bornèrent point à l'acquisition de la mairie. La France ne pouvait pas demeurer plus long-temps dans cet état dangereux et provisoire ; les décrets qui justement ou non devaient pourvoir à la défense de la révolution et qui avaient été rejetés par le roi, n'étaient remplacés par aucune mesure du gouvernement ; le ministère montrait une mauvaise volonté ou une incurie évidentes. Aussi les Girondins accusèrent le ministre des relations extérieures, Delessart, de compromettre l'honneur et la sûreté de la nation par le ton de ses négociations avec les puissances étrangères, par ses lenteurs et son impéritie ; ils poursuivirent vivement aussi le ministre de la guerre, Du Portail, et celui de la marine, Bertrand de Molleville, comme ne mettant en défense ni les frontières, ni les côtes. La conduite des électeurs de Trèves, de Mayence et de l'évêque de Spire, qui favorisaient les attroupements militaires des émigrés, excitait surtout une profonde indignation nationale. Le comité diplomatique proposa de déclarer au roi que la nation verrait avec satisfaction qu'il requît les princes limitrophes de disperser dans trois semaines les attroupements, et qu'il rassemblât les forces nécessaires pour les contraindre à respecter le droit des gens. On voulait aussi, par cette démarche importante, faire prendre à Louis XVI un engagement solennel, et signifier à la diète de l'empire, assemblée à Ratisbonne, ainsi qu'à toutes les autres cours de l'Europe, les fermes intentions de la France.

Isnard monta à la tribune pour soutenir ce projet : « Élevons-nous, dit-il, dans cette cir-
« constance, à toute la hauteur de notre mission;
« parlons aux ministres, au roi, à l'Europe en-
« tière, avec la fermeté qui nous convient. Di-
« sons à nos ministres que jusqu'ici la nation
« n'est pas très-satisfaite de la conduite de cha-
« cun d'eux; que désormais ils n'ont à choisir
« qu'entre la reconnaissance publique et la ven-
« geance des lois, et que par le mot responsa-
« bilité, nous entendons la mort. Disons au roi
« que son intérêt est de défendre la constitution;
« qu'il ne règne que par le peuple et pour le
« peuple, que la nation est son souverain, et
« qu'il est sujet à la loi. Disons à l'Europe que
« le peuple français, s'il tire l'épée, en jettera
« le fourreau; qu'il n'ira le chercher que cou-
« ronné des lauriers de la victoire; que, si des
« cabinets engagent les rois dans une guerre
« contre les peuples, nous engagerons les peu-
« ples dans une guerre à mort contre les rois.

« Disons-lui que tous les combats que se livre-
« ront les peuples par ordre des despotes.... (Et
« comme on l'interrompait par des applaudisse-
« ments, il s'écria :) N'applaudissez pas, n'ap-
« plaudissez pas, respectez mon enthousiasme;
« c'est celui de la liberté. Disons donc à l'Europe
« que tous les combats que se livrent les peuples,
« par ordre des despotes, ressemblent aux coups
« que deux amis, excités par un instigateur per-
« fide, se portent dans l'obscurité : si la clarté
« du jour vient à paraître, ils jettent leurs ar-
« mes, s'embrassent, et châtient celui qui les
« trompait : de même, si, au moment où les
« armées ennemies lutteront avec les nôtres, le
« jour de la philosophie frappe leurs yeux, les
« peuples s'embrasseront à la face des tyrans dé-
« trônés, de la terre consolée et du ciel satisfait. »

L'assemblée décréta avec transport, et à l'unanimité, la mesure proposée, et envoya un message au roi. Vaublanc fut l'organe de cette
députation. « Sire, dit-il à Louis XVI, à peine
« l'assemblée nationale a-t-elle porté ses regards
« sur la situation du royaume, qu'elle s'est aper-
« çue que les troubles qui l'agitent encore ont
« leur source dans les préparatifs criminels des
« émigrés français. Leur audace est soutenue par
« des princes allemands qui méconnaissent les
« traités signés entre eux et la France, et qui

« affectent d'oublier qu'ils doivent à cet empire
« le traité de Westphalie, qui garantit leurs droits
« et leur sûreté. Ces préparatifs hostiles, ces me-
« naces d'invasion, commandent des armements
« qui absorbent des sommes immenses, que la
« nation aurait versées avec joie entre les mains
« de ses créanciers.

« C'est à vous, sire, à les faire cesser; c'est à
« vous de tenir aux puissances étrangères le lan-
« gage qui convient au roi des Français! Dites-
« leur que partout où l'on souffre des préparatifs
« contre la France, la France ne peut voir que
« des ennemis; que nous garderons religieuse-
« ment le serment de ne faire aucune conquête;
« que nous leur offrons le bon voisinage, l'ami-
« tié inviolable d'un peuple libre et puissant;
« que nous respecterons leurs lois, leurs usages,
« leurs constitutions; mais que nous voulons
« que la nôtre soit respectée! Dites-leur enfin
« que si des princes d'Allemagne continuent de
« favoriser des préparatifs dirigés contre les Fran-
« çais, les Français porteront chez eux, non pas
« le fer et la flamme, mais la liberté! C'est à eux
« de calculer quelles peuvent être les suites de
« ce réveil des nations. »

Louis XVI répondit qu'il prendrait en très-
grande considération le message de l'assemblée;
et, quelques jours après, il vint lui annoncer

en personne ses résolutions à cet égard. Elles étaient conformes au vœu général. Le roi dit, au milieu des applaudissements, qu'il ferait déclarer à l'électeur de Trèves et aux autres électeurs que si, avant le 15 janvier, tous attroupements et toutes dispositions hostiles de la part des Français réfugiés ne cessaient point dans leurs états, il ne verrait plus en eux que des ennemis. Il ajouta qu'il écrirait à l'empereur, afin de l'engager, comme chef de l'empire, à interposer son autorité pour éloigner les malheurs qu'entraînerait une plus longue obstination de quelques membres du corps germanique. « Si ces déclarations ne sont pas écoutées, alors, « messieurs, dit-il, il ne me restera plus qu'à « proposer la guerre; la guerre, qu'un peuple « qui a solennellement renoncé aux conquêtes « ne fait jamais sans nécessité, mais qu'une na- « tion généreuse et libre sait entreprendre lors- « que sa propre sûreté, lorsque son honneur, le « commandent! »

Les démarches du roi auprès des princes de l'empire furent appuyées de préparatifs militaires. Un nouveau ministre de la guerre avait remplacé Du Portail. Narbonne, choisi parmi les Feuillants, jeune, actif, ambitieux de se signaler par le triomphe de son parti et la défense de la révolution, se rendit sur-le-champ aux frontières. Cent cinquante mille hommes furent mis en réquisition ; l'assemblée vota, dans ce but, vingt millions de fonds extraordinaires ; on forma trois armées, sous le commandement de Rochambeau, de Luckner, et de La Fayette; enfin on décréta d'accusation *Monsieur*, comte de Provence, le comte d'Artois, le prince de Condé, *comme prévenus d'attentats et de conspiration contre la sûreté générale de l'état et de la constitution.* Leurs biens furent séquestrés ; et le terme fixé précédemment à *Monsieur* pour rentrer dans le royaume étant expiré, il fut déchu de son droit à la régence.

L'électeur de Trèves, pris au dépourvu, s'engagea à dissiper les rassemblements, et à ne plus les permettre désormais. Tout se réduisit néanmoins à un simulacre de licenciement. L'Autriche donna l'ordre au maréchal de Bender de défendre l'électeur s'il était attaqué, et elle ratifia les conclusions de la diète de Ratisbonne. Celle-ci exigea la réintégration des *princes possessionnés;* elle ne voulut point qu'on les indemnisât en argent de la perte de leurs droits, et elle ne laissa à la France que le rétablissement de la féodalité en Alsace ou la guerre. Ces deux démarches du cabinet de Vienne étaient d'une nature peu pacifique. Ses troupes marchaient sur nos frontières, et prouvaient encore mieux qu'il ne fallait pas se fier à son inaction. Cinquante mille hommes se trouvaient dans les Pays-Bas ; six mille étaient postés dans le Brisgaw ; il en faisait venir trente mille de Bohême. Cette formidable armée d'observation pouvait, d'un moment à l'autre, devenir une armée d'attaque.

L'assemblée sentait qu'il était urgent de faire décider l'empereur. Elle considérait les électeurs comme ses prête-noms, et les émigrés comme ses instruments ; car le prince de Kaunitz reconnaissait pour légitime *la ligue des souverains réunis pour la sûreté et l'honneur des couronnes*. Les Girondins voulurent donc prévenir ce dangereux adversaire, pour ne pas lui donner le temps de se préparer. Ils exigèrent qu'il s'expliquât, avant le 10 février, d'une manière claire et précise sur ses véritables dispositions à l'égard de la France. Ils poursuivirent en même temps des ministres sur lesquels on ne pouvait pas compter en cas de guerre : l'incapacité de Delessart et les intrigues de Molleville prêtaient surtout aux attaques ; Narbonne était le seul qu'ils épargnassent. Ils furent secondés par les divisions du conseil, qui était moitié aristocrate, par Bertrand de Molleville, Delessart, etc., et moitié constitutionnel par Narbonne, et le ministre de l'intérieur Cahier de Gerville. Des hommes aussi opposés d'intentions et de moyens ne pouvaient guère s'entendre ; Bertrand de Molleville eut de vives contestations avec Narbonne, qui voulait faire adopter à ses collègues une conduite franche, décidée, et donner l'assemblée pour point d'appui au trône. Narbonne succomba dans cette lutte, et son renvoi entraîna la désorganisation de ce ministère. Les Girondins accusèrent Bertrand de Molleville et Delessart : le premier eut l'adresse de se justifier ; mais le second fut traduit devant la haute-cour d'Orléans.

Le roi, intimidé par le déchaînement de l'assemblée contre les membres de son conseil, et surtout par le décret d'accusation contre Delessart, n'eut pas d'autre ressource que de choisir ses nouveaux ministres dans le parti victorieux. Une alliance avec les dominateurs actuels de la révolution pouvait seule sauver la liberté et le trône. Elle rétablissait l'accord entre l'assemblée, le pouvoir et la municipalité ; et si cette union s'était maintenue, les Girondins auraient fait avec la cour ce qu'après la rupture ils ne crurent pouvoir faire que sans elle. Les membres du ministère furent, Lacoste à la marine, Clavière aux finances, Duranthon à la justice ; de Grave, bientôt remplacé par Servan, à la guerre ; Dumouriez aux relations extérieures, et Roland à l'intérieur. Ces deux derniers étaient les deux hommes les plus remarquables et les plus importants du conseil.

Dumouriez était âgé de quarante-sept ans lorsque la révolution commença; il avait jusque là vécu dans l'intrigue, et il s'en souvint trop à une époque où il ne fallait employer les petits moyens que pour aider les grands, et non pour les suppléer. La première partie de sa vie politique se passa à chercher par qui il pourrait parvenir, et la seconde par qui il pourrait se conserver. Courtisan avant 1789, constitutionnel sous la première assemblée, girondin sous la seconde, jacobin sous la république, c'était éminemment un personnage de position. Mais il avait toutes les ressources des grands hommes : un caractère entreprenant, une activité infatigable, un coup-d'œil prompt, sûr, étendu; une impétuosité d'action et une confiance dans le succès extraordinaires; et, en outre, il était ouvert, facile, spirituel, hardi, propre aux fonctions et aux armes, plein d'expédients, étonnant d'à-propos, et, dans une position, sachant s'y soumettre pour la changer. Il est vrai que ses grandes qualités se trouvaient affaiblies par quelques défauts. Il était hasardeux, léger, et d'une grande inconstance de pensées et de moyens, à cause de son besoin continuel d'action : mais le grand défaut de Dumouriez était l'absence de toute conviction politique. En liberté comme en puissance, on ne fait rien, dans un temps de révolution, si l'on n'est pas l'homme d'un parti, et, lorsqu'on est ambitieux, si l'on ne voit pas plus loin que son but, et si l'on ne veut pas plus fort que les siens. C'est ainsi que fit Cromwell, et qu'a fait Bonaparte ; tandis que Dumouriez, après avoir été l'employé des partis, crut pouvoir les vaincre tous avec des intrigues. Il lui manquait la passion de son temps : c'est ce qui complète un homme et seul peut le rendre dominateur.

Roland était l'opposé de Dumouriez. C'était un caractère que la liberté trouvait tout fait, comme si elle l'avait formé elle-même. Roland avait des manières simples, des mœurs austères, des opinions éprouvées; il aimait la liberté avec enthousiasme, et il était capable de lui consacrer avec désintéressement sa vie entière, ou de périr pour elle sans ostentation et sans regret. Homme digne d'être né dans une république, mais déplacé dans une révolution, et peu propre aux troubles et aux luttes des partis, ses talents n'étaient pas supérieurs; son caractère était un peu roide; il ne savait ni connaître ni manier les hommes; et, quoiqu'il fût laborieux, éclairé, actif, il eût peu marqué sans sa femme. Tout ce qui lui manquait, elle l'avait pour lui; force, habileté, élévation, prévoyance. Madame Roland fut l'ame de la Gironde : c'est autour d'elle que se réunissaient ces hommes brillants et courageux, pour s'entretenir des besoins et des dangers de la patrie; c'est elle qui excitait ceux qu'elle savait propres à l'action, et poussait à la tribune ceux qu'elle savait éloquents.

La cour nomma ce ministère *le ministère sans-culotte*. La première fois que Roland se présenta au château, avec des cordons aux souliers et en chapeau rond, contre les règles de l'étiquette, le maître des cérémonies refusa de l'admettre. Mais, forcé de le laisser entrer, il s'adressa à Dumouriez en montrant Roland : « *Eh! monsieur, point de « boucles à ses souliers!* » *Ah! monsieur, tout est perdu!* répliqua Dumouriez avec le plus grand sang-froid. Telles étaient encore les préoccupations de la cour! La première mesure du nouveau ministère fut la guerre. La position de la France devenait de plus en plus dangereuse, et il y avait tout à craindre des mauvaises volontés de l'Europe. Léopold était mort, et cet évènement était propre à accélérer les déterminations du cabinet de Vienne. Son jeune successeur, François II, devait être moins pacifique ou moins prudent que lui. D'ailleurs l'Autriche réunissait ses troupes, traçait des camps, désignait des généraux; elle avait violé le territoire de Bâle, et placé une garnison dans le pays de Porentruy, pour se ménager une entrée dans le département du Doubs. Il ne restait donc aucun doute sur ses projets. Les attroupements de Coblentz avaient recommencé en plus grand nombre ; le cabinet de Vienne n'avait momentanément dispersé les émigrés réunis dans les provinces belgiques, que pour prévenir l'invasion de ce pays, qu'il n'était pas encore prêt à repousser : mais il n'avait voulu que sauver les apparences, et il souffrait à Bruxelles un état-major d'officiers généraux en uniforme et avec la cocarde blanche. Enfin les réponses du prince de Kaunitz aux explications demandées n'étaient nullement satisfaisantes. Il refusait même de traiter directement, et le baron de Cobentzel avait été chargé de répondre que l'Autriche ne se départirait pas des conditions imposées. Le rétablissement de la monarchie sur les bases de la séance royale du 23 juin, la restitution de ses biens au clergé, des terres de l'Alsace, avec tous leurs droits, aux princes allemands, d'Avignon et du comtat Venaissin au pape, tel était l'*ultimatum* de l'Autriche. Ainsi tout accord cessait d'être possible; il ne fallait plus compter sur le maintien de la paix. La France était menacée du sort que venait de subir la Hollande, et peut-être de celui de la Pologne : toute la question se réduisait à attendre ou à devancer la guerre, à profiter de l'enthousiasme du peuple, ou à le laisser se refroidir. Le véritable auteur de la guerre n'est pas celui qui la déclare, mais celui qui la rend nécessaire.

Louis XVI se présenta le 20 avril à l'assemblée, accompagné de tous ses ministres. « Je « viens, messieurs, dit-il, au milieu de l'assem- « blée nationale pour un des objets les plus im- « portants qui doivent occuper l'attention des « représentants de la nation. Mon ministre des « affaires étrangères va vous lire le rapport qu'il « a fait dans mon conseil sur notre situation po- « litique. » Dumouriez prit alors la parole; il exposa les griefs que la France avait contre la maison d'Autriche; le but des conférences de Mantoue, de Reichenbach et de Pilnitz; la coalition qu'elle avait formée contre la révolution française; ses armements, devenus plus considérables; la protection ouverte qu'elle accordait aux corps d'émigrés; le ton impérieux et les lenteurs affectées de ses négociations; enfin, les conditions intolérables de son *ultimatum;* et, après une longue série de considérants, motivés sur la conduite hostile du roi de Hongrie et de Bohême (François II n'avait pas encore été élu empereur), sur les circonstances majeures où la nation se trouvait, sur son vœu bien prononcé de ne souffrir aucun outrage ni aucune atteinte à ses droits, sur l'honneur et la bonne foi de Louis XVI, qui était dépositaire de la dignité et de la sûreté de la France, il concluait la guerre contre l'Autriche. Louis XVI dit alors, d'une voix un peu altérée : « Vous venez, messieurs, d'entendre « le résultat des négociations que j'ai suivies avec « la cour de Vienne. Les conclusions du rapport « ont été l'avis unanime des membres de mon « conseil; je les ai adoptées moi-même. Elles « sont conformes au vœu que m'a manifesté plu- « sieurs fois l'assemblée nationale, et aux senti- « ments que m'ont témoignés un grand nombre « de citoyens des diverses parties du royaume; « tous préfèrent la guerre à voir plus long-temps « la dignité du peuple français outragée et la sû- « reté nationale menacée. J'avais dû préalable- « ment épuiser tous les moyens de maintenir la « paix. Je viens aujourd'hui, aux termes de la « constitution, proposer à l'assemblée nationale « la guerre contre le roi de Hongrie et de Bo- « hême. » Quelques applaudissements furent donnés aux paroles du roi; mais la solennité de la circonstance et la grandeur de la décision avaient pénétré tout le monde d'une émotion concentrée et silencieuse. Dès que le roi fut sorti, l'assemblée indiqua pour le soir une séance extraordinaire, dans laquelle la guerre fut décidée à la presque unanimité. Ainsi fut entreprise, avec la principale des puissances confédérées, cette guerre qui s'est prolongée un quart de siècle, qui a affermi la révolution victorieuse, et qui a changé la face même de l'Europe.

La France entière en reçut l'annonce avec joie. La guerre communiqua un nouveau mouvement au peuple, déjà si agité. Les districts, les municipalités, les sociétés populaires, écrivirent des adresses; on leva des hommes, on fit des dons volontaires, on forgea des piques, et la nation sembla se lever pour attendre l'Europe ou pour l'envahir. Mais l'enthousiasme, qui, en fin de compte, donne la victoire, ne supplée pas d'abord à l'organisation. Aussi n'y avait-il, à l'ouverture de la campagne, que les troupes régulières sur lesquelles on pût compter, en attendant que les nouvelles levées se formassent. Voici quel était, à cet égard, l'état de nos forces. La vaste frontière depuis Dunkerque jusqu'à Huningue était divisée en trois grands commandements. Sur la gauche, de Dunkerque à Philippeville, l'armée du nord, forte d'environ quarante mille hommes et huit mille chevaux, était sous les ordres du maréchal de Rochambeau. La Fayette commandait l'armée du centre, composée de quarante-cinq mille hommes, de sept mille chevaux, et placée de Philippeville jusqu'aux lignes de Veissembourg. Enfin l'armée du Rhin, de trente-cinq mille hommes et huit mille chevaux, avait pour chef le maréchal Luckner, qui occupait depuis les lignes de Weissembourg jusqu'à Bâle. La frontière des Alpes et des Pyrénées était confiée au général Montesquiou, dont l'armée était peu considérable; mais cette partie de la France n'était pas encore exposée.

Le maréchal de Rochambeau était d'avis de rester sur la défensive et de garder nos frontières. Dumouriez, au contraire, voulait prendre l'initiative des mouvements, comme on avait pris celle de la guerre, afin de profiter de l'avantage d'être prêts les premiers. Il était fort entreprenant; et comme il dirigeait les opérations militaires, quoiqu'il fût ministre des affaires étrangères, il fit adopter son plan. Il consistait dans une rapide invasion de la Belgique. Cette province avait tenté, en 1790, de se soustraire au joug autrichien, et, après avoir été un moment victorieuse, elle avait été soumise par des forces supérieures. Dumouriez supposait que les patriotes brabançons favoriseraient l'attaque des Français, comme un moyen d'affranchissement pour eux. Il combina une triple invasion dans ce but. Les deux généraux Dillon et Biron, qui commandaient en Flandre sous Rochambeau, reçurent l'ordre de se porter, l'un, avec quatre mille hommes, de Lille sur Tournai, l'autre, avec dix mille, de Valenciennes sur Mons. En même temps La Fayette, avec une partie de son armée, partit de Metz, et se dirigea sur Namur à marches forcées, par Stenai, Sedan, Mézières.

et Givet. Mais ce plan supposait aux soldats une habitude qu'ils n'avaient point encore, et il exigeait un concert bien difficile de la part des chefs. D'ailleurs les colonnes d'invasion n'étaient pas assez fortes pour une pareille entreprise. A peine Dillon eut-il débouché la frontière et rencontré l'ennemi, qu'une terreur panique s'empara de ses troupes. On cria dans les rangs, *sauve qui peut!* et il fut entraîné par les siens, qui le massacrèrent. La même chose eut lieu, et avec les mêmes circonstances, dans le corps de Biron, qui fut également obligé de se retirer en désordre sur ses anciennes positions. Cette fuite subite, et commune aux deux colonnes, doit être attribuée ou à la crainte de l'ennemi de la part de troupes qui n'avaient pas encore vu le feu, ou à la défiance qu'inspiraient les chefs, ou à des malveillants qui criaient à la trahison.

La Fayette, en arrivant à Bouvines, après avoir fait cinquante lieues en quelques jours et par de mauvais chemins, apprit les désastres de Valenciennes et de Lille; il vit que le but de l'invasion était manqué, et il pensa avec raison qu'il n'y avait rien de mieux à faire que d'opérer la retraite. Rochambeau se plaignait *de la précipitation et du décousu* des mesures qui lui avaient été prescrites de la manière la plus absolue. Comme *il ne voulait pas rester une pièce passive, obligé de jouer au gré des ministres une partie dont il devait avoir la conduite,* il donna sa démission. Depuis ce moment notre armée reprit la défensive. La frontière ne fut plus divisée qu'en deux commandements généraux, dont l'un, confié à La Fayette, s'étendit de la mer à Longwy, et dont l'autre, de la Moselle au Jura, appartint à Luckner. La Fayette mit la gauche de son armée sous les ordres d'Arthur Dillon, et toucha par sa droite à Luckner, qui eut Biron pour lieutenant sur le Rhin. C'est dans cet état qu'on attendit les coalisés.

Cependant les premiers échecs augmentèrent la désunion des Feuillants et des Girondins. Les généraux en attribuaient la cause au plan de Dumouriez. Le ministère la rejetait sur la manière dont l'avaient exécuté les généraux, qui tous, placés par Narbonne, étaient du parti constitutionnel. Les Jacobins accusaient, d'autre part, les contre-révolutionnaires d'avoir occasionné la déroute par des cris de *sauve qui peut!* Leur joie, qu'ils ne cachaient pas, leur espérance de voir bientôt les confédérés à Paris, les émigrés de retour, et l'ancien régime rétabli, confirmaient les soupçons. On crut que la cour, qui avait porté la garde soldée du roi de dix-huit cents hommes à six mille, et qui l'avait composée de contre-révolutionnaires choisis, était d'accord avec la coalition. On dénonça, sous le nom de *comité autrichien*, un comité secret dont on ne put pas prouver l'existence. La défiance était à son comble.

L'assemblée prit sur-le-champ des mesures de parti : elle entrait dans la carrière de la guerre, et dès lors elle était condamnée à régler sa conduite beaucoup moins d'après la justice que d'après le salut public. Elle se mit en permanence; elle licencia la garde soldée du roi; le redoublement des troubles religieux lui fit porter un décret d'exil contre les prêtres réfractaires, afin de n'avoir pas en même temps à combattre une coalition et à apaiser des révoltes. Pour réparer les dernières défaites et avoir près de la capitale une armée de réserve, elle adopta, sur la proposition du ministre de la guerre Servan, la formation sous Paris d'un camp de vingt mille hommes, tirés des départements. Elle chercha également à exalter les esprits par des fêtes révolutionnaires, et elle commença à enrôler la multitude par un armement de piques, pensant que ce n'était pas trop de toutes les assistances dans un aussi grand danger.

Toutes ces mesures ne furent pas adoptées sans l'opposition des constitutionnels. Ils combattirent l'établissement du camp des vingt mille hommes, qu'ils considérèrent comme une armée de parti appelée contre la garde nationale et contre le trône. L'état-major de celle-ci protesta, et la recomposition de ce corps fut aussitôt opérée au profit du parti dominant. On fit entrer dans la nouvelle garde nationale des compagnies armées de piques. Les constitutionnels furent encore plus mécontents de cette mesure, qui introduisait la classe inférieure dans leurs rangs, et qui leur paraissait avoir pour but d'annuler la bourgeoisie par la populace. Enfin ils condamnaient d'une manière ouverte le bannissement des prêtres, qui n'était, selon eux, qu'un décret de proscription.

Louis XVI était depuis quelque temps plus froid avec ses ministres, qui se montraient aussi plus exigeants à son égard; ils le pressaient d'admettre auprès de sa personne des prêtres assermentés, afin de donner un exemple en faveur de la religion constitutionnelle et d'enlever un prétexte aux troubles; il s'y refusait avec constance, décidé à ne plus faire aucune concession religieuse. Les derniers décrets furent le terme de son union avec la Gironde; il resta plusieurs jours sans en parler et sans faire connaître sa décision à cet égard. C'est alors que Roland lui écrivit sa fameuse lettre sur ses devoirs constitutionnels, et le pressa, pour calmer les esprits et pour affermir son autorité, de se faire franchement le roi de la révolution. Cette lettre aigrit davantage Louis XVI, déjà résolu à rompre avec les Girondins. Il était soutenu par Dumouriez, qui abandonnait son parti, et qui avait formé, avec Duranthon et Lacoste, une scission dans le ministère contre Roland, Servan et Clavière. Mais, en ambitieux habile, Dumouriez conseillait à Louis XVI de renvoyer les ministres dont il avait à se plaindre, et de sanctionner en même temps les décrets pour se populariser. Il lui présentait celui contre les prêtres comme une mesure de précaution en leur faveur, l'exil devant les enlever à une proscription peut-être plus déplorable; il s'engageait à prévenir les suites révolutionnaires du camp des vingt mille hommes, en en faisant partir les bataillons pour l'armée au fur et à mesure de leur arrivée. A ces conditions, Dumouriez se chargeait du ministère de la guerre, et soutenait le choc de son propre parti; mais Louis XVI renvoya les ministres, rejeta les décrets, et Dumouriez partit pour l'armée, après s'être rendu suspect. L'assemblée déclara que Roland, Servan et Clavière emportaient les regrets de la nation.

Le roi choisit ses nouveaux ministres parmi les Feuillants. Scipion-Chambonnas eut les affaires étrangères; Terrier-Monteil, l'intérieur;

Beaulieu, les finances; Lajarre, la guerre; Lacoste et Duranthon restèrent momentanément à la justice et à la marine. Tous ces hommes étaient sans nom, sans crédit, et leur parti lui-même approchait du terme de son existence. La situation constitutionnelle, pendant laquelle il devait dominer, se changeait de plus en plus en situation révolutionnaire. Comment un parti légal et modéré aurait-il pu se maintenir entre deux partis extrêmes et belligérants, dont l'un s'avançait du dehors pour détruire la révolution, et dont l'autre voulait à tout prix la défendre? Les Feuillants devenaient de trop dans cet état de choses. Le roi, qui sentait leur faiblesse, parut ne plus compter alors que sur l'état de l'Europe, et il envoya Mallet-Dupan, avec une mission secrète, auprès des coalisés.

Cependant tous ceux qui avaient été dépassés par le flot populaire, et qui appartenaient au premier temps de la révolution, se réunirent pour seconder ce léger mouvement rétrograde. Les *monarchiens*, à la tête desquels se trouvaient Lally-Tollendal et Malouet, deux des principaux membres du parti Mounier et Necker; les Feuillants, qui étaient dirigés par l'ancien triumvirat Duport, Lameth et Barnave; enfin, La Fayette, qui avait une immense réputation constitutionnelle, essayèrent de réprimer les clubs, de raffermir l'ordre légal et le pouvoir du roi. Les Jacobins remuaient beaucoup à cette époque; leur influence devenait énorme; ils tenaient la tête du parti de la multitude. Il aurait fallu leur opposer, pour les contenir, l'ancien parti de la bourgeoisie; mais il était désorganisé et sa puissance déclinait chaque jour. Ce fut pour le relever que La Fayette écrivit, le 16 juin, du camp de Maubeuge, une lettre à l'assemblée, dans laquelle il dénonçait la faction jacobite; il demandait la fin du règne des clubs, l'indépendance et l'affermissement du trône constitutionnel, et il pressait l'assemblée en son nom, au nom de son armée, au nom de tous les amis de la liberté, de ne prendre pour le salut public que des mesures avouées par la loi. Cette lettre excita de vives contestations entre le côté gauche et le côté droit de l'assemblée. Quoiqu'elle n'eût que des motifs purs et désintéressés, elle parut, de la part d'un jeune général, à la tête de son armée, une démarche à la Cromwell, et dès ce moment la réputation de La Fayette, jusque-là ménagée par ses adversaires, commença à être attaquée. Du reste, à ne considérer cette démarche que sous son rapport politique, elle était imprudente. La Gironde, repoussée du ministère, arrêtée dans ses mesures de salut public, n'avait pas besoin d'être excitée davantage, et il ne fallait pas non plus que La Fayette, dans l'intérêt même de son parti, usât son ascendant à pure perte.

La Gironde songea, pour sa sûreté et celle de la révolution, à reconquérir la puissance, sans sortir cependant encore des moyens constitutionnels. Son but ne fut point, comme plus tard, de détrôner le roi, mais de le ramener au milieu d'elle. Pour cela elle recourut aux pétitions impérieuses de la multitude. L'emploi de cette violence populaire était très-condamnable; mais on se trouvait, de part et d'autre, placé dans une situation extraordinaire, et chacun se servait d'un moyen illégal : la cour, de l'Europe; la Gironde, du peuple. Celui-ci était dans une très-grande agitation. Les meneurs des faubourgs, au nombre desquels étaient le député Chabot, Santerre, Gonchon, le marquis de Saint-Hurugues, le préparèrent pendant plusieurs jours à un acte révolutionnaire semblable à celui qui n'avait pas réussi au Champ-de-Mars. Le 20 juin, anniversaire du serment du jeu de paume, approchait. Sous le prétexte de célébrer, par une fête civique, cette mémorable journée, et de planter un mai en l'honneur de la liberté, un rassemblement d'environ huit mille hommes armés partit, le 20 juin, du faubourg Saint-Antoine, et se dirigea vers l'assemblée.

Le procureur-syndic, Rœderer, vint le dénoncer à l'assemblée, et, pendant ce temps, les insurgés arrivèrent aux portes de la salle. Leurs chefs demandèrent à présenter une pétition et à défiler devant l'assemblée. De violents débats s'élevèrent entre la droite, qui ne voulait pas recevoir des pétitionnaires armés, et la gauche, qui, se fondant sur quelques usages, était d'avis de les admettre. Il était difficile de se refuser aux desirs d'une multitude exaltée, immense et secondée par la majorité des représentants. La députation fut introduite. Son orateur s'exprima dans un langage menaçant. Il dit, que le peuple était debout; qu'il était prêt à se servir de grands moyens, des moyens renfermés dans la déclaration des droits, *résistance à l'oppression;* que les dissidents de l'assemblée, s'il y en avait, *purgeassent la terre de la liberté*, et se rendissent à Coblentz; et puis, venant au véritable objet de cette pétition insurrectionnelle : « Le pouvoir « exécutif, ajouta-t-il, n'est point d'accord avec « vous; nous n'en voulons d'autre preuve que le « renvoi des ministres patriotes. C'est donc ainsi « que le bonheur d'un peuple libre dépendra « du caprice d'un roi! Mais ce roi doit-il avoir « d'autre volonté que celle de la loi? Le peuple « le veut ainsi, et sa tête vaut bien celle des « despotes couronnés. Cette tête est l'arbre gé-

« néalogique de la nation; et, devant ce chêne
« robuste, le faible roseau doit plier! Nous nous
« plaignons, messieurs, de l'inaction de nos ar-
« mées; nous demandons que vous en pénétriez
« la cause : si elle dérive du pouvoir exécutif,
« qu'il soit anéanti! »

L'assemblée répondit aux pétitionnaires qu'elle prendrait leur demande en considération; elle les invita ensuite au respect pour la loi et pour les autorités constituées ; et leur permit de défiler dans son sein. Ce cortége, composé alors d'environ trente mille personnes, mêlé de femmes, d'enfants, de gardes nationaux, d'hommes à piques, et du milieu duquel s'élevaient des bannières et des signes tout-à-fait révolutionnaires, traversa la salle en chantant le fameux refrain : *Ça ira*, et en criant : *Vive la nation! vivent les sans-culottes! à bas le véto!* Il était conduit par Santerre et par le marquis de Saint-Hurugues. Au sortir de l'assemblée, il se dirigea vers le château, ayant les pétitionnaires en tête.

Les portes extérieures en furent ouvertes par l'ordre du roi; la multitude se précipita alors dans l'intérieur. Elle monta dans les appartements; et, tandis qu'elle en ébranlait les portes à coups de hache, Louis XVI ordonna de les ouvrir, et se présenta à elle à peine accompagné de quelques personnes. Le flot populaire s'arrêta un moment devant lui; mais ceux qui étaient dehors, et qui ne pouvaient pas être contenus par la présence du roi, avançaient toujours. On fit prudemment placer Louis XVI dans l'embrasure d'une fenêtre. Jamais il ne montra plus de courage et de véritable grandeur que dans cette déplorable journée. Entouré de gardes nationaux, qui faisaient barrière contre la multitude, assis sur une chaise, qu'on avait élevée sur une table, afin qu'il pût respirer un peu plus à l'aise, et être vu du peuple, il garda une contenance calme et ferme; il répondit constamment à ceux qui demandaient à grands cris la sanction des décrets : *Ce n'est ni la forme, ni le moment de l'obtenir de moi.* Ayant le courage de refuser ce qui était l'objet essentiel de ce mouvement, il ne crut pas devoir repousser un signe vain pour lui, et qui, aux yeux de la multitude, était celui de la liberté; il mit sur sa tête un bonnet rouge, qui lui fut présenté au bout d'une pique. La multitude fut très-satisfaite de cette condescendance. Peu d'instants après, elle le couvrit d'applaudissements, lorsqu'étouffant de chaud et de soif, il but sans hésiter dans un verre que lui présenta un ouvrier à moitié ivre. Cependant Vergniaud, Isnard et quelques députés de la Gironde, étaient accourus pour protéger le roi, pour parler au peuple, et mettre un terme à ces indignes scènes. L'assemblée, qui avait depuis peu levé sa séance, se réunit à la hâte, effrayée de cette irruption, et envoya plusieurs députations successives auprès de Louis XVI pour lui servir de sauve-garde. Enfin, le maire Pétion arriva lui-même; il monta sur une chaise, harangua le peuple, l'invita à se retirer sans tumulte, et le peuple obéit. Ces singuliers insurgés, qui n'avaient pour but que d'obtenir des décrets et des ministres, s'écoulèrent sans avoir outrepassé leur mandat, mais sans l'avoir rempli.

La journée du 20 juin excita un soulèvement de l'opinion constitutionnelle contre ses auteurs. La violation du domicile royal, les outrages faits à Louis XVI, l'illégalité d'une pétition présentée au milieu des violences de la multitude et de l'appareil des armes, furent vivement reprochés au parti populaire. Celui-ci se vit réduit un moment à la défensive : outre qu'il était coupable d'une émeute, il avait essuyé un véritable échec. Les constitutionnels reprirent le ton et la supériorité d'un parti offensé et dominant; mais cela dura peu, car ils ne furent point secondés par la cour. La garde nationale offrit à Louis XVI de se tenir réunie autour de sa personne; le duc de La Rochefoucault Liancourt, qui commandait à Rouen, voulut l'emmener au milieu de ses troupes, qui lui étaient dévouées. La Fayette lui proposa de le conduire à Compiègne, et de le mettre à la tête de son armée; mais Louis XVI refusa toutes ces offres. Il pensa que les agitateurs seraient dégoûtés du mauvais succès de leur dernière tentative; et, comme il espérait sa délivrance de la part des puissances confédérées, il ne voulut pas se servir des constitutionnels, parce qu'il aurait fallu traiter avec eux.

Cependant La Fayette vint tenter un dernier effort en faveur de la monarchie légale. Après avoir pourvu au commandement de son armée, et recueilli des adresses contre les derniers évènements, il partit pour Paris, et se présenta, le 28 juin, sans être attendu, à la barre de l'assemblée. Il demanda, tant en son nom qu'au nom des troupes, le châtiment des attentats du 20 juin, et la destruction de la secte jacobite. Sa démarche excita des sentiments divers dans l'assemblée : le côté droit l'applaudit beaucoup; mais le côté gauche s'éleva contre sa conduite. Guadet proposa d'examiner s'il n'était pas coupable d'avoir quitté son armée, et d'être venu dicter des lois à l'assemblée. Un reste de respect empêcha celle-ci de suivre l'avis de Guadet, et, après des débats assez tumultueux, elle admit La Fayette aux honneurs de la séance; mais ce fut là tout du côté de l'assemblée. La Fayette se tourna alors vers la garde nationale, qui lui avait été dévouée pendant si long-temps, et il espéra, avec son aide, fermer les clubs, disperser les Jacobins, rendre à Louis XVI toute l'autorité que lui conférait la loi, et raffermir la constitution. Le parti révolutionnaire était dans la stupeur, et redoutait tout de la hardiesse et de la célérité de cet adversaire du Champ-de-Mars. Mais la cour, qui craignait le triomphe des constitutionnels, fit échouer elle-même les projets de La Fayette; il avait indiqué une revue, qu'elle empêcha par son influence sur les chefs de bataillon royalistes. Les grenadiers et les chasseurs, compagnies d'élite mieux disposées encore que les autres, devaient se réunir chez lui, et marcher de là contre les clubs; et il ne se présenta pas trente hommes. Ayant ainsi vainement tenté de rallier à la cause de la constitution et de la défense commune la cour et la garde nationale, se voyant délaissé par tous ceux qu'il venait secourir, La Fayette repartit pour son armée, après avoir perdu ce qui lui restait de popularité et d'influence. Cette tentative fut le dernier signe de vie du parti constitutionnel.

Alors l'assemblée revint naturellement à la situation de la France, qui n'avait pas changé. La commission extraordinaire des douze présenta, par l'organe de Pastoret, un tableau peu rassurant sur l'état et les divisions des partis. Jean

Debry, au nom de la même commission, proposa, pour maintenir dans le calme le peuple, qui était extrêmement agité, d'annoncer que, lorsque la crise deviendrait imminente, l'assemblée le déclarerait par ces mots, *La patrie est en danger*, et qu'alors on prendrait des mesures de salut public. La discussion s'ouvrit sur cette proposition importante. Vergniaud peignit, dans un discours qui ébranla profondément l'assemblée, tous les périls auxquels, dans ce moment, la patrie était exposée. Il dit que c'était *au nom du roi* que les émigrés étaient réunis, que les souverains s'étaient confédérés, que les armées étrangères marchaient sur nos frontières, que les troubles intérieurs avaient lieu. Il l'accusa d'arrêter l'élan national par ses refus, et de livrer ainsi la France à la coalition. Il cita l'article de la constitution par lequel il était déclaré que, *si le roi se mettait à la tête d'une armée et en dirigeait les forces contre la nation, ou s'il ne s'opposait pas par un acte formel à une pareille entreprise qui s'exécuterait en son nom, il serait censé avoir abdiqué la royauté.* Mettant alors en supposition que Louis XVI s'opposait volontairement aux moyens de défendre la patrie, dans ce cas, disait-il, ne serions-nous pas en droit de lui dire : « O roi ! qui sans doute « avez cru, avec le tyran Lysandre, que la vérité

« ne valait pas mieux que le mensonge, et qu'il
« fallait amuser les hommes par des serments
« comme on amuse des enfants avec des osse-
« lets; qui n'avez feint d'aimer les lois que pour
« conserver la puissance qui vous servirait à les
« braver, la constitution que pour qu'elle ne
« vous précipitât pas du trône, où vous aviez
« besoin de rester pour la détruire, pensez-vous
« nous abuser aujourd'hui par d'hypocrites pro-
« testations? pensez-vous nous donner le change
« sur nos malheurs par l'artifice de vos excuses?
« Était-ce nous défendre que d'opposer aux sol-
« dats étrangers des forces dont l'infériorité ne
« laissait pas même d'incertitude sur leur dé-
« faite? était-ce nous défendre que d'écarter les
« projets tendant à fortifier l'intérieur? était-ce
« nous défendre que de ne pas réprimer un gé-
« néral qui violait la constitution, et d'enchaîner
« le courage de ceux qui la servaient? La con-
« stitution vous laissa-t-elle le choix des minis-
« tres pour notre bonheur, ou notre ruine? vous
« fit-elle chef de l'armée pour notre gloire, ou
« notre honte? vous donna-t-elle, enfin, le droit
« de sanction, une liste civile, et tant de pré-
« rogatives, pour perdre constitutionnellement
« la constitution et l'empire? Non! non! homme
« que la générosité des Français n'a pu rendre
« sensible, que le seul amour du despotisme a

« pu toucher... vous n'êtes plus rien pour cette
« constitution que vous avez si indignement
« violée, pour le peuple que vous avez si indi-
« gnement trahi! »

Dans la position où se trouvait la Gironde, elle ne comptait plus que sur la déchéance du roi. Vergniaud, il est vrai, ne s'exprimait encore que d'une manière hypothétique : mais tout le parti populaire attribuait réellement à Louis XVI les projets qui, dans la bouche de Vergniaud, n'avaient été que des suppositions. Peu de jours après, Brissot s'exprima plus ouvertement : « Le
« péril où nous sommes, dit-il, est le plus ex-
« traordinaire qu'on ait encore vu dans les siè-
« cles passés. La patrie est en danger, non pas
« qu'elle manque de troupes, non pas que ses
« troupes soient peu courageuses, ses frontières
« peu fortifiées, ses ressources peu abondantes...
« Non. Elle est en danger parce qu'on a para-
« lysé ses forces. Eh! qui les paralysait? un seul
« homme; celui-là même que la constitution a fait
« son chef, et que des conseillers perfides fai-
« saient son ennemi! On vous dit de craindre
« les rois de Hongrie et de Prusse... et moi je dis
« que la force principale de ces rois est à la
« cour, et que c'est là qu'il faut les vaincre
« d'abord. On vous dit de frapper sur des prê-
« tres réfractaires par tout le royaume.... et moi

« je dis que frapper sur la cour des Tuileries,
« c'est frapper ces prêtres d'un seul coup. On
« vous dit de poursuivre tous les intrigants,
« tous les factieux, tous les conspirateurs..... et
« moi je dis que tous disparaissent, si vous frap-
« pez sur le cabinet des Tuileries ; car ce cabinet
« est le point où tous les fils aboutissent, où
« se trament toutes les manœuvres, d'où par-
« tent toutes les impulsions ! La nation est le
« jouet de ce cabinet. Voilà le secret de notre
« position, voilà la source du mal, voilà où il
« faut porter le remède. »

La Gironde préparait ainsi l'assemblée à la question de la déchéance. Mais on termina auparavant la grande question sur les dangers de la patrie. Les trois comités réunis déclarèrent qu'il y avait lieu à prendre des mesures de salut public, et l'assemblée proclama alors cette formule solennelle : *Citoyens, la patrie est en danger!* Aussitôt toutes les autorités civiles se placèrent en *surveillance permanente;* tous les citoyens en état de porter les armes, et ayant déjà fait le service des gardes nationales, furent mis en activité ; chacun fut tenu de déclarer les armes et les munitions dont il était pourvu ; on donna des piques à ceux qu'on ne put pas armer de fusils, on enrôla des bataillons de volontaires sur les places publiques, au milieu desquelles on avait planté des bannières avec ces mots: *Citoyens, la patrie est en danger;* et l'on forma un camp à Soissons. Toutes ces mesures de défense, devenues indispensables, portèrent au plus haut degré l'exaltation révolutionnaire. On eut lieu de le remarquer à l'anniversaire du 14 juillet, pendant lequel les sentiments de la multitude et des fédérés des départements éclatèrent sans retenue. Pétion y fut l'objet de l'idolâtrie du peuple; il eut tous les honneurs de la fédération. Peu de jours auparavant il avait été destitué, à cause de sa conduite au 20 juin, par le directoire du département et par le conseil; mais l'assemblée l'avait rétabli dans ses fonctions, et le seul cri proféré le jour de la fédération fut celui de *Pétion ou la mort!* Quelques bataillons de la garde nationale, tels que celui des Filles-Saint-Thomas, montraient encore de l'attachement à la cour, ils devinrent l'objet de la défiance et des ressentiments populaires. On excita dans les Champs-Élysées, entre les grenadiers des Filles-Saint-Thomas et les fédérés de Marseille, une rixe dans laquelle quelques grenadiers furent blessés. La crise devenait chaque jour plus imminente; le parti de la guerre ne pouvait plus souffrir celui de la constitution. Les attaques contre La Fayette se multipliaient; il était poursuivi dans les journaux, dénoncé dans l'assemblée. Enfin les hostilités commencèrent : le club des Feuillants fut fermé ; on cassa les compagnies de grenadiers et de chasseurs de la garde nationale, qui étaient la force de la bourgeoisie ; les soldats de ligne et les Suisses furent éloignés de Paris, et l'on prépara ouvertement la catastrophe du 10 août.

La marche des Prussiens et le fameux manifeste de Brunswick contribuèrent à hâter ce moment. La Prusse s'était réunie à l'Autriche et aux princes d'Allemagne contre la France. Cette coalition, à laquelle se réunissait la cour de Turin, était formidable, quoiqu'elle ne comprît pas toutes les puissances qui d'abord avaient dû se joindre à elle. La mort de Gustave, désigné comme le chef de l'armée d'invasion, en avait détaché la Suède ; le remplacement du ministre Blanca-Florida par le comte d'Aranda, homme prudent et modéré, avait empêché l'Espagne d'y entrer ; la Russie et l'Angleterre approuvaient secrètement les attaques de la ligue européenne, sans y coopérer encore. Après les événements militaires dont il a été rendu compte, on s'était observé de part et d'autre, plutôt qu'on ne s'était battu. Pendant ce temps, La Fayette avait donné de bonnes habitudes de discipline et de dévouement à son armée ; et Dumouriez, placé sous Luckner au camp de Maulde, avait aguerri les troupes qui lui étaient confiées par de petits engagements et des succès journaliers. Ils avaient ainsi formé le noyau d'une bonne armée, chose d'autant plus nécessaire qu'il était besoin d'organisation et de confiance pour repousser l'invasion prochaine des confédérés.

Le duc de Brunswick la dirigeait. Il avait le commandement général de l'armée ennemie, composée de soixante-dix mille Prussiens et de soixante-huit mille Autrichiens, Hessois ou émigrés. Voici quel était ce plan d'invasion. Le duc de Brunswick devait, avec les Prussiens, passer le Rhin à Coblentz, remonter la rive gauche de la Moselle, attaquer la frontière de France par son point central, le plus accessible, et se diriger sur la capitale par Longwy, Verdun et Châlons. Le prince de Hohenlöhe devait opérer sur sa gauche dans la direction de Metz et de Thionville, avec les Hessois et un corps d'émigrés, tandis que le général Clairfait couvrirait sa droite avec les Autrichiens et un autre corps d'émigrés, culbuterait La Fayette, placé devant Sedan et Mézières, traverserait La Meuse, et marcherait par Reims et Soissons sur Paris. Ainsi, du centre et des deux côtés, de la Moselle, du Rhin et des Pays-Bas, on s'avancerait concentriquement sur la capitale. D'autres corps d'armée, postés sur la frontière du Rhin et sur l'extrême frontière du nord, devaient, en attaquant nos troupes de ces côtés, faciliter l'invasion centrale.

Le 25 juillet, au moment où l'armée s'ébranla et partit de Coblentz, le duc de Brunswick publia un manifeste au nom de l'empereur et du roi de Prusse. Il reprocha *à ceux qui avaient usurpé les rênes de l'administration en France*, d'y avoir troublé le bon ordre et renversé le gouvernement légitime; d'avoir exercé contre le roi et sa famille des attentats et des violences renouvelés chaque jour; d'avoir supprimé arbitrairement les droits et possessions des princes allemands en Alsace et en Lorraine; enfin d'avoir comblé la mesure, en déclarant une guerre injuste à sa majesté l'empereur, et en attaquant ses provinces des Pays-Bas. Il déclara que les souverains alliés marchaient pour faire cesser l'anarchie en France, arrêter les attaques portées au trône et à l'autel, rendre au roi la sûreté et la liberté dont il était privé, et le mettre en état d'exercer son autorité légitime. En conséquence, il rendit responsables les gardes nationales et les autorités, de tous les désordres, jusqu'à l'arrivée des troupes de la coalition. Il les somma de revenir à leur ancienne fidélité. Il dit que les habitants des villes qui *oseraient se défendre* seraient punis sur-le-champ, comme des rebelles, selon la rigueur de la guerre, et leurs maisons démolies ou brûlées; que si la ville de Paris ne mettait pas le roi en pleine liberté, et ne lui rendait pas le respect qui lui était dû, les princes coalisés en rendaient personnellement responsables, sur leurs têtes, pour être jugés militairement, sans espoir de pardon, tous les membres de l'assemblée nationale, du département, du district, de la municipalité, de la garde nationale; et que si le château était forcé ou insulté, les princes en tireraient une vengeance exemplaire et à jamais mémorable, en livrant Paris à une exécution militaire et à une subversion totale. Il promettait, au contraire, aux habitants de Paris l'emploi des bons offices des princes confédérés auprès de Louis XVI, afin d'obtenir le pardon de leurs torts ou de leurs erreurs, s'ils obéissaient promptement aux ordres de la coalition.

Ce fougueux et impolitique manifeste, qui ne déguisait ni les desseins de l'émigration ni ceux de l'Europe; qui traitait tout un grand peuple avec un ton de commandement et de mépris vraiment extraordinaire; qui lui annonçait ouvertement toutes les misères d'une invasion, et, par-dessus, le despotisme et des vengeances, excita un soulèvement national. Plus que toute autre chose, il hâta la chute du trône, et empêcha les succès de la coalition. Il n'y eut qu'un vœu, qu'un cri de résistance d'un bout de la France à l'autre; et quiconque ne l'eût pas partagé eût été regardé comme coupable d'impiété envers la patrie et la sainte cause de son indépendance. Le parti populaire, placé dans la nécessité de vaincre, ne vit plus alors d'autre moyen que d'annuler le roi, et, pour l'annuler, que de le faire déchoir. Mais, dans ce parti, chacun voulut arriver au but à sa manière : la Gironde, par décret de l'assemblée; les chefs de la multitude, à l'aide de l'insurrection. Danton, Robespierre, Camille-Desmoulins, Fabre-d'Églantine, Marat, etc., formaient une faction déplacée, à laquelle il fallait une révolution qui la portât du milieu du peuple dans l'assemblée et dans la municipalité. Ils étaient, du reste, les véritables chefs du nouveau mouvement qui allait se faire, au moyen de la classe inférieure de la société, contre la classe moyenne, à laquelle appartenaient les Girondins par leur position et leurs habitudes. La division commença de ce jour entre ceux qui ne voulaient supprimer que la cour dans l'ordre de choses actuel, et ceux qui voulaient y introduire la multitude.

Ces derniers ne s'accommodaient pas des lenteurs d'une discussion. Agités de toutes les passions révolutionnaires, ils se disposèrent à une attaque dont ils firent les préparatifs ouvertement et long-temps d'avance.

Leur entreprise fut plusieurs fois projetée et suspendue. Le 26 juillet, une insurrection devait éclater ; mais elle était mal ourdie, et Pétion l'arrêta. Lorsque les fédérés marseillais arrivèrent pour se rendre au camp de Soissons, les faubourgs devaient aller à leur rencontre, et marcher avec eux à l'improviste contre le château. Cette insurrection manqua encore. Cependant l'arrivée des Marseillais encouragea les agitateurs de la capitale, et il y eut entre ceux-ci et les chefs fédérés des conférences à Charenton pour le renversement du trône. Les sections étaient fort agitées ; celle de Mauconseil fut la première à se déclarer en insurrection, et elle le fit notifier à l'assemblée. On discuta la déchéance dans les clubs, et, le 3 août, le maire Pétion vint la demander au corps législatif au nom de la commune et des sections. La pétition fut renvoyée à la commission extraordinaire des douze. Le 8, on discuta la mise en accusation de La Fayette : par un reste de courage, la majorité le soutint vivement, et non sans péril. Il fut absous ; mais tous ceux qui avaient voté pour lui furent hués, poursuivis et maltraités par le peuple, au sortir de la séance.

Le lendemain, l'effervescence était extrême.

Les constitutionnels se plaignirent des excès de la veille; ils demandèrent qu'on fît partir les fédérés pour Soissons, et qu'on prît des mesures pour assurer la tranquillité de Paris et la liberté des délibérations. Les Girondins défendirent les fédérés. Sur ces entrefaites, on vint annoncer que la section des Quinze-Vingts avait déclaré que, si la déchéance n'était pas prononcée le jour même, à minuit on sonnerait le tocsin, on battrait la générale, et on attaquerait le château. Cet arrêté avait été transmis aux quarante-huit sections, et toutes l'avaient approuvé, hors une seule. L'assemblée manda le procureur-syndic du département, qui fit part de sa bonne volonté, mais de son impuissance, et le maire, qui répondit que, dans un moment où les sections avaient repris leur souveraineté, il ne pouvait exercer sur le peuple qu'une influence de persuasion. L'assemblée se sépara sans avoir pris aucune mesure.

Les insurgés fixèrent l'attaque du château au matin du 10 août. Le chef-lieu du soulèvement fut au faubourg Saint-Antoine. Le soir, après une séance très-véhémente, les Jacobins s'y rendirent en cortége: l'insurrection fut alors organisée. On décida de casser le département; de consigner Pétion, afin de le soustraire aux devoirs de sa place et à toute responsabilité; enfin, de remplacer le conseil général de la commune actuelle par une municipalité insurrectionnelle. Les agitateurs se rendirent en même temps dans les sections des faubourgs et dans les casernes des fédérés marseillais et bretons.

La cour était depuis quelque temps avertie du danger, et elle s'était mise en défense. Peut-être, dans ce moment, crut-elle pouvoir, non-seulement résister, mais encore se rétablir entièrement. L'intérieur du château était occupé par des Suisses, au nombre de huit ou neuf cents; par les officiers de la garde licenciée et par une troupe de gentilshommes et de royalistes, qui s'étaient présentés armés de sabres, d'épées et de pistolets. Le commandant général de la garde nationale, Mandat, s'était rendu au château avec son état-major pour le défendre; il avait donné ordre aux bataillons les plus attachés à la constitution de prendre les armes. Les ministres étaient aussi auprès du roi; le syndic du département s'y était transporté, et l'on avait mandé Pétion pour s'informer de l'état de Paris, pour obtenir l'autorisation de repousser la force par la force, et pour le garder comme otage.

A minuit, un coup de feu se fait entendre, les tocsins sonnent, la générale bat, les insurgés s'attroupent et s'enrégimentent; les membres des sections cassent la municipalité, et nomment un conseil provisoire de la commune, qni se rend à l'Hôtel-de-Ville pour diriger l'insurrection. De leur côté, les bataillons de la garde nationale prennent la route du château, sont placés dans les cours ou aux principaux postes, avec la gendarmerie à cheval; les canonniers occupent les avenues des Tuileries avec leurs pièces, tandis que les Suisses et des volontaires gardent les appartements. La défense est dans le meilleur état.

Cependant quelques députés, éveillés par le tocsin, s'étaient rendus dans la salle du Corps-Législatif, et avaient ouvert la séance, sous la présidence de Vergniaud. Avertis que Pétion était retenu aux Tuileries, et qu'il avait besoin d'être dégagé, ils le mandèrent à la barre de l'assemblée pour rendre compte de l'état de Paris. Sur cet ordre, on le relâcha au château: il parut devant l'assemblée, qui le renvoya à ses fonctions; mais, à peine arrivé à l'Hôtel-de-Ville, il fut mis sous la garde de trois cents hommes par la nouvelle commune. Celle-ci, qui ne voulait pas d'autre autorité, dans ce jour de désordre, que les autorités insurrectionnelles, fit venir le commandant Mandat pour l'informer des dispositions prises au château. Mandat hésitait à obéir; cependant, comme il ne croyait pas la municipalité renouvelée, et comme son devoir lui prescrivait de suivre ses ordres, il se rendit à l'Hôtel-de-Ville. En entrant, il vit des figures nouvelles, et il pâlit. On l'accusa d'avoir autorisé les troupes de faire feu sur le peuple; il se troubla, fut envoyé à l'Abbaye, et, en sortant, la multitude l'égorgea sur les marches de l'Hôtel-de-Ville. La commune donna aussitôt le commandement de la garde nationale à Santerre.

La cour se trouva ainsi privée de son défenseur le plus résolu et le plus influent. La présence de Mandat, l'ordre qu'il avait obtenu d'employer la force en cas de besoin, étaient nécessaires pour décider la garde nationale à se battre. La vue des nobles et des royalistes l'avait beaucoup refroidie. Mandat lui-même, avant son départ, avait supplié la reine de renvoyer cette troupe, que les constitutionnels regardaient comme une troupe d'aristocrates; mais elle avait répondu avec humeur, « Ces messieurs sont « venus pour nous défendre, et nous comptons « sur eux. » La division existait déjà entre les défenseurs du château, lorsque Louis XVI les passa en revue à cinq heures du matin. Il parcourut d'abord les postes intérieurs, qu'il trouva animés des meilleures dispositions; il était suivi de madame Élisabeth, du dauphin et de la reine, à laquelle *sa lèvre autrichienne, et son nez d'aigle plus plein que de coutume, donnaient un grand air de majesté.* Le roi était extrêmement triste : « Je ne séparerai pas, dit-il, ma cause de celle « des bons citoyens; nous nous sauverons ou « nous périrons ensemble. » Il descendit ensuite dans les cours, accompagné de quelques officiers-généraux. Dès qu'il arriva, on battit aux champs; le cri de *Vive le roi!* se fit entendre, et fut répété par la garde nationale; mais les canonniers et le bataillon de la Croix-Rouge y répondirent par le cri de *Vive la nation!* Dans le même instant survinrent deux nouveaux bataillons, armés de fusils et de piques, qui, en défilant devant le roi pour se placer sur la terrasse de la Seine, crièrent : *Vive la nation! vive Pétion!* Le roi continua la revue, non sans être attristé de ce présage. Il fut accueilli avec les plus grands témoignages de dévouement par les bataillons des Filles-Saint-Thomas et des Petits-Pères, qui occupaient la terrasse située le long du château. Pendant qu'il traversa le jardin pour visiter les postes du Pont-Tournant, les bataillons à piques le poursuivirent du cri : *A bas le veto! à bas le traître!* et lorsqu'il fut revenu, ils quittèrent leur position, se placèrent près du Pont-Royal, et tournèrent leurs canons contre le château. Deux autres bataillons, postés dans les cours, les imitèrent, et s'établirent sur la place du Carrousel, dans une attitude agressive. En

rentrant au château, le roi était pâle, découragé; et la reine dit : « Tout est perdu ; cette es-
« pèce de revue a fait plus de mal que de bien. »

Pendant que tout ceci se passait aux Tuileries, les insurgés s'avançaient sur plusieurs colonnes; ils avaient employé la nuit à se réunir et à s'organiser. Dès le matin, ils avaient forcé l'Arsenal, et en avaient distribué les armes. La colonne du faubourg Saint-Antoine, forte d'environ quinze mille hommes, et celle du faubourg Saint-Marceau, de cinq mille, s'étaient mises en marche vers six heures du matin. La foule les grossissait dans leur route. Une troupe avait été placée par le directoire du département sur le Pont-Neuf, afin d'empêcher la jonction des assaillants des deux côtés de la rivière ; mais la commune lui fit quitter ce poste, et le passage du pont se trouva libre. Déja l'avant-garde des faubourgs, composée des fédérés marseillais et bretons, avait débouché par la rue Saint-Honoré, se mettait en bataille sur le Carrousel, et tournait ses canons contre le château. Ce fut alors que le procureur-syndic du département, Rœderer, qui n'avait pas quitté les Tuileries de la nuit, se présenta à eux, leur dit qu'une si grande multitude ne pouvait pas avoir accès auprès du roi, ni de l'assemblée nationale; et les invitait à nommer vingt députés et à les charger de leurs demandes : mais ils ne l'écoutèrent point. Il s'adressa aux troupes nationales, lut l'article de la loi qui leur enjoignait, en cas d'attaque, de repousser la force par la force; mais une très-faible partie de la garde nationale y parut disposée, et les canonniers, pour toute réponse, déchargèrent leurs canons. Rœderer, voyant que les insurgés triomphaient partout, qu'ils étaient maîtres de la commune, qu'ils disposaient de la multitude et des troupes même, retourna en toute hâte au château, à la tête du directoire exécutif.

Le roi tenait conseil avec la reine et les ministres. Un officier municipal venait de donner l'alarme, en annonçant que les colonnes des insurgés approchaient des Tuileries. « Eh bien ! que veulent-ils ? avait demandé le garde-des-sceaux Joly. — La déchéance, répondit le municipal. — Que l'assemblée la prononce donc, ajouta le ministre. — Mais, après cette déchéance, dit la reine, qu'arrivera-t-il ? » L'officier municipal s'inclina sans rien répondre. Au même instant entra Rœderer, qui augmenta la consternation de la cour, en annonçant que le danger était extrême, que les bandes des insurgés étaient intraitables, que la garde nationale n'était pas sûre, et que la famille royale s'exposait à une perte infaillible, si elle ne se rendait point dans le sein de l'assemblée législative. La reine repoussa d'abord cet avis avec la plus grande vivacité : « Je me ferai plutôt clouer aux murs de ce château, dit-elle, que d'en sortir. » Et, s'adressant au roi, en lui présentant un pistolet : « Allons, monsieur, voilà le moment de vous montrer. » Le roi garda le silence. « Vous voulez donc, madame, ajouta Rœderer, vous rendre responsable de la mort du roi, de la vôtre, de celle de vos enfants, et de tous ceux qui sont ici pour vous défendre. » Ces paroles décidèrent le roi ; il se leva pour se rendre à l'assemblée, la reine le suivit, et, en partant, il dit aux ministres et aux défenseurs du château : « Messieurs, il n'y a plus rien à faire ici. » Accompagné de sa famille et de quelques personnes de sa maison, Louis XVI traversa le jardin au milieu d'une haie de Suisses et des bataillons des Filles-Saint-Thomas et des Petits-Pères; mais, lorsqu'il fut à la porte des feuillants, une multitude immense encombrait le passage, et ne voulait pas s'ouvrir devant lui. Son escorte eut beaucoup de peine à le conduire jusqu'à la salle de l'assemblée, au milieu des injures, des menaces et des vociférations de la populace.

Un juge de paix qui précédait le roi vint annoncer son arrivée au corps législatif. Il délibérait en ce moment sur l'envoi d'une députation au château. Les membres les plus voisins de la porte allèrent sur-le-champ au devant de Louis XVI, pour le recevoir. « Messieurs, dit le « roi en entrant dans la salle, je suis venu ici « pour prévenir un grand crime. Je me croirai « toujours en sûreté avec ma famille au milieu « de vous. »—« Sire, répondit Vergniaud qui « occupait le fauteuil, vous pouvez compter sur « la fermeté de l'assemblée nationale; ses mem- « bres ont juré de mourir en soutenant les droits « du peuple et les autorités constituées. » Le roi prit place à côté du président. Mais Chabot rappela que l'assemblée ne pouvait point délibérer en présence du roi, et Louis XVI passa, avec sa famille et ses ministres, dans la loge du *Logographe*, qui se trouvait derrière le président et d'où l'on pouvait tout voir et tout entendre.

Depuis le départ du roi, tout motif de résistance avait cessé. D'ailleurs, les moyens mêmes de défense étaient diminués, par le départ des trois cents Suisses et des trois cents gardes nationaux qui avaient escorté Louis XVI. La gendarmerie avait quitté son poste en criant *Vive la nation!* La garde nationale s'ébranlait en faveur des assaillants. Mais les ennemis étaient en présence; et quoique la cause du combat n'existât plus, le combat ne s'engagea pas moins. Les colonnes des insurgés entouraient le château. Les Marseillais et les Bretons, qui tenaient la première ligne, venaient de forcer la porte royale, placée sur le Carrousel, et de pénétrer dans les cours du château. Ils avaient à leur tête un ancien sous-officier nommé Westermann, ami de Danton, et homme très-résolu. Il rangea sa troupe en bataille, et il s'avança vers les canonniers, qui, sur ses invitations, se joignirent aux Marseillais avec leurs pièces. Les Suisses garnissaient les fenêtres du château dans une attitude immobile. Les deux troupes furent quelque temps en présence sans s'attaquer. Quelques uns des assaillants s'avancèrent même pour fraterniser, et les Suisses jetèrent des cartouches par les fenêtres en signe de paix; ils pénétrèrent jusque sous le vestibule, où se trouvaient d'autres défenseurs du château. Une barrière les séparait. C'est là que le combat s'engagea, sans qu'on ait pu savoir encore de quel côté commença l'agression. Les Suisses firent alors un feu meurtrier sur les insurgés, qui se dispersèrent. La place du Carrousel fut balayée. Mais les Marseillais et les Bretons revinrent bientôt en force : les Suisses furent canonnés, investis; et, après avoir tenu aussi long-temps qu'ils purent, ils furent défaits, poursuivis, exterminés. Ce ne fut plus alors un combat, mais un massacre; et la multitude se livra dans le château à tous les excès de la victoire.

L'assemblée était, pendant ce temps, dans les plus vives alarmes. Les premiers coups de canon y avaient répandu la consternation. A mesure que les décharges de l'artillerie devenaient plus fréquentes, l'agitation redoublait. Il fut un moment où les membres de l'assemblée se crurent perdus. Un officier entra précipitamment dans la salle, en s'écriant : « En place, « législateurs, nous sommes forcés! » Quelques députés se levèrent pour sortir. « Non, non, « dirent les autres, c'est ici notre poste. » Les tribunes s'écrièrent aussitôt *Vive l'assemblée nationale!* et l'assemblée répondit en criant *Vive la nation!* Enfin on entendit au-dehors *Victoire! victoire!* et le sort de la monarchie fut décidé.

L'assemblée fit aussitôt une proclamation pour ramener le calme, et conjurer le peuple de respecter la justice, ses magistrats, les droits de l'homme, la liberté, l'égalité. Mais la multitude et ses chefs avaient la toute-puissance, et se proposaient d'en user. La nouvelle municipalité vint faire reconnaître ses pouvoirs. Elle était précédée de trois bannières, sur lesquelles étaient ces mots : *patrie, liberté, égalité.* Sa harangue fut impérieuse, et elle la finit en demandant la déchéance du roi et une convention nationale. Les députations se succédèrent, et toutes présentaient le même vœu, ou, pour mieux dire, intimaient le même ordre. L'assemblée se vit contrainte à les satisfaire. Cependant elle ne voulut point prendre sur elle la déchéance du roi. Vergniaud monta à la tribune au nom de la commission des douze, et il dit : « Je viens « vous proposer une mesure bien rigoureuse ; « mais je m'en rapporte à votre douleur pour « juger combien il importe que vous l'adoptiez « sur le champ. » Cette mesure consistait dans la convocation d'une convention nationale, dans la destitution des ministres, et dans la suspension du roi. L'assemblée l'adopta unanimement. Les ministres girondins furent rappelés ; les fameux décrets furent mis à exécution ; on envoya des commissaires aux armées pour s'assurer d'elles. Louis XVI, à qui l'assemblée avait d'abord donné le Luxembourg pour demeure, fut transféré au Temple comme prisonnier par la toute-puissante commune, sous le prétexte qu'elle ne pouvait point, sans cela, répondre de sa personne. Enfin le 23 septembre fut désigné pour l'ouverture de l'assemblée extraordinaire qui devait décider du sort de la royauté. Mais la royauté venait de succomber de fait au 10 août, dans cette journée qui fut l'insurrection de la

multitude contre la classe moyenne et contre le trône constitutionnel, comme le 14 juillet avait été l'insurrection de la classe moyenne contre les classes privilégiées et le pouvoir absolu de la couronne. Le 10 août vit commencer l'époque dictatoriale et arbitraire de la révolution. Les circonstances devenant de plus en plus difficiles, il s'engagea une vaste guerre qui exigea un surcroît d'énergie; et cette energie, déréglée parce qu'elle était populaire, rendit inquiète, oppressive et cruelle la domination de la classe inférieure. La question alors changea entièrement de nature; elle n'eut plus pour but la liberté, mais le salut public; et la période conventionnelle, depuis la fin de la constitution de 1791 jusqu'au moment où la constitution de l'an III établit le directoire, ne fut qu'une longue campagne de la révolution contre les partis et contre l'Europe. Il n'était guère possible qu'il en fût autrement. « Le mouvement révolutionnaire une fois établi,
« dit M. de Maistre (1), la France et la monarchie
« ne pouvaient être sauvées que par le jacobi-
« nisme... Nos neveux, qui s'embarrasseront très-
« peu de nos souffrances, et qui danseront sur
« nos tombeaux, riront de notre ignorance ac-
« tuelle; ils se consoleront aisément des excès

---

(1) Considérations sur la France.

« que nous avons vus, et qui auront conservé
« l'intégrité du plus beau royaume. »

Les départements adhérèrent aux événements du 10 août. L'armée, qui subissait toujours un peu plus tard l'influence de la révolution, était encore royaliste constitutionnelle; cependant, comme les troupes étaient subordonnées aux partis, elles devaient se soumettre facilement à l'opinion dominante. Les généraux en seconde ligne, tels que Dumouriez, Custines, Biron, Kellermann, Labourdonnaie, étaient disposés à approuver les derniers changements. Ils n'avaient pas encore pris parti, et ils espéraient que cette révolution leur vaudrait de l'avancement. Il n'en était pas de même des deux généraux en chef. Luckner flottait indécis entre l'insurrection du 10 août, qu'il appelait *un petit accident arrivé à Paris*, et *son ami* La Fayette. Ce dernier, chef du parti constitutionnel, attaché jusqu'au bout à ses serments, voulut défendre encore le trône renversé, et une constitution qui n'était plus. Il commandait environ trente mille hommes, qui étaient affectionnés à sa cause et à sa personne. Son quartier-général se trouvait près de Sédan. Dans son projet de résistance en faveur de la constitution, il se concerta avec la municipalité de cette ville et le directoire du département des Ardennes, afin d'établir un centre civil, auquel tous les départements pussent se rallier. Les trois commissaires Kersaint, Antonnelle, Péraldy, envoyés par la législative auprès de son armée, furent arrêtés et mis dans la tour de Sédan. Cette mesure eut pour motif, *que l'assemblée ayant été violentée, les membres qui avaient accepté une telle mission ne pouvaient être que les chefs ou les instruments de la faction qui avait asservi l'assemblée nationale et le roi*. Les troupes et les autorités civiles renouvelèrent ensuite le serment à la constitution, et La Fayette essaya d'agrandir le cercle de l'insurrection de l'armée contre l'insurrection populaire.

Peut-être dans ce moment le général La Fayette songea-t-il trop au passé, à la loi, aux serments communs, et pas assez à la position véritablement extraordinaire où se trouvait la France. Il ne vit que les plus chères espérances des amis de la liberté détruites, l'envahissement de l'état par la multitude, et le règne anarchique des Jacobins; mais il ne vit pas la fatalité d'une situation qui rendait indispensable le triomphe de ces derniers venus de la révolution. Il n'était guère possible que la bourgeoisie, qui avait été assez forte pour abattre l'ancien régime et les classes privilégiées, mais qui s'était reposée après cette victoire, pût repousser l'émigration et l'Europe entière. Il fallait pour cela un nouvel ébranlement, une nouvelle croyance; il fallait une classe nombreuse, ardente, non encore fatiguée, et qui se passionnât pour le 10 août comme la bourgeoisie s'était passionnée pour le 14 juillet. La Fayette ne pouvait pas s'associer à elle; il l'avait combattue, sous la constituante, au Champ-de-Mars, avant et après le 20 juin. Il ne pouvait pas continuer son ancien rôle, ni défendre l'existence d'un parti juste, mais condamné par les événements, sans compromettre le sort de son pays et les résultats d'une révolution à laquelle il était si sincèrement attaché. Sa résistance, en se prolongeant davantage, eût fait naître la guerre civile entre l'armée et le peuple, dans un moment où il n'était pas même sûr que la réunion de tous les efforts suffît contre la guerre étrangère.

On était au 19 août, et l'armée d'invasion, partie de Coblentz le 30 juillet, remontait la Moselle et s'avançait sur cette frontière. Les troupes étaient disposées, en considération du danger commun, à rentrer sous l'obéissance de l'assemblée; Luckner, qui avait d'abord approuvé La Fayette, se rétracta *en pleurant, et en jurant* devant la municipalité de Metz; et La Fayette sentit lui-même qu'il fallait céder à une destinée plus forte. Il quitta son armée, en prenant sur lui la responsabilité de toute cette insurrection. Il était accompagné de Bureau-de-Pusy, de Latour-Maubourg, d'Alex. Lameth, et de quelques officiers de son état-major. Il se dirigea, à travers les postes ennemis, vers la Hollande, pour se rendre de là dans les États-Unis, sa seconde patrie. Mais il fut découvert par les Autrichiens, et arrêté avec ses compagnons. Contre tous les droits des gens, il fut traité en prisonnier de guerre, et enfermé dans les cachots de Magdebourg et d'Olmutz. Pendant quatre années de la plus dure captivité, en butte à toutes les privations, ignorant le sort de la liberté et de sa patrie, n'ayant devant lui qu'un avenir de prisonnier tout-à-fait désespérant, il montra le plus héroïque courage. L'on mit sa délivrance au prix de quelques rétractations, et il aima mieux rester enseveli dans son cachot que d'abandonner en quoi que ce fût la sainte cause qu'il avait embrassée.

De notre temps, peu de vies ont été aussi pures que celle de La Fayette, peu de caractères plus beaux, peu de popularités plus longues et mieux acquises. Après avoir défendu la liberté en Amérique à côté de Washington, il aurait voulu l'établir de la même manière que lui en France; mais ce beau rôle n'était pas possible dans notre révolution. Lorsqu'un peuple poursuit la liberté sans dissidence intérieure, et qu'il n'a pour ennemis que des étrangers, il peut trouver un libérateur, et produire en Suisse un Guillaume Tell, dans les Pays-Bas un prince d'Orange, en Amérique un Washington; mais lorsqu'il la poursuit malgré les siens et contre les autres, au milieu des factions et des combats, il ne peut produire qu'un Cromwell et qu'un Bonaparte, qui se font dictateurs des révolutions après les luttes et l'épuisement des partis. La Fayette, acteur dans la première époque de la crise, se déclara avec enthousiasme pour ses résultats. Il devint le général de la classe moyenne, soit à la tête de la garde nationale pendant la constituante, soit à l'armée sous la législative. Il s'était élevé par elle, et il dut finir avec elle. On peut dire de lui que, s'il commit quelques fautes de position, il n'eut jamais qu'un but, la liberté, et ne se servit que d'un moyen, la loi. La manière dont, jeune encore, il se consacra à l'affranchissement des deux mondes, sa glorieuse conduite, son invariable constance, l'honoreront dans la postérité, auprès de laquelle un homme n'a pas deux réputations, comme en temps de parti, mais n'a que la sienne.

Les auteurs du 10 août se divisèrent de plus en plus, n'étant point d'accord sur les résultats

que devait avoir cette révolution. Le parti audacieux qui s'était emparé de la commune, voulait, au moyen de la commune, dominer Paris; au moyen de Paris, l'assemblée nationale; et, au moyen de l'assemblée, la France. Après avoir obtenu la translation de Louis XVI au Temple, il fit abattre toutes les statues des rois, effacer tous les emblêmes de la monarchie. Le département exerçait un pouvoir de surveillance sur la municipalité, il le fit abroger pour être indépendant; la loi exigeait certaines conditions pour être citoyen actif, il en fit décréter la cessation, afin que la multitude fût introduite dans le gouvernement de l'état. Il demanda en même temps l'établissement d'un tribunal extraordinaire pour juger *les conspirateurs du 10 août.* Comme l'assemblée ne se montrait pas assez docile, et qu'elle cherchait, par des proclamations, à rappeler le peuple à des sentiments plus modérés et plus justes, elle recevait de l'Hôtel-de-Ville des messages menaçants. « Comme citoyen, dit un membre de la com-
« mune, comme magistrat du peuple, je viens
« vous annoncer que ce soir, à minuit, le tocsin
« sonnera, la générale battra. Le peuple est las
« de n'être pas vengé : craignez qu'il ne se fasse
« justice lui-même. — Si avant deux ou trois
« heures, dit un autre, le directeur du jury n'est

« pas nommé, si le jury n'est pas en état d'agir,
« de grands malheurs se promèneront dans
« Paris. » Pour éviter ces nouveaux désastres,
l'assemblée fut contrainte de nommer un tribunal criminel extraordinaire. Ce tribunal condamna quelques personnes ; mais il parut trop peu expéditif à la commune, qui avait conçu les plus terribles projets.

Elle avait à sa tête Marat, Panis, Sergent, Duplain, Lenfant, Lefort, Jourdeuil, Collot-d'Herbois, Billaud-Varennes, Tallien, etc. Mais le chef principal de ce parti était alors Danton : plus que tout autre, il avait coopéré au 10 août. Pendant toute cette nuit, il avait couru des sections aux casernes des Marseillais et des Bretons, et de celles-ci aux faubourgs. Membre de la commune révolutionnaire, il avait dirigé ses opérations, et il avait été nommé ensuite au ministère de la justice.

Danton était un révolutionnaire gigantesque. Aucun moyen ne lui paraissait condamnable, pourvu qu'il lui fût utile; et, selon lui, on pouvait tout ce qu'on osait. Danton, qu'on a nommé le Mirabeau de la populace, avait de la ressemblance avec ce tribun des hautes classes ; des traits heurtés, une voix forte, un geste impétueux, une éloquence hardie, un front dominateur. Leurs vices aussi étaient les mêmes; mais ceux de Mirabeau étaient d'un patricien, ceux de Danton d'un démocrate; et ce qu'il y avait de hardi dans les conceptions de Mirabeau se retrouvait dans Danton, mais d'une autre manière, parce qu'il était, dans la révolution, d'une autre classe et d'une autre époque. Ardent, accablé de dettes et de besoins, de mœurs relâchées, s'abandonnant tour-à-tour à ses passions ou à son parti, il était formidable dans sa politique, lorsqu'il s'agissait d'arriver à son but, et redevenait nonchalant après l'avoir atteint. Ce puissant démagogue offrait un mélange de vices et de qualités contraires. Quoiqu'il se fût vendu à la cour, il n'était pourtant pas vil; car il est des caractères qui relèvent jusqu'à la bassesse. Il se montra aussi exterminateur, sans être féroce; inexorable à l'égard des masses, humain, généreux même pour les individus (1). Une révolution à ses yeux était un jeu, où le vainqueur, s'il en avait besoin, gagnait la vie du vaincu. Le salut de son parti passait pour lui avant la loi, avant même l'humanité : c'est ce

---

(1) A l'époque où la commune préparait les massacres du 2 septembre, il sauva tous ceux qui se présentèrent à lui; il fit, de son plein mouvement, sortir de prison Duport, Barnave, et Ch. Lameth, qui étaient en quelque sorte des adversaires personnels pour lui.

qui explique ses attentats après le 10 août, et son retour à la modération quand il crut la république affermie.

A cette époque, les Prussiens, s'avançant dans l'ordre d'invasion qui a été précédemment indiqué, franchirent la frontière, après vingt jours de marche. L'armée de Sedan était sans chef, et incapable de résister à des forces aussi supérieures et aussi bien organisées. Le 20 août, Longwy fut investi par les Prussiens; le 21, il fut bombardé; et le 24, il capitula. Le 30, l'armée ennemie arriva devant Verdun, l'investit, et en commença le bombardement. Verdun pris, la route de la capitale était ouverte. La prise de Longwy, l'approche d'un si grand danger, jetèrent Paris dans le plus grand état d'agitation et d'alarme. Le conseil exécutif, composé des ministres, fut appelé au comité de défense générale pour délibérer sur les moyens les plus sûrs à prendre dans d'aussi périlleuses conjonctures. Les uns voulaient attendre l'ennemi sous les murs de la capitale; les autres, se retirer à Saumur. « Vous n'ignorez pas, dit Danton, lorsque
« son tour fut venu, que la France est dans
« Paris; si vous abandonnez la capitale à l'étran-
« ger, vous vous livrez, et vous lui livrez la
« France. C'est dans Paris qu'il faut se mainte-
« nir par tous les moyens; je ne puis adopter

« le plan qui tend à vous en éloigner. Le second
« projet ne me paraît pas meilleur. Il est impos-
« sible de songer à combattre sous les murs de
« la capitale : le 10 août a divisé la France en
« deux partis, dont l'un est attaché à la royauté,
« et l'autre veut la république. Celui-ci, dont
« vous ne pouvez vous dissimuler l'extrême mi-
« norité dans l'état, est le seul sur lequel vous
« puissiez compter pour combattre. L'autre se
« refusera à marcher; il agitera Paris en faveur
« de l'étranger, tandis que vos défenseurs, pla-
« cés entre deux feux, se feront tuer pour le
« repousser. S'ils succombent, comme cela ne
« me paraît pas douteux, la perte de la France
« et la vôtre sont certaines : si, contre toute at-
« tente, ils reviennent vainqueurs de la coali-
« tion, cette victoire sera encore une défaite
« pour vous; car elle vous aura coûté des mil-
« liers de braves, tandis que les royalistes, plus
« nombreux que vous, n'auront rien perdu de
« leur force et de leur influence. Mon avis est
« que, pour déconcerter leurs mesures et ar-
« rêter l'ennemi, il faut faire *peur* aux roya-
« listes. » Le comité, qui comprit le sens de ces
terribles paroles, fut consterné. « Oui, vous dis-
« je, reprit Danton, il faut leur faire peur.... »
Et comme le comité repoussa, par son silence
et par son effroi, cette proposition, Danton se

concerta avec la commune : il voulait comprimer ses ennemis par la terreur; engager de plus en plus la multitude, en la rendant sa complice, et ne laisser à la révolution d'autre refuge que la victoire. On fit des visites domiciliaires avec un morne et vaste appareil; on incarcéra un grand nombre de personnes suspectes par leur état, leurs opinions, ou leur conduite. Ces malheureux prisonniers furent choisis surtout dans les deux classes dissidentes du clergé et de la noblesse, qu'on accusait de conspiration sous la législative. Tous les citoyens en état de porter les armes furent enrégimentés au Champ-de-Mars, et partirent le 1er septembre pour la frontière. On battit la générale, on sonna le tocsin, on tira le canon; et Danton se présentant à l'assemblée pour lui rendre compte des mesures prises pour sauver la patrie, « Le canon que vous entendez, dit-il, n'est « point le canon d'alarme; c'est le pas de charge « sur nos ennemis. Pour les vaincre, pour les « atterrer, que faut-il? De l'audace, encore de « l'audace, et toujours de l'audace. » La nouvelle de la prise de Verdun arriva dans la nuit du 1er au 2 septembre : la commune saisit cet instant, où Paris épouvanté crut voir déjà les ennemis à ses portes, pour exécuter ses épouvantables desseins. Le canon fut de nouveau tiré, le tocsin sonna, les barrières furent fermées, et les massacres commencèrent.

Les prisonniers, enfermés aux Carmes, à l'Abbaye, à la Conciergerie, à la Force, etc., furent égorgés pendant trois jours par une compagnie d'environ trois cents meurtriers, que dirigeait et que soudoyait la commune. Ceux-ci, avec un fanatisme tranquille, prostituant au meurtre les saintes formes de la justice, tantôt juges, tantôt exécuteurs, semblaient moins exercer des vengeances que faire un métier; ils massacraient sans emportement, sans remords, avec la conviction des fanatiques et l'obéissance des bourreaux. Si quelques circonstances extraordinaires venaient les émouvoir, et les rappeler à des sentiments d'homme, à la justice et à la miséricorde, ils se laissaient toucher un moment, et recommençaient de nouveau. C'est ainsi que furent sauvées quelques victimes; mais il y en eut bien peu. L'assemblée voulut empêcher les massacres, et ne le put point; le ministère était aussi impuissant que l'assemblée; la terrible commune seule pouvait tout et ordonnait tout : le maire Pétion avait été annulé; Les soldats, gardiens des prisons, craignaient de résister aux meurtriers, et les laissaient faire; la multitude paraissait complice ou indifférente; le reste des citoyens n'osait pas même montrer sa consternation; et l'on pourrait s'étonner qu'un crime si grand et si long ait été conçu, exécuté, souffert, si l'on ne savait pas tout ce que la politique ou le fanatisme des partis fait commettre, et tout ce que la peur fait supporter. Mais le châtiment de cet énorme attentat finit par retomber sur la tête de ses auteurs. La plupart d'entre eux périrent au milieu de la tempête qu'ils avaient soulevée, et par les moyens violents dont ils s'étaient servis. Il est rare que les hommes de parti n'éprouvent pas le sort qu'ils ont fait subir.

Le conseil exécutif, que dirigeait le général Servan pour les opérations militaires, faisait avancer les bataillons de nouvelle levée vers la frontière. Il avait voulu placer un général en chef habile sur le point menacé; mais le choix était embarrassant. Parmi les généraux qui s'étaient déclarés en faveur des derniers événements politiques, Kellermann ne paraissait propre qu'à un commandement secondaire, et on se borna à le mettre à la place de l'incertain et incapable Luckner; Custine était peu instruit dans son art, propre à un coup de main hardi, mais non à la conduite d'une grande armée sur laquelle allaient reposer les destins de la France. Le même reproche d'infériorité militaire s'adressait à Biron, à Labourdonnaie, et aux autres, qu'on laissa dans leurs anciennes positions avec les corps qu'ils avaient sous leurs ordres. Il ne restait plus que Dumouriez, contre lequel les Girondins gardaient un peu de rancune, et dont ils suspectaient d'ailleurs les vues ambitieuses, les goûts, le caractère d'aventurier, tout en rendant justice à ses talents supérieurs. Cependant, comme il était le seul général au niveau d'une aussi importante position, le conseil exécutif lui donna le commandement de l'armée de la Moselle.

Dumouriez s'était rendu en toute hâte du camp de Maulde à celui de Sedan. Il assembla un conseil de guerre, dans lequel l'avis général fut de se retirer vers Châlons ou Reims, et de se couvrir de la Marne. Loin de suivre ce conseil périlleux, qui aurait découragé les troupes, qui livrait la Lorraine, les trois évêchés, une partie de la Champagne, et ouvrait la route de Paris, Dumouriez conçut un projet d'homme de génie. Il vit qu'il fallait, par une marche hardie, se porter sur la forêt de l'Argonne, et qu'on y arrêterait infailliblement l'ennemi. Cette forêt avait quatre issues, celle du Chêne-Populeux sur la gauche, de la Croix-au-Bois et de Grand-pré au centre, des Islettes sur la droite, qui ouvraient ou fermaient le passage de la France. Les Prussiens n'en étaient qu'à six lieues, et

Dumouriez en avait douze à parcourir et ses desseins d'occupation à cacher pour s'en emparer. Il le fit d'une manière très-habile et très-hardie. Le général Dillon, dirigé sur les Islettes, les occupa avec sept mille hommes; il arriva lui-même à Grandpré, et y établit un camp de treize mille hommes; la Croix-au-Bois et le Chêne-Populeux furent également pris et gardés par quelques troupes. C'est alors qu'il écrivit au ministre de la guerre Servan : *Verdun est pris; j'attends les Prussiens. Le camp de Grandpré et celui des Islettes sont les Thermopyles de la France : mais je serai plus heureux que Léonidas.*

Dans cette position, Dumouriez pouvait arrêter l'ennemi, en attendant les secours qu'on lui envoyait de toutes les parties de la France. Les bataillons de volontaires se rendaient dans des camps disposés dans l'intérieur, d'où on les faisait partir pour son armée, après qu'ils avaient reçu un commencement d'organisation. A la frontière de Flandre, Beurnonville avait reçu l'ordre de s'avancer avec neuf mille hommes, et d'être à Rhétel, sur la gauche de Dumouriez, le 13 septembre. Duval devait se rendre aussi le 7, avec sept mille hommes, au Chêne-Populeux; enfin Kellermann venait de Metz, sur sa droite, avec vingt-deux mille hommes pour le renforcer. Il suffisait donc de gagner du temps.

Le duc de Brunswick, après s'être emparé de Verdun, passa la Meuse en trois colonnes. Le général Clairfait opérait sur sa droite, et le prince de Hohenlohe sur sa gauche. Désespérant de faire quitter ses positions à Dumouriez en l'attaquant de front, il essaya de le tourner. Dumouriez avait eu l'imprudence de placer toutes ses forces à Grandpré et aux Islettes, et de défendre faiblement le Chêne-Populeux et la Croix-au-Bois, qui, il est vrai, étaient des postes moins importants. Les Prussiens s'en emparèrent, et furent sur le point de le tourner dans son camp de Grandpré, et de lui faire mettre bas les armes. Après cette faute capitale, qui annulait ses premières manœuvres, il ne désespéra pas de sa situation. Il décampa en secret dans la nuit du 14 septembre, passa l'Aisne dont on pouvait lui interdire l'accès, fit une retraite aussi habile que l'avait été sa marche sur l'Argonne, et vint se concentrer dans le camp de Sainte-Menehould. Il avait déja retardé dans l'Argonne la marche des Prussiens; la saison, en s'avançant, devenait mauvaise; il n'avait plus qu'à se maintenir jusqu'à la jonction de Kellermann et de Beurnonville, et le succès de la campagne devenait assuré. Les troupes s'étaient aguerries, et l'armée s'éleva à environ soixante-dix mille hommes après l'arrivée de Beurnonville et de Kellermann, qui eut lieu le 17.

L'armée prussienne avait suivi les mouvements de Dumouriez. Le 20 elle attaqua Kellermann à Valmy, pour couper à l'armée française la retraite sur Châlons. La canonnade s'engagea vivement de part et d'autre. Les Prussiens se portèrent ensuite en colonnes sur les hauteurs de Valmy, afin de les enlever. Kellermann forma aussi son infanterie en colonnes, lui enjoignit de ne pas tirer, et d'attendre l'approche de l'ennemi pour le charger à la baïonnette. Il donna cet ordre au cri de *Vive la nation!* et ce cri, répété d'un bout de la ligne à l'autre, étonna les Prussiens plus encore que la contenance ferme de nos troupes. Le duc de Brunswick fit rétrograder ses bataillons, déja un peu ébranlés; la canonnade continua encore jusqu'au soir; les Autrichiens tentèrent une nouvelle attaque, et furent repoussés. La journée nous resta, et le succès presque insignifiant de Valmy produisit sur nos troupes et sur l'opinion en France l'effet de la plus complète victoire.

De cette époque data aussi le découragement de l'ennemi et sa retraite. Les Prussiens s'étaient engagés dans cette campagne, d'après les promesses des émigrés, comme dans une promenade militaire. Ils étaient sans magasins, sans vivres; au lieu d'un pays ouvert, ils rencontraient une résistance chaque jour plus vive; les pluies continuelles avaient détrempé les routes, les soldats étaient dans la boue jusqu'au genou, et depuis quatre jours ils n'avaient que du blé bouilli pour toute nourriture. Aussi les maladies produites par l'eau crayeuse, le dénuement et l'humidité, avaient exercé les plus grands ravages dans l'armée. Le duc de Brunswick conseilla la retraite, contre l'avis du roi de Prusse et des émigrés, qui voulaient hasarder une bataille et s'emparer de Châlons. Mais comme le sort de la monarchie prussienne tenait à son armée, et que la perte entière de l'armée devenait certaine par une défaite, le conseil du duc de Brunswick prévalut. On entama des négociations; et les Prussiens, se relâchant de leurs premières exigeances, ne demandaient plus que le rétablissement du roi sur le trône constitutionnel. Mais la convention venait de s'assembler; la république avait été proclamée, et le conseil exécutif répondit : *que la république française ne pouvait entendre à aucune proposition avant que les troupes prussiennes eussent entièrement évacué le territoire français.* Les Prussiens exécutèrent alors leur retraite, dès le 30 septembre au soir. Elle fut faiblement inquiétée par Kellermann, que Dumouriez mit à sa poursuite, tandis qu'il se rendit lui-même à Paris pour jouir de sa victoire et concerter l'invasion de la Belgique. Les troupes françaises rentrèrent dans Verdun et dans Longwy; et l'ennemi, après avoir traversé les Ardennes et le pays de Luxembourg, repassa le Rhin à Coblentz vers la fin d'octobre. Cette campagne avait été marquée par des succès généraux. En Flandre, le duc de Saxe-Teschen avait été réduit à lever le siége de Lille, après sept jours d'un bombardement contraire, par sa durée et par son inutile barbarie, à tous les usages de la guerre. Sur le Rhin, Custine s'était emparé de Trèves, de Spire et de Mayence; aux Alpes, le général Montesquiou avait envahi la Savoie, et le général Anselme le comté de Nice. Nos armées, victorieuses sur tous les points, avaient pris partout l'offensive, et la révolution était sauvée.

Si l'on présentait le tableau d'un état qui sort d'une grande crise, et qu'on dît : Il y avait dans cet état un gouvernement absolu dont l'autorité a été restreinte; deux classes privilégiées qui ont perdu leur suprématie; un peuple immense, déja affranchi par l'effet de la civilisation et des lumières, mais sans droits politiques, et qui a été obligé, à cause des refus essuyés, de les conquérir lui-même: si l'on ajoutait, Le gouvernement, après s'être opposé à cette révolution, s'y est soumis, mais les classes privilégiées l'ont constamment combattue, voici ce que l'on pourrait conclure de ces données :

Le gouvernement aura des regrets, le peuple montrera de la défiance, et les classes privilégiées attaqueront l'ordre nouveau chacune à sa manière. La noblesse ne le pouvant pas au-dedans, où elle serait trop faible, émigrera, afin d'exciter les puissances étrangères, qui feront les préparatifs d'une attaque; le clergé, qui perdrait au-dehors ses moyens d'action, restera dans l'intérieur, où il cherchera des ennemis à la révolution. Le peuple, menacé au-dehors, compromis au-dedans, irrité contre l'émigration qui armera les étrangers, contre les étrangers qui attaqueront son indépendance, contre le clergé qui insurgera son pays, traitera en ennemis le clergé, l'émigration et les étrangers. Il demandera d'abord la surveillance, puis le bannissement des prêtres réfractaires; la confiscation du revenu des émigrés; enfin, la guerre contre l'Europe coalisée, pour la prévenir de sa part. Les premiers auteurs de la révolution condamneront celles de ces mesures qui violeront la loi; les continuateurs de la révolution y verront, au contraire, le salut de la patrie, et le désaccord éclatera entre ceux qui préféreront la constitution à l'état et ceux qui préféreront l'état à la constitution. Le prince, porté par ses intérêts de roi, ses affections et sa conscience à rejeter une pareille politique, passera pour complice de la contre-révolution, parce qu'il paraîtra la protéger. Les révolutionnaires tenteront alors de gagner le roi en l'intimidant, et, ne pouvant pas y réussir, ils renverseront son pouvoir.

Telle fut l'histoire de l'assemblée législative. Les troubles intérieurs amenèrent le décret contre les prêtres; les menaces extérieures, celui contre les émigrés; le concert des puissances étrangères, la guerre contre l'Europe; la première défaite de nos armées, celui du camp de vingt mille hommes. Le refus d'adhésion à la plupart de ces décrets fit suspecter Louis XVI par les Girondins; les divisions de ces derniers et des constitutionnels, qui voulaient se montrer les uns législateurs comme en temps de paix, les autres ennemis comme en temps de guerre, désunirent les partisans de la révolution. Pour les Girondins, la question de la liberté était dans la victoire, la victoire dans les décrets. Le 20 juin fut une tentative pour les faire accepter; mais, ayant manqué son effet, ils crurent qu'il fallait renoncer à la révolution ou au trône, et ils firent le 10 août. Ainsi, sans l'émigration qui amena la guerre, sans le schisme qui amena les troubles, le roi se serait probablement fait à la constitution, et les révolutionnaires n'auraient pas pu songer à la république.

CONVENTION NATIONALE.

CHAPITRE VI.

Premières mesures de la convention. — Manière dont elle est composée. — Rivalité des Girondins et des Montagnards. — Force et vues de ces deux partis. — Robespierre; les Girondins l'accusent d'aspirer à la dictature. — Marat. — Nouvelle accusation de Robespierre par Louvet; défense de Robespierre; la convention passe à l'ordre du jour. — Les Montagnards, sortis victorieux de cette lutte, demandent le jugement de Louis XVI. — Opinions des partis à cet égard. — La convention décide que Louis XVI sera jugé, et le sera par elle. — Louis XVI au Temple; ses réponses en présence de la convention; sa défense; sa condamnation; courage et sérénité de ses derniers instants. Ce qu'il avait et ce qui lui manquait comme roi.

La convention se constitua le 20 septembre 1792, et ouvrit ses délibérations le 21. Dès la première séance, elle abolit la royauté et proclama la république. Le 22, elle s'appropria la révolution, en déclarant qu'elle ne daterait plus *de l'an IV de la liberté*, mais *de l'an Ier de la* *république française.* Après ces premières mesures, votées d'acclamation et avec une sorte de rivalité de démocratie et d'enthousiasme par les deux partis, qui s'étaient divisés à la fin de l'assemblée législative, la convention, au lieu de commencer ses travaux, se livra à des querelles intestines. Les Girondins et les Montagnards, avant de constituer la nouvelle révolution, voulurent savoir auxquels d'entre eux elle appartiendrait, et les énormes dangers de leur position ne prévinrent pas leur lutte. Ils avaient à craindre plus que jamais les efforts de l'Europe. Une partie des souverains ayant attaqué la France avant le 10 août, il y avait tout lieu de croire que les autres se déclareraient contre elle, après la chute de la monarchie, la détention de Louis XVI, et les massacres de septembre. Dans l'intérieur, le nombre des ennemis de la révolution était augmenté. Il fallait joindre aux partisans de l'ancien régime, de l'aristocratie et du clergé, les partisans de la royauté constitutionnelle, ceux pour qui le sort de Louis XVI était le sujet d'une vive sollicitude, et ceux qui ne croyaient pas la liberté possible sans règle et sous l'empire de la multitude. Au milieu de tant d'obstacles et d'adversaires, dans un moment où ce n'était pas trop de leur union même pour combattre, la Gironde et la Montagne s'attaquèrent avec le plus inexorable acharnement. Il est vrai que ces deux partis étaient incompatibles, et que leurs chefs ne pouvaient pas se rapprocher, tant il y avait de motifs d'éloignement dans leur rivalité de domination et dans leurs desseins.

Les Girondins avaient été forcés, par les évènements, d'être républicains. Ce qui leur convenait le mieux, c'était de rester constitutionnels : la droiture de leurs intentions, leur dégoût de la multitude, leur répugnance pour les moyens violents, et surtout la prudence qui conseillait de ne tenter que ce qui était possible, tout leur en faisait une loi; mais il ne leur avait pas été libre de demeurer tels qu'ils s'étaient montrés d'abord. Ils avaient suivi la pente qui les entraînait à la république, et ils s'étaient habitués peu à peu à cette forme de gouvernement : quoiqu'ils la voulussent aujourd'hui avec ardeur et de bonne foi, ils sentaient combien il serait difficile de l'établir et de la consolider. La chose leur paraissait grande et belle; mais ils voyaient que les hommes manquaient à la chose. La multitude n'avait ni les lumières, ni les mœurs qui convenaient à ce mode d'administration publique. La révolution opérée par l'assemblée constituante était plus légitime encore à raison de ce qu'elle était possible, que de ce qu'elle était juste : elle avait sa constitution et ses citoyens. Mais une nouvelle révolution, qui appellerait à la conduite de l'état la classe inférieure, ne pouvait pas être durable; elle devait blesser trop d'intérêts, et n'avoir que des défenseurs momentanés, la classe inférieure pouvant bien agir et gouverner pendant une crise, mais ne le pouvant pas toujours. Cependant c'était sur elle qu'il fallait s'appuyer, en consentant à cette seconde révolution. Les Girondins ne le firent point, et ils se trouvèrent placés dans une position tout-à-fait fausse; ils perdirent l'assistance des constitutionnels, sans se donner celle des démocrates, et ils n'eurent ni le haut ni le bas de la société : aussi ne formèrent-ils qu'un demi-parti qui fut vite abattu, parce qu'il était sans racine. Les Girondins, après le 10 août, furent entre la classe moyenne et la multitude, ce que les *Monarchiens* ou le parti Necker et Mounier avait été, après le 14 juillet, entre les classes privilégiées et la bourgeoisie.

La Montagne, au contraire, voulait la république avec le peuple. Les chefs de ce parti, offusqués du crédit des Girondins, cherchaient à les abattre et à les remplacer; ils étaient moins éclairés, moins éloquents, mais plus habiles, plus décidés, et nullement scrupuleux dans leurs moyens. La démocratie la plus extrême leur semblait le meilleur des gouvernements; et ce qu'ils appelaient le peuple, c'est-à-dire la classe inférieure, était l'objet de leurs flatteries continuelles et de leur plus ardente sollicitude. Nul parti n'était plus dangereux, mais plus conséquent; il travaillait pour ceux avec lesquels il combattait.

Dès l'ouverture de la Convention, les Girondins avaient occupé la droite, et les Montagnards la crête de la gauche, d'où leur vint le nom sous lequel nous les désignons. Les Girondins étaient les plus forts dans l'assemblée : en général les élections des départements avaient été dans leur sens. Un grand nombre des députés de l'assemblée législative avaient été réélus; et comme, dans ce temps, les liaisons font beaucoup, tous les membres qui avaient été unis à la députation de la Gironde ou à la commune de Paris, avant le 10 août, revenaient avec les mêmes opinions. D'autres arrivaient sans système, sans parti, sans attachement, sans inimitié : ils formèrent ce qu'on appela, à cette époque, *la Plaine* ou *le Marais*. Cette réunion, désintéressée dans les luttes de la Gironde et de la Montagne, se rangea du côté le plus juste, tant qu'il lui fut permis d'être modérée, c'est-à-dire tant qu'elle ne craignit pas pour elle-même.

La Montagne était composée des députés de

Paris qui avaient été élus sous l'influence de la commune du 10 août, et de quelques républicains très-prononcés des départements; elle se recruta ensuite de ceux que les évènements exaltèrent, ou que la peur lui associa. Mais, quoique inférieure en nombre dans la convention, elle n'en était pas moins très-puissante, même à cette époque. Elle régnait dans Paris; la commune lui était dévouée, et la commune était parvenue à se faire la première autorité de l'état. Les Montagnards avaient tenté de maîtriser les divers départements de la France, en établissant entre la municipalité de Paris et les autres municipalités une correspondance de desseins et de conduite; ils n'avaient pourtant pas complétement réussi, et les départements étaient en très-grande partie favorables à leurs adversaires, qui cultivaient leurs bonnes dispositions au moyen de brochures et de journaux envoyés par le ministre Roland, dont les Montagnards nommaient la maison *un bureau d'esprit public* et les amis *des ingrats*. Mais, outre l'affiliation des communes, qui tôt ou tard devait leur réussir, ils avaient l'affiliation des Jacobins. Ce club, le plus influent, comme le plus ancien et le plus général, changeait d'esprit à chaque crise, sans changer de nom : c'était un cadre tout prêt pour les dominateurs, qui en excluaient les dissidents.

Celui de Paris était la métropole du jacobinisme, et gouvernait presque souverainement les autres. Les Montagnards s'en étaient rendus maîtres ; ils en avaient déja éloigné les Girondins à force de dénonciations et de dégoûts, et ils y avaient remplacé les membres tirés de la bourgeoisie par des sans-culottes. Il ne restait aux Girondins que le ministère, qui, contrarié par la commune, était impuissant dans Paris. Les Montagnards disposaient, au contraire, de toute la force effective de la capitale, de l'esprit public par les Jacobins, des sections et des faubourgs par les sans-culottes, enfin des insurrections par la municipalité.

La première mesure des partis, après avoir décrété la république, fut de se combattre. Les Girondins étaient indignés des massacres de septembre, et ils voyaient avec horreur sur les siéges de la convention des hommes qui les avaient conseillés ou prescrits. Deux entre autres leur inspiraient plus d'antipathie ou de dégoût : Robespierre, qu'ils croyaient aspirer à la tyrannie, et Marat, qui, depuis le commencement de la révolution, s'était fait, dans ses feuilles, l'apôtre du meurtre. Ils dénoncèrent Robespierre avec plus d'animosité que de prudence ; il n'était pas encore redoutable au point d'encourir une accusation de dictature. Ses ennemis, en lui reprochant des desseins alors invraisemblables et, dans tous les cas, impossibles à prouver, augmentèrent eux-mêmes sa popularité et son importance.

Robespierre, qui a joué un rôle si terrible dans notre révolution, commençait à figurer en première ligne. Jusque-là, malgré tous ses efforts, il avait eu des supérieurs dans son propre parti; sous la constituante, les fameux chefs de cette assemblée; sous la législative, Brissot et Pétion; au 10 août, Danton. A ces diverses époques, il s'était déclaré contre ceux dont la renommée ou dont la popularité l'offusquait. Au milieu des personnages célèbres de la première assemblée, ne pouvant se faire remarquer que par la singularité de ses opinions, il s'était montré réformateur exagéré; pendant la seconde, il s'était fait constitutionnel, parce que ses rivaux étaient novateurs, et il avait discouru en faveur de la paix aux Jacobins, parce que ses rivaux demandaient la guerre. Depuis le 10 août, il s'étudiait, dans ce club, à perdre les Girondins et à supplanter Danton, associant toujours la cause de sa vanité à celle de la multitude. Cet homme, dont les talents étaient ordinaires et le caractère vain, dut à son infériorité de paraître des derniers, ce qui est un grand avantage en révolution; et il dut à son ardent amour-propre de viser au premier rang, de tout faire pour s'y placer, de tout oser pour s'y soutenir. Robespierre avait des qualités pour la tyrannie : une ame nullement grande, il est vrai, mais peu commune : l'avantage d'une seule passion, les dehors du patriotisme, une réputation méritée d'incorruptibilité, une vie austère, et nulle aversion pour le sang. Il fut une preuve qu'au milieu des troubles civils, ce n'est pas avec son esprit qu'on fait sa fortune politique, mais bien avec sa conduite, et que la médiocrité qui s'obstine est plus puissante que le génie qui s'interrompt. Il faut dire aussi que Robespierre avait l'appui d'une secte immense et fanatique, dont il avait demandé le gouvernement et soutenu les principes depuis la fin de la constituante. Cette secte tirait son origine du dix-huitième siècle, dont elle représentait certaines opinions; elle avait pour symbole en politique la souveraineté absolue du *Contrat social* de J.-J. Rousseau, et en croyance le déisme de *la Profession de foi du vicaire savoyard;* elle parvint plus tard à les réaliser un moment dans la constitution de 93 et dans le culte de *l'Être Suprême.* Il y a eu, dans les diverses époques de la révolution, plus de système et de fanatisme qu'on ne l'a cru.

Soit que les Girondins prévissent de loin la

domination de Robespierre, soit plutôt qu'ils se laissassent entraîner par leur ressentiment, ils l'accusèrent du crime le plus grave dans une république. Paris était agité par l'esprit de faction, les Girondins voulurent porter une loi contre ceux qui provoquaient aux désordres, aux violences, et donner en même temps à la convention une force indépendante et prise dans les quatre-vingt-trois départements; ils firent nommer une commission chargée de présenter un rapport à ce sujet. La Montagne attaqua cette mesure comme injurieuse pour Paris; la Gironde la défendit, en signalant un projet de triumvirat formé par la députation de Paris. « Je suis né à Paris, dit alors Osselin; je « suis député de cette ville. On annonce un parti « élevé dans son sein, qui veut la dictature, des « triumvirs, des tribuns. Je déclare, moi, qu'il « faut être profondément ignorant, ou profon- « dément scélérat, pour avoir conçu un sem- « blable projet. Qu'anathême soit lancé contre « celui de la députation de Paris qui osera con- « cevoir une pareille idée! — Oui, s'écria Rebec- « qui de Marseille, oui, il existe dans cette as- « semblée un parti qui aspire à la dictature, et « le chef de ce parti, je le nomme, c'est Robes- « pierre! Voilà l'homme que je vous dénonce. » Barbaroux appuya cette dénonciation de son témoignage; il avait été un des principaux auteurs du 10 août; il était le chef des Marseillais, et il possédait une influence prodigieuse dans le midi. Il assura qu'à l'époque du 10 août, les Marseillais étant recherchés par les deux partis qui partageaient la capitale, on le fit venir chez Robespierre; que là, on lui dit de se rallier aux citoyens qui avaient acquis le plus de popularité, et que *Panis* lui désigna nommément *Robespierre comme l'homme vertueux qui devait être le dictateur de la France.* Barbaroux était un homme d'action. Le côté droit possédait quelques membres qui pensaient comme lui, qu'il fallait vaincre leurs adversaires, sous peine d'être vaincus par eux : ils voulaient qu'en se servant de la convention contre la commune, on opposât les départements à Paris, et qu'on ne ménageât point, pendant qu'ils étaient faibles, des ennemis auxquels, sans cela, on donnerait le temps de devenir forts; mais le plus grand nombre craignait une rupture, et répugnait aux mesures énergiques.

L'accusation contre Robespierre n'eut pas de suite, mais elle retombait sur Marat, qui avait conseillé la dictature dans son journal de *l'Ami du Peuple*, et préconisé les massacres. Lorsqu'il parut à la tribune pour se justifier, un mouvement d'horreur saisit l'assemblée : *A bas! à*

bas! s'écria-t-on de toutes parts. Marat reste imperturbable. Dans un moment de silence : « J'ai dans cette assemblée, dit-il, un grand nom-
« bre d'ennemis personnels. — *Tous! tous!* —
« Je les rappelle à la pudeur ; je les exhorte à
« s'interdire les clameurs furibondes et les me-
« naces indécentes contre un homme qui a servi
« la liberté et eux-mêmes beaucoup plus qu'ils
« ne pensent ; qu'ils sachent écouter une fois ! »
Et cet homme exposa au milieu de la convention, stupéfaite de son audace et de son sang-froid, ce qu'il pensait des proscriptions et de la dictature. Pendant long-temps il avait fui, de souterrain en souterrain, l'animadversion publique et les mandats d'arrêt lancés contre lui. Ses feuilles sanguinaires paraissaient seules; il y demandait des têtes, et il préparait la multitude aux massacres de septembre. Il n'y a pas de folie qui ne puisse tomber dans la tête d'un homme, et, ce qu'il y a de pis, qui ne puisse être réalisée un moment. Marat était possédé de plusieurs idées fixes. La révolution avait des ennemis, et, selon lui, pour qu'elle durât, elle ne devait pas en avoir; il ne trouvait dès-lors rien de plus simple que de les exterminer et de nommer un dictateur, dont les fonctions se borneraient à proscrire ; il prêchait hautement ces deux mesures, sans cruauté, mais avec cynisme,

ne ménageant pas plus les convenances que la vie des hommes, et méprisant comme des esprits faibles tous ceux qui appelaient ses projets atroces, au lieu de les trouver profonds. La révolution a eu des acteurs plus réellement sanguinaires que lui, mais aucun n'a exercé une plus funeste influence sur son époque; il a dépravé la morale des partis, déja assez peu juste, et il a eu les deux idées que le comité de salut public a réalisées plus tard, par ses commissaires ou par son gouvernement, l'extermination en masse et la dictature.

L'accusation de Marat n'eut pas de suite non plus; il inspirait plus de dégoût, mais moins de haine que Robespierre: les uns ne voyaient en lui qu'un fou; les autres regardaient ces débats comme des querelles de parti, et non comme un objet d'intérêt pour la république. D'ailleurs, il paraissait dangereux d'épurer la convention ou de décréter un de ses membres, et c'était un pas difficile à franchir, même pour les partis. Danton ne disculpait point Marat: « Je ne l'aime pas, « disait-il; j'ai fait l'expérience de son tempéra- « ment: il est volcanique, acariâtre et insociable. « Mais pourquoi chercher dans ce qu'il écrit le « langage d'une faction? L'agitation générale a- « t-elle une autre cause que le mouvement même « de la révolution? » Robespierre assurait, de son côté, qu'il connaissait peu Marat ; qu'avant le 10 août, il n'avait eu qu'une seule conversation avec lui, après laquelle Marat, dont il n'approuvait pas les opinions violentes, avait trouvé ses vues politiques tellement étroites, qu'il avait écrit dans son journal *qu'il n'avait ni les vues, ni l'audace d'un homme d'état.*

Mais c'était lui qui était l'objet d'un déchaînement plus grand, parce qu'on le redoutait davantage. La première accusation de Rebecqui et de Barbaroux n'avait pas réussi. Peu de temps après, le ministre Roland fit un rapport sur l'état de la France et sur celui de Paris ; il y dénonça les massacres de septembre, les empiétements de la commune, les menées des agitateurs. « Lorsqu'on rend, disait-il, odieux ou
« suspects les plus sages et les plus intrépides
« défenseurs de la liberté, lorsque les principes
« de la révolte et du carnage sont hautement
« professés, applaudis dans des assemblées, et
« que des clameurs s'élèvent contre la conven-
« tion elle-même, je ne puis plus douter que des
« partisans de l'ancien régime ou de faux amis
« du peuple, cachant leur extravagance ou leur
« scélératesse sous un masque de patriotisme,
« n'aient conçu le plan d'un renversement, dans
« lequel ils espèrent s'élever sur des ruines et
« des cadavres, goûter le sang, l'or et l'atrocité ! »

Il cita, à l'appui de son rapport, une lettre, dans laquelle le vice-président de la seconde section du tribunal criminel lui apprenait que lui et les plus illustres des Girondins étaient menacés ; que, selon l'expression de leurs ennemis, il *fallait encore une nouvelle saignée*, et ces hommes ne voulaient entendre parler que de Robespierre.

A ces mots, celui-ci court se justifier à la tribune : *Personne*, dit-il, *n'osera m'accuser en face.* — *Moi*, s'écrie Louvet, un des hommes les plus résolus de la Gironde. *Oui, Robespierre*, poursuit-il en le fixant de l'œil, *c'est moi qui t'accuse.* Robespierre, dont la contenance avait été assurée jusque-là, fut ému ; il s'était une fois mesuré aux Jacobins avec ce redoutable adversaire, qu'il savait spirituel, impétueux et sans ménagement. Louvet prit aussitôt la parole, et, dans une improvisation des plus éloquentes, il ne ménagea ni les actions, ni les noms ; il suivit Robespierre aux Jacobins, à la commune, à l'assemblée électorale, « calomniant les meil-
« leurs patriotes ; prodiguant les plus basses flat-
« teries à quelques centaines de citoyens, d'a-
« bord qualifiés le peuple de Paris, puis abso-
« lument le peuple, puis le souverain ; répétant
« l'éternelle énumération de ses propres mérites,
« de ses perfections, de ses vertus, et ne man-

« quant jamais, après avoir attesté la force, la
« grandeur, la souveraineté du peuple, de pro-
« tester qu'il était peuple aussi. » Il le montra
se cachant au 10 août, et dominant ensuite les
conjurés de la commune. Il en vint alors aux
massacres de septembre; il s'écria : « Elle est à
« tous, la révolution du 10 août. » Et il ajouta,
en s'adressant à quelques Montagnards de la
commune : « Mais celle du 2 septembre, elle est
« à vous! elle n'est qu'à vous! et vous-mêmes ne
« vous en êtes-vous pas glorifiés? Eux-mêmes,
« avec un mépris féroce, ne nous désignaient
« que les patriotes du 10 août! Avec un féroce
« orgueil ils se qualifiaient les patriotes du 2 sep-
« tembre! Ah! qu'elle leur reste, cette distinc-
« tion digne du courage qui leur est propre!
« qu'elle leur reste pour notre justification du-
« rable et pour leur long opprobre! Ces prétendus
« amis du peuple ont voulu rejeter sur le peuple
« de Paris les horreurs dont la première semaine
« de septembre fut souillée... Ils l'ont indigne-
« ment calomnié. Il sait combattre, le peuple de
« Paris; il ne sait point assassiner! Il est vrai
« qu'on le vit tout entier devant le château des
« Tuileries, dans la magnifique journée du 10 août;
« il est faux qu'on l'ait vu devant les prisons,
« dans l'horrible journée du 2 septembre. Dans
« leur intérieur, combien les bourreaux étaient-

« ils? Deux cents, pas deux cents peut-être; et
« au-dehors que pouvait-on compter de specta-
« teurs attirés par une curiosité vraiment incom-
« préhensible? Le double tout au plus. Mais,
« a-t-on dit, si le peuple n'a pas participé à ces
« meurtres, pourquoi ne les a-t-il pas empê-
« chés? — Pourquoi? Parce que l'autorité tuté-
« laire de Pétion était enchaînée, parce que Ro-
« land parlait en vain; parce que le ministre de
« la justice, Danton, ne parlait pas;... parce que
« les présidents des quarante-huit sections atten-
« daient des réquisitions, que le commandant
« général ne fit point; parce que des officiers
« municipaux, couverts de leur écharpe, prési-
« daient à ces atroces exécutions. — Mais l'as-
« semblée législative? — L'assemblée législative!
« représentants du peuple, vous la vengerez!
« L'impuissance où vos prédécesseurs étaient ré-
« duits est, à travers tant de crimes, le plus
« grand de ceux dont il faut punir les forcenés
« que je vous dénonce. » Et revenant à Robespierre, Louvet signala son ambition, ses menées, son extrême ascendant sur la populace, et
termina cette fougueuse philippique par une
série de faits, dont chacun était précédé de cette
redoutable formule : *Robespierre, je t'accuse.*

Louvet descendit de la tribune au milieu des
applaudissements ; Robespierre y monta pour se

justifier, pâle et accompagné de murmures. Soit trouble, soit crainte des préventions, il demanda huit jours. Le moment arrivé, il parut moins en accusé qu'en triomphateur; il repoussa avec ironie les reproches de Louvet, se livra à une longue apologie de lui-même. Il faut convenir que les faits étant vagues, il eut peu de peine à les atténuer ou à les détruire. Les tribunes étaient postées pour l'applaudir; la convention elle-même, qui voyait dans cette accusation une querelle d'amour-propre, et qui ne redoutait point, selon Barrère, *un homme d'un jour, un petit entrepreneur d'émeutes*, était disposée à mettre fin à ces débats. Aussi, lorsque Robespierre dit, en terminant : « Pour moi, je ne
« prendrai aucunes conclusions personnelles ;
« j'ai renoncé au facile avantage de répondre
« aux calomnies de mes adversaires par des dé-
« nonciations plus redoutables; j'ai voulu sup-
« primer la partie offensive de ma justification.
« Je renonce à la juste vengeance que j'aurais le
« droit de poursuivre contre mes calomniateurs;
« je n'en demande point d'autre que le retour
« de la paix et le triomphe de la liberté! » Il fut applaudi, et la convention passa à l'ordre du jour. Vainement Louvet voulut répliquer, il ne put pas l'obtenir; Barbaroux s'offrit tout aussi vainement pour accusateur, et Lanjuinais com-

battit l'ordre du jour, sans que la discussion fût reprise. Les Girondins eux-mêmes l'appuyèrent; ils commirent une faute en entamant l'accusation, et une autre en ne la soutenant point. Les Montagnards l'emportèrent, puisqu'ils ne furent point vaincus, et Robespierre fut rapproché du rôle dont il était encore si éloigné. On est bientôt, en révolution, ce qu'on est cru être; et le parti montagnard le prit pour son chef, parce que les Girondins le poursuivirent comme tel.

Mais ce qui était plus important encore que les attaques personnelles, c'étaient les discussions sur les moyens de gouvernement et sur la conduite des autorités et des partis. Les Girondins échouèrent non-seulement contre les individus, mais contre la commune. Aucune de leurs mesures ne réussit; elles furent mal proposées ou mal soutenues. Ils auraient dû renforcer le gouvernement, remplacer la municipalité, se maintenir aux Jacobins et les dominer, gagner la multitude ou prévenir son action; et ils ne firent rien de tout cela. Un d'entre eux, Buzot, proposa de donner à la convention une garde de trois mille hommes, tirés des départements. Ce moyen, qui devait au moins maintenir l'assemblée indépendante, ne fut pas assez vivement soutenu pour être adopté. Ainsi, les Girondins attaquèrent les Montagnards, sans les avoir affaiblis; la commune, sans la soumettre; les faubourgs, sans les annuler. Ils irritèrent Paris, en invoquant l'assistance des départements, sans toutefois se la donner, agissant ainsi contre les règles de la prudence la plus commune; car il est plus sûr de faire une chose que d'en menacer.

Leurs adversaires profitèrent habilement de cette circonstance. Ils répandirent sourdement une opinion qui ne pouvait que compromettre les Girondins; c'est qu'ils voulaient transporter la république dans le Midi, et abandonner le reste de l'empire. Alors commença ce reproche de fédéralisme si fatal depuis. Les Girondins le dédaignèrent, parce qu'ils n'en prévirent pas les dangers; mais il devait s'accréditer à mesure qu'ils deviendraient plus faibles, et leurs ennemis plus audacieux. Ce qui y avait donné lieu, était le projet de se défendre derrière la Loire, et de transférer dans le midi le gouvernement, si le nord était envahi et Paris forcé; ensuite la prédilection qu'ils montraient pour les provinces, et leur déchaînement contre les agitateurs de la capitale. Rien n'est plus aisé que de dénaturer une mesure en changeant l'époque dans laquelle cette mesure a été conçue, et de trouver dans la désapprobation des actes désordonnés d'une ville, le dessein de liguer contre elle toutes les autres villes de l'état. Aussi les Girondins furent désignés à la multitude comme des fédéralistes. Pendant qu'ils dénonçaient la commune, et qu'ils accusaient Robespierre et Marat, les Montagnards faisaient décréter *l'unité et l'indivisibilité de la république*; c'était là une manière de les attaquer, et de faire planer sur eux le soupçon, quoiqu'ils adhérassent à ces propositions avec tant d'empressement, qu'ils semblaient regretter de ne les avoir pas faites eux-mêmes.

Mais une circonstance, en apparence étrangère aux débats de ces deux partis, servit encore mieux les Montagnards. Déja enhardis par les fausses tentatives qui avaient été dirigées contre eux, ils n'attendaient qu'une occasion pour devenir assaillants à leur tour. La convention était fatiguée de ces longues discussions: ceux de ses membres qu'elles ne concernaient point, ceux même, dans les deux partis, qui n'étaient pas au premier rang, éprouvaient le besoin de la concorde, et voulaient qu'on s'occupât de la république. Il y eut une trêve apparente, et l'attention de l'assemblée se porta un moment sur la constitution nouvelle, que le parti montagnard fit abandonner pour statuer sur le sort du prince déchu. En cela, les chefs de l'extrême gauche furent poussés par plusieurs motifs : ils ne voulaient pas que les Girondins et les modérés de la Plaine, qui dirigeaient le comité de constitution, les uns par Pétion, Condorcet, Brissot, Vergniaud, Gensonné; les autres par Barrère, Sièyes, Thomas Payne, organisassent la république. Ils auraient établi le régime de la bourgeoisie, en le rendant un peu plus démocratique que celui de 1791, tandis qu'ils aspiraient eux à constituer la multitude. Mais ils ne pouvaient parvenir à leurs fins qu'en dominant, et ils ne pouvaient obtenir la domination qu'en prolongeant l'état révolutionnaire de la France. Outre ce besoin d'empêcher l'établissement de l'ordre légal par un coup d'état terrible, comme la condamnation de Louis XVI, qui ébranlât toutes les passions, qui ralliât à eux les partis violents, en les montrant les inflexibles gardiens de la république, ils espéraient faire éclater les sentiments des Girondins, qui ne cachaient pas leur desir de sauver Louis XVI, et les perdre ainsi auprès de la multitude. Il y eut, à ne pas en douter, un grand nombre de Montagnards, qui, dans cette circonstance, agirent de la meilleure foi et uniquement en républicains, aux yeux desquels Louis XVI paraissait coupable à l'égard de la révolution; et un roi détrôné était dangereux pour une démocratie naissante. Mais ce parti se fût montré plus clément, s'il n'avait pas eu à perdre la Gironde en même temps que Louis XVI.

Depuis quelque temps on disposait au-dehors les esprits à son jugement. Le club des Jacobins retentissait d'invectives contre lui: on répandait les bruits les plus injurieux sur son caractère; on demandait sa condamnation pour l'affermissement de la liberté. Les sociétés populaires des départements écrivaient des adresses à la convention dans le même sens; les sections se présentaient à la barre de l'assemblée, et l'on faisait défiler dans son sein, sur des brancards, des hommes blessés au 10 août, et qui venaient crier vengeance contre *Louis Capet*. On ne désignait plus Louis XVI que par ce nom de l'ancien chef de sa race, croyant avoir remplacé son titre de roi par son nom de famille.

Les motifs de parti et les animosités populaires se réunissaient contre ce déplorable prince. Ceux qui, deux mois auparavant, auraient repoussé l'idée de lui faire subir une autre peine que celle de la déchéance, étaient plongés dans la stupeur; tant on perd vite en temps de crise le droit de défendre son opinion! La découverte de l'armoire de fer redoubla surtout le fanatisme de la multitude et l'impuissance des défenseurs du roi. Après le 10 août, on avait trouvé dans

les bureaux de la liste civile des pièces qui prouvaient les relations secrètes entretenues par Louis XVI avec les prêtres mécontents, l'émigration et l'Europe. Dans un rapport, ordonné par l'assemblée législative, on l'avait accusé du dessein de trahir l'état et de renverser la révolution. On lui avait reproché d'avoir écrit, le 16 avril 1791, à l'évêque de Clermont, *que, s'il recouvrait sa puissance, il rétablirait l'ancien gouvernement et le clergé dans l'état où il était auparavant*; de n'avoir plus tard proposé la guerre que pour accélérer la marche de ses libérateurs ; d'avoir été en correspondance avec des hommes qui lui écrivaient : « La guerre for-
« cera toutes les puissances à se réunir contre
« les factieux et les scélérats qui tyrannisent la
« France, pour que leur châtiment serve bientôt
« d'exemple à tous ceux qui seraient tentés de
« troubler la paix des empires... Vous pouvez
« compter sur cent cinquante mille hommes,
« tant Prussiens qu'Autrichiens et Impériaux, et
« sur une armée de vingt mille émigrés »; d'avoir été d'accord avec ses frères, qu'il désapprouvait par ses démarches publiques ; enfin, de n'avoir cessé de combattre la révolution.

De nouvelles pièces vinrent à l'appui de toutes ces accusations. Il existait aux Tuileries, derrière un panneau de lambris, un trou pratiqué dans le mur, et fermé par une porte de fer. Cette armoire secrète fut indiquée au ministre Roland, et l'on y trouva tous les complots et toutes les intrigues de la cour contre la révolution ; des projets tendant à renforcer le pouvoir constitutionnel du roi avec les chefs populaires, à ramener l'ancien régime avec les aristocrates ; les manœuvres de Talon, les arrangements avec Mirabeau ; les propositions acceptées de Bouillé, sous la constituante, et quelques nouvelles trames sous la législative. Cette découverte augmenta le déchaînement contre Louis XVI. Le buste de Mirabeau fut brisé aux Jacobins, et la convention voila celui qui était placé dans la salle de ses séances.

Il était question depuis quelque temps, dans l'assemblée, du procès de ce prince, qui, ayant été déchu, ne pouvait plus être poursuivi. Il n'y avait pas de tribunal qui pût prononcer sa sentence, il n'y avait pas de peine qui pût lui être infligée : aussi, l'on se jeta dans de fausses interprétations de l'inviolabilité accordée à Louis XVI, en voulant le condamner d'une manière légale. Le plus grand tort des partis, après celui d'être injustes, est celui de ne pas vouloir le paraître. Le comité de législation, chargé d'un rapport sur la question de savoir si Louis XVI pouvait être jugé, et s'il pouvait l'être par la convention, se prononça pour l'affirmative. Le député Mailhe s'éleva en son nom contre le dogme de l'inviolabilité; mais, comme ce dogme régissait l'époque précédente de la révolution, il prétendit que Louis XVI avait été inviolable comme roi, et non comme particulier. Il soutint que la nation, ne pouvant pas perdre sa garantie touchant les actes du pouvoir, avait suppléé à l'inviolabilité du monarque par la responsabilité de ses ministres, et que là où Louis XVI avait agi en simple particulier, sa responsabilité ne tombant sur personne, il cessait d'être inviolable. Mailhe limitait ainsi la sauve-garde constitutionnelle dévolue à Louis XVI, aux actes du roi. Il concluait à ce que Louis XVI fût jugé, la déchéance n'ayant pas été une peine, mais un changement de gouvernement; à ce qu'il le fût, en vertu de la loi du Code pénal relative *aux traîtres et aux conspirateurs;* enfin, à ce qu'il le fût par la convention, sans suivre la procédure des autres tribunaux, parce que la convention représentant le peuple, le peuple renfermant tous les intérêts, tous les intérêts étant la justice, il était impossible que le tribunal national violât la justice, et dès-lors inutile qu'il fût assujetti à des formes. Tel était l'enchaînement des sophismes au moyen desquels le comité transformait la convention en tribunal. Le parti de Robespierre se montra beaucoup plus conséquent, en ne faisant valoir que la raison d'état, et en repoussant les formes comme mensongères.

La discussion s'ouvrit le 13 novembre, six jours après le rapport du comité. Les partisans de l'inviolabilité, tout en considérant Louis XVI comme coupable, soutinrent qu'il ne pouvait pas êtré jugé. Le principal d'entre eux fut Morisson : il dit que l'inviolabilité était générale ; que la constitution avait prévu bien plus que les hostilités secrètes de Louis XVI, mais une attaque ouverte de sa part, et n'avait prononcé dans ce cas que la déchéance; que la nation avait engagé sous ce rapport sa souveraineté; que la convention avait eu pour mandat de changer le gouvernement, et non de juger Louis XVI; que, retenue par les règles de la justice, elle l'était encore par les usages de la guerre, qui ne permettaient que pendant le combat, de se défaire d'un ennemi retombé sous la loi, après la victoire ; que, d'ailleurs, la république n'avait aucun intérêt à condamner Louis XVI; qu'elle devait se borner à des mesures de sûreté générale à son égard, le retenir captif, ou le bannir de la France. Cette opinion était celle de la droite de la convention. La Plaine partageait l'avis du comité ; mais la Montagne repoussait à la

fois l'inviolabilité et le jugement de Louis XVI:
« Citoyens, dit Saint-Just, j'entreprends de
« prouver que l'opinion de Morisson, qui con-
« serve au roi l'inviolabilité, et celle du comité,
« qui veut qu'on le juge en citoyen, sont égale-
« ment fausses. Moi, je dis que le roi doit être
« jugé en ennemi; que nous avons moins à le
« juger qu'à le combattre; que, n'étant pour
« rien dans le contrat qui unit les Français, les
« formes de la procédure ne sont point dans la
« loi civile, mais dans la loi du droit des gens;
« que les lenteurs, le recueillement, sont ici de
« véritables imprudences, et qu'après celle qui
« recule le moment de nous donner des lois, la
« plus funeste serait celle qui nous ferait tem-
« poriser avec le roi. » Ramenant tout à des considérations d'inimitié et de politique, Saint-Just
ajoutait : « Les mêmes hommes qui vont juger
« Louis, ont une république à fonder : ceux qui
« attachent quelque importance au juste châti-
« ment d'un roi, ne fonderont jamais une répu-
« blique. Citoyens, si le peuple romain, après
« six cents ans de vertu et de haine contre les
« rois; si la Grande-Bretagne, après Cromwell
« mort, vit renaître les rois malgré son énergie,
« que ne doivent pas craindre parmi nous les
« bons citoyens, amis de la liberté, en voyant
« la hache trembler dans vos mains, et un peuple,

« dès le premier jour de sa liberté, respecter le
« souvenir de ses fers! »

Ce parti violent, qui voulait remplacer une sentence par un coup d'état, ne suivre aucune loi, aucune forme, mais frapper Louis XVI comme un prisonnier vaincu, en faisant survivre les hostilités même à la victoire, était en très-faible minorité dans la convention; mais au-dehors il se trouvait fortement soutenu par les Jacobins et par la commune. Malgré la terreur qu'il inspirait déja, ses meurtrières invitations furent repoussées par la convention, et les partisans de l'inviolabilité firent valoir, à leur tour, et avec courage, les motifs d'intérêt public en même temps que les règles de la justice et de l'humanité. Ils soutenaient que les mêmes hommes ne pouvaient pas être et juges et législateurs, et accusateurs et jurés. Ils voulaient, d'ailleurs, qu'on donnât à la république naissante le lustre des grandes vertus, celles de la générosité et du pardon : ils voulaient qu'on suivît l'exemple du peuple de Rome, qui conquit sa liberté, et qui la conserva cinq cents ans, parce qu'il se montra magnanime; parce qu'il bannit les Tarquins, et qu'il ne les fit point périr. Sous le rapport politique, ils montraient les conséquences d'une condamnation à l'égard du parti anarchiste, qu'elle rendrait plus audacieux, et à l'égard de l'Europe, dont elle entraînerait les puissances, encore neutres, dans la coalition contre la république.

Mais Robespierre, qui, pendant ce long procès, montra une audace et une obstination qui présageaient de loin sa toute-puissance, parut à la tribune pour soutenir l'avis de Saint-Just, pour reprocher à la convention de remettre en doute ce que l'insurrection avait décidé, et de relever, par la pitié et la publicité d'une défense, le parti royaliste abattu. « L'assemblée, dit Ro-
« bespierre, a été entraînée à son insu loin de
« la véritable question. Il n'y a point ici de pro-
« cès à faire ; Louis n'est point un accusé, vous
« n'êtes pas des juges, vous n'êtes et ne pouvez
« être que des hommes d'état. Vous n'avez point
« une sentence à rendre pour ou contre un
« homme, mais une mesure de salut public à
« prendre, un acte de providence nationale à
« exercer. Un roi détrôné, dans une république,
« n'est bon qu'à deux usages, ou à troubler la
« tranquillité de l'état et à ébranler la liberté,
« ou à affermir l'une et l'autre.

« Louis fut roi ; la république est fondée : la
« question fameuse qui vous occupe est décidée
« par ces seuls mots. Louis ne peut être jugé ; il
« est déja jugé ; il est condamné, ou la répu-
« blique n'est pas absoute. » Il demanda que la

convention déclarât Louis XVI *traître envers les Français, criminel envers l'humanité, le condamnât sur-le-champ à mort en vertu de l'insurrection.*

Les Montagnards, par ces propositions extrêmes, par la popularité qu'elles obtenaient au-dehors, rendaient une condamnation, en quelque sorte, inévitable. En prenant une avance extraordinaire sur les autres partis, ils les forçaient à les suivre, quoique de loin. La majorité conventionnelle, composée d'une grande partie des Girondins, qui n'osaient pas déclarer Louis XVI inviolable, et de la Plaine, décida, sur la proposition de Pétion, contre l'avis des Montagnards fanatiques et contre celui des partisans de l'inviolabilité, que Louis XVI serait jugé par la convention.

Robert Lindet fit alors, au nom de la commission des vingt-un, son rapport sur Louis XVI: on dressa l'acte *énonciatif des faits* qui lui étaient imputés, et la convention manda le prisonnier à sa barre. Louis était enfermé au Temple depuis quatre mois; il n'y était point libre, comme l'assemblée législative l'avait d'abord voulu, en lui assignant le Luxembourg pour demeure. La commune soupçonneuse le gardait étroitement; mais, soumis à sa destinée, s'attendant à tout, il ne faisait apercevoir ni impatience, ni regret, ni ressentiment. Il n'avait auprès de lui qu'un seul serviteur, Cléry, qui était en même temps celui de toute sa famille. Pendant les premiers mois de sa détention, il ne fut point séparé d'elle, et il trouvait encore quelques douceurs dans cette réunion; il consolait et soutenait les deux compagnes de son infortune, sa femme et sa sœur; il servait de précepteur au jeune dauphin, et lui donnait les leçons d'un homme malheureux et d'un roi prisonnier. Il lisait beaucoup, et revenait souvent à l'histoire d'Angleterre, par Hume; il y trouvait nombre de monarques déchus, et un, entre autres, condamné par le peuple. On cherche toujours des destinées conformes à la sienne. Mais les consolations qu'il trouvait dans la vue de sa famille ne furent pas de longue durée; on le sépara d'elle dès qu'il fut question de son jugement. La commune voulut éviter que les prisonniers concertassent leur justification; la surveillance qu'elle exerçait à l'égard de Louis XVI était chaque jour plus minutieuse et plus dure.

Sur ces entrefaites, Santerre reçut l'ordre de conduire Louis XVI à la barre de la convention. Il se rendit au Temple accompagné du maire, qui fit part au roi de sa mission, et qui lui demanda s'il voulait descendre. Louis hésita un moment, puis il dit: « Ceci est encore une vio-

« lence; il faut y céder. » Et il se décida à paraître devant la convention, qu'il ne récusa point, comme l'avait fait Charles Ier à l'égard de ses juges. Dès qu'on annonça son approche: « Re-« présentants, dit Barrère, vous allez exercer le « droit de justice nationale. Que votre attitude « soit conforme à vos nouvelles fonctions. » Et, se tournant vers les tribunes : « Citoyens, sou-« venez-vous du silence terrible qui accompagna « Louis ramené de Varennes, silence précurseur « du jugement des rois par les nations. » La contenance de Louis XVI, en entrant dans la salle, fut ferme, et il promena sur l'assemblée un regard assuré. Il était debout à la barre, et le président lui dit d'une voix émue: « Louis, la « nation française vous accuse. Vous allez enten-« dre la lecture de l'acte énonciatif des faits. « Louis, asseyez-vous. » Un siége avait été préparé pour lui; il s'y plaça. Pendant ce long interrogatoire, il montra beaucoup de calme et de présence d'esprit; il répondit à chaque question avec à-propos, le plus souvent d'une manière touchante et victorieuse. Il repoussa les reproches qui lui furent adressés relativement à sa conduite avant le 14 juillet, en rappelant que sa puissance alors n'était pas encore limitée; avant le voyage de Varennes, par le décret de l'assemblée constituante, qui avait été satisfaite de ses réponses; enfin, avant le 10 août, en rejetant tous les actes publics sur la responsabilité ministérielle, et en niant toutes les démarches secrètes qui lui étaient personnellement attribuées. Ces dénégations ne détruisaient pas aux yeux des conventionnels, des faits la plupart constatés par des pièces écrites ou signées de la main même de Louis XVI; mais il usait du droit naturel à tout accusé. C'est ainsi qu'il ne reconnut pas l'existence de l'armoire de fer et de toutes les pièces qui lui furent présentées. Louis XVI invoquait une loi de sauve-garde, que la convention n'admettait pas, et la convention cherchait à s'assurer des tentatives contre-révolutionnaires que Louis XVI ne voulait pas reconnaître.

Lorsque Louis fut retourné au Temple, la convention s'occupa de la demande qu'il avait faite d'un défenseur. Ce fut en vain que quelques Montagnards s'y opposèrent, la convention décréta que Louis aurait un conseil. Il désigna Target et Tronchet : le premier refusa. Ce fut alors que le vénérable Malesherbes s'offrit à la convention pour défendre Louis XVI. « J'ai été
« appelé deux fois, écrivit-il, au conseil de celui
« qui fut mon maître, dans le temps que cette
« fonction était ambitionnée par tout le monde;
« je lui dois le même service, lorsque c'est une
« fonction que bien des gens trouvent dange-

« reuse. » Sa demande lui fut accordée. Louis XVI, dans son état d'abandon, fut touché de cette preuve de dévouement. Lorsque Malesherbes entra dans sa chambre, il alla vers lui, le serra dans ses bras, et, les yeux humides, il lui dit : « Votre sacrifice est d'autant plus généreux que « vous exposez votre vie, et que vous ne sauvez « pas la mienne. » Malesherbes et Tronchet s'occupèrent sans interruption de sa défense, et s'associèrent M. Desèze; ils cherchaient à ranimer le courage du roi, mais ils le trouvaient peu facile à espérer. « J'en suis sûr; ils me feront périr : « mais n'importe; occupons-nous de mon procès, « comme si je devais le gagner, et je le gagnerai « en effet, puisque la mémoire que je laisserai « sera sans tache. »

Enfin le jour de la défense arriva. Elle fut prononcée par M. Desèze. Louis était présent : le plus grand silence régnait dans l'assemblée et dans les tribunes. M. Desèze fit valoir en faveur du royal accusé toutes les considérations de justice et d'innocence. Il invoqua l'inviolabilité qui lui avait été accordée; il dit que, comme roi, il ne pouvait pas être jugé; que, comme accusateurs, les représentants du peuple ne pouvaient pas être ses juges. En cela il n'avança rien qui n'eût été soutenu par une partie de l'assemblée. Mais il s'attacha surtout à justi-

fier la conduite de Louis XVI, et à lui attribuer des intentions constamment pures et irréprochables. Il finit par ces dernières et solennelles paroles : « Entendez d'avance l'Histoire qui dira
« à la Renommée : Louis, monté sur le trône à
« vingt ans, y porta l'exemple des mœurs, la
« justice et l'économie ; il n'y porta aucune fai-
« blesse, aucune passion corruptrice : il fut l'ami
« constant du peuple. Le peuple voulut qu'un
« impôt désastreux fût détruit, Louis le détruisit ;
« le peuple voulut l'abolition de la servitude,
« Louis l'abolit ; le peuple sollicita des réformes,
« il les fit ; le peuple voulut changer ses lois, il
« y consentit ; le peuple voulut que des millions
« de Français recouvrassent leurs droits, il les
« leur rendit ; le peuple voulut la liberté, il la
« lui donna. On ne peut pas disputer à Louis
« la gloire d'avoir été au-devant du peuple par
« ses sacrifices ; et c'est lui qu'on vous a pro-
« posé... ! Citoyens, je n'achève pas, je m'arrête
« devant l'Histoire ; songez qu'elle jugera votre
« jugement, et que le sien sera celui des siè-
« cles. » Mais les passions étaient sourdes et incapables de prévoyance.

Les Girondins désiraient sauver Louis XVI, mais ils craignaient l'imputation de royalisme que leur adressaient déjà les Montagnards. Pendant tout le procès leur conduite fut assez équivoque : ils n'osèrent se prononcer ni pour ni contre l'accusé, et leur modération les perdit sans le servir. Dans ce moment sa cause, la cause non plus de son trône, mais de sa vie, était la leur. On allait résoudre par un acte de justice ou par un coup d'état, si l'on reviendrait au régime légal, ou si l'on prolongerait le régime révolutionnaire. Le triomphe des Girondins ou des Montagnards se trouvait dans l'une ou l'autre de ces solutions. Ces derniers s'agitaient beaucoup. Ils prétendaient qu'on suivait des formes qui étaient un oubli de l'énergie républicaine, et que la défense de Louis XVI était un cours de monarchie présenté à la nation. Les Jacobins les secondaient puissamment, et des députations venaient à la barre demander la mort du roi.

Cependant les Girondins, qui n'avaient pas osé soutenir l'inviolabilité, proposèrent un moyen adroit de soustraire Louis XVI à la mort, en appelant de la sentence de la convention au peuple. L'extrême droite protestait encore contre l'érection de l'assemblée en tribunal. Mais la compétence de la convention ayant été précédemment décidée, tous les efforts se portèrent d'un autre côté. Salles proposa de déclarer Louis XVI coupable, et de laisser aux assemblées primaires l'application de la peine. Buzot, craignant que la convention n'encourût par là le reproche de

faiblesse, pensa qu'elle devait elle-même prononcer la peine, et en appeler au peuple de son propre jugement. Cet avis fut vivement combattu par les Montagnards, et même par un grand nombre de conventionnels modérés, qui virent dans la convocation des assemblées primaires le danger de la guerre civile. L'assemblée avait délibéré à l'unanimité que Louis était coupable, lorsque la question de l'appel au peuple fut posée. Deux cent quatre-vingt-quatre voix votèrent pour, quatre cent vingt-quatre contre, dix se récusèrent. Vint alors la terrible question de la peine à infliger. Paris était dans le dernier degré d'agitation : des menaces étaient faites aux députés à la porte même de l'assemblée, on craignait de nouveaux excès populaires, le club des Jacobins retentissait d'invectives forcenées contre Louis XVI et contre la droite. Le parti montagnard, jusque-là le plus faible dans la convention, cherchait à obtenir la majorité par l'épouvante, décidé, s'il ne réussissait pas, à sacrifier également Louis XVI. Enfin, après quarante heures d'appel nominal, le président Vergniaud dit : « Citoyens, je vais proclamer le ré-
« sultat du scrutin. Quand la justice a parlé,
« l'humanité doit avoir son tour. » Il y avait sept cent vingt et un votants. La majorité absolue était de trois cent soixante et un. La mort fut

prononcée à la majorité de vingt-six voix. Les opinions avaient été mêlées : des Girondins avaient voté la mort, avec un sursis, il est vrai; le plus grand nombre des membres de la droite avait voté la détention ou le bannissement; quelques Montagnards votèrent comme les Girondins. Dès que le résultat du scrutin fut connu, le président dit avec l'accent de la douleur : « *Je déclare au nom de la convention que la peine qu'elle prononce contre Louis Capet est la mort.* » Les défenseurs parurent à la barre : ils étaient très-émus. Ils essayèrent de ramener l'assemblée à des sentiments de miséricorde, en considération du petit nombre de voix qui avait décidé de la sentence. Mais déja on avait discuté et résolu cette question. *Les lois ne se font qu'à une simple majorité*, avait dit un Montagnard. — *Oui*, avait répondu une voix, *mais les décrets se rapportent, et la vie d'un homme ne se rapporte pas.* Malesherbes voulut parler, mais il ne le put point. Les sanglots étouffaient sa voix, et il ne fit entendre que quelques mots suppliants et entrecoupés. Sa douleur toucha l'assemblée. La demande d'un sursis fut accueillie par les Girondins, comme une dernière ressource; mais là encore ils échouèrent, et l'arrêt fatal fut prononcé.

Louis s'y attendait. Lorsque Malesherbes vint

tout en larmes lui annoncer l'arrêt de mort, il le trouva dans l'obscurité, les coudes appuyés sur une table, le visage dans ses mains, et livré à une profonde méditation. Au bruit qu'il fit, Louis XVI se leva, et lui dit : « Depuis deux « heures je suis occupé à chercher si, pendant « mon règne, j'ai pu mériter de mes sujets le « plus petit reproche. Eh bien ! M. de Males- « herbes, je vous le jure dans toute la vérité de « mon cœur, comme un homme qui va paraître « devant Dieu ; j'ai constamment voulu le bon- « heur du peuple, et jamais je n'ai formé un « vœu qui lui fût contraire. » Malesherbes lui fit espérer que le sursis ne serait pas rejeté, ce que Louis ne crut point. Il pria Malesherbes en l'accompagnant de ne point l'abandonner dans ses derniers instants : Malesherbes lui promit de revenir ; mais il se présenta plusieurs fois, et ne put jamais pénétrer jusqu'à lui. Louis le demanda souvent, et fut affligé de ne pas le revoir. Il reçut sans trouble l'annonce de sa sentence, que vint lui signifier le ministre de la justice. Il demanda trois jours pour paraître devant Dieu ; il demanda en outre d'être assisté d'un prêtre qu'il désigna, et de communiquer librement avec sa femme et ses enfants. Ces deux dernières demandes lui furent seules accordées.

Le moment de l'entrevue fut déchirant pour

cette douloureuse famille; celui de la séparation le fut encore bien davantage. Louis, en la quittant, promit de la revoir le lendemain; mais, rentré dans sa chambre, il sentit que cette épreuve était trop forte, et, se promenant à grands pas, il disait: *Je n'irai point.* Ce fut son dernier combat : il ne pensa plus qu'à se préparer à la mort. La nuit qui précéda son supplice, il eut un sommeil paisible. Réveillé à cinq heures par Cléry, auquel il en avait donné l'ordre, il fit ses suprêmes dispositions. Il communia, chargea Cléry de ses dernières paroles, et de tout ce qu'il lui était permis de léguer, un anneau, un cachet, quelques cheveux. Déjà les tambours roulaient, un bruit sourd de canons traînés et de voix confuses se faisait entendre. Enfin Santerre arriva. «*Vous venez me chercher*, dit Louis, *je vous demande une minute.* » Il remit son testament à un officier municipal, demanda son chapeau, et il dit d'une voix ferme : *Partons.*

La voiture mit une heure pour arriver du Temple à la place de la Révolution. Une double haie de soldats bordait la route, plus de quarante mille hommes étaient sous les armes; Paris était morne. Parmi les citoyens qui assistaient à l'exécution, il n'y eut ni approbation, ni regrets apparents : tous furent silencieux. Arrivé sur le lieu du supplice, Louis descendit de voiture. Il monta d'un pas ferme les degrés de l'échafaud, reçut à genoux la bénédiction du prêtre, qui lui dit alors, à ce qu'on assure : *Fils de Saint-Louis, montez au ciel!* Il se laissa lier les mains, quoique avec répugnance, et, se portant vivement sur la gauche de l'échafaud : « Je meurs « innocent, dit-il, je pardonne à mes ennemis ; « et vous, peuple infortuné !... » Au même instant le signal du roulement fut donné, le bruit des tambours couvrit sa voix, les trois bourreaux le saisirent. A dix heures dix minutes, il avait cessé de vivre.

Ainsi périt, à l'âge de trente-neuf ans, après un règne de seize ans et demi passé à chercher le bien, le meilleur, mais le plus faible des monarques. Il hérita de ses ancêtres une révolution. Plus qu'aucun d'eux, il était propre à la prévenir ou à la terminer ; car il était capable d'être un roi réformateur avant qu'elle éclatât, ou d'être ensuite un roi constitutionnel. Il est le seul prince, peut-être, qui, n'ayant aucune passion, n'eut pas celle du pouvoir, et qui réunit les deux qualités qui font les bons rois, la crainte de Dieu et l'amour du peuple. Il périt victime de passions qu'il ne partageait pas : de celles de ses alentours qui lui étaient étrangères ;

et de celles de la multitude, qu'il n'avait pas excitées. Il y a peu de mémoires de roi aussi recommandables. L'histoire dira de lui, qu'avec un peu plus de force d'ame il eût été un roi unique.

CHAPITRE VII.

Situation politique et militaire de la France. — L'Angleterre, la Hollande, l'Espagne, Naples, et tous les cercles de l'Empire, accèdent à la coalition. — Dumouriez, après avoir conquis la Belgique, tente une expédition en Hollande. — Il veut rétablir la monarchie constitutionnelle. — Revers de nos armées. — Lutte des Montagnards et des Girondins; conspiration du 10 mars. — Insurrection de la Vendée, ses progrès. — Défection de Dumouriez. — Les Girondins accusés de complicité avec lui; nouvelles conjurations contre eux. — Établissement de la commission des Douze pour déjouer les conspirateurs. — Insurrections des 27 et 31 mai contre la commission des Douze; elle est supprimée. — Insurrection du 2 juin contre les vingt-deux principaux Girondins; ils sont mis en arrestation. — Défaite entière de ce parti.

La mort de Louis XVI rendit les partis irréconciliables, et augmenta les ennemis extérieurs de la révolution. Les républicains eurent à lutter contre toute l'Europe, contre les nombreuses classes de mécontents, et contre eux-mêmes. Mais les Montagnards, qui conduisaient alors le mouvement populaire, se croyaient trop engagés pour ne pas pousser les choses à l'extrême. Effrayer les ennemis de la révolution; exciter le fanatisme du peuple par des discours, par la présence des dangers, par des insurrections; rapporter tout à lui, et le gouvernement et le salut de la république; lui communiquer le plus ardent enthousiasme, au nom *de la liberté, de l'égalité, et de la fraternité;* le maintenir dans ce violent état de crise pour se servir de ses passions et de sa force : tel fut le plan de Danton et des Montagnards, qui l'avaient pris pour chef. Ce fut lui qui augmenta l'effervescence populaire avec les périls croissants de la république, et qui fit établir sous le nom de gouvernement révolutionnaire, au lieu de la liberté légale, le despotisme de la multitude. Robespierre et Marat allaient encore beaucoup plus loin que lui, et ils voulaient ériger en gouvernement durable ce que Danton ne considérait que comme transitoire. Celui-ci n'était qu'un chef politique, tandis que les autres étaient de véritables sectaires, le premier plus ambitieux, le second plus fanatique.

Les Montagnards, par la catastrophe du 21 janvier, avaient remporté une grande victoire sur les Girondins, qui avaient une politique beaucoup plus morale que la leur, et qui aspiraient à sauver la révolution, sans l'ensanglanter. Mais leur humanité, leur esprit de justice, ne leur servirent de rien, et tournèrent contre eux. On les accusa d'être ennemis du peuple, parce qu'ils tonnèrent contre ses excès; d'être *complices du tyran*, parce qu'ils avaient voulu sauver Louis XVI; et de trahir la république, parce qu'ils recommandaient la modération. Ce fut avec ces reproches que les Montagnards, depuis le 21 janvier jusqu'au 31 mai et au 2 juin, les poursuivirent avec la plus constante animosité dans le sein de la convention. Les Girondins furent long-temps soutenus par le centre, qui se rangeait avec la droite contre les meurtres et l'anarchie, avec la gauche pour les mesures de salut public. Cette masse, qui formait, à proprement parler, l'esprit de la convention, montra quelque courage, et balança la puissance de la Montagne et de la commune, tant qu'elle eut au milieu d'elle ces Girondins intrépides et éloquents qui emportèrent dans leur prison et sur l'échafaud toute la fermeté et toutes les résolutions généreuses de l'assemblée.

Il y eut un moment d'accord entre les divers partis de l'assemblée. Lepelletier Saint-Fargeau fut poignardé par un ancien garde-du-corps nommé *Páris*, comme ayant voté la mort de Louis XVI. Les conventionnels, réunis par le danger commun, jurèrent sur sa tombe d'oublier leurs inimitiés, mais ils y revinrent bientôt.

On poursuivait à Meaux quelques-uns des meurtriers de septembre, dont les républicains honorables voulaient le châtiment. Les Montagnards, craignant qu'on n'examinât leur conduite passée, et que leurs adversaires ne prissent avantage d'une condamnation pour les attaquer plus ouvertement eux-mêmes, parvinrent à faire cesser les poursuites. Cette impunité enhardit encore les chefs de la multitude; et Marat, qui avait, à cette époque, une incroyable influence sur elle, l'excita au pillage des marchands, qu'il accusait d'accaparer les subsistances. Il s'élevait violemment dans ses feuilles, et aux Jacobins, contre l'aristocratie des bourgeois, des commerçants et des *hommes d'état* (c'est ainsi qu'il appelait les Girondins), c'est-à-dire contre tous ceux qui, dans la nation ou dans l'assemblée, s'opposaient encore au règne des Sans-culottes et des Montagnards. Il y avait quelque chose d'effrayant dans le fanatisme et l'invincible obstination de ces sectaires. Le nom donné par eux aux Girondins depuis le commencement de la convention, était celui d'*intrigants*, à cause des moyens ministériels, et un peu sourds, avec lesquels ils combattaient dans les départements la conduite audacieuse et publique des Jacobins.

Aussi les dénonçaient-ils régulièrement dans le club. « A Rome, un orateur disait tous les

« jours : *Il faut détruire Carthage*. Eh bien ! qu'un
« Jacobin monte tous les jours à cette tribune
« pour dire ces seuls mots : *Il faut détruire les
« intrigants*. Eh ! qui pourrait nous résister ? nous
« combattons le crime et le pouvoir éphémère
« des richesses ; mais nous avons pour nous la
« vérité, la justice, la pauvreté, la vertu... Avec
« de telles armes bientôt les Jacobins diront :
« Nous n'avons fait que passer, ils n'étaient déja
« plus. » Marat, qui avait beaucoup plus d'audace
que Robespierre dont la haine et les projets
se cachaient encore sous certaines formes, était
le patron de tous les dénonciateurs et de tous
les anarchistes. Beaucoup de Montagnards l'accusaient de compromettre leur cause par la
fougue de ses conseils, et par des excès intempestifs ; mais le peuple jacobin entier le soutenait même contre Robespierre, qui, dans ses dissidences avec lui, obtenait rarement l'avantage.
Le pillage, recommandé en février dans *L'Ami
du peuple* à l'égard de quelques marchands,
pour servir d'exemple, eut lieu, et Marat fut
dénoncé à la convention, qui le décréta d'accusation après une séance très-orageuse. Mais ce
décret n'eut pas de suite, parce que les tribunaux ordinaires n'avaient aucune autorité. Ce
double essai de force d'une part, et de faiblesse
de l'autre, se fit dans le courant du mois de

février. Bientôt des évènements plus décisifs encore conduisirent les Girondins à leur perte.

La situation militaire de la France avait été jusque-là rassurante. Dumouriez venait de couronner la brillante campagne de l'Argonne par la conquête de la Belgique. Après la retraite des Prussiens, il s'était rendu à Paris pour y concerter l'invasion des Pays-Bas autrichiens. De retour à l'armée le 20 octobre 1792, il avait commencé l'attaque le 28. Le plan essayé avec si peu d'à-propos, de forces et de succès au commencement de la guerre, fut repris et exécuté avec des moyens supérieurs. Dumouriez, à la tête de *l'armée de la Belgique*, forte de quarante mille hommes, marcha de Valenciennes sur Mons, appuyé à sa droite par *l'armée des Ardennes*, d'environ seize mille hommes, sous le général Valence, qui se dirigea de Givet sur Namur; et à sa gauche par *l'armée du Nord*, forte de dix-huit mille hommes, sous le général Labourdonnaie, qui s'avança de Lille sur Tournai. L'armée autrichienne, postée en avant de Mons, attendit la bataille dans ses retranchements. Dumouriez la défit complètement; et la victoire de Jemmapes ouvrit la Belgique aux Français, et recommença en Europe l'ascendant de nos armes. Vainqueur le 6 novembre, Dumouriez entra le 7 dans Mons, le 14 à Bruxelles, le 28 à

Liége; Valence prit Namur, Labourdonnaie s'empara d'Anvers, et au milieu de décembre l'invasion des Pays-Bas fut entièrement achevée. L'armée française, maîtresse de la Meuse et de l'Escaut, prit ses quartiers d'hiver, après avoir jeté derrière la Roër les Autrichiens qu'elle aurait pu jeter derrière le bas Rhin.

Dès ce moment commencèrent les hostilités de Dumouriez avec les Jacobins. Un décret de la convention, du 15 décembre, abrogeait les usages belges, et organisait ce pays démocratiquement. Les Jacobins envoyèrent de leur côté des agents en Belgique pour y propager la révolution, pour y établir des clubs sur le modèle de la société-mère; et les Flamands, qui nous avaient reçus avec enthousiasme, furent refroidis par les réquisitions dont on les frappa, par le pillage général et l'anarchie insupportable que les Jacobins amenèrent avec eux. Tout le parti qui avait combattu la domination autrichienne, et qui espérait être libre sous le protectorat de la France, trouva notre domination plus dure, et regretta de nous avoir appelés ou soutenus. Dumouriez, qui avait des projets d'indépendance pour les Flamands, et d'ambition pour lui-même, vint à Paris se plaindre de cette conduite impolitique à l'égard des pays conquis. Il changea sa marche jusque-là équivoque. Il n'avait rien oublié pour se ménager entre les deux factions; il ne s'était rangé sous la bannière d'aucune, espérant se servir de la droite par son ami Gensonné, de la Montagne par Danton et Lacroix, et d'en imposer à l'une et à l'autre par ses victoires. Mais dans ce second voyage il essaya d'arrêter les Jacobins et de sauver Louis XVI : n'ayant pas pu en venir à bout, il se rendit à l'armée pour commencer la seconde campagne, très-mécontent et décidé à faire servir de nouvelles victoires à suspendre la révolution et à changer son gouvernement.

Toutes les frontières de la France devaient être attaquées cette fois par les puissances de l'Europe. Les succès militaires de la révolution et la catastrophe du 21 janvier avaient fait entrer dans la coalition la plupart des gouvernements encore indécis ou neutres. L'Angleterre, disposée depuis long-temps à une rupture, saisit cette occasion de paraître sur le théâtre des hostilités. La tour de Londres était armée, une flotte à Spithead était prête à mettre à la voile, le ministère avait obtenu quatre-vingts millions extraordinaires, et Pitt allait profiter de notre révolution pour assurer la prépondérance de la Grande-Bretagne, comme Richelieu et Mazarin avaient profité de la crise de l'Angleterre, en 1640, pour établir la domination française en

Europe. Le cabinet de Saint-James n'était dirigé que par des motifs d'intérêt anglais : la consolidation de son pouvoir dans son propre pays, l'empire exclusif dans l'Inde et sur les mers; l'achèvement de la révolution coloniale commencée contre lui, et qu'il importait de rendre commune aux autres puissances maritimes, afin de servir d'intermédiaires entre les deux mondes, devenus indépendants l'un de l'autre; tels étaient les résultats qu'il espérait de ce grand choc continental.

En apprenant la mort de Louis XVI, le cabinet de Saint-James renvoya le ministre Chauvelin, et entraîna dans sa rupture la Hollande, qui, depuis 1788, était entièrement subordonnée à l'Angleterre. Il fit en même temps un appel à la seconde levée de la coalition. L'Espagne venait d'éprouver un changement ministériel: le fameux Godoï, duc d'Alcudia, et depuis prince de la Paix, avait été placé à la tête du gouvernement par une intrigue de l'Angleterre et de l'émigration. Cette puissance rompit avec la république, après avoir vainement intercédé pour Louis XVI, et mis sa neutralité au prix de la vie du roi. La confédération germanique adhéra tout entière à la guerre: la Bavière, la Souabe et l'électeur Palatin se joignirent aux cercles belligérants de l'Empire. Naples suivit l'exemple du Saint-Siége, qui s'était déja déclaré; et il ne resta plus d'états neutres que la Suisse, la Suède, le Danemarck et la Turquie. La Russie était encore occupée du second partage de la Pologne.

La république eut ses flancs menacés par les troupes les plus aguerries de l'Europe. Il lui fallut bientôt combattre quarante-cinq mille Austro-Sardes, aux Alpes; cinquante mille Espagnols, aux Pyrénées; soixante-dix mille Autrichiens ou Impériaux, renforcés de trente-huit mille Anglo-Bataves, sur le bas Rhin et en Belgique; trente-trois mille quatre cents Autrichiens, entre Meuse et Moselle; cent douze mille six cents Prussiens, Autrichiens et Impériaux, sur le moyen et haut Rhin. Pour faire face à tant d'ennemis, la convention décréta une levée de trois cent mille hommes. Cette mesure de défense extérieure fut accompagnée d'une mesure de parti pour l'intérieur. Au moment où les bataillons nouveaux quittèrent Paris, et se présentèrent à l'assemblée, la Montagne demanda l'établissement d'un tribunal extraordinaire pour soutenir au-dedans la révolution, que des bataillons allaient défendre sur les frontières. Ce tribunal, composé de neuf membres, devait juger sans jury et sans appel. Les Girondins s'élevèrent de toute leur force contre une institution aussi arbitraire et aussi redoutable, mais ce fut en vain;

car ils paraissaient favoriser les ennemis de la république, en repoussant un tribunal destiné à les punir. Tout ce qu'ils obtinrent, ce fut d'y introduire les jurés, d'en éloigner les hommes violents, et d'annuler son action, tant qu'ils conservèrent quelque influence.

Les principaux efforts des coalisés furent dirigés contre la vaste frontière depuis la mer du Nord jusqu'à Huningue. Le prince de Cobourg dut attaquer, à la tête des Autrichiens, l'armée française sur la Roër et sur la Meuse, pénétrer en Belgique, tandis que, sur l'autre point, les Prussiens marcheraient contre Custine, lui livreraient bataille, cerneraient Mayence, et renouvelleraient l'invasion précédente, après s'en être emparé. Ces deux armées d'opération étaient soutenues, dans les positions intermédiaires, par des forces considérables. Dumouriez, préoccupé de desseins ambitieux et réactionnaires, dans un moment où il ne fallait songer qu'aux périls de la France, se proposa de rétablir la royauté de 1791, malgré la convention et malgré l'Europe. Ce que Bouillé n'avait pas pu faire pour le trône absolu, ni La Fayette pour le trône constitutionnel, dans un temps beaucoup plus propice, Dumouriez espéra l'exécuter tout seul pour une constitution détruite et pour une royauté sans parti. Au lieu de rester neutre entre les factions, comme les circonstances en faisaient une loi à un général, et même à un ambitieux, Dumouriez préféra rompre avec elles, pour les dominer. Il imagina de se former un parti hors de la France; de pénétrer en Hollande au moyen des républicains bataves, opposés au stathoudérat et à l'influence anglaise; de délivrer la Belgique des Jacobins, de réunir ces deux pays en un seul état indépendant, et de se donner leur protectorat politique, après avoir acquis toute la gloire d'un conquérant. Il devait alors intimider les partis, gagner ses troupes, marcher sur la capitale, dissoudre la convention, fermer les sociétés populaires, rétablir la constitution de 1791, et donner un roi à la France.

Ce projet, inexécutable au milieu du grand choc de la révolution et de l'Europe, parut facile au bouillant et aventureux Dumouriez. Au lieu de défendre la ligne menacée, depuis Mayence jusque sur la Roër, il se jeta sur la gauche des opérations, et entra en Hollande à la tête de vingt mille hommes. Il devait, par une marche rapide, se transporter au centre des Provinces-Unies, prendre les forteresses à revers, et être rejoint à Nimègue, par vingt-cinq mille hommes, sous le général Miranda, qui se serait préalablement rendu maître de Maëstricht. Une armée de quarante mille hommes devait observer les Autrichiens et protéger sa droite.

Dumouriez poussa avec vigueur son expédition de Hollande; il prit Breda et Gertruydenberg, et se disposa à passer le Biesbos et à s'emparer de Dorft. Mais, pendant ce temps, l'armée de droite éprouva les revers les plus alarmants sur la basse Meuse. Les Autrichiens prirent l'offensive, passèrent la Roër, battirent Miazinski à Aix-la-Chapelle; firent lever à Miranda le blocus de Maëstricht, qu'il avait inutilement bombardé; franchirent la Meuse, et mirent en pleine déroute, à Liège, notre armée, qui s'était repliée entre Tirlemont et Louvain. Dumouriez reçut du conseil exécutif l'ordre de quitter la Hollande en toute hâte, et de venir prendre le commandement des troupes de la Belgique; il fut obligé d'obéir et de renoncer à une partie de ses plus folles, mais de ses plus chères espérances.

Les Jacobins, à la nouvelle de tous ces revers, étaient devenus beaucoup plus intraitables. Ne concevant pas de défaite sans trahison, surtout après les victoires brillantes et inattendues de la dernière campagne, ils attribuaient des désastres militaires à des combinaisons de parti. Ils dénoncèrent les Girondins, les ministres et les généraux, qu'ils supposaient d'accord pour livrer la république, et ils conjurèrent leur perte. La rivalité se mêlait aux soupçons, et ils désiraient autant conquérir une domination exclusive, que défendre le territoire menacé; ils commencèrent par les Girondins. Comme ils n'avaient pas encore accoutumé la multitude à l'idée de proscrire les représentants, ils eurent d'abord recours à un complot pour s'en défaire; ils résolurent de les frapper dans la convention, où on les trouverait tous réunis; et ils fixèrent la nuit du 10 mars pour l'exécution du complot. L'assemblée s'était mise en permanence, à cause des dangers de la chose publique. La veille, on décida, aux Jacobins et aux Cordeliers, de fermer les barrières, de sonner le tocsin, et de marcher en deux bandes sur la convention et chez les ministres. A l'heure convenue, on partit; mais plusieurs circonstances empêchèrent les conjurés de réussir. Les Girondins, avertis, ne se rendirent point à la séance de nuit; les sections se montrèrent opposées au complot, et le ministre de la guerre, Beurnonville, marcha contre eux à la tête d'un bataillon de fédérés brestois : tous ces obstacles imprévus et la pluie, qui ne cessa pas de tomber, dispersèrent les conjurés. Le lendemain, Vergniaud dénonça le comité d'insurrection qui avait projeté ces meurtres, demanda que le conseil exécutif fût chargé de prendre des renseignements sur la conjuration du 10 mars, d'examiner les registres des

clubs, et d'arrêter les membres du comité insurrecteur. « Nous marchons, s'écria-t-il, de
« crimes en amnisties et d'amnisties en crimes.
« Un grand nombre de citoyens en est venu au
« point de confondre les insurrections séditieuses
« avec la grande insurrection de la liberté, de
« regarder la provocation des brigands comme
« les explosions d'ames énergiques, et le brigan-
« dage même comme une mesure de sûreté gé-
« nérale. On a vu se développer cet étrange sys-
« tème de liberté d'après lequel on vous dit:
« Vous êtes libres, mais pensez comme nous,
« ou nous vous dénonçons aux vengeances du
« peuple; vous êtes libres, mais courbez la tête
« devant l'idole que nous encensons, ou nous
« vous dénonçons aux vengeances du peuple;
« vous êtes libres, mais associez-vous à nous
« pour persécuter les hommes dont nous redou-
« tons la probité et les lumières, ou nous vous
« dénoncerons aux vengeances du peuple! Ci-
« toyens, il est à craindre que la révolution,
« comme Saturne, ne dévore successivement tous
« ses enfants, et n'engendre enfin le despotisme
« avec les calamités qui l'accompagnent. » Ces
prophétiques paroles produisirent quelque effet
dans l'assemblée; mais les mesures proposées
par Vergniaud n'aboutirent à rien.

Les Jacobins furent arrêtés un moment par

le mauvais succès de leur première entreprise contre leurs adversaires; mais l'insurrection de la Vendée vint leur redonner de l'audace. La guerre de la Vendée était un événement inévitable dans la révolution. Ce pays, adossé à la mer et à la Loire, coupé de peu de routes, semé de villages, de hameaux et de châtellenies, s'était maintenu dans son ancien état féodal. Dans la Vendée il n'y avait pas de lumières ni de civilisation, parce qu'il n'y avait pas de classe moyenne; et il n'y avait pas de classe moyenne, parce qu'il n'y avait pas ou qu'il y avait peu de villes. La classe des paysans n'avait dès-lors pas acquis d'autres idées que celles qui lui étaient communiquées par les prêtres, et n'avait pas séparé ses intérêts de ceux de la noblesse. Ces hommes simples, robustes et dévoués à l'ancien ordre de choses, ne comprenaient rien à une révolution, qui était le résultat de croyances et de besoins entièrement étrangers à leur situation. Les nobles et les prêtres, se trouvant en force dans ce pays, n'avaient point émigré; et c'était là vraiment qu'existait le parti de l'ancien régime, parce que là se trouvaient ses doctrines et sa société. Il fallait, tôt ou tard, que la France et la Vendée, pays si différents, et qui n'avaient de commun que la langue, entrassent en guerre; il fallait que les deux fanatismes de la monarchie et de la souveraineté populaire, du sacerdoce et de la raison humaine, levassent leurs bannières l'un contre l'autre, amenassent le triomphe de l'ancienne ou de la nouvelle civilisation.

Des troubles partiels avaient eu lieu, à plusieurs reprises, dans la Vendée. En 1792, le comte de la Rouairie avait préparé un soulèvement général, qui n'avait pas réussi, à cause de sa propre arrestation; mais tout était encore disposé pour une insurrection, lorsqu'on exécuta le recrutement des trois cent mille hommes : cette levée en devint le signal. Les réquisitionnaires battirent la gendarmerie à Saint-Florens, et prirent d'abord pour chefs, sur divers points, le voiturier Cathelinau, l'officier de marine Charette et le garde-chasse Stofflet. En peu de temps l'insurrection gagna tout le pays; neuf cents communes se soulevèrent au son du tocsin, et alors les chefs nobles Bonchamps, Lescure, La Rochejacquelin, d'Elbée, Talmont, se joignirent aux autres. Les troupes de ligne et les bataillons de garde nationale qui marchèrent contre les insurgés, furent battus. Le général Marcé fut culbuté à Saint-Vincent, par Stofflet; le général Gauvilliers, à Beaupréau, par d'Elbée et Bonchamps; le général Quetineau, aux Aubiers, par La Rochejacquelin; et le général Ligonnier, à

Cholet. Les Vendéens, devenus maîtres de Châtillon, de Bressuire, de Vihiers, songèrent, avant de pousser leurs avantages plus loin, à se donner une sorte d'organisation. Ils formèrent trois corps de dix à douze mille hommes chacun, d'après la distribution du territoire vendéen en trois commandements : le premier, sous Bonchamps, tint les bords de la Loire, et reçut le nom d'*armée d'Anjou;* le second, placé au centre, forma la *grande armée*, sous d'Elbée; le troisième, dans la Basse-Vendée, devint l'*armée du Marais*, sous Charette. Les insurgés établirent un conseil pour décider des opérations, et élurent Cathelineau généralissime. Ces arrangements et cette distribution du pays permirent d'enrégimenter les insurgés, et de les renvoyer à leurs champs, ou de les rappeler sous les drapeaux.

L'annonce de ce soulèvement formidable fit prendre à la convention des mesures encore plus rigoureuses contre les prêtres et les émigrés. Elle mit *hors la loi* les prêtres et les nobles qui participeraient à un attroupement; elle désarma tous ceux qui avaient appartenu à la classe privilégiée. Les anciens émigrés furent bannis pour toujours; ils ne purent pas rentrer, sous peine de mort : leurs biens furent confisqués. Sur chaque porte de maison dut se trouver le nom de tous ceux qui l'habitaient ; et le tribunal révolutionnaire, qui avait été ajourné, commença ses redoutables fonctions.

On apprit en même temps, et coup sur coup, de nouveaux désastres militaires. Dumouriez, de retour à l'armée de la Belgique, concentra ses forces pour résister au général autrichien, prince de Cobourg. Ses troupes étaient découragées, et manquaient de tout ; il écrivit à la convention une lettre menaçante contre les Jacobins, qui le dénoncèrent. Après avoir redonné à son armée une partie de son ancienne confiance, par quelques avantages de détails, il hasarda une action générale à Nervinde ; il perdit la bataille. La Belgique fut évacuée ; et Dumouriez, placé entre les Autrichiens et les Jacobins, battu par les uns, poursuivi par les autres, recourut au coupable moyen d'une défection pour réaliser ses anciens projets. Il eut des conférences avec le colonel Mack, et il convint avec les Autrichiens de marcher sur Paris pour rétablir la monarchie, tandis qu'il les laisserait sur la frontière, en leur livrant plusieurs places fortes comme garantie. Il est probable que Dumouriez voulait mettre sur le trône constitutionnel le jeune duc de Chartres, qui s'était illustré pendant toute cette campagne ; tandis que le prince de Cobourg espérait que, si la contre-révolution parvenait à ce point, elle serait poussée plus loin, et rétablirait le fils de Louis XVI et l'ancienne monarchie. Une contre-révolution ne s'arrête pas plus qu'une révolution; dès qu'elle est commencée, il faut qu'elle s'épuise. Les Jacobins furent bientôt instruits des dispositions de Dumouriez; il les cachait avec assez peu de soin, soit qu'il voulût tenter ses troupes, soit qu'il voulût effrayer ses ennemis, soit qu'il s'abandonnât à la légèreté de son naturel. Pour s'en assurer davantage encore, le club des jacobins envoya en députation auprès de lui trois des siens, nommés *Proly*, *Péreira* et *Dubuisson*. Admis en présence de Dumouriez, ils obtinrent de lui plus d'aveux qu'ils n'en attendaient. « La « convention, dit-il, est une assemblée de sept « cent trente-cinq tyrans. Tant que j'aurai quatre « pouces de fer, je ne souffrirai pas qu'elle règne « et qu'elle verse le sang, avec le tribunal révo- « lutionnaire qu'elle vient de créer. Quant à la « république, ajouta-t-il, c'est un vain mot; j'y « ai cru trois jours: depuis Jemmapes, j'ai regretté « tous les succès que j'ai obtenus pour une aussi « mauvaise cause. Il n'y a qu'un moyen de sauver « la patrie, c'est de rétablir la constitution de « 1791 et un roi. — Y songez-vous, général? lui « dit Dubuisson : les Français ont en horreur la « royauté et le seul nom de Louis. — Eh qu'im-

« porte que ce roi s'appelle Louis, Jacques ou
« Philippe? — Et vos moyens, quels sont-ils? —
« Mon armée... oui, mon armée; elle le fera, et
« de mon camp, ou du sein d'une place forte,
« elle dira qu'elle veut un roi. — Mais votre projet
« compromet le sort des prisonniers du Temple.
« — Le dernier des Bourbons serait tué, même
« ceux de Coblentz, que la France n'en aurait
« pas moins un roi; et si Paris ajoutait ce meurtre
« à ceux dont il s'est déja déshonoré, je mar-
« cherais à l'instant sur Paris. » Après s'être déclaré avec aussi peu de précaution, Dumouriez
se livra à l'exécution de son impraticable dessein. Il se trouvait dans une position véritablement difficile : ses soldats avaient pour lui beaucoup d'attachement, mais ils étaient aussi dévoués
à leur patrie. Il fallait donner des places fortes
dont il n'était pas le maître, et il était à croire
que les généraux sous ses ordres feraient à son
égard, par fidélité à la république, ou par ambition, ce qu'il avait fait lui-même à l'égard de
La Fayette. Sa première tentative ne fut pas en-
courageante. Après s'être établi à Saint-Amand,
il voulut s'emparer de Lille, de Condé, de Valenciennes; mais il échoua dans cette entreprise.
Ce mauvais succès lui donna de l'hésitation, et
ne lui permit point de prendre l'initiative de
l'attaque.

Il ne fut pas de même de la convention ; elle agit avec une promptitude, une hardiesse, une fermeté, et surtout avec une précision, dans son but, qui devait la rendre victorieuse. Quand on sait ce qu'on veut, et qu'on le veut vite et bien, on l'emporte toujours ; c'est ce qui manquait à Dumouriez, ce qui arrêta son audace, et ébranla ses partisans. Dès que la convention fut instruite de ses projets, elle le manda à sa barre ; il refusa d'obéir, sans lever encore l'étendard de la révolte. La convention envoya aussitôt les quatre représentants Camus, Quinette, Lamarque, Bancal et le ministre de la guerre, Beurnonville, pour le traduire devant elle, ou l'arrêter au milieu de son armée. Dumouriez reçut les commissaires à la tête de son état-major ; ils lui présentèrent le décret de la convention ; il le lut, et le leur rendit, en disant que l'état de son armée ne lui permettait point de la quitter. Il offrit sa démission, et promit, dans un temps calme, de demander lui-même des juges, et de rendre compte de ses desseins et de sa conduite. Les commissaires l'engagèrent à se soumettre, en lui citant l'exemple des anciens généraux romains. « Nous nous méprenons toujours sur nos cita-
« tions, répondit-il, et nous défigurons l'histoire
« romaine, en donnant pour excuse à nos crimes
« l'exemple de leurs vertus. Les Romains n'ont

« pas tué Tarquin, les Romains avaient une ré-
« publique réglée et de bonnes lois; ils n'avaient
« ni club des Jacobins, ni tribunal révolution-
« naire. Nous sommes dans un temps d'anarchie;
« des tigres veulent ma tête, et je ne veux pas la
« leur donner. — Citoyen général, dit alors Ca-
« mus, voulez-vous obéir au décret de la con-
« vention nationale, et vous rendre à Paris? —
« Pas dans ce moment. — Eh bien! je vous dé-
« clare que je vous suspends de vos fonctions;
« vous n'êtes plus général, et j'ordonne qu'on
« s'empare de vous. — Ceci est trop fort! » dit
Dumouriez, et il fit arrêter par des hussards
allemands les commissaires, qu'il livra aux Autrichiens comme ôtages. Après cet acte de révolte, il n'y avait plus à hésiter. Dumouriez fit
une nouvelle tentative sur Condé, mais elle ne
réussit pas mieux que la première; il voulut
entraîner l'armée dans sa défection, mais elle
l'abandonna. Les soldats devaient préférer long-
temps encore la république à leur général: l'attachement à la révolution était dans toute sa
ferveur, et la puissance civile dans toute sa force.
Dumouriez éprouva, en se déclarant contre la
convention, le sort qu'avait éprouvé La Fayette
en se déclarant contre l'assemblée législative,
et Bouillé en se déclarant contre l'assemblée
constituante. A cette époque, un général eût-il

réuni la fermeté de Bouillé au patriotisme et à la popularité de la Fayette, aux victoires et aux ressources de Dumouriez, il eût échoué comme eux. La révolution, avec le mouvement qui lui était imprimé, devait être plus forte que les partis, que les généraux et que l'Europe. Dumouriez passa dans le camp autrichien avec le duc de Chartres, le colonel Thouvenot et deux escadrons de Berchiny; le reste de son armée vint dans le camp de Famars, se réunir aux troupes commandées par Dampierre.

La convention, en apprenant l'arrestation des commissaires, s'établit en permanence, déclara Dumouriez traître à la patrie, autorisa tout citoyen à lui courir sus, mit sa tête à prix, décréta le fameux comité de salut public, et bannit de la république le duc d'Orléans et tous les Bourbons. Quoique les Girondins eussent, dans cette circonstance, attaqué Dumouriez aussi vivement que les Montagnards, on les accusa d'être complices de sa défection, et ce fut un nouveau grief ajouté à tous les autres. Leurs ennemis devenaient de jour en jour plus puissants, et c'était dans les moments de dangers publics qu'ils étaient surtout redoutables. Jusque-là, dans la longue lutte qui s'était établie entre les deux partis, ils l'avaient emporté sur tous les points; ils avaient arrêté les poursuites contre les massacres de septembre ; ils avaient fait maintenir les usurpations de la commune ; ils avaient obtenu d'abord le jugement, puis la mort de Louis XVI ; par leurs menées, les pillages de février et la conspiration du 10 mars étaient demeurés impunis ; ils avaient fait décréter le tribunal révolutionnaire, malgré les Girondins ; à force de dégoûts, ils avaient chassé Roland du ministère ; ils venaient de triompher de Dumouriez. Il ne leur restait plus qu'à enlever aux Girondins leur dernier asile, l'assemblée ; c'est ce qu'ils commencèrent le 10 avril, et ce qu'ils achevèrent le 2 juin.

Robespierre poursuivit nominativement Brissot, Guadet, Vergniaud, Pétion, Gensonné, dans la convention ; Marat les dénonça dans les sociétés populaires. Il écrivit en qualité de président des Jacobins une adresse aux départements, dans laquelle il invoquait le *tonnerre des pétitions et des accusations contre les traîtres et les délégués infidèles qui avaient voulu sauver le tyran en votant l'appel au peuple ou la réclusion.* La droite et la Plaine de la convention sentirent qu'il fallait se réunir. Marat fut envoyé devant le tribunal révolutionnaire. Cette nouvelle mit en rumeur les clubs, la multitude et la commune. En représailles, le maire Pache vint, au nom de trente-cinq sections et du conseil général, demander l'expulsion des principaux Girondins. Le jeune Boyer-Fonfrède demanda d'être compris dans la proscription de ses collègues, et les membres de la droite et de la Plaine se levèrent, en criant : *Tous! tous!* Cette pétition, quoique déclarée calomnieuse, fut une première attaque du dehors contre la convention, et elle prépara les esprits à la ruine de la Gironde.

L'accusation de Marat fut loin d'intimider les Jacobins, qui l'accompagnèrent au tribunal révolutionnaire. Marat fut acquitté et porté en triomphe dans l'assemblée. Depuis ce moment les avenues de la salle furent occupées par d'audacieux sans-culottes, et les tribunes des Jacobins envahirent celles de la convention. Les clubistes et les *tricoteuses de Robespierre* interrompirent sans cesse les orateurs de la droite, et troublèrent les délibérations; tandis qu'au-dehors on rechercha toutes les occasions de se défaire des Girondins. Henriot, commandant de la section des Sans-Culottes, y excita les bataillons prêts à partir pour la Vendée. Guadet vit alors qu'il ne fallait plus s'arrêter à des plaintes, à des discours; il monte à la tribune :
« Citoyens, dit-il, pendant que les hommes ver-
« tueux se bornent à gémir sur les malheurs de
« la patrie, les conspirateurs s'agitent pour la

« perdre. Comme César, ils disent : *Laissons-les
« dire, et agissons!* Eh bien! agissez aussi. Le mal
« est dans l'impunité des conjurés du 10 mars, le
« mal est dans l'anarchie, le mal est dans l'exis-
« tence des autorités de Paris, autorités avides à-la-
« fois d'argent et de domination. Citoyens, il en est
« temps encore : vous pouvez sauver la républi-
« que et votre gloire compromise. Je propose de
« casser les autorités de Paris, de remplacer dans
« les vingt-quatre heures la municipalité par les
« présidents des sections, de réunir les suppléants
« de la convention à Bourges dans le plus court
« délai, et d'envoyer ce décret aux départements
« par des courriers extraordinaires. » Cette motion de Guadet surprit un moment la Montagne. Si les mesures qu'il proposait avait été adoptées sur-le-champ, c'en était fait de la domination de la commune et des projets des conspirateurs; mais il est probable aussi que les partis se seraient agités, que la guerre civile se serait étendue, que la convention eût été dissoute par l'assemblée de Bourges, tout centre d'action détruit, et que la révolution n'eût pas été assez forte contre les luttes intérieures et les attaques de l'Europe : c'est ce que craignit le parti modéré de l'assemblée. Dans la peur de l'anarchie, si l'on n'arrêtait pas la commune; de la contre-révolution, si l'on comprimait trop la multitude, il

aurait voulu maintenir la balance entre les deux extrémités de la convention. Ce parti composait les comités de sûreté générale et de salut public; il était dirigé par Barrère, qui, comme tous les esprits justes et les caractères faibles, fut pour la modération, tant que la peur ne fit pas de lui un instrument de cruauté et de tyrannie. Au lieu des mesures décisives de Guadet, il proposa de nommer une commission extraordinaire de douze membres, chargée d'examiner la conduite de la municipalité, de rechercher les auteurs des complots ourdis contre la représentation nationale, et de s'assurer de leurs personnes. Ce terme moyen fut adopté; mais il laissait subsister la commune, et la commune devait triompher de la convention.

La commission des douze jeta l'alarme chez les membres de la commune par ses recherches; elle découvrit une nouvelle conjuration, qui devait éclater le 22 mai; fit arrêter quelques conspirateurs, et entre autres le substitut du procureur de la commune, Hébert, auteur du *Père Duchesne*, qu'on saisit au sein même de la municipalité. La commune, d'abord stupéfaite, se mit en mesure de combattre. Dès ce moment, il ne fut plus question de complots, mais d'insurrections. Le conseil général, encouragé par les Montagnards, s'entoura des agitateurs de la capitale; il fit répandre le bruit que les douze voulaient épurer la convention, et remplacer le tribunal qui avait acquitté Marat par un tribunal contre-révolutionnaire. Les Jacobins, les Cordeliers, les sections, se mirent en permanence. Le 26 mai, l'agitation commença à se faire sentir; le 27, elle devint assez forte pour que la commune pût ouvrir l'attaque. Elle se présenta à la convention, et demanda la liberté d'Hébert et la suppression des douze; elle était suivie de députés des sections, qui exprimaient le même vœu, et la salle était entourée de rassemblements considérables. La section de la Cité osa même demander que les douze fussent traduits devant le tribunal révolutionnaire. Isnard, président de l'assemblée, leur répondit d'un ton solennel : « Écoutez ce que je vais vous dire. Si « jamais la convention était avilie; si jamais, par « une de ces insurrections qui se renouvellent « depuis le 10 mars, et dont les magistrats n'ont « pas averti l'assemblée, il arrivait qu'on portât « atteinte à la représentation nationale, je vous « le déclare, au nom de la France entière, Paris « serait anéanti; oui, la France entière tirerait « vengeance de cet attentat, et bientôt on cher- « cherait sur quelle rive de la Seine Paris a existé. » Cette réponse devint le signal d'un grand tumulte. « Je vous le déclare aussi, s'écria Danton,

« tant d'impudence commence à nous peser ;
« nous vous résisterons. » Et se tournant vers la
droite : « Plus de trêve entre la Montagne et les
« lâches qui ont voulu sauver le tyran. »

La plus grande confusion régna alors dans la
salle ; les tribunes poussaient des cris contre la
droite, les Montagnards éclataient en menaces,
de moment en moment les députations se suc-
cédaient du dehors, et la convention se trouvait entourée d'une multitude immense. Quelques sectionnaires du Mail et de la Butte-des-
Moulins, commandés par Raffet, s'étaient placés
sous les couloirs et dans les avenues pour la
défendre. Les Girondins résistèrent tant qu'ils
purent contre les députations et la Montagne.
Menacés au-dedans, assiégés au-dehors, ils s'autorisaient de cette violence pour exciter l'indignation de l'assemblée. Mais le ministre de l'intérieur, Garat, vint leur enlever cette ressource ;
appelé pour rendre compte de l'état de Paris, il
assura que la convention n'avait rien à craindre ;
et l'opinion de Garat, qui passait pour impartial,
et que son esprit conciliateur entraînait à des
démarches équivoques, enhardit les membres
de la Montagne. Isnard fut obligé de quitter le
fauteuil ; Hérault de Séchelles le remplaça, et
ce fut pour les Montagnards le signal de la victoire. Le nouveau président répondit aux péti-

tionnaires, qu'Isnard avait contenus jusque-là:
« La force de la raison et la force du peuple sont
« la même chose. Vous nous demandez un ma-
« gistrat et la justice; les représentants du peuple
« vous la rendront. » Il était fort tard; la droite
était découragée, quelques-uns de ses membres
étaient partis; les pétitionnaires s'étaient portés
de la barre sur les siéges des représentants, et
là, confondus avec les Montagnards, au milieu
des cris et du désordre, ils votèrent tous ensemble la cassation des douze, et l'élargissement
des prisonniers. Ce fut à minuit et demi, au bruit
des applaudissements des tribunes et du peuple,
que ce décret fut porté.

Peut-être eût-il été sage à la Gironde, puisqu'elle n'était pas réellement la plus forte, de
ne point revenir sur cette délibération. Le mouvement de la veille ne devait pas avoir d'autre
résultat que la suppression des douze, si d'autres causes ne le prolongeaient pas davantage.
Mais, à ce point de violence dans les animosités, il fallait que la querelle se vidât, il fallait
que les deux partis combattissent, puisqu'ils
ne pouvaient plus se souffrir; il fallait qu'ils
marchassent de défaite en victoire et de victoire
en défaite, en s'exaltant chaque jour davantage, jusqu'à ce que le plus fort triomphât définitivement du plus faible. Le lendemain, les

membres de la droite regagnèrent le champ de bataille, dans la convention; ils firent rapporter le décret de la veille, comme illégalement rendu, dans le tumulte, et sous l'oppression; et la commission fut rétablie. « Vous aviez fait hier, leur « dit alors Danton, un grand acte de justice. Mais, « je vous l'annonce, si la commission conserve « le pouvoir tyrannique qu'elle a exercé ; si les « magistrats du peuple ne sont pas rendus à leurs « fonctions ; si les bons citoyens ont encore à « craindre des arrestations arbitraires, alors, après « vous avoir prouvé que nous passons nos en- « nemis en prudence, en sagesse, nous les passe- « rons en audace et en vigueur révolutionnaire. » Danton craignait d'engager le combat, et il redoutait autant le triomphe des Montagnards que celui des Girondins : aussi voulut-il tour-à-tour prévenir le 31 mai, et en modérer les résultats; mais il se vit réduit à se joindre aux siens pendant le combat, à se taire après la victoire.

L'agitation, qui était un peu calmée par la suppression des douze, devint menaçante à la nouvelle de leur rétablissement. Les tribunes des sections et des sociétés populaires retentirent d'invectives, de cris de danger, d'appel à l'insurrection. Hébert, sorti de prison, reparut à la commune. On lui mit sur le front une couronne, qu'il déposa sur le buste de Brutus, et il courut aux Jacobins crier vengeance contre les douze. Alors Robespierre, Marat, Danton, Chaumette et Pache se réunirent pour organiser un nouveau mouvement. L'insurrection fut modelée sur celle du 10 août : on employa le 29 mai à y préparer les esprits. Le 30, des membres du corps électoral, des commissaires des clubs, des députés des sections, s'assemblèrent à l'Évêché, se déclarèrent en insurrection, cassèrent le conseil général de la commune, le réintégrèrent ensuite, en lui faisant prêter un nouveau serment; Henriot reçut le titre de commandant général de la force armée, et les Sans-culottes eurent quarante sous par jour, tant qu'ils seraient sous les armes. Ces déterminations prises, le 31, de grand matin, on sonne le tocsin, on bat la générale, on réunit les troupes, et l'on marche sur la convention, qui siégeait depuis quelque temps au château des Tuileries.

L'assemblée était en séance depuis long-temps; elle s'était réunie au bruit du tocsin. Le ministre de l'intérieur, les administrateurs du département et le maire de Paris avaient été successivement appelés à la barre. Garat avait rendu compte de l'agitation de Paris, et avait paru n'en craindre aucun résultat désastreux. Lhuillier, au nom du département, avait assuré que ce n'était là qu'*une insurrection morale*. Le maire

Pache vint le dernier, et d'une manière hypocrite il fit part des opérations des insurgés; il prétendit avoir employé tous ses efforts à maintenir l'ordre; il assura que la garde de la convention était doublée, et qu'il avait défendu de tirer le canon d'alarme. Mais au même instant on l'entendit retentir au loin. La surprise et l'agitation furent extrêmes. Cambon invita l'assemblée à l'union; il réclama le silence des tribunes : « Dans ces circonstances extraordinai-
« res, dit-il, le seul moyen de déjouer les mal-
« veillants est de faire respecter la convention
« nationale. — Je demande, dit Thuriot, que la
« commission des douze soit cassée à l'instant.
« — Et moi, dit Talien, que le glaive de la loi
« frappe les conspirateurs qui sont dans le sein
« même de la convention. » Les Girondins, de leur côté, veulent qu'on mande à la barre l'audacieux Henriot, pour avoir fait tirer le canon d'alarme sans l'ordre de la convention. « S'il y
« a un combat, dit Vergniaud, il sera, quel qu'en
« soit le succès, la perte de la république. Que
« tous les membres jurent qu'ils mourront à leur
« poste. » L'assemblée entière se lève, en adhérant à la proposition de Vergniaud. Danton s'élance à la tribune : « Cassez la commission des
« douze, s'écrie-t-il; le canon a tonné. Si vous
« êtes législateurs politiques, loin de blâmer l'ex-

« plosion de Paris, vous la tournerez au profit
« de la république, en réformant vos erreurs,
« en cassant votre commission. » Et comme il
entendit des murmures : « C'est à ceux qui ont
« reçu quelques talents politiques que je m'a-
« dresse, et non à ces hommes stupides qui ne
« savent faire parler que leurs passions. Je leur
« dis : Considérez la grandeur de votre but; c'est
« de sauver le peuple de ses ennemis, des aris-
« tocrates, de le sauver de sa propre colère. Si
« quelques hommes, vraiment dangereux, n'im-
« porte à quel parti ils appartiennent, voulaient
« ensuite prolonger un mouvement devenu inu-
« tile quand vous aurez fait justice, Paris lui-
« même les fera rentrer dans le néant. Je de-
« mande froidement la suppression pure et simple
« de la commission, sous le rapport politique. »
La commission était violemment attaquée d'un
côté, faiblement défendue de l'autre; Barrère
et le comité de salut public, qui en étaient les
créateurs, proposaient sa suppression pour ramener la paix, et pour ne pas mettre l'assemblée à la merci de la multitude. Les Montagnards
modérés voulaient s'arrêter à cette mesure, lorsque les députations arrivèrent. Les membres du
département, ceux de la municipalité, et les
commissaires des sections, admis à la barre, ne
demandèrent pas seulement la suppression des

douze, mais encore le châtiment de ses membres et de tous les chefs girondins.

Les Tuileries étaient alors bloquées par les insurgés, et la présence de leurs commissaires dans le sein de la convention enhardit les Montagnards extrêmes, qui voulaient détruire le parti girondin. Robespierre, leur chef et leur orateur, prit la parole, et dit : « Citoyens, ne « perdons pas ce jour en vaines clameurs et en « mesures insignifiantes ; ce jour est peut-être le « dernier où le despotisme combattra la tyran- « nie ! Que les fidèles représentants du peuple « se réunissent pour assurer son bonheur ! » Il pressa la convention de suivre la marche indiquée par les pétitionnaires, plutôt que celle proposée par le comité de salut public. Comme il se livrait à de longues déclamations contre ses adversaires : « Concluez donc, lui cria Vergniaud. « — Oui, je vais conclure, et contre vous ! contre « vous, qui, après la révolution du 10 août, « avez voulu conduire à l'échafaud ceux qui « l'ont faite ! contre vous, qui n'avez cessez de « provoquer la destruction de Paris ! contre « vous qui avez voulu sauver le tyran ! contre « vous, qui avez conspiré avec Dumouriez ! contre « vous, qui avez poursuivi avec acharnement les « mêmes patriotes dont Dumouriez demandait « la tête ! contre vous, dont les vengeances cri-

« minelles ont provoqué ces mêmes cris d'indi-
« gnation dont vous voulez faire un crime à ceux
« qui sont vos victimes! Eh bien! ma conclu-
« sion, c'est le décret d'accusation contre tous
« les complices de Dumouriez et contre ceux
« qui sont désignés par les pétitionnaires! » Malgré la violence de cette sortie, le parti de Robespierre n'eut pas la victoire. L'insurrection n'avait
éte dirigée que contre les douze; et le comité
de salut public, qui proposait leur suppression,
l'emporta sur la commune. L'assemblée adopta
le décret de Barrère, qui cassait les douze, qui
mettait la force publique en réquisition permanente, et qui, pour contenter les pétitionnaires,
chargeait le comité de salut public de rechercher les complots dénoncés par eux. Dès que la
multitude, qui entourait l'assemblée, fut instruite de ces mesures, elle les accueillit avec
applaudissements, et elle se dispersa.

Mais les conspirateurs ne voulaient point s'arrêter à ce demi-triomphe; ils étaient allés, le
31 mai, plus loin que le 27; ils allèrent, le 2
juin, plus loin que le 31 mai. L'insurrection devint, de *morale* comme ils l'appelaient, personnelle, c'est-à-dire qu'elle ne fut plus dirigée
contre un pouvoir, mais contre des députés;
elle échappa à Danton et à la Montagne, et elle
échut à Robespierre, à Marat et à la commune.

Dès le soir du 31, un député jacobin dit : « Qu'il n'y avait que la moitié de fait, qu'il fallait achever, et ne pas laisser le peuple se refroidir. » Henriot offrit au club de mettre à sa disposition la force armée. Le comité insurrectionnel s'établit ouvertement près de la convention. Toute la journée du 1er juin fut consacrée à préparer un grand mouvement. La commune écrivit aux sections : *Citoyens, restez debout; les dangers de la patrie vous en font une loi suprême.* Le soir, Marat, qui fut le principal auteur du 2 juin, se rendit à l'Hôtel-de-Ville, monta lui-même à l'horloge, et sonna le tocsin; il invita les membres du conseil à ne pas désemparer, qu'ils n'eussent obtenu le décret d'accusation contre les *traîtres* et les *hommes d'état*. Quelques députés se réunirent dans la convention, et les conspirateurs vinrent demander le décret contre les proscrits; mais ils n'étaient pas encore assez en force pour les arracher à la convention.

Toute la nuit se passa en préparatifs; le tocsin sonna, la générale battit, les rassemblements se formèrent. Le dimanche matin, vers huit heures, Henriot se présenta au conseil général, et déclara à ses complices, *au nom du peuple insurgé*, qu'on ne déposerait les armes qu'après avoir obtenu l'arrestation des députés conspirateurs. Il se mit ensuite à la tête des immenses attroupements qui étaient sur la place de l'Hôtel-de-Ville, les harangua, et donna le signal du départ. Il était près de 10 heures lorsque les insurgés arrivèrent sur la place du Carrousel. Henriot plaça autour du château les bandes les plus dévouées, et bientôt la convention fut investie par quatre-vingt mille hommes, dont le plus grand nombre ignorait ce qu'on exigeait de lui, et était plus disposé à défendre qu'à attaquer la députation.

La plupart des proscrits ne s'étaient point rendus dans l'assemblée. Quelques-uns, courageux jusqu'au bout, étaient venus braver l'orage pour la dernière fois. Dès le commencement de la séance, l'intrépide Lanjuinais monte à la tribune : « Je demande, dit-il, à parler sur la gé-
« nérale, qui bat dans tout Paris. » Il est aussitôt interrompu par les cris *à bas! à bas! il veut la guerre civile! il veut la contre-révolution! il calomnie Paris! il insulte le peuple!* Malgré les menaces, les outrages, les cris de la Montagne et des tribunes, Lanjuinais dénonce les projets de la commune et des factieux; son courage augmente avec ses périls. « Vous nous accusez,
« dit-il, de calomnier Paris ! Paris est pur, Paris
« est bon, Paris est opprimé par des tyrans, qui
« veulent du sang et de la domination. » Ces paroles deviennent le signal du plus violent tu-

multe; plusieurs députés montagnards se précipitent vers la tribune pour en arracher Lanjuinais qui s'y attache fortement, et qui, avec l'accent du plus généreux courage, s'écrie encore : « Je « demande que toutes les autorités révolution- « naires de Paris soient cassées; je demande que « tout ce qu'elles ont fait depuis trois jours soit « nul; je demadeu que tous ceux qui voudront « s'arroger une autorité nouvelle, contraire à la « loi, soient mis hors de la loi, et qu'il soit per- « mis à tout citoyen de leur courir sus. » A peine a-t-il achevé, que les pétitionnaires insurgés viennent demander son arrestation et celle de ses collègues. « Citoyens, disent-ils en finissant, « le peuple est las de voir ajourner son bonheur, « il le laisse encore un instant dans vos mains; « sauvez-le, ou nous vous déclarons qu'il va se « sauver lui-même! »

La droite demande l'ordre du jour sur la pétition des insurgés. La convention passe à l'ordre du jour. Aussitôt les pétitionnaires sortent dans une attitude menaçante, les hommes quittent les tribunes, on crie aux armes, et un grand bruit se fait entendre au-dehors. *Sauvez le peuple de lui-même*, dit un Montagnard, *sauvez vos collègues, en décrétant leur arrestation provisoire.* — *Non, non*, répondent la droite et même une partie de la gauche. — *Nous partagerons tous*

leur sort, s'écrie Lareveillère Lepeaux. Le comité de salut public, chargé de faire un rapport, épouvanté de la grandeur du péril, proposa, comme au 31 mai, une mesure en apparence conciliatoire, pour satisfaire les insurgés sans sacrifier entièrement les proscrits. « Le comité
« s'adresse, dit Barrère, au patriotisme, à la gé-
« nérosité des membres accusés : il leur demande
« la suspension de leur pouvoir, en leur repré-
« sentant que c'est la seule raison qui puisse
« faire cesser les divisions qui affligent la répu-
« blique, et y ramener la paix. » Quelques-uns d'entre eux adhérèrent à cette mesure. Isnard se suspendit lui-même ; Lanthénas, Dussaulx, et Fauchet imitèrent son exemple. Lanjuinais ne le suivit point. « J'ai, je crois, jusqu'à ce mo-
« ment, montré quelque courage, dit-il, n'at-
« tendez de moi ni suspension, ni démission. »
Violemment interrompu, « Quand les anciens,
« ajouta-t-il, préparaient un sacrifice, ils couron-
« naient la victime de fleurs et de bandelettes,
« en la conduisant à l'autel : le prêtre l'immolait,
« mais il ne l'insultait pas. » Barbaroux fut aussi ferme que Lanjuinais. « J'ai juré, dit-il, de mou-
« rir à mon poste ; je tiendrai mon serment. »
Les conjurés de la Montagne s'élevèrent eux-mêmes contre la proposition du comité. Marat prétendit qu'il fallait être pur pour faire des

sacrifices, et Billaud-Varennes demanda le jugement des Girondins et non leur suspension.

Pendant que ce débat avait lieu, un député de la Montagne, Lacroix, entre précipitamment dans la salle, s'élance à la tribune, déclare qu'il vient d'être insulté à la porte, qu'on l'a empêché de sortir, et que la convention n'est pas libre. Un grand nombre de Montagnards s'indignent contre Henriot et contre ses troupes. Danton dit qu'*il faut venger vigoureusement la majesté nationale outragée*. Barrère propose à la convention de se présenter au peuple : « Re-
« présentants, dit-il, ordonnez votre liberté,
« suspendez votre séance, faites baisser devant
« vous les baïonnettes qui vous entourent. » La convention entière se lève, et se met en marche, précédée de ses huissiers, ayant en tête son président, couvert en signe de détresse. Elle arrive à une issue qui donnait sur la place du Carrousel, et trouve Henriot à cheval, et le sabre à la main. « Que demande le peuple ? lui dit le pré-
« sident Hérault de Séchelles, la convention n'est
« occupée que de son bonheur. — Hérault, ré-
« pond Henriot, le peuple n'est pas levé pour
« écouter des phrases ; il veut qu'on lui livre
« vingt-quatre coupables. — Qu'on nous livre
« tous, » s'écrient ceux qui entourent le président. Henriot se retourne alors vers les siens, et

crie, *Canonniers, à vos pièces!* Deux canons sont pointés sur la convention, qui recule, entre dans le jardin, le traverse, et se présente à plusieurs passages qu'elle trouve également fermés. Partout les soldats sont sous les armes, Marat parcourt leurs rangs; il excite, il encourage les insurgés : « Point de faiblesse, leur dit-il, ne quittez « pas votre poste qu'on ne vous les ait livrés. » La convention rentre alors dans l'enceinte de ses séances, accablée de son impuissance, convaincue de l'inutilité de ses efforts, et tout-à-fait asservie. L'arrestation des proscrits n'est plus combattue. Marat, vrai dictateur de l'assemblée, décide souverainement du sort de ses membres. « Dussaulx, dit-il, est un vieillard radoteur, in-« capable d'être chef de parti; Lanthénas est un « pauvre d'esprit, qui ne mérite pas qu'on songe « à lui; Ducos n'a eu que quelques opinions er-« ronées, et ne saurait être un chef contre-ré-« volutionnaire. Je demande qu'on les excepte « et qu'on les remplace par Valazé. » Et l'on retranche de la liste Dussaulx, Lanthénas, Ducos, et l'on y ajoute Valazé. La liste fut ainsi arrêtée, sans que la moitié de l'assemblée prît part au décret.

Voici les noms de ces illustres proscrits. On décréta d'arrestation les Girondins Gensonné,

Guadet, Brissot, Gorsas, Pétion, Vergniaud, Salles, Barbaroux, Chambon, Buzot, Birotteau, Lidon, Rabaud, Lasource, Lanjuinais, Grangeneuve, Lehardi, Lesage, Louvet, Valazé, le ministre des affaires étrangères Lebrun, le ministre des contributions Clavière, et les membres des douze Kervelegan, Gardien, Rabaud-Saint-Étienne, Boileau, Bertrand, Vigée, Molleveau, Henri-Larivière, Gomère et Bergonin. La convention les mit en détention chez eux, et les plaça sous la sauve-garde du peuple. Dès ce moment, la consigne qui retenait l'assemblée prisonnière fut levée, et la multitude s'écoula; mais dès ce moment aussi, il n'y eut plus de convention libre.

Ainsi succomba le parti de la Gironde, parti illustre par de grands talents et de grands courages, parti qui honora la république naissante par l'horreur du sang, la haine du crime, le dégoût de l'anarchie, l'amour de l'ordre, de la justice et de la liberté; parti mal placé entre la classe moyenne, dont il avait combattu la révolution, et la multitude dont il repoussait le gouvernement. Condamné à ne pas agir, ce parti ne put qu'illustrer une défaite certaine, par une lutte courageuse et par une belle mort. A cette époque, on pouvait avec certitude prévoir sa fin : il avait été chassé de poste en poste : des Jacobins, par l'envahissement des Montagnards; de la commune, par la sortie de Pétion; du ministère, par la retraite de Roland et de ses collègues; de l'armée, par la défection de Dumouriez. Il ne lui restait plus que la convention; c'est là qu'il se retrancha, qu'il combattit, et qu'il succomba. Ses ennemis essayèrent tour-à-tour, contre lui, et des complots et des insurrections. Les complots firent créer la commission des douze, qui parut donner un avantage momentané à la Gironde, mais qui n'en excita que plus violemment ses adversaires. Ceux-ci mirent le peuple en mouvement, et ils enlevèrent aux Girondins, d'abord leur autorité en détruisant les douze, ensuite leur existence politique en proscrivant leurs chefs.

Les suites de ce désastreux évènement ne furent selon la prévoyance de personne. Les Dantonistes crurent que les dissensions des partis seraient terminées, et la guerre civile éclata. Les modérés du comité de salut public crurent que la convention reprendrait toute la puissance, et elle fut asservie. La commune crut que le 31 mai lui vaudrait la domination, qui échut à Robespierre, et à quelques hommes dévoués à sa fortune ou à l'extrême démocratie. Enfin, il y eut un parti de plus à ajouter aux partis vaincus, et dès-lors aux partis ennemis : et comme on avait fait, après le 10 août, la république contre les constitutionnels, on fit, après le 31 mai, la *terreur* contre les modérés de la république.

FIN DE LA PREMIÈRE PARTIE.

HISTOIRE

DE LA

RÉVOLUTION

FRANÇAISE.

DEUXIÈME PARTIE.

CHAPITRE VIII.

Insurrection des départements contre le 31 mai; revers prolongés aux frontières; progrès des Vendéens. — Les Montagnards décrètent la constitution de 1793, et la suspendent aussitôt pour maintenir et renforcer le gouvernement révolutionnaire. — Levée en masse; loi des suspects. — Victoires des Montagnards dans l'intérieur et sur les frontières. — Mort de la reine, des vingt-deux Girondins, etc. — Comité de salut public; sa puissance; ses membres. — Calendrier républicain. — Les vainqueurs du 31 mai se divisent. — La faction ultra-révolutionnaire de la commune ou *des hébertistes* fait abolir le catholicisme, et décréter le *culte de la raison*; sa lutte avec le comité de salut public; sa défaite. — La faction modérée de la Montagne ou *des dantonistes* veut détruire la dictature révolutionnaire, et rétablir le gouvernement légal; sa chute. — Le comité de salut public reste seul et triomphant.

Il était à présumer que les Girondins ne souscriraient pas à leur défaite, et que le 31 mai serait le signal de l'insurrection des départements contre la Montagne et la commune de Paris. Il leur restait cette dernière épreuve à tenter; ils le firent : mais dans cette mesure décisive on remarqua le même défaut de concert qui avait perdu leur cause dans l'assemblée. Il est douteux que les Girondins eussent triomphé, même en se montrant unis, et surtout qu'en triomphant ils eussent sauvé la révolution. Comment auraient-ils fait, avec des lois justes, ce que les Montagnards firent avec des mesures violentes? Comment auraient-ils vaincu les ennemis étrangers sans fanatisme, comprimé les partis sans épouvante, nourri la multitude sans *maximum*, alimenté les armées sans réquisitions? Si le 31 mai avait eu lieu en sens inverse, on aurait probablement vu, dès-lors, ce qui se montra plus tard, le ralentissement de l'action révolutionnaire, les attaques redoublées de l'Europe, la reprise d'armes de la part de tous les partis, les journées de prairial, sans pouvoir repousser la multitude ; les journées de vendémiaire sans pouvoir repousser les royalistes ; l'invasion des coalisés, et, d'après la politique d'usage à cette époque, le morcellement de la France. La république n'était pas assez puissante pour suffire à tant d'attaques, comme elle le fit après la réaction de thermidor.

Quoi qu'il en soit, les Girondins, qui auraient dû ou rester, ou combattre ensemble, ne le firent point, et, après le 2 juin, tous les hommes modérés du parti restèrent sous le décret d'arrestation; tous les autres s'évadèrent. Vergniaud, Gensonné, Ducos, Fonfrède, etc., furent au nombre des premiers. Pétion, Barbaroux, Guadet, Louvet, Buzot, Lanjuinais, au nombre des seconds. Ils se rendirent à Évreux, dans le département de l'Eure, où Buzot avait beaucoup de crédit, et de là à Caen, dans le Calvados. Ils firent de cette ville le centre de l'insurrection. La Bretagne ne tarda pas à y prendre part. Les insurgés, sous le nom d'*assemblée des départements réunis à Caen*, formèrent une armée, nommèrent le général Wimphen pour la commander, arrêtèrent les Montagnards Romme et Prieur de la Marne, commissaires de la convention, et disposèrent tout pour marcher sur Paris. Ce fut de là que partit une jeune, belle et courageuse fille, Charlotte-Corday, pour punir Marat, le principal auteur du 31 mai et du 2 juin : elle crut sauver la république, en se dévouant pour elle. Mais la tyrannie ne tenait pas à un homme, elle tenait à un parti et à la situation violente de la république. Charlotte-Corday, après avoir exécuté (1) son généreux, mais inutile dessein,

---

(1) Voici quelques unes des réponses de cette fille héroïque devant le tribunal révolutionnaire : — Quelles étaient vos intentions en tuant Marat ? — De faire cesser les troubles de la France. — Y avait-il long-temps que vous aviez formé ce projet ? — Depuis l'affaire du 31 mai, jour de la proscription des députés du peuple. — C'est donc dans les

mourut avec une sérénité inaltérable, un courage modeste, et la satisfaction d'avoir bien fait. Mais Marat assassiné devint pour la multitude un plus grand objet d'enthousiasme encore que de son vivant. On l'invoqua sur les places publiques; son buste fut placé dans toutes les sociétés populaires, et la convention fut contrainte de lui accorder les honneurs du Panthéon.

En même temps Lyon se souleva, Marseille et Bordeaux prirent les armes, et plus de soixante départements adhérèrent à l'insurrection. Bientôt cette attaque amena le soulèvement général de tous les partis, et les royalistes s'emparèrent du mouvement que les Girondins avaient commencé. Lyon devint le chef-lieu de l'insurrection royaliste : cette ville était fort attachée à l'ancien ordre de choses. Ses manufactures de soie et de broderies, en or et en argent, son commerce de luxe, la rendaient dépendante des hautes classes. Elle devait donc se déclarer de bonne heure

---

journaux que vous avez appris que Marat était un anarchiste? — Oui, je savais qu'il pervertissait la France. J'ai tué, ajouta-t-elle en élevant extrêmement la voix, un homme pour en sauver cent mille; un scélérat, pour sauver des innocents; une bête féroce, pour donner le repos à mon pays. J'étais républicaine avant la révolution et je n'ai jamais manqué d'énergie.

contre un changement social qui dérangeait les anciens rapports, et ruinait ses manufactures, en abaissant la noblesse et le clergé. Aussi Lyon, en 1790, sous la constituante même, lorsque les princes émigrés étaient dans le voisinage, à la cour de Turin, avait fait des tentatives de soulèvement. Ces tentatives, dirigées par les prêtres et les nobles, avaient été réprimées; mais l'esprit était resté le même. Là, comme ailleurs, on avait voulu, après le 10 août, faire la révolution de la multitude, et établir son gouvernement. Châlier, fanatique imitateur de Marat, était à la tête des Jacobins, des Sans-culottes, et de la municipalité de Lyon. Son audace s'était accrue après les massacres de septembre et le 21 janvier. Cependant rien n'avait été décidé encore entre la classe inférieure républicaine et la classe moyenne royaliste, dont l'une avait le siége de son pouvoir à la municipalité, l'autre dans les sections. Mais les débats étant devenus plus grands vers la fin de mai, on se battit, et les sections l'emportèrent. La municipalité fut assiégée et prise d'assaut. Châlier, après s'être évadé, fut pris, et au bout de quelque tems exécuté. Les sectionnaires n'osant pas encore secouer le joug de la convention, s'excusèrent auprès d'elle de la nécessité où les Jacobins et les municipaux les avaient mis de les combattre. La convention, qui ne pouvait se sauver qu'à force d'audace, et qui en cédant était perdue, ne voulut rien entendre. Sur ces entrefaites, les évènements de juin survinrent, l'insurrection du Calvados fut connue, et les Lyonnais, encouragés, ne craignirent plus de lever l'étendard de la révolte. Ils mirent leur ville en état de défense : ils élevèrent des fortifications, ils formèrent une armée de vingt mille hommes, ils reçurent les émigrés au milieu d'eux, donnèrent le commandement de leurs forces au royaliste Précy et au marquis de Virieux, et concertèrent leurs opérations avec le roi de Sardaigne.

La révolte de Lyon était d'autant plus à craindre pour la convention, que cette ville, placée au centre de la France, s'appuyait sur le midi, qui prenait les armes; tandis que tout l'ouest s'ébranlait aussi. A Marseille, la nouvelle du 31 mai avait soulevé les partisans des Girondins : Rebecqui s'y était rendu en toute hâte. Les sections avaient été réunies; on avait mis hors la loi les membres du tribunal révolutionnaire, arrêté les deux représentants Baux et Autiboul, et levé une armée de dix mille hommes pour s'avancer contre Paris. Ces mesures étaient l'œuvre des royalistes, qui là comme ailleurs, n'attendant qu'une occasion pour relever leur parti, s'étaient présentés d'abord avec les apparences républicaines, et avaient fini par agir en leur propre nom. Ils s'étaient emparé des sections, et le mouvement ne s'opérait plus en faveur des Girondins, mais pour les contre-révolutionnaires. Dès qu'on est en révolte, le parti dont l'opinion est la plus extrême et le but le plus précis, l'emporte sur ses associés. En voyant la nouvelle tournure de l'insurrection, Rebecqui s'était jeté de désespoir dans le port de Marseille. Les insurgés prirent la route de Lyon, leur exemple fut rapidement imité par Toulon, Nismes, Montauban, et les principales villes du midi. Dans le Calvados, l'insurrection avait eu le même caractère de royalisme, depuis que le marquis de Puisaye, à la tête de quelques troupes, s'était introduit dans les rangs girondins. Les villes de Bordeaux, de Nantes, de Brest, de Lorient, étaient favorables aux proscrits du 2 juin, et quelques-unes se déclarèrent pour eux; mais elles ne leur furent pas d'un grand secours, parce qu'elles furent retenues par le parti jacobin, ou par la nécessité de combattre les royalistes de l'ouest.

Ceux-ci, pendant cette levée presque générale des départements, étendaient leurs entreprises. Après leurs premières victoires, les Vendéens s'étaient emparés de Bressuire, d'Argenton, de Thouars. Entièrement maîtres de leur propre pays, ils projetèrent d'en occuper les barrières, de s'ouvrir le chemin de la France révolutionnaire, ainsi que des communications avec l'Angleterre. Le 6 juin, l'armée vendéenne, composée de quarante mille hommes, sous Cathelineau, Lescure, Stofflet, Larochejacquelin, marcha sur Saumur, qu'elle enleva de vive force. Elle se disposa à attaquer et à prendre Nantes, pour assurer la possession de son propre pays, et disposer du cours de la Loire. Cathelineau, à la tête des troupes vendéennes, partit de Saumur après y avoir laissé garnison, prit Angers, passa la Loire, feignit de se diriger sur Tours et le Mans, et se jeta ensuite vivement du côté de Nantes, qu'il attaqua par la rive droite, tandis que Charette devait l'attaquer par la rive gauche.

Tout semblait se réunir contre la convention pour l'accabler. Ses armées étaient battues au nord et aux Pyrénées, en même temps qu'elle était menacée par les Lyonnais au centre, les Marseillais dans le midi, les Girondins dans une partie de l'ouest, et les Vendéens dans l'autre. La réaction militaire qui, après la brillante campagne de l'Argonne et de la Belgique, avait eu lieu surtout à cause du désaccord de Dumouriez et des Jacobins, de l'armée et du gouvernement, s'était prononcée d'une manière bien plus désastreuse depuis la défection du général en chef. Il n'y avait plus d'ensemble dans les mouvements, d'élan dans les troupes, de concert entre la convention, préoccupée de ses querelles, et les généraux découragés. Les débris de l'armée de Dumouriez s'étaient réunis au camp de Famars, sous le commandement de Dampierre ; mais ils avaient été obligés de se retirer, après une défaite, sous le canon de Bouchain. Dampierre avait été tué. De Dunkerque à Givet, la frontière était menacée par des forces supérieures. Custine fut promptement appelé de la Moselle à l'armée du Nord, mais sa présence ne rétablit pas les affaires. Valenciennes qui ouvrait la France fut prise, Condé essuya le même sort : l'armée, chassée de position en position, se retira derrière la Scarpe, en avant d'Arras, dernière position de retraite jusqu'à Paris. D'un autre côté, Mayence, vivement pressée par l'ennemi et par la famine, perdit l'espoir d'être secourue par l'armée de la Moselle réduite à l'inaction, et, désespérant de tenir plus longtemps, elle capitula. La situation de la république ne pouvait pas être pire.

La convention était en quelque sorte prise au dépourvu. Elle était désorganisée, parce qu'elle sortait d'une lutte, et que le gouvernement des vainqueurs n'avait pas eu encore le temps de s'établir. Après le 2 juin, avant que le danger devînt aussi pressant pour elle dans les départements et sur les frontières, la Montagne avait envoyé des commissaires de toutes parts, et s'était occupée sur-le-champ de la constitution qui était attendue depuis si long-temps, et dont elle espérait beaucoup. Les Girondins avaient voulu la décréter avant le 21 janvier pour sauver Louis XVI, en substituant l'ordre légal à l'état révolutionnaire, ils y étaient revenus avant le 31 mai pour prévenir leur propre proscription. Mais les Montagnards avaient, à deux reprises, détourné l'assemblée de cette discussion par deux coups d'état, le jugement de Louis XVI et l'élimination de la Gironde. Aujourd'hui, restés les maîtres, ils s'empressaient de rattacher à eux les républicains en décrétant la constitution. Hérault de Sechelles fut le législateur de la Montagne comme Condorcet devait l'être de la Gironde. En quelques jours cette constitution nouvelle fut adoptée dans la convention, et soumise à l'acceptation des assemblées primaires. On conçoit facilement ce qu'elle devait être avec les idées qui régnaient alors sur le gouvernement démocratique. Les constituants passaient pour des aristocrates : la loi qu'ils avaient établie, était considérée comme une infraction aux droits du peuple, parce qu'elle imposait des conditions pour l'exercice des droits politiques;

parce qu'elle ne consacrait pas l'égalité la plus absolue; parce qu'elle faisait nommer les députés et les magistrats par des électeurs, et ces électeurs par le peuple; parce qu'elle bornait en certains cas la souveraineté nationale, excluant une partie des citoyens actifs des grandes fonctions publiques, et les prolétaires des fonctions de citoyens actifs; enfin, parce qu'au lieu de fixer pour base unique des droits, la population, elle la combinait dans toutes ses opérations avec la fortune. La loi constitutionnelle de 1793 établissait le pur régime de la multitude : non seulement elle reconnaissait le peuple comme la source de tous les pouvoirs, mais encore elle lui en déléguait l'exercice. Une souveraineté sans bornes; une mobilité extrême dans les magistratures; des élections immédiates auxquelles chacun concourait; des assemblées primaires qui se réunissaient sans convocation, à une époque fixe, qui nommaient les représentants et contrôlaient leurs actes; une assemblée nationale annuellement renouvelée, et qui n'était, à proprement parler, qu'un comité des assemblées primaires : telle était cette constitution. Comme elle faisait gouverner la multitude, comme elle désorganisait entièrement le pouvoir, elle était impraticable en tous temps; mais elle l'était surtout dans un moment de guerre générale. Le parti montagnard, au lieu de la plus extrême démocratie, avait besoin de la dictature la plus resserrée. La constitution fut suspendue aussitôt que faite, et l'on maintint, en le renfonçant, le gouvernement révolutionnaire jusqu'à la paix.

Ce fut et pendant la discussion de la constitution et après son envoi aux assemblées primaires, que les Montagnards apprirent tous les dangers dont ils étaient menacés. Ayant à comprimer dans l'intérieur trois ou quatre partis, à terminer des guerres civiles de plusieurs genres, à réparer les désastres des armées et à repousser l'Europe entière, ces hommes hardis ne s'épouvantèrent pas de leur position. Les représentants des quarante-quatre mille municipalités vinrent accepter la constitution. Admis à la barre de l'assemblée, après avoir fait connaître le consentement du peuple, ils demandèrent *l'arrestation de tous les gens suspects, et la levée en masse du peuple.* — « Eh bien! s'écria Danton, « répondons à leur vœu! Les députés des assem- « blées primaires viennent d'exercer parmi nous « l'initiative de la terreur! Je demande que la « convention qui doit être maintenant pénétrée « de toute sa dignité, car elle vient d'être revêtue « de toute la force nationale; je demande que, « par un décret, elle investisse les commissaires

« des assemblées primaires du droit de dresser
« l'état des armes, des subsistances, des muni-
« tions, de faire un appel au peuple, d'exciter
« l'énergie des citoyens, et de mettre en réqui-
« sition quatre cent mille hommes. C'est à coups
« de canon qu'il faut signifier la constitution à
« nos ennemis! C'est l'instant de faire ce grand
« et dernier serment, que nous nous vouons tous
« à la mort, ou que nous anéantirons les tyrans! »
Le serment fut aussitôt prêté par tout ce qu'il
y avait de députés et de citoyens dans la salle.
Peu de jours après, Barrère, au nom du comité
de salut public, qui fut révolutionnairement
composé, qui devint le centre des opérations
et le gouvernement de l'assemblée, proposa des
mesures plus générales encore : « La liberté, dit-
« il, est devenue créancière de tous les citoyens;
« les uns lui doivent leur industrie, les autres
« leur fortune; ceux-ci leurs conseils, ceux-là
« leurs bras; tous lui doivent leur sang. Ainsi
« donc tous les Français, tous les sexes, tous les
« âges, sont appelés par la patrie à défendre la
« liberté. Toutes les facultés physiques ou mo-
« rales, tous les moyens politiques ou industriels
« lui sont acquis; tous les métaux, tous les élé-
« ments sont ses tributaires. Que chacun occupe
« son poste dans le mouvement national et mili-
« taire qui se prépare. Les jeunes gens combat-

« tront, les hommes mariés forgeront les armes,
« transporteront les bagages et l'artillerie, pré-
« pareront les subsistances; les femmes travail-
« leront aux habits des soldats, feront des tentes,
« et porteront leurs soins hospitaliers dans les
« asiles des blessés; les enfants mettront le vieux
« linge en charpie; et les vieillards reprenant la
« mission qu'ils avaient chez les peuples anciens,
« se feront porter sur les places publiques; ils y
« enflammeront le courage des jeunes guerriers,
« ils propageront la haine des rois et l'unité de
« la république. Les maisons nationales seront
« converties en casernes, les places publiques en
« ateliers, le sol des caves servira à préparer le
« salpêtre, tous les chevaux de selle seront re-
« quis pour la cavalerie, tous les chevaux de
« voiture pour l'artillerie; les fusils de chasse,
« de luxe, les armes blanches et les piques suf-
« firont pour le service de l'intérieur. La répu-
« blique n'est plus qu'une grande ville assiégée,
« il faut que la France ne soit plus qu'un vaste
« camp. » Les mesures proposées par Barrère
furent décrétées sur-le-champ. Tous les Français de dix-huit à vingt-cinq ans prirent les
armes, on refit les armées avec des réquisitions
d'hommes, on les nourrit avec des réquisitions
de vivres. La république eut bientôt quatorze
armées et douze cent mille soldats. La France,

qui devint un camp et un atelier pour les républicains, se changea en prison pour les dissidents. En marchant contre les ennemis avoués, on voulut s'assurer des ennemis secrets, et la fameuse loi *des suspects* fut portée. On arrêta les étrangers, à cause de leurs menées, et l'on emprisonna aussi les partisans de la monarchie constitutionnelle ou de la république modérée, *pour être gardés jusqu'à la paix*. Dans le moment, ce n'était encore qu'une mesure de précaution. La bourgeoisie, le commerce, la classe moyenne fournirent les prisonniers après le 31 mai, comme la noblesse et le clergé les avaient fournis après le 10 août. On créa une armée révolutionnaire de six mille soldats et de mille canonniers pour l'intérieur. Chaque citoyen indigent eut quarante sous par jour, afin d'assister aux assemblées de section. On délivra des certificats de civisme, pour être assuré des opinions de tous ceux qui coopéraient au mouvement révolutionnaire. On plaça les fonctionnaires sous la surveillance des clubs, on forma un comité révolutionnaire par section; et l'on fit face de toutes parts aux ennemis extérieurs et aux insurgés du dedans.

Ceux du Calvados furent facilement soumis; à la première rencontre à Vernon, les troupes insurgées prirent la fuite. Wimpfen tenta inutilement de les rallier. La classe modérée, qui avait embrassé la défense des Girondins, montra peu d'ardeur et agit mollement. Lorsque la constitution fut acceptée par les autres départements, elle saisit cette occasion pour reconnaître qu'elle s'était trompée, en croyant s'insurger contre une minorité factieuse. La rétractation eut lieu à Caen, qui avait été le chef-lieu de la révolte. Les commissaires montagnards ne souillèrent pas par des exécutions cette première victoire. D'un autre côté, le général Carteaux marcha à la tête de quelques troupes, contre l'armée sectionnaire du midi : il la battit à deux reprises, la poursuivit jusqu'à Marseille, y entra à sa suite, et la Provence eût été soumise comme le Calvados, si les royalistes, réfugiés à Toulon après leur défaite, n'avaient pas appelé les Anglais à leur secours, et mis entre leurs mains cette clef de la France. L'amiral Hood entra dans la ville au nom de Louis XVII, qu'il proclama roi, désarma la flotte, fit venir par mer huit mille Espagnols, occupa les forts environnants, et força Carteaux, qui s'avançait contre Toulon, de se replier sur Marseille.

Malgré ce contre-temps, les conventionnels étaient parvenus à isoler l'insurrection, et c'était beaucoup. Les commissaires montagnards avaient fait leur entrée dans les capitales révoltées. Robert-Lindet, à Caen; Talien, à Bordeaux; Barras et Fréron, à Marseille. Il ne restait plus que deux villes à prendre, Toulon et Lyon. On cessait de craindre le concert et l'attaque du midi, de l'ouest et du centre, et au-dedans on n'avait plus que des ennemis sur la défensive. Lyon était assiégé par Kellermann, général de l'armée des Alpes: trois corps d'armée pressaient cette ville de tous les côtés. Les vieux soldats des Alpes, les bataillons révolutionnaires, et des troupes de nouvelle levée, venaient chaque jour renforcer les assiégeants: les Lyonnais se défendirent avec tout le courage du désespoir. Ils comptaient d'abord sur l'assistance des insurgés du midi; mais ceux-ci ayant été repoussés par Carteaux, les Lyonnais tournèrent leurs dernières espérances du côté de l'armée piémontaise, qui tenta une diversion en leur faveur, mais qui fut battue par Kellermann. Pressés plus vivement, ils virent emporter leurs premières positions. La famine se fit sentir, et le courage les abandonna. Les chefs royalistes, convaincus de l'inutilité d'une plus longue résistance, quittèrent la ville, et l'armée républicaine entra dans ses murs: elle y attendit les ordres de la convention. Quelques mois après, Toulon même, défendu par des troupes aguerries et par des fortifications redoutables, tomba au pouvoir des républicains. Les bataillons de l'armée d'Italie, renforcés de ceux que la défaite des Lyonnais rendit disponibles, pressèrent vivement cette place. Après des attaques réitérées, et des prodiges de valeur et d'habileté, ils s'en rendirent maîtres, et la prise de Toulon acheva ce que celle de Lyon avait commencé.

La convention était partout victorieuse. Les Vendéens avaient échoué dans leur entreprise sur Nantes, après y avoir perdu beaucoup de monde et leur généralissime Cathelineau. Cette attaque fut le terme du mouvement agressif et ascendant de l'insurrection vendéenne. Les royalistes repassèrent la Loire, abandonnèrent Saumur, et reprirent leurs anciens cantonnements. Ils étaient néanmoins très-redoutables encore; et les républicains qui les poursuivirent furent battus de nouveau sur le sol vendéen. Le général Biron qui avait succédé au général Berruyer, continua la guerre par petits corps, avec beaucoup de désavantage. Sa modération et son mauvais système d'attaque, le firent remplacer par Canclaux et Rossignol, qui ne furent pas plus heureux. Il y eut deux chefs, deux armées, et deux centres d'opérations; l'un à Nantes, et l'autre à Saumur, placés sous des influences contraires. Le général Canclaux ne put pas s'entendre avec le général Rossignol, ni le commissaire de la montagne modérée Philipeaux, avec le commissaire du comité de salut public Bourbotte, et cette tentative d'invasion manqua comme les précédentes, par défaut de concert dans les mesures, et d'ensemble dans les mouvements. Le comité de salut public y remédia bientôt en nommant un seul généralissime, Léchelle, et en introduisant la grande guerre dans la Vendée. Cette nouvelle méthode, secondée par la garnison de Mayence, forte de dix-sept mille hommes aguerris, qui, ne pouvant plus servir contre les coalisés d'après leur capitulation, furent employés dans l'intérieur, fit changer la guerre de face. Les royalistes essuyèrent quatre défaites consécutives, deux à Châtillon, deux à Cholet. Lescure, Bonchamps, d'Ébée, furent blessés à mort ; et les insurgés complètement battus dans la Haute-Vendée, craignant, s'ils se réfugiaient dans la Basse, d'y être exterminés, se décidèrent à quitter leur pays au nombre de quatre-vingt mille. Cette émigration à travers la Bretagne, qu'ils espéraient insurger, leur devint fatale. Repoussés devant Grandville, mis en pleine déroute au Mans, ils furent détruits à Savenay, et il rentra à peine, dans la Vendée, quelques mille hommes des débris de cette grande émigration. Ces désastres, irréparables pour la cause royaliste, la prise de l'île de Noirmoutiers sur Charette, la dispersion des troupes de ce chef, la mort de La Rochejacquelin, rendirent les républicains maîtres du pays. Le comité du salut public croyant, non sans motif, que ses ennemis étaient abattus, mais qu'ils n'étaient pas soumis, adopta un système terrible d'extermination pour les empêcher de se relever. Le général Thurreau entoura la Vendée réduite de seize camps retranchés; douze colonnes mobiles, sous le nom de *colonnes infernales*, parcoururent le pays dans tous les sens, le fer et la flamme à la main, fouillèrent les forêts, enlevèrent les rassemblements, et portèrent la terreur dans cette malheureuse contrée.

Les armées étrangères avaient été repoussées aussi des frontières qu'elles avaient envahies. Après avoir pris Valenciennes et Condé, bloqué Maubeuge et Le Quesnoy, l'ennemi s'était dirigé sur Cassel, Hondscoote et Furnes, sous le commandement du duc d'York. Le comité de salut public, mécontent de Custines, qui lui était d'ailleurs suspect comme girondin, le remplaça par le général Houchard. L'ennemi, vainqueur jusque-là, fut battu à Hondscoote, et forcé à la retraite. La réaction militaire commença par les mesures hardies du comité de salut public. Houchard lui-même fut destitué. Jourdan prit le commandement de l'armée du Nord, gagna l'importante victoire de Watignies sur le prince de

Cobourg, fit lever le siége de Maubeuge, et reprit l'offensive sur cette frontière. Il en fut de même sur toutes les autres. L'immortelle campagne de 1793 et 94 s'ouvrit: ce que Jourdan fit à l'armée du Nord, Hoche et Pichegru le firent à l'armée de la Moselle, et Kellerman à celle des Alpes. L'ennemi fut partout repoussé et partout contenu. Il arriva alors, après le 31 mai, ce qui était arrivé après le 10 août. L'accord qui n'existait pas entre les généraux et les chefs de l'assemblée, se rétablit; l'action révolutionnaire qui avait été ralentie, s'accrut, et la victoire revint pendant cette longue période. Les armées ont eu leurs crises comme les partis, et ces crises ont amené des revers ou des succès, toujours d'après la même loi.

Au commencement de la guerre en 1792, les généraux étaient constitutionnels, et les ministres girondins; Rochambeau, La Fayette, Luckner, s'entendaient peu avec Dumouriez, Servan, Clavière et Roland. Il y avait d'ailleurs peu d'élan dans l'armée, on fut battu. Après le 10 août, les généraux girondins Dumouriez, Custines, Kellerman, Dillon, remplacèrent les généraux constitutionnels; il y eut unité de vue, de confiance et d'action entre l'armée et le gouvernement. La catastrophe du 10 août augmenta l'énergie en imposant la nécessité de vaincre, et il en résulta le plan de campagne de l'Argonne, la victoire de Walmy, de Jemmapes, et l'invasion de la Belgique. La lutte de la Montagne et de la Gironde, de Dumouriez avec les Jacobins, ramena de nouveau le désaccord entre l'armée et le gouvernement, détruisit la confiance des troupes, qui éprouvèrent des revers subits et nombreux. Il y eut défection de la part de Dumouriez comme il y avait eu retraite de la part de La Fayette. Après le 31 mai, qui fut le 10 août contre la Gironde, après que le comité de salut public se fut assis, et qu'il eut remplacé les généraux girondins, Dumouriez, Custines, Houchard, Dillon, par les généraux montagnards, Jourdan, Hoche, Pichegru, Moreau: après qu'il eut rétabli le mouvement révolutionnaire par les mesures hardies dont nous avons rendu compte, on vit la campagne de l'Argonne et de la Belgique, renouvelée dans celle de 1794, et le génie de Carnot égaler celui de Dumouriez, s'il ne le surpassa point.

Pendant la durée de cette guerre, le comité de salut public se livra aux plus terribles exécutions. Les armées se bornent à tuer sur le champ de bataille : il n'en est pas de même des partis qui, dans les situations violentes craignant de voir renaître le combat après la victoire, se précautionnent contre de nouvelles tentatives par des rigueurs inexorables. L'usage de tous les gouvernements étant d'ériger leur conservation en droit, ceux qui les attaquent, sont pour eux des ennemis tant qu'ils combattent, des conspirateurs dès qu'ils sont vaincus, et ils les tuent ainsi au moyen de la guerre et au moyen de la loi. Tous ces motifs dirigèrent à-la-fois la politique du comité de salut public, politique de vengeance, de terreur et de conservation pour lui-même. Voici les maximes d'après lesquelles il se conduisit à l'égard des villes insurgées. « Le « nom de Lyon, dit Barrère, ne doit plus exister. « Vous l'appellerez *Ville-affranchie*, et sur les « ruines de cette infâme cité, il sera élevé un « monument qui attestera le crime et la punition « des ennemis de la liberté. Ce seul mot dira « tout : *Lyon fit la guerre à la liberté, Lyon n'est* « *plus*. » Pour réaliser cet effrayant anathème, le comité envoya dans cette malheureuse ville, Collot-d'Herbois, Fouché et Couthon, qui mitraillèrent ses habitants et démolirent ses édifices. Les insurgés de Toulon éprouvèrent, de la part des représentants Barras et Fréron, un sort à peu près semblable. A Caen, à Marseille, à Bordeaux, les exécutions furent moins générales et moins violentes, parce qu'on les proportionna à la gravité de l'insurrection, qui fut intérieure et ne fut pas étrangère.

Au centre, le gouvernement dictatorial frappa, dans ce qu'ils avaient de plus élevé, tous les partis avec lesquels il était en guerre. La condamnation de la reine Marie-Antoinette fut dirigée contre l'Europe; celle des *vingt-deux*, le fut contre les Girondins; celle du sage Bailly, contre les anciens constitutionnels; enfin celle du duc d'Orléans, contre certains membres de la Montagne, qui passaient pour avoir tramé son élévation. La veuve infortunée de Louis XVI fut envoyée la première à la mort par le sanglant tribunal révolutionnaire. Les proscrits du 2 juin la suivirent de près; elle périt le 16 octobre, et les députés girondins périrent le 31. Ils étaient au nombre de vingt-un, Brissot, Vergniaud, Gensonné, Fonfrède, Ducos, Valazé, Lasource, Sillery, Gardien, Carra, Duprat, Beauvais, Duchâtel, Mainvielle, Lacaze, Boileau, Lehardy, Antiboul, et Vigée. Soixante-treize de leurs collègues, qui avaient protesté contre leur arrestation, furent emprisonnés comme eux, mais on n'osa point leur faire partager le même supplice. Pendant les débats, ces illustres accusés montrèrent le courage le plus soutenu et le plus serein. Vergniaud fit entendre un instant, mais bien en vain, son éloquente voix. En entendant la sentence, Valazé se frappa d'un coup de poignard, et Lasource dit aux juges: *Je meurs dans un moment où le peuple a perdu sa raison; vous, vous mourrez le jour où il la recouvrera.* Les condamnés marchèrent au supplice avec tout le stoïcisme de ce temps. Ils chantaient la *Marseillaise,* en l'appliquant à leur situation :

> Allons, enfants de la patrie,
> Le jour de gloire est arrivé :
> Contre nous de la tyrannie
> Le couteau sanglant est levé, etc.

Les autres chefs de ce parti eurent presque tous un funeste sort. Salles, Gaudet, Barbaroux, furent découverts dans les grottes de Saint-Émilion, près de Bordeaux, et ils périrent sur l'échafaud populaire. Pétion et Buzot, après avoir erré quelque temps, se frappèrent eux-mêmes; on les trouva morts dans un champ et à moitié dévorés par les loups. Rabaud Saint-Étienne fut livré par un ancien ami; madame Roland fut aussi condamnée, et montra le courage d'une femme romaine. Son mari, en apprenant sa mort, quitta son asile de proscrit, et vint se tuer sur un grand chemin. Condorcet, mis hors la loi quelque temps après le 2 juin, fut découvert lorsqu'il se dérobait aux bourreaux, et il échappa au supplice par le poison. Louvet, Kervelegan, Lanjuinais, Henri-la-Rivière, le Sage, La Réveillère-Lepeaux, furent les seuls qui attendirent, dans des asiles sûrs, la fin de cette furieuse tempête.

Le gouvernement révolutionnaire s'était formé. Avant le 31 mai, le pouvoir n'était nulle part, ni dans le ministère, ni dans la commune, ni dans la convention. Il était naturel que le pouvoir se concentrât au moment où l'on ressentait le besoin de l'unité et de la promptitude d'action. L'assemblée étant l'autorité la plus centrale et la plus étendue, la dictature devait se placer dans son sein, y être exercée par la faction dominatrice, et dans cette faction par quelques hommes. Le comité de salut public, créé depuis quelque temps, afin de pourvoir, ainsi que l'indiquait son nom, à la défense de la révolution par des mesures extraordinaires et urgentes, était un cadre de gouvernement tout fait. Intervenu pendant les divisions de la Montagne et de la Gironde, il avait été composé de conventionnels neutres jusqu'au 31 mai; il le devint de montagnards extrêmes à son premier renouvellement. Barrère y resta; mais Robespierre en fut élu membre, et son parti y domina par Saint-Just, Couthon, Collot-d'Herbois et Billaud-Varennes. Il annula quelques dantonistes qui s'y trouvaient encore, tels que Hérault de Séchelles, Robert-Lindet; gagna Barrère; se chargea de la domination, en se chargeant de la partie de l'esprit public et de la police. Ses associés se distribuèrent les rôles : Saint-Just eut celui de la surveillance et de la dénonciation des partis ; Couthon, celui des propositions violentes qui avaient besoin d'être adoucies dans la forme ; Billaud-Varennes et Collot-d'Herbois dirigèrent les proconsulats dans les départements ; Carnot s'occupa de la guerre ; Cambon des finances ; Prieur de la Côte-d'Or, Prieur de la Marne et quelques autres, des travaux intérieurs et administratifs ; et Barrère fut l'orateur journalier et le panégyriste toujours prêt du comité dictatorial. Au-dessous fut placé, comme auxiliaire dans les détails de l'administration révolutionnaire et les mesures inférieures, le comité de sûreté générale, composé dans le même esprit que le grand comité, et ayant, ainsi que lui, douze membres rééligibles tous les trois mois, et toujours perpétués dans leurs fonctions.

C'est entre les mains de ces hommes que fut placée toute la force révolutionnaire. En faisant décréter le pouvoir décemviral jusqu'à la paix, Saint-Just n'avait caché ni les motifs, ni le but de cette dictature. « Vous n'avez plus rien à ménager,
« avait-il dit, contre les ennemis du nouvel ordre
« des choses, et la liberté doit vaincre à tel prix
« que ce soit. Dans les circonstances où se
« trouve la république, la constitution ne peut

« être établie; elle deviendrait la garantie des
« attentats contre la liberté, parce qu'elle man-
« querait de la violence nécessaire pour les ré-
« primer. Le gouvernement présent est aussi trop
« embarrassé. Vous êtes trop loin de tous les
« attentats; il faut que le glaive des lois se pro-
« mène partout avec rapidité, et que votre bras
« soit présent partout! » Ainsi fut créée cette
puissance terrible, qui dévora d'abord les ennemis de la Montagne, qui dévora ensuite la
Montagne et la commune, et qui ne finit qu'en
se dévorant elle-même. Le comité disposait de
tout sous le nom de la convention, qui lui servait d'instrument. C'était lui qui nommait et
destituait les généraux, les ministres, les commissaires représentants, les juges et les jurés;
c'était lui qui frappait les factions; c'était lui qui
avait l'initiative de toutes les mesures. Par ses
commissaires, les armées et les généraux étaient
sous sa dépendance, et il dirigeait d'une manière souveraine les départements; par la loi
des suspects, il disposait de toutes les personnes;
par le tribunal révolutionnaire, de toutes les
existences; par les *réquisitions* et le *maximum*,
de toutes les fortunes; par la convention effrayée,
des décrets d'accusation contre ses propres
membres.

Enfin, sa dictature avait pour appui la multitude, qui délibérait dans les clubs, gouvernait dans les comités révolutionnaires, dont on payait la coopération par un salaire journalier, et qu'on nourrissait avec le *maximum;* elle tenait à ce régime, qui exaltait ses passions, qui lui exagérait son importance, qui lui accordait la première place, et qui paraissait tout faire pour elle. Les novateurs, séparés par la guerre et par leurs lois, de tous les états et de toutes les formes de gouvernement, voulurent s'en séparer encore davantage. Ils établirent, pour une révolution inouie, une ère toute nouvelle; ils changèrent les divisions de l'année, les noms des mois et des jours; ils remplacèrent le calendrier chrétien par le calendrier républicain, la semaine par la décade, et firent le jour du repos non plus au dimanche, mais au dixième jour. L'ère nouvelle data du 22 septembre 1792, époque de la fondation de la république. Il y eut douze mois égaux de trente jours, qui commencèrent au 22 septembre, dans l'ordre suivant, *vendémiaire, brumaire, frimaire,* pour l'automne; *nivose, pluviose, ventose,* pour l'hiver; *germinal, floréal, prairial,* pour le printemps; *messidor, thermidor, fructidor,* pour l'été. Chaque mois eut trois décades; chaque décade dix jours, et chaque jour reçut son nom de sa place dans la décade; ils s'appelèrent *primidi, duodi, tridi, quartidi, quintidi*, *sextidi*, *septidi*, *octidi*, *nonidi*, *décadi*. Cinq jours complémentaires furent rejetés à la fin de l'année, pour la présenter entière; ils reçurent le nom de *Sans-Culotides*, et furent consacrés, le premier à la fête du *Génie*, le second à celle du *Travail*, le troisième à celle des *Actions*, le quatrième à celle des *Récompenses*, le cinquième à celle de l'*Opinion*. La constitution de 1793 conduisait au calendrier républicain, et le calendrier républicain à l'abolition du culte chrétien. Nous verrons bientôt la commune et le comité de salut public proposer chacun le leur, la commune *le culte de la raison*, le comité de salut public *le culte de l'Être suprême*. Mais il faut auparavant rendre compte d'une nouvelle lutte entre les auteurs eux-mêmes de la catastrophe du 31 mai.

La commune et la Montagne avaient opéré cette révolution contre la Gironde, et le comité seul en avait profité. Pendant les cinq mois dont il vient d'être rendu compte, de juin à novembre, le comité ayant pris toutes les mesures de défense, était naturellement devenu la première puissance de la république. Le combat se trouvant en quelque sorte fini, la commune aspira à dominer le comité, et la Montagne à ne pas l'être par lui. La faction municipale était le dernier terme de la révolution. Opposée de but au comité de salut public, elle voulait, au lieu de la dictature conventionnelle, la plus extrême démocratie locale, et au lieu de culte, la consécration du matérialisme. L'anarchie politique et l'athéisme religieux, tels étaient les symboles de ce parti, et les moyens par lesquels il comptait établir sa propre domination. Une révolution est l'effet des divers systèmes qui ont agité le siècle dont elle est originaire. Ainsi, pendant la durée de la crise en France, le catholicisme ultramontain fut représenté par le clergé réfractaire; le jansénisme, par le clergé constitutionnel; le déisme philosophique, par le culte *de l'Être suprême* qu'institua le comité de salut public; le matérialisme de la société d'Holbach par *le culte de la raison et de la nature*, que fit décréter la commune. Il en fut de même pour les opinions politiques, depuis la royauté de l'ancien régime jusqu'à la démocratie sans bornes de la faction municipale. Cette dernière avait perdu, dans Marat, son principal appui et son véritable chef; tandis que le comité de salut public avait conservé le sien, Robespierre. Elle avait à sa tête des hommes qui jouissaient d'une extrême popularité dans la basse classe. Chaumette, et son substitut Hébert, étaient ses chefs politiques; Ronsin, commandant de l'armée révolutionnaire, son général; l'athée Anacharsis Clootz, son apôtre.

Elle s'appuyait dans les sections sur les comités révolutionnaires dans lesquels se trouvaient beaucoup d'étrangers obscurs, qu'on suposait, non sans vraisemblance, agents de l'Angleterre pour perdre la république, en poussant à l'anarchie et aux excès. Le club des cordeliers n'était composé que de ses partisans. Les *Vieux Cordeliers* de Danton qui avaient contribué si puissamment au 10 août, et qui avaient formé la commune de cette époque, étaient entrés dans le gouvernement, dans la convention, et ils avaient été remplacés dans le club par des membres qu'ils appelaient avec mépris, *des patriotes de la troisième réquisition*.

La faction d'Hébert qui popularisait dans le *Père Duchêne* l'obscénité du langage, les sentiments bas et cruels, et qui mêlait la dérision pour les victimes, aux exécutions de parti, fit en peu de temps des progrès redoutables. Elle força l'évêque de Paris et ses vicaires à abjurer le christianisme à la barre de la convention, et la convention à décréter que *le culte catholique serait remplacé par le culte de la raison*. Les églises furent fermées, ou transformées en temples de la raison, et l'on établit dans toutes les villes des fêtes qui furent de scandaleuses scènes d'athéisme. Le comité de salut public fut alarmé de la puissance de cette faction ultra-révolu-

tionnaire, et il s'apprêta à l'arrêter et à la détruire. Robespierre l'attaqua bientôt (le 15 frimaire an II, 5 décembre 1793) à la tribune de l'assemblée. « Citoyens représentants du peuple,
« dit-il, les rois coalisés contre la république
« nous font la guerre avec des armées, avec des
« intrigues; et nous opposerons à leurs armées
« des armées plus braves, et à leurs intrigues la
« vigilance et la terreur de la justice nationale.
« Toujours attentifs à renouer les fils de leurs
« trames secrètes à mesure qu'ils sont rompus
« par la main du patriotisme, toujours habiles
« à tourner les armes de la liberté contre la li-
« berté même, les émissaires des ennemis de la
« France travaillent aujourd'hui à renverser la
« république par le républicanisme, et à rallumer
« la guerre civile par la philosophie. » Il associa les ultra-révolutionnaires de la commune aux ennemis extérieurs de la république. « Vous avez,
« dit-il à la convention, à empêcher les extra-
« vagances et les folies qui coïncident avec les
« plans de la conspiration étrangère. Je demande
« que vous défendiez aux autorités particulières
« (à la commune) de servir nos ennemis par
« des mesures irréfléchies, et qu'aucune force
« armée ne puisse s'immiscer à ce qui appartient
« aux opinions religieuses. » Et la convention qui avait forcément applaudi aux abjurations sur la

demande de la commune, décréta, sur la demande de Robespierre, que *toutes violences et mesures contraires à la liberté des cultes étaient défendues.*

Le comité de salut public était trop fort pour ne pas triompher de la commune ; mais il avait à résister en même temps au parti modéré de la Montagne, qui demandait la cessation du gouvernement révolutionnaire et de la dictature des comités. Le gouvernement révolutionnaire n'avait été créé que pour comprimer, la dictature que pour vaincre ; et comme la compression et la victoire ne paraissaient plus nécessaires à Danton et à son parti, ils cherchèrent à rétablir l'ordre légal et l'indépendance de la convention ; ils voulurent abattre la faction de la commune ; arrêter l'action du tribunal révolutionnaire ; vider les prisons remplies de *suspects;* réduire les pouvoirs des comités, ou les dissoudre. Ce projet de clémence, d'humanité, et de gouvernement légal fut conçu par Danton, Philipeaux, Camille Desmoulins, Fabre d'Églantine, Lacroix, le général Westermann, et tous les amis de Danton. Ils voulaient, avant tout, *que la république s'assurât du champ de bataille;* mais, après avoir vaincu, ils voulaient qu'on la pacifiât.

Ce parti devenu modéré, s'était dessaisi du pouvoir : il avait abandonné le gouvernement, ou s'en était laissé exclure par le parti de Robespierre. D'ailleurs, depuis le 31 mai, la conduite de Danton paraissait équivoque aux patriotes exaltés. Il avait agi mollement dans cette journée, et plus tard il avait désapprouvé la condamnation des vingt-deux. On commençait à lui reprocher les désordres de sa vie, ses passions vénales, ses allées d'un parti à l'autre, son intempestive modération. Pour conjurer l'orage, il s'était retiré à Arcis-sur-Aube son pays, et là, il paraissait tout oublier dans le repos. Pendant son absence la faction d'Hébert avait fait des progrès immenses, et les amis de Danton l'appelèrent en toute hâte. Il revint au commencement de frimaire (décembre). Aussitôt Philipeaux dénonça la manière dont la guerre de la Vendée était conduite; le général Westermann, qui avait remporté la victoire de Châtillon et du Mans, et qui venait d'être destitué par le comité de salut public, soutint Philipeaux, et Camille Desmoulins publia les premières livraisons de son *Vieux cordelier*. Ce brillant et fougueux jeune homme avait suivi tous les mouvements de la révolution, depuis le 14 juillet jusqu'au 31 mai, approuvant toutes ses exagérations et toutes ses mesures. Son ame était pourtant douce et tendre, quoique ses opinions eussent été violentes, et ses plaisanteries souvent cruelles. Il avait applaudi au régime révolutionnaire, parce qu'il le croyait indispensable pour fonder la république; il avait coopéré à la ruine de la Gironde, parce qu'il redoutait les dissensions de la république. La république, voilà à quoi il avait sacrifié jusqu'à ses scrupules et jusqu'aux besoins de son cœur, la justice et l'humanité; il avait tout donné à son parti, croyant le donner à la république: mais aujourd'hui il ne pouvait plus approuver ni se taire. Sa verve qu'il avait fait servir à la révolution, il la fit servir contre ceux qui la perdaient en l'ensanglantant. Dans son *Vieux cordelier* il parla de la liberté avec le sens profond de Machiavel, et des hommes avec l'esprit de Voltaire. Mais bientôt il souleva contre lui et les fanatiques et les dictateurs, en rappelant le gouvernement à la modération, à la miséricorde, et à la liberté.

Il fit un tableau frappant de la tyrannie présente sous le nom d'une tyrannie passée. Il emprunta ses exemples à Tacite. « A cette époque,
« dit-il, les propos devinrent des crimes d'état:
« de là il n'y eut qu'un pas pour changer en
« crimes les simples regards, la tristesse, la com-
« passion, les soupirs, le silence même. Bientôt
« ce fut un crime de lèse-majesté ou de contre-
« révolution à Crémutius Cordus, d'avoir appelé
« Brutus et Cassius les derniers des Romains;

« crime de contre-révolution à un descendant de
« Cassius, d'avoir chez lui un portrait de son bis-
« aïeul; crime de contre-révolution à Mamercus
« Scaurus, d'avoir fait une tragédie où il y avait
« des vers à qui on pouvait donner deux sens;
« crime de contre-révolution à Torquatus Silanus,
« de faire de la dépense; crime de contre-révo-
« lution à Pomponius, parce qu'un ami de Séjan
« était venu chercher un asile dans une de ses
« maisons de campagne; crime de contre-révo-
« lution, de se plaindre des malheurs du temps,
« car c'était faire le procès du gouvernement;
« crime de contre-révolution à la mère du consul
« Fusius Géminus, d'avoir pleuré la mort funeste
« de son fils.

« Il fallait montrer de la joie de la mort de
« son ami, de son parent, si l'on ne voulait
« s'exposer à périr soi-même. Sous Néron plu-
« sieurs dont il avait fait mourir les proches,
« allaient en rendre graces aux dieux. Du moins
« il fallait avoir un air de contentement : on
« avait peur que la peur même ne rendît cou-
« pable. Tout donnait de l'ombrage au tyran. Un
« citoyen avait-il de la popularité? C'était un
« rival du prince qui pouvait susciter une guerre
« civile. Suspect. Fuyait-on au contraire la po-
« pularité et se tenait-on au coin de son feu?
« cette vie retirée vous avait fait remarquer.

« Suspect.—Étiez-vous riche? il y avait un péril
« imminent que le peuple ne fût corrompu par
« vos largesses. Suspect.—Étiez-vous pauvre? il
« fallait vous surveiller de plus près; il n'y a per-
« sonne d'entreprenant comme celui qui n'a rien.
« Suspect.—Étiez-vous d'un caractère sombre,
« mélancolique et d'un extérieur négligé? ce qui
« vous affligeait, c'est que les affaires publiques
« allaient bien. Suspect.—Un citoyen se donnait-il
« du bon temps et des indigestions? c'est parce
« que le prince allait mal. Suspect.—Était-il
« vertueux, austère dans ses mœurs? il faisait la
« censure de la cour. Suspect.—Était-ce un phi-
« losophe, un orateur, un poète? il lui convenait
« bien d'avoir plus de renommée que ceux qui
« gouvernaient! Suspect.—Enfin, s'était-on ac-
« quis de la réputation à la guerre? on n'en
« était que plus dangereux par son talent. Il fal-
« lait se défaire du général ou l'éloigner promp-
« tement de l'armée. Suspect.

« La mort naturelle d'un homme célèbre, ou
« seulement en place, était si rare que les histo-
« riens la transmettaient comme un évènement
« à la mémoire des siècles. La mort de tant de
« citoyens, innocents et recommandables, sem-
« blait une moindre calamité que l'insolence et
« la fortune scandaleuse de leurs meurtriers et
« de leurs dénonciateurs. Chaque jour le déla-

« teur sacré et inviolable faisait son entrée triom-
« phale dans le palais des morts, en recueillait
« quelque riche succession. Tous ces dénoncia-
« teurs se paraient des plus beaux noms; se
« faisaient appeler Cotta, Scipion, Régulus, Sæ-
« vius Sévérus. Pour se signaler par un début
« illustre, le marquis Sérénus intenta une ac-
« cusation de contre-révolution contre son vieux
« père déja exilé, après quoi il se faisait appeler
« fièrement Brutus. Tels accusateurs, tels juges:
« les tribunaux, protecteurs de la vie et des
« propriétés, étaient devenus des boucheries,
« où ce qui portait le nom de supplice et de
« confiscation n'était que vol et assassinat. »

Camille Desmoulins ne se bornait pas à attaquer le régime révolutionnaire et dictatorial, il en demandait l'abolition; il provoqua l'établissement d'*un comité de clémence*, comme le seul moyen de finir la révolution et de pacifier les partis. Son journal produisit beaucoup d'effet sur l'opinion; il donna un peu d'espoir et de courage. On se demandait de toutes parts : Avez-vous lu le *Vieux cordelier?* En même temps, Fabre d'Églantine, Lacroix, Bourdon de l'Oise, excitaient la convention à secouer le joug du comité; ils cherchaient à réunir la Montagne et la droite pour rétablir la liberté et la puissance de l'assemblée. Comme les comités étaient tout-puissants, ils essayèrent de les ruiner peu à peu; c'était la marche qu'il fallait suivre; il importait de changer l'opinion, d'encourager l'assemblée, afin de s'appuyer sur une force morale contre la force révolutionnaire, sur le pouvoir de la convention contre le pouvoir des comités. Les montagnards dantonistes essayèrent de détacher Robespierre des autres décemvirs; Billaud-Varennes, Collot-d'Herbois et Saint-Just, leur paraissaient seuls irrémédiablement attachés au système de la terreur. Barrère y tenait par faiblesse, Couthon par dévouement à Robespierre. Ils espéraient gagner celui-ci à la cause de la modération, par son amitié avec Danton, par ses idées d'ordre, ses habitudes d'austérité, sa profession publique de vertu et son orgueil. Il avait défendu les soixante-treize députés girondins détenus contre les comités et les jacobins, il avait osé attaquer Clootz et Hébert, comme ultra-révolutionnaires, et il avait pu faire décréter par la convention, l'existence de l'Être suprême. Robespierre était la plus grande renommée populaire d'alors; il était en quelque sorte le modérateur de la république et le dictateur de l'opinion; en le gagnant, on comptait venir à bout, et des comités et de la commune, sans compromettre la cause de la révolution.

Danton le vit à son retour d'Arcis-sur-Aube,

et ils parurent s'entendre; attaqué aux jacobins, il fut défendu par lui. Robespierre lut et corrigea lui-même le *Vieux cordelier*, en l'approuvant. En même temps il professa quelques principes de modération; mais alors tous ceux qui exerçaient le gouvernement révolutionnaire, ou qui le croyaient indispensable, s'émurent. Billaud-Varennes et Saint-Just soutinrent ouvertement la politique des comités. En parlant du dernier, Desmoulins avait dit : *Il s'estime tant qu'il porte sa tête avec respect sur ses épaules comme un saint-sacrement. — Et moi*, répondit Saint-Just, *je lui ferai porter la sienne comme un Saint-Denis.* Collot-d'Herbois, qui était en mission, arriva sur ces entrefaites; il protégeait la faction des anarchistes qui avaient été un moment intimidés, et auxquels sa présence redonna de l'audace. Les jacobins rayèrent Camille Desmoulins de leur société, et Barrère l'attaqua à la convention au nom du gouvernement. Robespierre lui-même n'était pas épargné, on l'accusait *de modérantisme*, et déja dans les groupes on murmurait contre lui.

Cependant, comme son crédit était immense, comme on ne pouvait ni s'attaquer ni se vaincre sans lui, on le recherchait des deux côtés. Profitant de cette position supérieure, il se tenait entre les partis sans en adopter aucun, et il cherchait à abattre leurs chefs les uns par les autres. Dans cette circonstance, il voulait sacrifier la commune et les anarchistes; les comités voulaient sacrifier la montagne et les modérés. On s'entendit : Robespierre livra Danton, Desmoulins et leurs amis aux membres du comité, et les membres du comité lui livrèrent Hébert, Clootz, Chaumette, Ronsin et leurs complices. En favorisant d'abord les modérés, il avait préparé la ruine des anarchistes, et il atteignait deux buts avantageux à sa domination ou à son orgueil; il ruinait une faction redoutable, et il se débarrassait d'une réputation révolutionnaire rivale de la sienne.

Des motifs de salut public se joignaient, il faut le dire, à ces combinaisons de parti. Dans cette époque de déchaînement général contre la république, et de victoires non encore définitives de sa part, les comités ne croyaient pas le moment de la paix venu avec l'Europe et avec les dissidents intérieurs, et il leur paraissait impossible de continuer la guerre sans dictature; ils considéraient d'ailleurs les *hébertistes* comme une faction obscène, qui corrompait le peuple et servait l'étranger par l'anarchie, et les *dantonistes* comme un parti dont la modération politique et dont l'immoralité privée compromettait et déshonorait la république. Le gouvernement proposa donc à l'assemblée, par l'organe de Barrère, la continuation de la guerre et un surcroît d'activité dans sa poursuite; tandis que Robespierre vint quelques jours après demander le maintien du gouvernement révolutionnaire. Déja il s'était prononcé aux Jacobins contre le *Vieux cordelier*, qu'il avait soutenu jusque-là. Voici comment il repoussa le gouvernement légal :

« Au-dehors, dit-il, tous les tyrans vous cer-
« nent; au-dedans, tous les amis de la tyrannie
« conspirent : ils conspireront jusqu'à ce que l'es-
« pérance ait été ravie au crime. Il faut étouffer
« les ennemis intérieurs et extérieurs de la ré-
« publique, ou périr avec elle. Or, dans cette
« situation, la première maxime de votre poli-
« tique doit être que l'on conduit le peuple par
« la raison, et les ennemis du peuple par la ter-
« reur. Si le ressort du gouvernement populaire,
« dans la paix, est la vertu, le ressort du gou-
« vernement populaire, en révolution, est à-la-
« fois la vertu et la terreur; la vertu sans laquelle
« la terreur est funeste, la terreur sans laquelle
« la vertu est impuissante. Domptez donc par
« la terreur les ennemis de la liberté, et vous
« aurez raison, comme fondateurs de la répu-
« blique. Le gouvernement de la révolution est
« le despotisme de la liberté contre la tyrannie. »

Dans ce discours, il dénonça les deux factions

des *modérés* et des *ultra-révolutionnaires*, comme voulant, l'une et l'autre, perdre la république : « Elles marchent, dit-il, sous des bannières dif-
« férentes et par des routes diverses ; mais elles
« marchent au même but: ce but est la désor-
« ganisation du gouvernement populaire, la
« ruine de la convention et le triomphe de la
« tyrannie. L'une de ces deux factions nous
« pousse à la faiblesse; l'autre, aux excès. » Il prépara les esprits à leur proscription, et son discours, approuvé sans discussion, fut envoyé à toutes les sociétés populaires, à toutes les autorités, et à toutes les armées.

Après ce commencement d'hostilités, Danton, qui n'avait pas cessé ses relations avec Robespierre, lui demanda une entrevue; elle eut lieu chez Robespierre même, mais ils furent froids, aigres. Danton se plaignit violemment, et Robespierre se tint sur la réserve. « Je connais, lui
« dit Danton, toute la haine que me porte le
« comité; mais je ne la redoute pas.—Vous avez
« tort, répondit Robespierre : il n'y a pas de mau-
« vaises intentions contre vous; mais il est bon
« de s'expliquer.—S'expliquer ! s'expliquer ! ré-
« pliqua Danton; pour cela il faudrait de la
« bonne foi. » Et voyant Robespierre prendre un air sombre à ces mots : « Sans doute, ajouta-t-il,
« il faut comprimer les royalistes, mais nous ne

« devons frapper que des coups utiles à la ré-
« publique, et il ne faut pas confondre l'innocent
« avec le coupable. — Eh! qui vous a dit, reprit
« Robespierre avec aigreur, qu'on ait fait périr
« un innocent? » Danton se tourna alors vers un
de ses amis, qui l'avait accompagné, et avec un
sourire amer : « Qu'en dis-tu? Pas un innocent
« n'a péri! » Après ces paroles, ils se séparèrent :
toute amitié fut rompue.

Peu de jours après, Saint-Just monta à la
tribune, et menaça plus ouvertement qu'on ne
l'avait fait encore tous les dissidents, modérés
ou anarchistes : « Citoyens, dit-il, vous avez
« voulu une république : si vous ne vouliez pas
« en même temps ce qui la constitue, elle en-
« sevelirait le peuple sous ses débris. Ce qui
« constitue une république, c'est la destruction
« de tout ce qui lui est opposé. On est coupable
« contre la république, parce qu'on s'appitoie sur
« les détenus; on est coupable, parce qu'on ne
« veut point la vertu; on est coupable, parce
« qu'on ne veut point la terreur. Que voulez-
« vous, vous qui ne voulez point de vertu pour
« être heureux (les anarchistes)? Que voulez-
« vous, vous qui ne voulez pas de terreur contre
« les méchants (les modérés)? Que voulez-vous,
« vous qui courez les places publiques pour vous
« faire voir, et pour faire dire de vous: Vois-tu

« un tel qui passe (Danton)? Vous périrez, vous
« qui courez à la fortune; vous qui prenez un
« œil hagard, et affectez les patriotes pour que
« l'étranger vous achète, ou que le gouvernement
« vous place; vous de la faction des indulgents,
« qui voulez sauver les criminels; vous de la
« faction des étrangers, qui tournez la sévérité
« contre les défenseurs du peuple! Des mesures
« sont déja prises pour s'assurer des coupables,
« ils sont cernés. Rendons graces au génie du
« peuple français de ce que la liberté est sortie
« victorieuse de l'un des plus grands attentats
« que l'on ait médités contre elle! Le dévelop-
« pement de ce vaste complot, la terreur qu'il
« va répandre et les mesures qui vous seront
« proposées, débarrasseront la république et la
« terre de tous les conjurés. »

Saint-Just fit donner au gouvernement les pouvoirs les plus étendus contre les conspirateurs de la commune; il fit décréter que *la justice et la probité* étaient à l'ordre du jour. Les anarchistes ne surent prendre aucune mesure de défense; ils voilèrent un moment les *droits de l'homme* au club des cordeliers, et ils essayèrent un commencement d'insurrection, mais sans vigueur et sans concert. Le peuple ne remua point, et le comité fit saisir, par son commandant Henriot, le substitut Hébert, le général révolutionnaire Ronsin, Anacharsis Clootz l'orateur du genre humain, Monmoro, Vincent, etc. On les conduisit devant le tribunal révolutionnaire, comme *agents de l'étranger, et comme ayant conspiré pour donner un tyran à l'État.* Ce tyran devait être Pache, sous le nom de *grand juge.* Dès que les chefs anarchistes furent pris, leur audace les abandonna; ils se défendirent et moururent la plupart sans courage. Le comité de salut public cassa l'armée révolutionnaire, diminua les attributions des comités sectionnaires, et força la commune à venir à la convention lui rendre grace de l'arrestation et du supplice des conjurés ses complices.

Il était temps que Danton se défendît; la proscription, après avoir atteint la commune, approchait de lui. On lui conseillait de se mettre en garde et d'agir; mais, n'ayant pas pu ruiner le pouvoir dictatorial en relevant l'opinion et l'assemblée au moyen des journalistes et des montagnards ses amis, sur quoi pouvait-il s'appuyer? La convention penchait bien pour lui et sa cause; mais elle était asservie à la puissance révolutionnaire des comités. Danton n'ayant ni le gouvernement, ni l'assemblée, ni la commune, ni les clubs, attendit la proscription sans rien faire pour l'éviter.

Ses amis le conjuraient de se défendre. «J'aime

« mieux, répondait-il, être guillotiné que guillo-
« tineur ; d'ailleurs ma vie n'en vaut pas la peine,
« et l'humanité m'ennuie. — Les membres du
« comité cherchent ta mort.—Eh bien (entrant
« en colère)! si jamais..., si Billaud..., si Robes-
« pierre...; ils seront exécrés comme des tyrans;
« on rasera la maison de Robespierre; on y sè-
« mera du sel, on y plantera un poteau exécrable
« à la vengeance du crime !... Mais mes amis
« diront de moi que j'ai été bon père, bon ami,
« bon citoyen; ils ne m'oublieront pas.—Tu peux
« éviter...—J'aime mieux être guillotiné que d'ê-
« tre guillotineur.—Mais en ce cas il faut partir! »
(Tournant alors sa bouche et relevant sa lèvre
avec dédain et colère) : « Partir!... Est-ce qu'on
« emporte sa patrie à la semelle de son soulier? »

Il ne restait à Danton qu'une seule ressource,
c'était d'essayer sa voix si connue et si puissante,
de dénoncer Robespierre et les comités, et de
soulever la convention contre leur tyrannie. Il
en était vivement pressé ; mais il savait trop
combien le renversement d'une domination établie est difficile; il connaissait trop l'asservissement et l'épouvante de l'assemblée pour compter
sur l'efficacité d'un pareil moyen. Il attendit
donc, croyant toutefois, lui qui avait tant osé,
que ses ennemis reculeraient devant une proscription comme la sienne. Le 10 germinal on

vint lui annoncer que son arrestation était débattue au comité de salut public, et on le pressa encore une fois de fuir. Il réfléchit un moment, et il répondit: *Ils n'oseraient!* La nuit sa maison fut investie, et il fut conduit au Luxembourg avec Camille Desmoulins, Philipeaux, Lacroix, Westermann. En entrant il aborda cordialement les prisonniers qui se pressaient autour de lui. « Messieurs, leur dit-il, j'espérais dans peu vous « faire sortir d'ici; mais m'y voilà moi-même avec « vous, et je ne sais pas maintenant comment « cela finira. » Une heure après il fut mis au secret, et on l'enferma dans le cachot qu'avait occupé Hébert, et que devait bientôt occuper Robespierre. Là, se livrant à ses réflexions et à ses regrets, il disait: « C'est à pareille époque « que j'ai fait instituer le tribunal révolution« naire; j'en demande pardon à Dieu et aux « hommes; mais ce n'était pas pour qu'il fût le « fléau de l'humanité. »

Son arrestation produisit une inquiétude sombre, une rumeur générale. Le lendemain, dans l'assemblée, à l'ouverture de la séance, on se parlait bas, on se demandait avec épouvante quel était le prétexte de ce nouveau coup d'état contre des représentants du peuple. « Citoyens, « dit Legendre, quatre membres de cette as« semblée sont arrêtés de cette nuit; je sais que

« Danton en est un, j'ignore le nom des autres.
« Mais, citoyens, je le déclare, je crois Danton
« aussi pur que moi; et cependant il est dans
« les fers. On a craint, sans doute, que ses ré-
« ponses ne détruisissent les accusations dirigées
« contre lui; je demande en conséquence, qu'a-
« vant que vous entendiez aucun rapport, les
« détenus soient mandés et entendus. » Cette
motion fut entendue avec faveur et donna un
moment de courage à l'assemblée; quelques
membres demandèrent qu'on allât aux voix,
mais cette bonne volonté dura peu. Robespierre
parut à la tribune : « Au trouble depuis long-
« temps inconnu qui règne dans cette assemblée,
« dit-il, aux agitations qu'ont produites les pa-
« roles de celui que vous venez d'entendre, il
« est aisé de s'apercevoir qu'il s'agit ici d'un
« grand intérêt, qu'il s'agit de savoir si quelques
« hommes aujourd'hui l'emporteront sur la pa-
« trie. Nous verrons dans ce jour si la conven-
« tion saura briser une prétendue idole, pourrie
« depuis long-temps, ou si dans sa chûte elle
« écrasera le convention et le peuple français! »
Et il lui suffit de quelques mots pour ramener
le silence, la subordination dans l'assemblée,
pour contenir les amis de Danton, et pour faire
rétracter Legendre lui-même. Aussitôt après,
Saint-Just entra dans la salle, suivi des autres

membres du comité. Il lut contre les membres arrêtés un long rapport, dans lequel il accusa leurs opinions, leur conduite politique, leur vie privée, leurs projets, les faisant par des rapprochements invraisemblables, mais subtils, complices de toutes les conspirations, et serviteurs de tous les partis. L'assemblée, après l'avoir écouté sans murmure et avec une stupeur approbatrice, décréta à l'unanimité, et même avec applaudissements, l'accusation de Danton et de ses amis. Chacun cherchait à gagner du temps avec la tyrannie, et lui livrait des têtes pour sauver la sienne.

Les accusés furent traduits devant le tribunal révolutionnaire; ils y parurent avec une attitude courageuse et fière. Ils montrèrent une audace de propos et un mépris pour leurs juges, qui n'étaient pas ordinaires. Danton répondit au président Dumas, qui l'interrogeait, selon la coutume, sur son nom, son âge, sa demeure: « Je suis Danton, assez connu dans la révolution; « j'ai trente-cinq ans. Ma demeure sera bientôt « le néant, et mon nom vivra dans le Panthéon « de l'histoire. » Ses réponses dédaigneuses ou violentes, la discussion froide et mesurée de Lacroix, l'austérité de Philipeaux, la verve de Desmoulins, commençaient à remuer le peuple. Mais les accusés furent mis *hors des débats*, sous prétexte qu'ils manquaient de respect à la justice, et on les condamna aussitôt sans plus les entendre. « On nous immole, s'écria Danton, à « l'ambition de quelques lâches brigands ; mais « ils ne jouiront pas long-temps du fruit de leur « criminelle victoire. J'entraîne Robespierre.... « Robespierre me suit. » Ils furent conduits à la Conciergerie, et de là à l'échafaud.

Ils marchèrent au supplice avec l'assurance ordinaire à cette époque. On avait mis sur pied beaucoup de troupes, et leur escorte était très-nombreuse. La foule, ordinairement bruyante et approbatrice, était silencieuse. Camille Desmoulins, sur la charrette fatale, s'étonnait encore de sa condamnation, et ne pouvait pas la comprendre : « Voilà donc, disait-il, la récom-« pense destinée au premier apôtre de la liberté! » Danton portait la tête haute, et promenait un regard tranquille et fier autour de lui. Au pied de l'échafaud, il s'attendrit un moment : « O ma « bien aimée! s'écria-t-il ; ô ma femme! je ne te « verrai donc plus!... » Puis, s'interrompant tout-à-coup : « Danton, point de faiblesse. » Ainsi périrent les tardifs, mais derniers défenseurs de l'humanité, de la modération; les derniers qui voulurent la paix entre les vainqueurs de la révolution, la miséricorde pour les vaincus. Après eux aucune voix ne se fit plus entendre de quelque temps contre la dictature de la terreur; elle frappa, d'un bout de la France à l'autre, des coups redoublés et silencieux. Les Girondins avaient voulu prévenir ce règne violent, les Dantonistes voulurent l'arrêter, tous périrent, et les dominateurs eurent d'autant plus de victimes à frapper, qu'ils comptèrent plus d'ennemis. On ne s'arrête, dans cette carrière sanglante, que lorsqu'on est tué soi-même. Les décemvirs, après la chute définitive des Girondins, avaient fait mettre la *terreur* à l'ordre du jour; après la chute des Hébertistes, ils y avaient fait mettre la *justice* et la *probité*, parce que ceux-ci étaient des factieux impurs; après la chute des Dantonistes, ils y firent mettre la *terreur* et toutes les *vertus*, parce qu'ils les appelaient le parti des *indulgents* et des *immoraux*.

CHAPITRE IX.

Redoublement de terreur; sa cause. — Système des démocrates; Saint-Just. — Puissance de Robespierre. — Fête de l'Être suprême. — Couthon présente la loi du 22 prairial, qui réorganise le tribunal révolutionnaire; troubles, débats, puis obéissance de la convention. — Les membres actifs des comités se divisent : d'un côté sont Robespierre, Saint-Just et Couthon; de l'autre, Billaud-Varennes, Collot-d'Herbois, Barrère et les membres du comité de sûreté générale. — Projets de Robespierre; il s'absente des comités, et s'appuie sur les Jacobins et la commune. — Le 8 thermidor, il demande le renouvellement des comités; il ne réussit pas. — Séance du 9 thermidor; Saint-Just dénonce les comités; il est interrompu par Talien : Billaud-Varennes attaque violemment Robespierre : déchaînement général de la convention contre les triumvirs; ils sont mis en arrestation — La commune s'insurge, et délivre les prisonniers. — Danger et courage de la convention; elle met les insurgés hors la loi. — Les sections se déclarent pour elle. — Défaite et supplice de Robespierre et des insurgés.

PENDANT les quatre mois qui suivirent la chûte du parti Danton, le pouvoir des comités s'exerça sans opposition et sans retenue. La mort devint le seul moyen de gouvernement, et la république fut livrée à des exécutions journalières et systématiques. C'est alors que furent inventées les conspirations des prisons, encombrées avec la *loi des suspects*, et qu'on vida avec celle du 22 prairial, qui pourrait être appelée la *loi des condamnés* : c'est alors que les envoyés du comité de salut public remplacèrent tout-à-fait, dans les départements, ceux de la Montagne, et qu'on vit, dans l'ouest, Carrier, le protégé de Billaud ; dans le midi, Maignet, le protégé de Couthon ; dans le nord, Joseph Lebon, le protégé de Robespierre. L'extermination en masse contre les ennemis de la dictature démocratique, qui avait déjà été pratiquée à Lyon et à Toulon par des mitraillades, devint plus horrible encore par les noyades de Nantes, par les échafauds d'Arras, de Paris et d'Orange.

Puisse cet exemple apprendre une vérité, qui, pour le bien des hommes, a besoin de devenir commune, c'est qu'en révolution tout dépend d'un premier refus et d'une première lutte ! Pour qu'une innovation soit pacifique, il faut qu'elle ne soit pas contestée. Sinon, la guerre se déclare, et la révolution s'étend, parce que le peuple entier s'ébranle pour la défendre. Lorsque la société est ainsi remuée dans ses fondements, ce sont les hommes les plus audacieux qui triomphent, et, au lieu de réformateurs sages et modérés, on n'a plus que des réformateurs extrêmes et inflexibles. Nés de la lutte, ils veulent se soutenir par elle : d'une main, ils combattent pour défendre leur domination; de l'autre, ils fondent leur système pour la consolider ; ils tuent au nom de leur salut, ils tuent au nom de leurs doctrines : la vertu, l'humanité, le bien du peuple, tout ce qu'il y a de plus saint sur la terre, ils l'emploient à motiver leurs exécutions, à protéger leur dictature. Jusqu'à ce qu'ils s'usent et qu'ils tombent, tout périt pêle-mêle, et les ennemis et les partisans des réformes; la tempête emporte et brise une nation entière contre une révolution. Qu'on cherche ce qu'étaient devenus, en 1794, les hommes de 1789, et on les verra entraînés également dans ce grand naufrage. Dès qu'un parti se fut présenté sur le champ de bataille, il y appela tous les autres, et tous les autres, comme lui, y furent tour-à-tour vaincus et exterminés, et les constitutionnels, et les Girondins, et les Montagnards, et les décemvirs eux-mêmes. A chaque défaite, l'effusion du sang devint plus grande, et le système de tyrannie plus violent. Les décemvirs furent les plus impitoyables, parce qu'ils furent les derniers.

Le comité de salut public, en butte aux attaques de l'Europe et à la haine de tant de partis vaincus, pensa que le ralentissement de la violence occasionnerait sa perte; il voulut à-la-fois comprimer ses ennemis et s'en défaire. « Il n'y a « que les morts qui ne reviennent pas, disait Bar-« rère. — Plus le corps social transpire, ajoutait « Collot-d'Herbois, plus il devient sain. » Mais les décemvirs, ne supposant pas leur puissance éphémère, aspiraient à fonder la démocratie et recherchaient dans des institutions une garantie pour le temps où ils renonceraient aux supplices. Ils avaient au plus haut degré le fanatisme de certaines théories sociales, comme les *millénaires* de la révolution anglaise, auxquels on peut les comparer, avaient celui de certaines idées religieuses. Les uns partaient du peuple, comme les autres partaient de Dieu; voulaient l'égalité politique la plus absolue, comme les autres l'égalité évangélique; aspiraient au *règne de la vertu*, comme les autres au *règne des saints*. En toutes choses la nature humaine va aux dernières limites, et produit, dans une époque religieuse, des démocrates chrétiens; dans une époque philosophique, des démocrates politiques.

Robespierre et Saint-Just avaient donné le plan de cette démocratie, dont ils professaient les principes dans tous leurs discours; ils voulaient changer les mœurs, l'esprit et les habitudes de la France; ils voulaient en faire une république à la manière des anciens. La domination du peuple, des magistrats sans orgueil, des citoyens sans vices, la fraternité des rapports, le culte de la vertu, la simplicité des manières, l'austérité des caractères; voilà ce qu'ils prétendaient établir. On trouvera les mots sacramentels de cette secte dans tous les discours des rapporteurs du comité, et surtout dans ceux de Saint-Just et de Robespierre. *Liberté* et *égalité* pour le gouvernement de la république; *indivisibilité* pour sa forme; *salut public* pour sa défense et sa conservation; *vertu* pour son principe; *Être suprême* pour son culte: quant aux citoyens, *fraternité* dans leurs relations mutuelles; *probité* pour leur conduite; *bon sens* pour leur esprit; *modestie* pour leurs actions publiques, qu'ils devaient rapporter au bien de l'état, et non à eux-mêmes; tel était le symbole de cette démocratie. Le fanatisme ne peut pas aller plus loin. Les auteurs de ce système n'examinaient pas s'il était praticable; ils le croyaient juste et naturel, et, ayant la force en main, ils voulaient l'établir violemment. Il n'y eut pas un de ces mots qui ne servît à la condamnation d'un parti ou de quelques hommes. Les royalistes et les aristocrates furent poursuivis au nom de la *liberté* et de *l'égalité*; les Girondins, au nom de l'*indivisibilité*; Philipeaux, Camille Desmoulins et les modérés, au nom du *salut public*; Chaumette, Anacharsis Clootz, Gobel, Hébert, tout le parti anarchiste et athée, au nom de la *vertu* et de l'*Être suprême*; Chabot, Bazire, Fabre-d'Églantine, au nom de la *probité*; Danton, au nom de la *vertu* et de la *modestie*. Aux yeux des fanatiques, ces *crimes moraux* contribuèrent à leur perte autant que les conspirations qu'on leur reprochait.

Robespierre était le patron de cette secte, qui avait, dans le comité, un zélateur plus fanatique et plus désintéressé que lui: c'était Saint-Just qu'on appelait l'*Apocalyptique*. Il avait un visage régulier, à grands traits, d'une expression forte et mélancolique; un œil pénétrant et fixe; des cheveux noirs, plats et longs. Ses manières étaient froides, quoique son ame fût ardente. Simple dans ses habitudes, austère, sententieux; il marchait sans hésitation à l'accomplissement de son système. A peine âgé de vingt-cinq ans, il se montrait le plus hardi des décemvirs, parce qu'il était le plus convaincu d'entre eux. Passionné pour la république, il était infatigable dans les comités, intrépide dans ses missions aux armées, où il donnait l'exemple du courage, partageant les marches et les périls des soldats. Sa prédilection pour la multitude ne le portait pas à courtiser ses penchants, et, loin de prendre son costume et son langage comme Hébert, il voulait lui donner de l'aisance, du sérieux et de la dignité. Mais sa politique le rendait plus redoutable encore que ses croyances populaires. Il avait beaucoup d'audace, de sang-froid, d'à-propos et de fermeté. Peu capable de pitié, il rédigeait ses mesures de salut public en formules, et mettait de suite les formules à exécution. La victoire, la proscription, la dictature lui paraissaient-elles nécessaires, il les demandait aussitôt. A la différence de Robespierre, il était un véritable homme d'action. Celui-ci, comprenant tout le parti qu'il pourrait tirer de lui, se l'était attaché de bonne heure dans la convention; Saint-Just, de son côté, avait été porté vers Robespierre par sa réputation d'incorruptibilité, par sa vie austère et par la conformité de ses idées avec les siennes.

On conçoit combien devait être terrible leur association, à cause de la popularité, des passions envieuses et dominatrices de l'un, du caractère inflexible et des vues systématiques de l'autre. Couthon s'était joint à eux; il était personnellement dévoué à Robespierre. Quoiqu'il eût un visage doux et le corps à moitié paralysé, il était d'un fanatisme impitoyable. Ils formèrent, dans le comité même, un triumvirat qui voulut bientôt attirer à lui toute la puissance. Cette ambition aliéna d'eux les autres membres du comité, et finit par les perdre. En attendant, le triumvirat gouverna souverainement la convention et le comité même. Lorsqu'il fallait intimider l'assemblée, Saint-Just était chargé du rapport; lorsqu'on voulait la surprendre, on employait Couthon. S'il y avait quelque murmure ou quelque hésitation, Robespierre se montrait, et d'une parole il faisait tout rentrer dans le silence et dans la terreur.

Pendant les deux premiers mois après la chute de la commune et du parti Danton, les décemvirs, qui n'étaient pas encore divisés, travaillèrent à affermir leur domination. Leurs commissaires contenaient les départements, et les armées de la république étaient victorieuses sur toutes les frontières. Les comités profitèrent de ce moment de sécurité et d'union, pour jeter le fondement des nouvelles mœurs et des nouvelles institutions. Il ne faut jamais oublier qu'en révolution, les hommes sont mus par deux penchants, l'amour de leurs idées et le goût du commandement. Les membres du comité, au commencement, s'entendirent pour leurs idées démocratiques; à la fin, ils se combattirent pour le pouvoir.

Billaud-Varennes présenta la théorie du gouvernement populaire, et les moyens de subordonner toujours l'armée à la nation. Robespierre prononça un discours sur les idées morales et les solennités qui convenaient à une république; il fit dédier les fêtes décadaires *à l'Être suprême, à la Vérité, à la Justice, à la Pudeur, à l'Amitié, à la Frugalité, à la bonne Foi, à la Gloire et à l'Immortalité, au Malheur*, etc., enfin à toutes les vertus morales et républicaines. Il prépara de cette manière à l'établissement du nouveau culte *de l'Être suprême.* Barrère fit un rapport sur l'extirpation de la mendicité et sur les secours que la république devait aux citoyens indigents. Tous ces rapports étaient transformés en décrets, selon le vœu des démocrates. Barrère, dont les discours habituels à la convention tendaient à lui déguiser sa servitude, était un des plus souples instruments du comité; il ne tenait au régime de la terreur ni par fanatisme, ni par cruauté. Ses mœurs étaient douces, sa vie privée irréprochable, et il avait une très-grande modération d'esprit. Mais il avait peur; et, après avoir été royaliste constitutionnel avant le 10 août, républicain modéré avant le 31 mai, il était devenu le panégyriste et le copartageant de la tyrannie décemvirale. Cela fait voir que, dans une révolution, il ne faut pas être acteur, si l'on manque de caractère. L'esprit seul n'est pas assez inflexible, il est trop accommodant;

il trouve des raisons à tout, même à ce qui le dégoûte ou l'épouvante; il ne sait jamais vous arrêter à propos, dans un temps où il faut toujours être prêt à la mort, et finir son rôle là où finissent ses opinions.

Robespierre, qui passait pour le fondateur de cette démocratie morale, parvint alors au plus haut degré d'élévation et de puissance. Il devint l'objet de la flatterie générale dans son parti; il fut *le grand homme* de la république : on ne parla que *de sa vertu, de son génie, de son éloquence*. Deux circonstances contribuèrent encore à accroître son importance. Le 3 plairial, un homme obscur, mais intrépide, nommé l'Admiral, voulut délivrer la France de Robespierre et de Collot d'Herbois. Il attendit inutilement Robespierre toute la journée; et, le soir, il se décida à frapper Collot. Il tira sur lui deux coups de pistolet; mais il le manqua. Le lendemain, une jeune fille, nommée Cécile Renault, se présenta chez Robespierre, et demanda avec instance à lui parler. Comme il était sorti, et qu'elle insistait cependant pour être admise, on l'arrêta. Elle avait un petit paquet, et on trouva sur elle deux couteaux. « Quel motif, lui demanda-t-on, vous a amenée chez Robespierre ? — Je « voulais lui parler. — De quelle affaire ? — C'est « selon que je l'aurais trouvé. — Connaissez-vous

« le citoyen Robespierre? — Non, puisque je
« cherchais à le connaître, et j'ai été chez lui
« pour voir comment était fait un tyran. — Quel
« usage vous proposiez-vous de faire de vos
« deux couteaux? — Aucun, n'ayant intention
« de faire mal à personne. — Et votre paquet?
« — Il contenait du linge pour changer, dans le
« lieu où l'on va me conduire. — Où? — En pri-
« son, et de là à la guillotine. » La malheureuse
jeune fille y fut conduite, et sa famille même
fut enveloppée dans sa perte.

Robespierre reçut les marques de la plus enivrante adulation. Aux Jacobins et dans la convention, on attribua son salut au bon *génie de
la république* et à l'*Être suprême*, dont il avait
fait décréter l'existence, le 18 floréal. La célé-
bration du nouveau culte avait été fixée pour
le 20 prairial dans toute l'étendue de la France.
Le 16, Robespierre fut nommé président de la
convention à l'unanimité, pour qu'il servît de
pontife à la fête. Il parut, dans cette cérémonie,
à la tête de l'assemblée, la figure rayonnante de
confiance et de joie, ce qui ne lui était pas ordinaire. Il marchait à quinze pas en avant de
ses collègues, seul, dans un costume brillant,
tenant des fleurs et des épis à la main, et l'objet
de l'attention générale. Chacun s'attendait, ce
jour-là, à quelque chose; les ennemis de Ro-

bespierre à des tentatives d'usurpation, les partis persécutés à un régime désormais plus doux. Il trompa l'attente de tout le monde; il harangua le peuple en grand-prêtre, et il finit son discours, dans lequel on cherchait l'espérance d'un meilleur avenir, par ces décourageantes paroles: *Peuple, livrons-nous aujourd'hui aux transports d'une pure allégresse! Demain, nous combattrons encore les vices et les tyrans!*

Deux jours après, le 22 prairial, Couthon vint présenter à la convention une nouvelle loi. Le tribunal révolutionnaire avait frappé docilement tous ceux qui lui avaient été désignés; royalistes, constitutionnels, Girondins, anarchistes, Montagnards, avaient également été envoyés à la mort. Mais il n'allait pas assez vite au gré des exterminateurs systématiques, qui voulaient, à tout prix et promptement, se débarrasser de leurs prisonniers. On observait encore quelques formes; on les supprima. « Toute « lenteur, dit Couthon, est un crime, toute for- « malité indulgente est un danger public : le « délai pour punir les ennemis de la patrie ne « doit être que le temps de les reconnaître. » Les accusés avaient des défenseurs; ils n'en eurent plus. *La loi donne pour défenseurs aux patriotes calomniés des jurés patriotes; elle n'en accorde point aux conspirateurs.* On les jugeait individuellement; on les jugea en masse. Il y avait quelque précision dans les délits même révolutionnaires; on déclara coupables *tous les ennemis du peuple*, et ennemis du peuple *tous ceux qui cherchaient à anéantir la liberté, soit par la force, soit par la ruse*. Les jurés avaient pour règle de leurs déterminations la loi; ils *n'eurent plus que leur conscience*. Un seul tribunal, Fouquier Thinville et quelques jurés, ne pouvaient plus suffire au surcroît des victimes que présageait la nouvelle loi. On distribua le tribunal en quatre sections, on augmenta les juges et les jurés, et l'on donna à l'accusateur public quatre substituts pour lui servir d'auxiliaires. Enfin, les députés du peuple ne pouvaient être traduits en jugement que par décret de la convention; on rédigea la loi de manière à ce qu'ils pussent l'être par l'ordre seul des comités. La loi des suspects amena celle de Prairial.

Dès que Couthon eut fait son rapport, il y eut dans l'assemblée un murmure d'étonnement et de crainte. « Si cette loi passe, s'écria Ruamps, « il ne nous reste plus qu'à nous brûler la cer- « velle. Je demande l'ajournement. » L'ajournement fut appuyé; mais Robespierre monta à la tribune: « Depuis long-temps, dit-il, la conven- « tion nationale discute et décrète sur-le-champ, « parce que depuis long-temps elle n'est plus

« asservie à l'empire des factions. Je demande
« que, sans s'arrêter à la proposition de l'ajour-
« nement, la convention discute jusqu'à huit
« heures du soir, s'il le faut, le projet de loi
« qui lui est soumis. » Aussitôt la discussion s'ouvrit, et en trente minutes, après une seconde
lecture, le décret fut adopté. Mais, le lendemain,
quelques membres, plus effrayés encore de la
loi que du comité, revinrent sur la délibération
de la veille. Les Montagnards, amis de Danton,
qui craignaient pour eux la disposition nouvelle
qui laissait les représentants à la merci des décemvirs, proposèrent à la convention de pourvoir à la sûreté de ses membres. Bourdon de
l'Oise le premier prit la parole dans ce but; il
fut soutenu. Merlin, par un *considérant* adroit,
rétablit l'ancienne sauvegarde des conventionnels, et l'assemblée adopta le considérant de
Merlin. Peu à peu des objections furent faites
au décret, le courage des Montagnards augmenta,
la discussion devint très-vive. Couthon attaqua
les Montagnards. « Qu'ils sachent, lui répondit
« Bourdon de l'Oise, qu'ils sachent, les mem-
« bres du comité, que, s'ils sont patriotes, nous
« le sommes comme eux! Qu'ils sachent que je
« ne répondrai pas avec aigreur aux reproches
« qu'ils m'ont adressés! J'estime Couthon, j'es-
« time le comité; mais j'estime aussi l'inébran-

« lable Montagne, qui a sauvé la liberté! » Robespierre, surpris de cette résistance inaccoutumée, s'élança alors à la tribune : « La conven-
« tion, dit-il, la Montagne, le comité, c'est la
« même chose! Tout représentant du peuple qui
« aime sincèrement la liberté, tout représentant
« du peuple qui est déterminé à mourir pour la
« patrie, est de la Montagne! Ce serait outrager
« la patrie, ce serait assassiner le peuple que de
« souffrir que quelques intrigants, plus mépri-
« sables que les autres, parce qu'ils sont plus
« hypocrites, s'efforçassent d'entraîner une por-
« tion de cette Montagne, et de s'y faire les chefs
« d'un parti! —Jamais, dit Bourdon, il n'est entré
« dans mon intention de me faire chef de parti.
« — Ce serait, continua Robespierre, l'excès de
« l'opprobre que quelques-uns de nos collègues,
« égarés par la calomnie sur nos intentions et
« sur le but de nos travaux... — Je demande qu'on
« prouve ce qu'on avance, reprit Bourdon; on
« vient de dire assez clairement que je suis un
« scélérat. — Je n'ai pas nommé Bourdon. Mal-
« heur à qui se nomme lui-même!... Oui, la
« Montagne est pure; elle est sublime, et les in-
« trigants ne sont pas de la Montagne! — Nom-
« mez-les. — Je les nommerai quand il le faudra. »
Les menaces, le ton impérieux de Robespierre,
l'appui des autres décemvirs, la crainte qui

gagnait de proche en proche, firent tout rentrer dans le silence. Le *considérant* de Merlin fut révoqué comme injurieux au comité de salut public, et la loi passa en entier. Ce fut depuis lors que les *fournées* eurent lieu, et qu'on envoya, chaque jour, jusqu'à cinquante condamnés à la mort. Cette terreur, dans la terreur, dura environ deux mois.

Mais la fin de ce régime approchait. Les séances de prairial furent pour les membres des comités le dernier terme de l'union. Depuis quelque temps, de sourdes dissensions existaient entre eux. Ils avaient marché d'accord tant qu'ils avaient eu à combattre ensemble, mais il n'en fut plus ainsi, au moment où ils se trouvèrent seuls dans l'arène avec l'habitude de la lutte et le besoin de la domination. D'ailleurs, leurs opinions n'étaient pas entièrement les mêmes : le parti démocratique s'était divisé par la chûte de l'ancienne commune; Billaud-Varennes, Collot-d'Herbois, et les principaux membres du comité de sûreté-générale, Vadier, Amar, Vouland, tenaient à cette faction renversée, et préféraient *le culte de la Raison* à celui *de l'Etre suprême*. Ils se montraient aussi jaloux de la renommée et inquiets de la puissance de Robespierre, qui, à son tour, était irrité de leur secrète désapprobation, et des obstacles qu'ils opposaient à sa volonté. Ce dernier conçut à cette époque le dessein d'abattre les membres les plus entreprenants de la Montagne, Talien, Bourdon, Legendre, Fréron, Rovère, etc., et ses rivaux du comité.

Robespierre disposait d'une force prodigieuse; le bas peuple, qui voyait la révolution dans sa personne, le soutenait comme le représentant de ses doctrines et de ses intérêts; la force armée de Paris, commandée par Henriot, était à ses ordres. Il régnait aux Jacobins qu'il composait et qu'il épurait à son gré; toutes les places importantes étaient occupées par ses créatures; il avait formé lui-même le tribunal révolutionnaire et la nouvelle commune, en remplaçant le procureur-général Chaumette par l'agent national Payan, le maire Pache par le maire Fleuriot. Mais quel était son but en accordant les fonctions les plus influentes à des hommes nouveaux, et en se séparant des comités? aspirait-il à la dictature? voulait-il seulement parvenir à sa démocratie *de vertu*, par la ruine de ce qu'il restait de montagnards *immoraux* et de *factieux* du comité? Sa conduite peut s'expliquer également par le désir de l'usurpation, et par le fanatisme populaire: il semblait avoir pratiqué le conseil que le vieux Tarquin avait autrefois donné à son fils, en abattant les têtes les plus élevées de la république. Chaque parti avait perdu ses chefs ; la Gironde, les *vingt-deux* ; la commune, Hébert, Chaumette et Ronsin ; la Montagne, Danton, Chabot, Lacroix, Camille Desmoulins. Mais, tout en proscrivant les chefs, Robespierre avait soigneusement protégé les masses. Il avait défendu les *soixante-treize* détenus contre les dénonciations des Jacobins et la haine des comités ; il s'était mis à la tête de la nouvelle commune ; il n'avait plus d'opposition à craindre pour ses projets, que de la part d'un petit nombre de montagnards et du gouvernement conventionnel. C'est contre ce double obstacle qu'il dirigea ses efforts dans les derniers moments de sa carrière. Il est probable qu'il ne séparait point la république de son protectorat, et qu'il croyait les fonder également sur les ruines des autres partis.

Les comités combattirent Robespierre à leur façon. Ils travaillèrent sourdement à sa ruine en l'accusant de tyrannie. Ils faisaient considérer l'établissement de son culte comme le présage de son usurpation ; ils rappelaient son attitude orgueilleuse dans la journée d'enivrement du 20 prairial, la distance où il s'était placé de la convention nationale elle-même. Entre eux ils l'appelaient *Pisistrate*, et ce nom passait déjà de bouche en bouche. Une circonstance insignifiante dans un autre moment leur permit de l'attaquer d'une manière détournée. Une vieille femme, nommée *Catherine Théot*, faisait la prophétesse dans un réduit obscur, entourée de quelques sectaires mystiques : on l'appelait *la Mère de Dieu*, et elle annonçait la venue prochaine d'un *messie restaurateur*. Avec elle se trouvait un ancien collègue de Robespierre à la constituante, le chartreux dom-Gerle, qui avait une attestation civique de Robespierre lui-même. Les comités, en découvrant *les mystères de la Mère de Dieu* et ses prédictions, crurent, ou feignirent de croire, que Robespierre se servait de ce moyen pour gagner les fanatiques et pour faire annoncer son élévation. Ils changèrent son nom de *Théot* en celui de *Théos*, qui signifie Dieu, et dans le messie qu'elle annonçait, ils désignèrent assez adroitement Robespierre. Le vieux Vadier au nom du comité de sûreté générale fut chargé du rapport contre la nouvelle secte. Il était vain et subtil; il dénonça les initiés aux mystères, tourna le culte en dérision, y mêla Robespierre sans le nommer, et fit envoyer les fanatiques en prison. Robespierre voulut les sauver. La conduite du comité de sûreté générale l'irrita profondément, et dans le club des Jacobins il parla du discours de Vadier avec mépris et colère. Il essuya de nouvelles contrariétés dans le comité de salut public, qui refusa de poursuivre ceux que lui désigna Robespierre. Dès-lors il ne parut plus au milieu de ses collègues de gouvernement, et n'assista que rarement aux séances de la convention : mais il se rendit régulièrement aux Jacobins, et c'est de la tribune de ce club qu'il crut ruiner ses ennemis, comme il l'avait fait jusque là.

Naturellement triste, soupçonneux, craintif, il devint plus sombre et plus défiant. Il ne sortait plus qu'accompagné de plusieurs jacobins armés de bâton, qu'on appelait ses gardes-du-corps. Bientôt, dans la société populaire, il commença les dénonciations : « *Il faut*, dit-il, *chasser de la convention tous ces hommes corrompus;* » c'était désigner les amis de Danton. Robespierre les faisait surveiller avec la plus minutieuse inquiétude. Chaque jour des espions attachés à leurs pas suivaient tous leurs mouvements, l'instruisaient de leurs démarches, de leurs fréquentations et de leurs paroles. Robespierre n'attaqua pas seulement les Dantonistes aux Jacobins, il s'éleva contre le comité lui-même, et il choisit pour cela un jour que Barrère présidait la société populaire. Au sortir de la séance, celui-ci retourna chez lui découragé. « Je suis soûl des « hommes, dit-il au juré Villate.—Quelle a pu « être, lui demanda celui-ci, sa raison de t'atta- « quer?—Ce Robespierre est insatiable, reprit

« Barrère; parce qu'on ne fait pas tout ce qu'il
« voudrait, il faut qu'il rompe la glace avec nous.
« S'il nous parlait de Thuriot, Guffroi, Rovère,
« Lecointre, Panis, Cambon, Monestier, de toute
« la sequelle dantoniste, nous nous entendrions;
« qu'il demande encore Talien, Bourdon de
« l'Oise, Legendre, Fréron, à la bonne heure....
« mais Duval, mais Audoin, mais Léonard Bour-
« don, Vadier, Vouland, il est impossible d'y
« consentir. » Livrer des membres du comité de
sûreté générale, c'était s'entamer eux-mêmes.
Aussi tinrent-ils bons : ils attendirent l'attaque
tout en la craignant. Robespierre était très-
redoutable. Soit en raison de sa puissance, soit
en raison de ses haines et de ses projets, c'était
lui qui devait commencer le combat.

Mais comment s'y prendre? il se trouve pour
la première fois l'auteur d'une conjuration; jusqu'ici il a profité de tous les mouvements populaires, mais il n'en a dirigé aucun. Danton,
les cordeliers et les faubourgs ont fait le 10 août
contre le trône; Marat, la Montagne et la commune, ont fait le 31 mai contre la Gironde;
Billaud, Saint-Just, et les comités, ont opéré la
ruine de la commune et l'affaiblissement de la
montagne. Robespierre reste seul aujourd'hui,
et il faut qu'il achève de lui-même l'œuvre de
sa domination, ébauchée par d'autres. Ne pou-

vant pas s'aider du gouvernement puisqu'il se déclare contre les comités, il a recours au bas peuple et aux Jacobins. Les principaux conjurés sont, Saint-Just et Couthon dans le comité, le maire Fleuriot et l'agent national Payan dans la commune; le président Dumas et le vice-président Coffinhal dans le tribunal révolutionnaire; le commandant de la force armée Henriot, et la société populaire. Le 15 messidor, trois semaines après la loi de prairial, et 24 jours avant le 9 thermidor, la résolution était déjà prise; à cette époque, et sous cette date, Henriot écrivit au maire: « Camarade, tu seras content de moi et de la « manière dont je m'y prendrai : va, les hommes « qui aiment la patrie s'entendent facilement « pour faire tourner tous leurs pas au profit de « la chose publique. J'aurais voulu et je voudrais « que le *secret de l'opération* fût dans nos deux « têtes, les méchants n'en sauraient rien. Salut « et fraternité. »

Saint-Just était en mission auprès de l'armée du nord, Robespierre le rappela en toute hâte. En attendant son retour, il prépara les esprits aux Jacobins. Dans la séance du 3 thermidor, il se plaignit de la conduite des comités et de la *persécution des patriotes* qu'il jura de défendre. « Il ne faut plus, dit-il, qu'il reste aucune trace « de faction ou de crime en quelque lieu que ce

« soit. Quelques scélérats déshonorent la con-
« vention, mais, sans doute, elle ne se laissera
« pas opprimer par eux. » Il engagea ensuite ses
collègues les Jacobins, à présenter *leurs réflexions*
à l'assemblée nationale : c'était la marche du
31 mai. Le 4 il reçut une députation du département de l'Aisne, qui vint se plaindre à lui des opérations du gouvernement auxquelles il était étranger depuis plus d'un mois. « La convention,
« lui répondit Robespierre, dans la situation où
« elle est, gangrenée par la corruption et hors
« d'état de s'y soustraire, ne peut plus sauver
« la république; toutes deux périront. La pro-
« scription des patriotes est à l'ordre du jour.
« Pour moi, j'ai déja mis un pied dans la tombe,
« dans peu de jours j'y mettrai l'autre. Le reste
« est entre les mains de la Providence. » Il était un peu malade à cette époque, et il exagérait à dessein son découragement, ses craintes, et les dangers de la république, pour enflammer les patriotes et rattacher la destinée de la révolution à la sienne.

Sur ces entrefaites Saint-Just arriva de l'armée. Il fut instruit par Robespierre de l'état des choses. Il se présenta aux comités dont les membres le reçurent d'une manière froide; toutes les fois qu'il entra, ils cessèrent de délibérer. Saint-Just qui, à leur silence, à quelques mots échappés, à l'embarras ou à l'inimitié de leurs visages, comprit qu'il ne fallait pas perdre de temps, pressa Robespierre d'agir. Sa maxime était de frapper fort et vite. *Osez*, disait-il, *voilà tout le secret des révolutions*. Mais il voulait déterminer Robespierre à un coup d'audace qui n'était pas possible, en l'engageant à atteindre ses ennemis sans les prévenir. La force dont il disposait était une force révolutionnaire et d'opinion, et non pas une force organisée. Il lui fallait s'aider de la convention ou de la commune, de l'autorité légale du gouvernement ou de l'autorité extraordinaire de l'insurrection. Tels étaient les usages, et tels devaient être les coups d'état. On ne pouvait même recourir à l'insurrection qu'après avoir essuyé les refus de l'assemblée, sinon le prétexte manquait au soulèvement. Robespierre fut donc contraint de livrer d'abord l'attaque dans la convention elle-même. Il espéra tout obtenir d'elle par son ascendant, ou si, contre son ordinaire, elle résistait, il compta, que le peuple provoqué par la commune, s'insurgerait le 9 thermidor contre les proscrits de la Montagne et le comité de salut public, comme il s'était insurgé le 31 mai contre les proscrits de la Gironde et la commission des douze. C'est toujours sur le passé qu'on règle sa conduite et ses espérances.

Le 8 thermidor il arrive de bonne heure dans la convention. Il monte à la tribune et dénonce les comités par un discours fort adroit : « Je viens « défendre devant vous, dit-il, votre autorité ou-« tragée, et la liberté violée. Je me défendrai « aussi moi-même, vous n'en serez point surpris ; « vous ne ressemblez point aux tyrans que vous « combattez. Les cris de l'innocence outragée « n'importunent point votre oreille, et vous n'i-« gnorez pas que cette cause ne vous est point « étrangère. » Après ce début, il se plaint de ses calomniateurs, il attaque ceux qui veulent perdre la république par les excès ou par la modération, ceux qui persécutent les citoyens pacifiques, et il désigne par là les comités; ceux qui persécutent les vrais patriotes, et il désigne par là les Montagnards. Il s'associe aux desseins, à la conduite passée, et à l'esprit de la convention. Il ajoute que ses ennemis sont les siens. « Eh! que suis-je pour mériter les persécutions, « si elles n'entraient dans le système général de « leur conspiration contre la convention natio-« nale? N'avez-vous pas remarqué que pour vous « isoler de la nation ils ont publié que vous étiez « des dictateurs régnant par la terreur et dés-« avoués par le vœu tacite des Français? Pour « moi, quelle est la faction à qui j'appartiens? « c'est vous-mêmes. Quelle est cette faction qui,

« depuis le commencement de la révolution, a
« terrassé les factions et fait disparaître tant de
« traîtres accrédités? c'est vous, c'est le peuple,
« ce sont les principes. Voilà la faction à laquelle
« je suis voué et contre laquelle tous les crimes
« sont ligués.... Voilà au moins six semaines que
« l'impuissance de faire le bien et d'arrêter le
« mal m'a forcé à abandonner absolument mes
« fonctions de membre du comité de salut pu-
« blic. Le patriotisme a-t-il été plus protégé? les
« factions plus timides? la patrie plus heureuse?
« Mon influence s'est bornée dans tous les temps
« à plaider la cause de la patrie devant la repré-
« sentation nationale et au tribunal de la raison
« publique. » Après avoir cherché à confondre
sa cause avec celle de la convention, il l'excite
contre les comités par l'idée de son indépendance. « Représentants du peuple, il est temps de
« reprendre la fierté et la hauteur de caractère
« qui vous convient. Vous n'êtes pas faits pour
« être régis, mais pour régir les dépositaires de
« votre confiance. »

En même temps qu'il tente de gagner l'assemblée par le retour de son pouvoir et la fin
de sa servitude, il s'adresse aux hommes modérés en leur rappelant qu'ils lui doivent le salut des soixante-treize, et en leur faisant espérer
le retour de l'ordre, de la justice et de la clé-

mence. Il parle de changer le système dévorant et tracassier des finances, d'adoucir le gouvernement révolutionnaire, de guider son action et de punir ses agents prévaricateurs. Enfin il invoque le peuple, il parle de ses besoins, de sa puissance, et après avoir rappelé tout ce qui peut agir sur la convention, et l'intérêt, et l'espérance, et la peur : « Disons donc, ajoute-t-il,
« qu'il existe une conspiration contre la liberté
« publique ; qu'elle doit sa force à une coalition
« criminelle qui intrigue au sein même de la
« convention ; que cette coalition a des compli-
« ces dans le comité de sûreté générale; que les
« ennemis de la république ont opposé ce co-
« mité au comité de salut public, et constitué
« ainsi deux gouvernements; que des membres
« du comité de salut public entrent dans ce
« complot; que la coalition ainsi formée cherche
« à perdre les patriotes et la patrie. Quel est le
« remède à ce mal? Punir les traîtres, renouveler
« les bureaux du comité de sûreté générale, épu-
« rer ce comité et le subordonner au comité de
« salut public; épurer le comité de salut public
« lui-même; constituer l'unité du gouvernement
« sous l'autorité suprême de la convention; écra-
« ser ainsi toutes les factions du poids de l'au-
« torité nationale, pour élever sur leurs ruines
« la puissance de la justice et de la liberté. »

Pas un murmure, pas un applaudissement, n'accueillirent cette déclaration de guerre. Le silence avec lequel Robespierre avait été écouté se prolongea long-temps encore après qu'il eut fini. De toutes parts, dans l'assemblée incertaine, on se regardait avec inquiétude. Enfin Lecointre de Versailles prit la parole et proposa l'impression du discours. Cette demande fut le signal de l'agitation, des débats, de la résistance. Bourdon de l'Oise s'opposa à l'impression comme dangereuse, il fut applaudi; mais Barrère, selon sa coutume équivoque, ayant soutenu que tous les discours devaient être publiés, et Couthon ayant demandé son envoi à toutes les communes de la république, la convention intimidée par le concert apparent des deux factions opposées, décréta et l'impression et l'envoi.

Les membres des deux comités attaqués qui, jusque-là, avaient gardé le silence, voyant la Montagne repoussée et la majorité chancelante, sentirent qu'il était temps de parler. Vadier combattit le premier le discours de Robespierre, et Robespierre lui-même. Cambon alla plus loin : « Il est temps de dire la vérité tout entière, s'é-
« cria-t-il : un seul homme paralysait la volonté
« de la convention nationale; cet homme, c'est
« Robespierre. — Il faut arracher le masque,
« ajouta Billaud-Varennes, sur quelque visage

« qu'il se trouve, j'aime mieux que mon cadavre
« serve de trône à un ambitieux que de devenir
« par mon silence complice de ses forfaits. » Panis, Bentabole, Charlier, Thirion, Amar, l'attaquèrent à leur tour. Fréron proposa à la convention de briser le joug funeste des comités:
« Le moment est venu, dit-il, de ressusciter la
« liberté des opinions. Je demande que l'assem-
« blée rapporte le décret qui accorde aux comi-
« tés le droit de faire arrêter des représentants
« du peuple. Quel est celui qui peut parler li-
« brement lorsqu'il craint d'être arrêté ? » Quelques applaudissements se firent entendre, mais le moment de l'affranchissement entier de la convention n'était pas encore venu, c'était derrière les comités qu'il fallait combattre Robespierre, afin de renverser plus facilement ensuite les comités. Aussi la demande de Fréron fut repoussée. « Celui que la crainte empêche de
« dire son avis, dit en le regardant Billaud Va-
« rennes, n'est pas digne du titre de représen-
« tant du peuple. » On ramena l'attention sur Robespierre. Le décret qui ordonnait l'impression fut rapporté, et la convention renvoya le discours à l'examen des comités. Robespierre qui avait été surpris de cette fougueuse résistance, dit alors: « Quoi! j'ai le courage de dé-
« poser dans le sein de la convention des vérités

« que je crois nécessaires au salut de la patrie,
« et l'on renvoie mon discours à l'examen des
« membres que j'accuse ! » Il sortit, un peu découragé, mais espérant ramener l'assemblée qui s'était montrée flottante, ou bien la soumettre avec les conjurés des Jacobins et de la commune.

Il se rendit le soir à la Société populaire. Il fut reçu avec enthousiasme. Il lut le discours que l'assemblée venait de condamner, et les Jacobins le couvrirent d'applaudissements. Il leur fit alors le récit des attaques qui avaient été dirigées contre lui, et leur dit pour les exciter davantage : « Je suis prêt, s'il le faut, à boire la
« coupe de Socrate. — Robespierre, s'écria un
« député, je la boirai avec toi. — Les ennemis
« de Robespierre, ajouta-t-on de toutes parts,
« sont ceux de la patrie ; qu'il les nomme, ils
« auront cessé de vivre. » Pendant toute cette nuit, Robespierre disposa ses partisans pour la journée du lendemain. Il fut convenu qu'ils s'assembleraient à la commune et aux Jacobins, afin d'être prêts à tout événement, pendant qu'il se rendrait avec ses amis dans le sein de l'assemblée.

Les comités s'étaient réunis de leur côté et avaient délibéré toute la nuit. Saint-Just avait paru au milieu d'eux. Ses collègues essayèrent de le détacher du triumvirat; ils le chargèrent de faire un rapport sur l'évènement de la veille, et de le leur soumettre. Mais, au lieu de cela, il dressa un acte d'accusation qu'il ne voulut pas leur communiquer et leur dit en les quittant : « Vous avez flétri mon cœur, je vais l'ouvrir à « la convention. » Les comités mirent tout leur espoir dans le courage de l'assemblée et dans l'union des partis. Les Montagnards n'avaient rien oublié pour amener ce salutaire concert. Ils s'étaient adressés aux membres les plus influents de la droite et du Marais. Ils avaient conjuré Boissy-d'Anglas et Durand-Maillane qui étaient à leur tête, de se joindre à eux contre Robespierre. Ceux-ci hésitèrent d'abord : ils étaient si effrayés de la puissance de Robespierre, si pleins de ressentiments contre la Montagne, qu'ils renvoyèrent deux fois les Dantonistes sans les écouter. Enfin les Dantonistes revinrent une troisième fois à la charge, et alors la droite et la Plaine s'engagèrent à les soutenir. De part et d'autre, il y avait donc conjuration. Tous les partis de l'assemblée étaient réunis contre Robespierre, tous les complices des triumvirs étaient préparés contre la convention. C'est dans cet état que s'ouvrit la séance du 9 thermidor.

Les membres de l'assemblée s'y rendirent plus tôt que d'ordinaire. Vers onze heures et demie,

ils se promenaient dans les couloirs s'encourageant les uns les autres. Le montagnard Bourdon de l'Oise aborde le modéré Durand-Maillane, lui presse la main, et lui dit: « O les braves gens, « que les gens de la droite! » — Rovère et Talien s'approchent aussi, et joignent leurs félicitations à celles de Bourdon. A midi, ils voient, de la porte de la salle, Saint-Just monter à la tribune. *C'est le moment*, dit Talien, et ils entrent dans la salle. Robespierre occupe un siége en face de la tribune, sans doute pour intimider ses adversaires de ses regards. Saint-Just commence : « Je ne suis, dit-il, d'aucune faction; je
« les combattrai toutes. Le cours des choses a
« voulu que cette tribune fût peut-être la roche
« tarpéïenne pour celui qui viendrait vous dire
« que des membres du gouvernement ont quitté
« la route de la sagesse! » Aussitôt Talien interrompt violemment Saint-Just, et s'écrie : « Au-
« cun bon citoyen ne peut retenir ses larmes sur
« le sort malheureux auquel la chose publique
« est abandonnée. Partout on ne voit que divi-
« sion. Hier un membre du gouvernement s'en
« est isolé pour l'accuser. Aujourd'hui, un autre
« fait la même chose. On veut encore s'attaquer,
« aggraver les maux de la patrie, la précipiter
« dans l'abîme. Je demande que le rideau soit
« entièrement déchiré! » *Il le faut! il le faut!* s'écria-t-on de toutes parts.

Billaud-Varennes prit alors la parole de sa place. « Hier, dit-il, la société des Jacobins était « remplie d'hommes apostés, puisque aucun n'a- « vait de carte ; hier, on a développé dans cette « société l'intention d'égorger la convention na- « tionale ; hier, j'ai vu des hommes qui vomis- « saient les infamies les plus atroces contre ceux « qui n'ont jamais dévié de la révolution. Je vois « sur la Montagne un de ces hommes qui mena- « çaient les représentants du peuple ; le voilà !... » *Qu'on l'arrête ! qu'on l'arrête !* s'écria-t-on. Les huissiers s'en emparèrent et le conduisirent au comité de sûreté générale. « Le moment de dire « la vérité, poursuivit Billaud, est arrivé. L'assem- « blée jugerait mal les événements et la position « dans laquelle elle se trouve, si elle se dissi- « mulait qu'elle est entre deux égorgements. Elle « périra, si elle est faible. » *Non, non, elle ne périra pas*, répondent tous les membres en se levant. Ils jurent de sauver la république ; les tribunes applaudissent et crient : *Vive la convention nationale !* Le fougueux Lebas demande la parole pour défendre les triumvirs ; on la lui refuse, et Billaud continue. Il avertit la convention de ses dangers, il attaque Robespierre, désigne ses complices, dénonce sa conduite et ses plans de dictature. Tous les regards sont tournés sur lui. Il les soutient long-temps dans une attitude ferme; mais enfin il ne peut plus se contenir, et il s'élance à la tribune. Aussitôt le cri de *A bas le tyran! à bas le tyran!* se fait entendre, et l'empêche de parler.

« Je demandais tout-à-l'heure, dit alors Talien, « qu'on déchirât le voile. J'aperçois avec plaisir « qu'il l'est entièrement; les conspirateurs sont « démasqués, ils seront bientôt anéantis, et la li- « berté triomphera! J'ai vu hier la séance des Jaco- « bins, j'ai frémi pour la patrie! J'ai vu se former « l'armée du nouveau Cromwell, et je me suis « armé d'un poignard pour lui percer le sein, « si la convention nationale n'avait pas la force « de le décréter d'accusation! » Il sort son poignard, l'agite devant la convention indignée, demande avant tout l'arrestation d'Henriot, la permanence de l'assemblée, et obtient l'une et l'autre au milieu des cris de *Vive la république!* Billaud fait décréter aussi d'arrestation trois des plus audacieux complices de Robespierre, Dumas, Boulanger, Dufrèse; Barrère fait placer la convention sous la garde des sections armées, il rédige une proclamation qui doit être adressée au peuple. Chacun propose une mesure de précaution. Vadier détourne un moment l'attention de l'assemblée des dangers qui la menacent, pour la porter de nouveau sur l'affaire de Catherine Théos. « Ne détournons pas la question de son

« véritable point, dit Talien. — Je saurai l'y ra-
« mener, crie Robespierre. — Occupons-nous
« du tyran, » réplique Talien, et il l'attaque de
nouveau et plus vivement.

Robespierre qui avait plusieurs fois essayé de
parler, qui montait et descendait l'escalier de la
tribune, dont la voix était toujours couverte par
les cris *à bas le tyran!* et par la sonnette que le
président Thuriot agitait sans interruption, Robespierre fait un dernier effort dans un moment
de silence. « Pour la dernière fois, crie-t-il, me
« donneras-tu la parole, président d'assassins? »
Mais Thuriot continue d'agiter sa sonnette. Robespierre, après avoir tourné ses regards vers
les tribunes qui restent immobiles, se dirige
vers la droite. « Hommes purs, hommes ver-
« tueux, leur dit-il, c'est à vous que j'ai recours;
« accordez-moi la parole que les assassins me
« refusent. » Point de réponse, et le plus grand
silence. Alors abattu, il retourne à sa place et
tombe sur son siège épuisé de fatigue et de colère.
Sa bouche écume, sa voix s'épaissit. « Malheu-
« reux, lui dit un montagnard, le sang de Danton
« t'étouffe! » On demande son arrestation. Elle
est appuyée de toutes parts. Robespierre jeune
se lève. « Je suis aussi coupable que mon frère,
« dit-il, je partage ses vertus, je veux partager
« son sort. — Je ne veux pas m'associer à l'op-

« probre de ce décret, ajoute Lebas, je demande
« aussi mon arrestation. » L'assemblée décrète à
l'unanimité l'arrestation des deux Robespierre,
de Couthon, de Lebas et de Saint-Just. Ce dernier, après avoir long-temps resté à la tribune,
maître de sa figure, était descendu à sa place
avec calme : il y avait soutenu ce long orage sans
en paraître troublé. Les triumvirs furent livrés
à la gendarmerie qui les emmena aux acclamations générales. Robespierre sortit en disant : « La
« république est perdue, les brigands triom-
« phent! » Il était cinq heures et demie, la séance
fut suspendue jusqu'à sept heures.

Pendant cette orageuse lutte, les complices
des triumvirs s'étaient réunis à la commune et
aux Jacobins. Le maire Fleuriot, l'agent national Payan, le commandant Henriot étaient à l'Hôtel-de-Ville depuis midi. Ils avaient convoqué
les officiers municipaux au son de la caisse, espérant que Robespierre serait vainqueur dans
l'assemblée, et qu'ils n'auraient besoin ni du
conseil général pour décréter l'insurrection, ni
des sections pour la soutenir. Peu d'heures après,
un huissier de la convention étant venu ordonner au maire de se présenter à la barre pour y
rendre compte de l'état de Paris : « Va dire à
« tes scélérats, lui répondit Henriot, que nous
« délibérons ici pour les purger. N'oublie pas de

« dire à Robespierre qu'il soit ferme et qu'il
« n'ait pas peur! » Vers quatre heures et demie
on apprit l'arrestation des triumvirs et le décret
contre leurs complices. Aussitôt, on fit sonner
le tocsin, fermer les barrières, assembler le conseil général, réunir les sectionnaires. Les canonniers reçurent l'ordre de se porter avec leurs
pièces à la commune, et les comités révolutionnaires d'y venir prêter le serment de l'insurrection. On envoya un message aux Jacobins
qui s'étaient mis en permanence. Les députés
municipaux furent reçus avec l'enthousiasme le
plus exalté : « La société veille pour la patrie,
« leur dit-on, elle a juré de mourir plutôt que
« de vivre sous le crime. » On se concerta en
même temps, et l'on établit des communications
rapides entre ces deux centres de soulèvement.
De son côté, pour faire insurger le peuple,
Henriot, un pistolet à la main, courait les rues
à la tête de son état major, criant *aux armes!*
haranguant la multitude, et provoquant tous
ceux qu'il rencontrait, à se rendre à la commune
pour *sauver la patrie!* C'est pendant cette expédition, que deux conventionnels l'aperçurent
dans la rue Saint-Honoré; ils sommèrent au nom
de la loi, quelques gendarmes d'exécuter le décret d'arrestation ; ceux-ci obéirent, et Henriot
fut conduit garrotté au comité de sûreté générale.

Cependant, de part et d'autre, rien n'était décidé encore. Chaque parti se servait de son moyen de puissance, la convention de ses décrets, la commune de l'insurrection ; chaque parti savait quelles seraient les suites de la défaite, et c'est ce qui les rendit l'un et l'autre si actifs, si prévoyants, si décidés. Le succès fut long-temps incertain : de midi à cinq heures la convention eut le dessus ; elle fit arrêter les triumvirs, l'agent national Payan, le commandant Henriot. Elle était alors réunie, et la commune n'avait pas encore rassemblé ses forces ; mais de six à huit heures les insurgés reprirent l'avantage, et la cause de la convention faillit être perdue. Pendant cet intervalle, la représentation nationale était séparée, et la commune redoubla d'efforts et d'audace.

Robespierre avait été transféré au Luxembourg, son frère à Saint-Lazare, Saint-Just aux Écossais, Couthon à la Bourbe, Lebas à la Conciergerie. La commune, après avoir ordonné aux geoliers de ne pas les recevoir, envoya des municipaux avec des détachements pour les amener. Robespierre fut délivré le premier ; on le conduisit en triomphe à l'Hôtel-de-Ville. En arrivant, il fut reçu avec le plus grand enthousiasme, et au milieu des cris de *Vive Robespierre! périssent les traîtres!* Peu auparavant, Coffinhal était parti à la tête de deux cents canonniers pour enlever Henriot, détenu au comité de sûreté générale. Il était alors sept heures, et la convention venait de rentrer en séance. Sa garde était tout au plus de cent hommes. Coffinhal arrive, pénètre dans les cours, envahit les comités, et délivre Henriot. Celui-ci se rend sur la place du Carrousel, harangue les canonniers, et fait pointer leurs pièces sur la convention.

L'assemblée délibérait dans ce moment sur ses dangers. Elle venait d'apprendre coup sur coup les effrayants succès des conspirateurs, les ordres insurrectionnels de la commune, l'enlèvement des triumvirs, leur présence à l'Hôtel-de-Ville, les fureurs des Jacobins, la convocation successive des comités révolutionnaires et des sections. Elle craignait d'être forcée d'un moment à l'autre, lorsque les membres des comités se rendirent éperdus au milieu d'elle, fuyant les poursuites de Coffinhal. Ils apprirent que les comités étaient investis, et Henriot délivré. L'agitation fut très-grande à cette nouvelle. Un instant après, Amar entra précipitamment, et annonça que les canonniers séduits par Henriot, avaient tourné leurs pièces contre la convention. —*Citoyens*, dit le président en se couvrant en signe de détresse, *voici le moment de mourir à notre poste!* — *Oui! oui! Nous y mourrons!* répétèrent tous les membres. Ceux qui occupaient les tribunes sortirent en criant : *Aux armes! allons repousser ces scélérats!* et l'assemblée mit courageusement Henriot *hors la loi.*

Heureusement pour elle, Henriot ne put pas décider les canonniers à tirer. Son pouvoir se borna à les entraîner avec lui, et il se dirigea vers l'Hôtel-de-Ville. Le refus des canonniers fixa le sort de cette journée. Dès cet instant la commune, qui avait été sur le point de triompher, vit décliner ses affaires. N'ayant pas réussi dans une surprise de vive force, elle fut réduite aux lents procédés de l'insurrection; le point d'attaque se déplaça, et bientôt ce ne fut plus la commune qui assiégea les Tuileries, mais ce fut la convention qui marcha sur l'Hôtel-de-Ville. L'assemblée mit aussitôt les députés conspirateurs et la commune insurgée *hors la loi.* Elle envoya des commissaires auprès des sections pour se procurer leur appui; elle nomma le représentant Barras commandant de la force armée, lui adjoignit Fréron, Rovère, Bourdon de l'Oise, Féraud, Léonard Bourdon, Legendre, tous hommes décidés; et fit des comités, le centre des opérations.

Les sections, sur l'invitation de la commune, s'étaient assemblées vers neuf heures; la plupart des citoyens en s'y rendant, étaient inquiets, incertains et confusément instruits des querelles de la convention et de la commune. Les émissaires des insurgés les pressaient de se joindre à elle, et de faire partir leurs bataillons pour l'Hôtel-de-Ville. Les sections se bornaient à lui envoyer des députations; mais dès que les commissaires de la convention arrivèrent au milieu d'elles, leur eurent fait part des décrets de l'assemblée et de ses invitations, et leur apprirent qu'il y avait un chef et un point de ralliement, elles n'hésitèrent plus. Leurs bataillons se présentèrent successivement à l'assemblée: ils vinrent jurer de la défendre, et ils défilèrent dans la salle au milieu des cris d'enthousiasme et des plus sincères applaudissements. « Les moments « sont précieux, dit alors Fréron, il faut agir; « Barras est allé prendre les ordres des comités; « nous, nous allons marcher contre les rebelles. « Nous les sommerons, au nom de la convention, « de nous livrer les traîtres, et s'ils refusent, « nous réduirons en poudre cet édifice.—Partez « de suite, répondit le président, afin que le jour « ne paraisse pas avant que la tête des conspi- « rateurs soit tombée. » On disposa quelques bataillons et quelques pièces d'artillerie autour de l'assemblée, pour la mettre à l'abri d'une attaque, et l'on marcha sur deux colonnes contre la commune. Il était alors à-peu-près minuit.

Les conspirateurs étaient toujours réunis. Robespierre, après avoir été reçu avec des cris d'enthousiasme, des promesses de dévouement et de victoire, avait été admis au conseil général, entre Payan et Fleuriot. La place de Grève était remplie d'hommes, de baïonnettes, de piques et de canons. On attendait pour agir l'arrivée des sections. La présence de leurs députés, l'envoi des commissaires municipaux dans leur sein, faisaient compter sur elles; Henriot répondait de tout. Les conjurés croyaient à une victoire certaine, ils nommaient une commission exécutive, préparaient des adresses aux armées, et dressaient des listes. Cependant vers minuit et demi, aucune section n'avait encore paru, aucun ordre n'avait été donné; les triumvirs étaient toujours en séance, et les rassemblements de la place de Grève étaient ébranlés par tant de lenteur et d'indécision. On répandait sourdement et à l'oreille, le bruit que les sections s'étaient déclarées, que la commune était *hors la loi*, que les troupes conventionnelles avançaient. Les dispositions de cette multitude armée étaient déja beaucoup ralenties, lorsque quelques émissaires d'avant-garde de l'assemblée se glissèrent au milieu d'elle et firent entendre le cri : *Vive la convention!* Plusieurs voix le répétèrent. On lut alors la proclamation qui mettait la commune *hors la loi*, et après l'avoir entendue, tous les rassemblements se dissipèrent. La place de Grève fut déserte dans un instant. Henriot descendit peu d'instants après le sabre à la main, pour entretenir leur courage, et, ne trouvant plus personne : —*Comment!* s'écria-t-il, *est-il possible? Ces scélérats de canonniers qui m'ont sauvé la vie il y a cinq heures, m'abandonnent ainsi actuellement!* Il remonte; dans ce moment les colonnes de la convention arrivent, cernent l'Hôtel-de-Ville, occupent en silence toutes ses issues, et poussent ensuite le cri : *Vive la convention nationale!*

Les conspirateurs se voyant perdus, cherchent à se soustraire aux coups de leurs ennemis en se frappant eux-mêmes. Robespierre se fracasse la mâchoire d'un coup de pistolet; Lebas l'imite, mais plus heureux, il se tue; Robespierre jeune se précipite d'un troisième étage et survit à sa chute; Couthon se donne plusieurs coups d'une main mal assurée; Saint-Just attend son sort; Coffinhal accuse la lâcheté d'Henriot, le précipite d'une fenêtre dans un égout, et s'enfuit. Cependant les conventionnels pénètrent dans l'Hôtel-de-Ville, traversent les salles abandonnées, saisissent les conjurés et les portent en triomphe à l'assemblée. Bourdon entre dans la salle en criant: *Victoire! victoire! les traîtres n'existent*

plus! « Le lâche Robespierre est là, dit le pré-
« sident, on l'apporte sur un brancard, vous ne
« voulez sans doute pas qu'il entre?—Non, non!
« cria-t-on, c'est à la place de la Révolution qu'il
« faut le porter. » il fut déposé quelque temps
au comité de sûreté générale, avant d'être transféré à la Conciergerie. Là, étendu sur une table, le visage défiguré et sanglant, livré aux regards, aux invectives, aux malédictions, il vit les divers partis applaudir à sa chute, et le charger de tous les crimes commis. Il montra beaucoup d'insensibilité pendant son agonie. Il fut conduit à la Conciergerie, et il parut ensuite devant le tribunal révolutionnaire, qui, après avoir constaté son identité et celle de ses complices, les envoya à l'échafaud. Le 10 thermidor, vers cinq heures du soir, il monta sur la charrette de mort, placé entre Henriot et Couthon, aussi mutilés que lui. Sa tête était enveloppée d'un linge sanglant, son visage était livide, et son œil presque éteint. Une foule immense se pressait autour de la charrette, témoignant la joie la plus bruyante et la plus expressive. On se félicitait, on s'embrassait, on l'accablait d'imprécations, on se rapprochait pour le mieux voir. Les gendarmes le montraient avec la pointe de leur sabre; pour lui, il semblait prendre la foule en pitié; Saint-Just promenait sur elle un œil tranquille; les

autres, au nombre de vingt-deux, étaient plus abattus. Robespierre monta sur l'échafaud le dernier; au moment où sa tête tomba, on applaudit, et ces applaudissements durèrent pendant plusieurs minutes.

En lui finit le règne de la terreur, quoiqu'il ne fût pas dans son parti le plus grand zélateur de ce système. S'il recherchait la suprématie, après l'avoir obtenue il lui fallait de la modération, et la terreur qui cessa par sa chûte aurait également cessé par son triomphe. Je crois que sa perte était inévitable : il n'avait pas de force organisée, ses partisans quoique nombreux n'étaient pas enrégimentés, il n'avait qu'une grande force d'opinion et de terreur; aussi ne pouvant pas surprendre ses ennemis par une violence à la Cromwell, il chercha à les épouvanter. La peur ne lui ayant pas réussi, il essaya de l'insurrection. Mais, de même que la convention ayant l'appui du comité, était devenue courageuse, de même les sections comptant sur le courage de la convention devaient se déclarer contre les insurgés. En attaquant le gouvernement il soulevait l'assemblée; en soulevant l'assemblée, il déchaînait le peuple, et cette coalition devait le perdre. La convention au 9 thermidor n'était plus comme au 31 mai, divisée, indécise, en présence d'une faction compacte, nombreuse et hardie. Tous les partis étaient unis par la défaite, le malheur, la proscription toujours menaçante, et devaient s'associer en cas de combat. Il ne dépendait donc pas de Robespierre de n'être pas vaincu. Dépendait-il de lui de ne pas se séparer des comités? pas davantage. Au point où il était arrivé, on veut être seul, on est dévoré par ses passions, trompé par ses espérances et par sa fortune jusque-là heureuse, et, la guerre une fois déclarée, la paix, le repos, le partage du pouvoir ne sont pas plus possibles que la justice et la clémence lorsque les échafauds ont été une fois dressés. Il faut alors qu'on tombe par ce qui a servi à vous élever: il faut, homme de faction, qu'on périsse par les échafauds, comme les conquérants par la guerre.

CHAPITRE X.

La convention après la chute de Robespierre. — Parti des comités; parti thermidorien; leur composition et leur but. — Décadence du parti démocratique des comités. — Accusation de Lebon et de Carrier. — État de Paris : les Jacobins et les faubourgs se déclarent pour les anciens comités; *la jeunesse* dorée et les sections pour les thermidoriens. — Combats journaliers. — Clôture des Jacobins. — Mise en accusation de Billaud-Varennes, Collot-d'Herbois, Barrère et Vadier. — Mouvement de germinal. — Déportation des accusés et de quelques Montagnards, leurs partisans. — Insurrection du 1er prairial. — Défaite du parti démocratique; désarmement des faubourgs; la classe inférieure est exclue du gouvernement, est privée de la constitution de 93, et perd sa force matérielle.

Le 9 thermidor fut la première journée de la révolution où ceux qui attaquaient succombèrent. A ce signe seul on reconnaît que le mouvement ascendant révolutionnaire était arrivé à son terme. Le mouvement contraire devait commencer ce jour-là. Le soulèvement général de tous les partis contre un seul homme dut faire cesser la compression sous laquelle ils se trouvaient. Les comités se vainquirent en Robespierre, et le gouvernement décemviral perdit le prestige de terreur qui faisait sa force. Les comités affranchirent la convention, qui peu à peu affranchit la république entière. Cependant ils comptaient n'avoir travaillé que pour eux et pour la prolongation du gouvernement révolutionnaire, tandis que la plupart de ceux qui les avaient soutenus avaient eu pour but la fin de la dictature, l'indépendance de l'assemblée et l'établissement de l'ordre légal. Dès le lendemain du 9 thermidor, il y eut donc deux partis contraires parmi les vainqueurs; celui des comités et celui des montagnards, qui fut appelé le parti *thermidorien*.

Celui des comités était privé de la moitié de ses forces; outre la perte de son chef, il n'avait plus la commune, dont les membres insurgés furent envoyés à l'échafaud au nombre de soixante-douze, et qui, après sa double défaite, sous Hébert et sous Robespierre, ne fut plus réorganisée, et manqua d'influence. Mais ce parti conservait la direction des affaires par les comités. Tous ses membres étaient attachés au système révolutionnaire: les uns ne trouvaient leur salut que là, tels que Billaud-Varennes, Collot-d'Herbois, Barrère, Vadier, Amar; les autres craignaient la contre-révolution et le châtiment de leurs collègues, tels que Carnot, Cambon, les

Prieur, etc. Dans la convention, il comptait tous les commissaires envoyés naguère en mission, plusieurs montagnards qui s'étaient signalés au 9 thermidor, et les débris du parti de Robespierre. Au-dehors, les Jacobins s'étaient rattachés à lui ; il avait toujours l'appui de la classe inférieure et des faubourgs.

Le parti thermidorien était composé du plus grand nombre des conventionnels. Tout le centre de l'assemblée et ce qui restait de la droite s'unit aux montagnards, qui étaient revenus de leur ancienne exagération. La coalition des modérés Boissy-d'Anglas, Sièyes, Cambacérès, Chénier, Thibaudeau, avec les Dantonistes Talien, Fréron, Legendre, Barras, Bourdon de l'Oise, Rovère, Bentabole, Dumont, les deux Merlin, donna à l'assemblée un caractère nouveau. Après le 9 thermidor, elle commença par affermir son empire dans la convention ; bientôt elle pénétra dans le gouvernement, et parvint à en exclure ceux qui l'occupaient. Soutenue alors par l'opinion, par l'assemblée, par les comités, elle marcha ouvertement à son but ; elle poursuivit les principaux décemvirs et quelques-uns de leurs agents. Comme ils avaient beaucoup de partisans dans Paris, elle s'appuya sur les jeunes gens contre les Jacobins, sur les sections contre les faubourgs ; elle rappela en même temps dans la convention, pour se renforcer, tous les députés que le comité de salut public avait proscrits, d'abord les soixante-treize qui avaient protesté contre le 31 mai, ensuite les victimes de cette journée. Les Jacobins s'agitèrent, elle ferma leur club; les faubourgs firent une insurrection, elle les désarma. Après avoir renversé le gouvernement révolutionnaire, elle songea à en établir un autre, et à faire succéder, par la constitution de l'an III, un ordre de choses possible, libéral, régulier et stable, à l'état extraordinaire et provisoire dans lequel s'était trouvée la convention depuis son début jusqu'alors. Mais tout cela ne se fit que peu à peu.

Les deux partis ne tardèrent pas à se mesurer, après leur victoire commune. Le tribunal révolutionnaire excitait surtout une profonde horreur. Le 11 thermidor, on le suspendit de mouvement; mais Billaud-Varennes, dans la même séance, fit rapporter le décret de suspension. Il prétendit qu'il n'y avait de coupables que les complices de Robespierre, et que la plupart des juges et des jurés, étant des hommes purs, il importait de les maintenir dans leurs fonctions. Barrère présenta un décret dans ce sens : il dit que les *triumvirs* n'avaient rien fait pour le gouvernement révolutionnaire; que souvent même ils s'étaient opposés à ses mesures; que leur unique soin avait été d'y placer leurs créatures et de lui donner une direction favorable à leurs projets : il insista pour renforcer ce gouvernement, pour maintenir la loi des suspects, le tribunal, ceux qui le composaient, et même Fouquier-Thinville. A ce nom un murmure général éclata dans l'assemblée. Fréron se rendant l'organe de l'indignation commune, s'écria : « Je demande « qu'on purge enfin la terre de ce monstre, et « que Fouquier aille cuver, dans les enfers, le « sang qu'il a versé. » On applaudit, et Fouquier fut aussitôt décrété d'accusation. Barrère ne se tint pourtant pas pour vaincu; il conservait encore, vis-à-vis de la convention, le langage impérieux que l'ancien comité avait toujours employé avec succès : c'était habitude et calcul de sa part, sachant bien que rien ne se continue aussi facilement que ce qui a réussi.

Mais les variations politiques de Barrère, qui était noble, et qui avait été royaliste feuillant avant le 10 août, ne lui permettaient point ce ton d'inflexibilité et de commandement. « Quel « est donc, dit Merlin de Thionville, ce président « des Feuillants, qui prétend nous faire la loi ? » La salle retentit d'applaudissements : Barrère se troubla, quitta la tribune; et ce premier échec des comités signala leur décadence dans la convention. Le tribunal révolutionnaire continua d'exister, mais avec d'autres membres, une autre organisation. On abolit la loi du 22 prairial ; on mit autant de lenteur, de formes protectrices et de modération dans les jugements, qu'on y avait mis de précipitation et d'inhumanité. Ce tribunal ne servit plus contre les anciens suspects, qu'on retint quelque temps encore dans les prisons, en y adoucissant leur sort, et qu'on rendit peu à peu à la liberté, en suivant la méthode prudente que Camille Desmoulins avait proposée par *le comité de clémence*.

Le 13 thermidor, on s'occupa du gouvernement lui-même. Il manquait beaucoup de membres au comité de salut public. Hérault de Séchelles n'avait jamais été remplacé ; Jean-Bon-Saint-André et Prieur de la Marne étaient en mission ; Robespierre, Couthon, Saint-Just, venaient de périr. On nomma à leur place Talien, Bréard, Eschasseriaux, Treilhard, Thuriot, Laloi, qui, en entrant dans le comité, y affaiblirent l'influence des anciens membres. En même temps on réorganisa les deux comités, qu'on rendit plus dépendants de l'assemblée, et plus indépendants l'un de l'autre. Celui de *salut public* fut chargé des opérations militaires et diplomatiques, et celui de *sûreté générale* eut dans ses attributions la grande police. Comme on voulait, en restreignant le pouvoir révolutionnaire, calmer la fièvre qui l'avait exalté, et licencier peu à peu la multitude, on réduisit les assemblées journalières de sections à une seule pendant la décade, et l'on supprima la solde de quarante sous par jour accordée aux citoyens indigents qui y assistaient.

Ces premières mesures prises et exécutées, le 11 fructidor, un mois après la chûte de Robespierre, Lecointre de Versailles dénonça Billaud, Collot, Barrère, du comité de salut public; Vadier, Amar et Vouland, du comité de sûreté générale. La veille, Talien s'était violemment élevé contre le régime de la terreur, et Lecointre avait été encouragé dans son attaque par l'effet qu'avaient produit les paroles de Talien. Il présenta contre eux vingt-trois chefs d'accusation; il leur imputa toutes les mesures de cruauté ou de tyrannie qu'ils rejetaient sur les triumvirs, et il les appela les continuateurs de Robespierre. Cette dénonciation mit le trouble dans l'assemblée, et souleva tous ceux qui soutenaient les comités, ou qui ne voulaient plus de divisions dans la république. « Si les crimes que Lecointre « nous reproche, dit Billaud-Varennes, étaient « prouvés, s'ils étaient aussi réels qu'ils sont absurdes et chimériques, sans doute il n'est aucun de nous dont la tête ne dût tomber sur « l'échafaud. Mais je défie Lecointre de prouver,

« par des pièces justificatives, par des témoi-
« gnages dignes de foi, aucun des faits dont il
« nous accuse. » Il réfuta les chefs d'accusation
de Lecointre; il reprocha à ses ennemis d'être
des hommes corrompus, des intrigants, qui voulaient les sacrifier *à la mémoire de Danton, d'un
conspirateur odieux, l'espérance de toutes les
factions parricides.* « Que veulent-ils donc ces
« hommes, poursuivit-il, qui nous appellent les
« continuateurs de Robespierre? Citoyens, savez-
« vous ce qu'ils veulent? Faire mourir la liberté
« sur la tombe du tyran. » La dénonciation de
Lecointre était prématurée; la convention presque entière la déclara calomnieuse. Les accusés
et leurs amis se livraient aux éclats d'une indignation non contenue et encore toute puissante,
car ils étaient attaqués pour la première fois;
l'accusateur était presque interdit et peu soutenu.
Aussi Billaud-Varennes et les siens l'emportèrent
facilement cette fois.

Quelques jours après, l'époque du renouvellement des comités par tiers arriva. Le sort désigna, comme membres sortants, Barrère, Carnot,
Robert-Lindet, au comité de salut public; Vadier,
Vouland, Moyse Bayle, au comité de sûreté générale. On y fit entrer des thermidoriens; et
Collot-d'Herbois, ainsi que Billaud-Varennes, s'y
trouvant trop faibles, donnèrent leur démission.

Une chose contribua davantage encore à la ruine de leur parti, en soulevant avec violence l'opinion publique contre lui ; ce fut la publicité donnée aux crimes de Joseph Lebon et Carrier, deux des proconsuls du comité. Ils avaient été envoyés, l'un à Arras et à Cambrai, frontière exposée aux invasions; l'autre à Nantes, dernière limite de la guerre de la Vendée : ils avaient signalé leur mission par-dessus les autres, en déployant une cruauté de caractère et des caprices de tyrannie, qui, du reste, viennent toujours à ceux qui sont investis de la toute-puissance humaine. Lebon, jeune, d'un tempérament assez frêle, était naturellement doux. Dans une première mission, il avait été humain; mais il reçut des reproches du comité, et il fut envoyé à Arras avec l'ordre de s'y montrer un peu plus révolutionnaire. Pour n'être pas en arrière de la politique inexorable des comités, il se livra aux excès les plus inouis : il mêla la débauche à l'extermination; il eut toujours en sa présence la guillotine, qu'il appelait *sainte*, et fit sa compagnie habituelle du bourreau, qu'il admettait à sa table. Carrier, ayant plus de victimes à frapper, avait encore surpassé Lebon; il était bilieux, fanatique et naturellement sanguinaire. Il ne lui fallait qu'une occasion pour exécuter tout ce que l'imagination de Marat lui-même n'eût pas osé concevoir. Envoyé sur les bords d'un pays insurgé, il condamnait à mort toute la population ennemie, prêtres, femmes, enfants, vieillards, jeunes filles. Comme les échafauds ne suffisaient pas, il avait remplacé le tribunal révolutionnaire par une compagnie d'assassins, nommée compagnie de Marat, et la guillotine par des bateaux à soupape, au moyen desquels il noyait ses victimes dans la Loire. Des cris de vengeance et de justice s'élevèrent contre tous ces forfaits, après le 9 thermidor. Lebon fut attaqué le premier, parce qu'il était plus particulièrement l'agent de Robespierre: on en vint plus tard à Carrier, qui l'était du comité de salut public, et dont Robespierre avait désapprouvé la conduite.

Il y avait dans les prisons de Paris quatre-vingt-quatorze habitants de Nantes, sincèrement attachés à la révolution, et qui avaient défendu leur ville avec courage lors de l'attaque des Vendéens. Carrier les avait transférés à Paris comme fédéralistes. On n'avait pas osé les traduire devant le tribunal révolutionnaire avant le 9 thermidor; on les y conduisit, à cette époque, pour dévoiler, au moyen de leur procédure, tous les crimes de Carrier. Les Nantais furent jugés avec une solennité affectée; leur procès dura près d'un mois; l'opinion eut le temps de se prononcer avec éclat, et, lorsqu'ils furent acquittés, on demanda de toutes parts justice du comité révolutionnaire de Nantes et du proconsul Carrier. Legendre renouvela l'accusation de Lecointre contre Billaud, Barrère, Collot et Vadier, qui furent généreusement défendus par Carnot, Prieur et Cambon, leurs anciens collègues, qui demandèrent d'être associés à leur sort. L'accusation de Lecointre n'eut pas de suite ; et l'on ne mit encore en jugement que les membres du comité révolutionnaire de Nantes : mais on put remarquer les progrès du parti thermidorien. Cette fois, les membres du comité furent obligés de recourir à la justification ; et l'on passa simplement à l'ordre du jour sur la dénonciation de Legendre, sans la déclarer calomnieuse, comme celle de Lecointre.

Cependant les démocrates révolutionnaires étaient encore très-puissants dans Paris : s'ils avaient perdu la commune, le tribunal, la convention, les comités, il leur restait encore les Jacobins et les faubourgs. C'était dans les sociétés populaires que leur parti se concentrait, surtout pour se défendre. Carrier s'y rendait assidûment, et il invoquait leur assistance : Billaud-Varennes et Collot d'Herbois s'y rendaient également, mais, étant un peu moins menacés, ils se montraient plus circonspects. Aussi leur reprocha-t-on leur silence. *Le lion dort*, répondit Billaud-Varennes; *mais son réveil sera terrible.* Ce club avait été épuré après le 10 thermidor, et il avait félicité, au nom des sociétés régénérées, la convention sur la chûte de Robespierre et la fin de la tyrannie. A cette époque, comme on poursuivait ses chefs et qu'on emprisonnait beaucoup de Jacobins dans les départements, il vint, au nom de toutes les sociétés affiliées, « *faire entendre le cri de douleur qui retentissait de toutes les parties de la république, la voix des patriotes opprimés, plongés dans les cachots, d'où l'aristocratie venait de sortir.* »

La convention, loin d'adhérer au vœu des Jacobins, leur interdit, pour ruiner leur influence, les pétitions collectives, les affiliations, les correspondances de la société mère avec les autres sociétés, et désorganisa de cette manière la fameuse confédération des clubs. Les Jacobins, repoussés dans la convention, s'agitèrent dans Paris, où ils étaient encore les maîtres. Ce fut alors que les thermidoriens convoquèrent aussi leur peuple, en réclamant l'appui des sections. En même temps, Fréron appela les jeunes gens aux armes, dans son journal de *l'Orateur du Peuple*, et se mit à leur tête. Cette milice nouvelle, irrégulière, se nomma la *Jeunesse dorée* de Fréron. Ceux qui la composaient, appartenaient tous à la classe riche et moyenne; ils avaient adopté un costume particulier, qu'on appelait *costume à la victime.* Au lieu de la carmagnole des Jacobins, ils portaient l'habit carré et décolleté; ils avaient les souliers très-découverts, les cheveux pendants sur les côtés, retroussés par derrière avec des tresses nommées *cadenettes;* ils étaient armés de bâtons courts et plombés en forme d'assommoir. Une partie de ces jeunes gens et des sectionnaires était royaliste; l'autre suivait l'impulsion du moment, qui était anti-révolutionnaire. Celle-ci agissait sans but et sans ambition, se prononçant pour le parti plus fort, dans une occasion surtout où le parti le plus fort promettait, par son triomphe, le retour de l'ordre dont le besoin était général. L'autre combattait sous les thermidoriens contre les anciens comités, comme les thermidoriens avaient combattu sous les anciens comités contre Robespierre; elle attendait l'instant d'agir pour son propre compte, ce qui arriva après la chûte entière du parti révolutionnaire. Dans la situation violente où se trouvaient les deux partis, avec des craintes ou des ressentiments, ils se poursuivaient à outrance, et se chargeaient dans les rues, en criant: *Vive la convention!* ou *vive la montagne! La Jeunesse dorée* l'emportait au Palais-Royal, où elle était soutenue par les marchands; mais les Jacobins étaient les plus forts dans le jardin des Tuileries, qui avoisinait leur club.

Ces querelles devinrent chaque jour plus animées, et Paris se transforma en un champ de bataille où le sort des partis fut abandonné aux armes. Cet état de désordre et de guerre devait avoir un terme; et puisque les partis n'avaient pas la sagesse de s'entendre, il fallait que l'un d'eux l'emportât sur l'autre. Les thermidoriens étaient en progrès et la victoire devait leur appartenir. Le lendemain du jour où Billaud parla *du réveil du lion* dans la société populaire, il y eut une très-vive agitation à Paris. On voulait prendre d'assaut le club des Jacobins. On criait dans les rues: *la grande conspiration des Jacobins! les Jacobins hors la loi!* C'est à cette époque qu'on jugeait le comité révolutionnaire de Nantes. Celui-ci se disculpait en attribuant à Carrier les ordres sanguinaires qu'il avait exécutés, ce qui provoqua dans la convention l'examen de sa conduite. Carrier fut admis à se défendre avant d'être décrété. Il rejeta ses cruautés sur les cruautés des Vendéens eux-mêmes, et sur la fureur enivrante des guerres civiles. « Lorsque « j'agissais, dit-il, les airs semblaient retentir « encore des chants civiques de vingt mille mar- « tyrs qui avaient répété *Vive la république!* au

« milieu des tortures. Comment l'humanité morte
« dans ces crises terribles eût-elle pu faire en-
« tendre sa voix? Ceux qui s'élèvent contre moi,
« qu'eussent-ils fait à ma place?... J'ai sauvé à
« Nantes la république, je n'ai vécu que pour
« ma patrie, je saurai mourir pour elle. » Sur
cinq cents votants, quatre cent quatre-vingt-
dix-huit se déclarèrent pour l'accusation, les
deux autres la prononcèrent aussi, mais condi-
tionnellement.

Les Jacobins, voyant qu'on allait des agents
subalternes aux représentants eux-mêmes, se
crurent perdus. Ils essayèrent de remuer la multitude, moins pour défendre Carrier, que pour
soutenir leur parti de plus en plus menacé.
Mais ils furent contenus par la troupe dorée et
les sectionnaires qui se portèrent dans le lieu
de leurs séances, pour dissoudre le club. Il y
eut un combat assez vif. Les assiégeants brisèrent les fenêtres à coups de pierre, enfoncè-
rent les portes, et dispersèrent les Jacobins
après quelque résistance de leur part. Ceux-ci
se plaignirent à la convention des violences
exercées contre eux. Rewbell, chargé de présenter un rapport à cet égard, ne leur fut point
favorable : « Où la tyrannie s'est-elle organisée,
« dit-il? aux Jacobins. Où a-t-elle eu ses suppôts
« et ses satellites? aux Jacobins. Qui a couvert

« la France de deuil, porté le désespoir dans
« les familles, peuplé la république de bastilles,
« rendu le régime républicain si odieux, qu'un
« esclave, courbé sous le poids de ses fers, eût
« refusé d'y vivre? les Jacobins. Qui regrette le
« régime affreux sous lequel nous avons vécu?
« les Jacobins. Si vous n'avez pas le courage de
« vous prononcer dans ce moment, vous n'avez
« plus de république, parce que vous avez des
« Jacobins. » La convention les suspendit provisoirement pour les épurer et les réorganiser.
On n'osait pas les détruire tout d'un coup. Les
Jacobins, méconnaissant ce décret, se réunirent
en armes dans le lieu de leurs séances; la troupe
thermidorienne qui les y avait déja assiégés, vint
les assaillir encore. Elle entoura le club en
poussant le cri de *vive la convention, à bas les
Jacobins!* Ceux-ci se préparèrent à la défense;
ils quittèrent leurs siéges en criant *vive la république!* ils s'emparèrent des portes, et tentèrent
une sortie. Ils firent d'abord quelques prisonniers; mais bientôt succombant sous le nombre,
ils cédèrent la place, traversèrent les rangs des
vainqueurs qui, après les avoir désarmés, les
couvrirent d'humiliations, de huées, et même
de coups. Ces expéditions illégales se faisaient
avec tous les excès qui accompagnent les luttes
des partis.

Les commissaires de la convention vinrent le lendemain fermer le club, mettre les scellés sur les registres et sur les papiers, et dès ce moment la société des Jacobins n'exista plus. Cette corporation populaire avait puissamment servi la révolution, lorsqu'il avait fallu, pour repousser l'Europe, placer le gouvernement dans la multitude, et donner à la république toute l'énergie de la défense; mais aujourd'hui elle ne pouvait que contrarier l'établissement du nouvel ordre des choses.

La situation était changée, la liberté devait remplacer la dictature, puisque le salut de la révolution était opéré, et qu'il importait de revenir au régime légal pour la conserver. Un pouvoir exorbitant et extraordinaire comme la confédération des clubs, devait trouver son terme dans la défaite du parti qui l'avait soutenu, et ce parti finir avec les circonstances qui l'avaient élevé.

Carrier, traduit devant le tribunal révolutionnaire, fut jugé sans interruption, et condamné avec la plupart de ses complices. Pendant qu'on le jugeait encore, les soixante-treize députés que leur protestation contre le 31 mai avait fait exclure de l'assemblée, furent rappelés dans son sein. Merlin de Douai demanda leur rentrée au nom du comité de salut public; son rapport fut accueilli avec applaudissement, et les soixante-treize reprirent leur place dans la convention. Les soixante-treize provoquèrent à leur tour le rappel des députés mis *hors la loi*, mais ils rencontrèrent une vive opposition. Les thermidoriens et les membres des nouveaux comités craignaient de faire par là le procès à la révolution. Ils craignaient en outre d'introduire un nouveau parti dans la convention déja divisée, et d'y ramener des ennemis implacables qui pourraient bien opérer, à leur égard, une réaction semblable à celle qui avait lieu contre les anciens comités. Aussi les repoussèrent-ils violemment, et Merlin de Douai alla jusqu'à dire: *Voulez-vous ouvrir les portes du Temple?* Le jeune fils de Louis XVI y était enfermé, et les Girondins, à cause des suites du 31 mai, étaient confondus avec les royalistes. D'ailleurs, le 31 mai figurait encore dans les dates révolutionnaires à côté du 10 août et du 14 juillet. Il fallait que le mouvement rétrograde fît quelques pas de plus pour atteindre cette époque. La contre-révolution républicaine était retournée du 9 thermidor 1794 au 3 octobre 1793, jour de l'arrestation des soixante-treize; mais non au 2 juin 1793, jour de l'arrestation des vingt-deux. Il fallait qu'après avoir renversé Robespierre et le comité, elle attaquât Marat et la Montagne. Pour cela, dans le retour presque géométrique de l'action populaire, il devait s'écouler quelques mois encore

On continua à abolir le régime décemviral. Le décret d'expulsion contre les prêtres et les nobles, qui avaient formé deux classes proscrites sous la terreur, fut révoqué; on supprima *le maximum*, afin de rétablir la confiance, en faisant cesser la tyrannie commerciale; on s'occupa ardemment de substituer la liberté la plus générale à la compression despotique du comité de salut public. Cette époque fut marquée aussi par l'indépendance des journaux, le rétablissement des cultes, et la renonciation aux biens confisqués sur les fédéralistes pendant le règne des comités. C'était une réaction complète contre le gouvernement révolutionnaire; elle atteignit bientôt Marat et la Montagne. Après le 9 thermidor, on avait eu besoin d'opposer une grande réputation révolutionnaire à celle de Robespierre, et l'on avait choisi Marat. On lui décerna les honneurs du Panthéon, que Robespierre avait différé de lui rendre pendant sa toute-puissance. Mais il fut alors attaqué à son tour. Son buste était dans la convention, aux théâtres, sur les places publiques, dans les assemblées populaires. *La Jeunesse dorée* le brisa au théâtre Feydeau. Des réclamations s'élevèrent de la Montagne, mais la convention décréta qu'*aucun citoyen ne pourrait obtenir les honneurs du Panthéon, et que son buste ne pourrait être placé dans le sein de la convention que dix ans après sa mort.* Le buste de Marat disparut de la salle des séances, et comme la fermentation était très-grande dans les faubourgs; les sections, renfort ordinaire de l'assemblée, vinrent défiler au milieu d'elle. Il y avait aussi en face des Invalides une montagne surmontée d'une statue colossale, qui représentait Hercule écrasant une hydre. La section de la Halle au blé vint demander qu'elle fût abattue. La gauche de l'assemblée fit entendre quelques murmures. « Ce géant, dit un membre, est « l'image du peuple. — Je ne vois là qu'une mon- « tagne, lui répondit un autre; et qu'est-ce qu'une « montagne, si ce n'est qu'une protestation éter- « nelle contre l'égalité? » Ces paroles furent couvertes d'applaudissements; elles suffirent pour faire accueillir la pétition, et renverser ce monument de la victoire et de la domination d'un parti.

C'est alors qu'on rappela les conventionnels proscrits : depuis quelque temps on avait révoqué leur mise *hors la loi*. Isnard et Louvet écrivirent à l'assemblée, pour être réintégrés dans leurs droits : on leur objectait toujours les suites du 31 mai et l'insurrection des départements. « Je ne ferai point à la convention nationale, dit

« Chénier, qui parla en leur faveur, l'injure de
« lui remettre devant les yeux le fantôme du
« fédéralisme, dont on a osé faire le principal
« chef d'accusation de vos collègues. Ils ont fui,
« dira-t-on ; ils se sont cachés. Voilà donc leur
« crime ! et plût aux destinées de la république,
« que ce crime eût été celui de tous ! Pourquoi
« ne s'est-il pas trouvé des cavernes assez pro-
« fondes pour conserver à la patrie les médita-
« tions de Condorcet et l'éloquence de Vergniaud?
« Pourquoi, le 10 thermidor, une terre hospita-
« lière n'a-t-elle pas rendu à la lumière cette
« colonie d'énergiques patriotes et de républi-
« cains vertueux? Mais on craint des projets de
« vengeance de la part de ces hommes, aigris
« par l'infortune. Instruits à l'école du malheur,
« ils ont appris à gémir sur les erreurs humaines.
« Non, non, Condorcet, Rabaud Saint-Étienne,
« Vergniaud, Camille Desmoulins, ne veulent
« pas d'holocaustes de sang ; et ce n'est point par
« des hécatombes qu'on apaisera leurs mânes ! »
La gauche repoussa la motion de Chénier. « Vous
« allez, s'écria Bentabole, réveiller toutes les
« passions. Si vous attaquez l'insurrection du
« 31 mai, vous faites le procès aux quatre-vingt
« mille hommes qui y ont concouru.—Gardons-
« nous, répondit Sièyes, de confondre l'ouvrage
« de la tyrannie avec celui des principes. Lors-

« que des hommes, appuyés d'une autorité sub-
« alterne, rivale de la nôtre, furent venus à bout
« d'organiser le plus grand de tous les crimes,
« dans les fatales journées du 31 mai et du 2 juin,
« ce ne fut point un ouvrage du patriotisme,
« mais un attentat de la tyrannie : aussi, depuis
« cette époque, vous avez vu la convention do-
« minée, la majorité opprimée, la minorité dic-
« tant des lois. La session actuelle se partage en
« trois époques : jusqu'au 31 mai, oppression
« de la convention par le peuple; jusqu'au 9 ther-
« midor, oppression du peuple par la convention,
« tyrannisée elle-même; enfin, depuis le 9 ther-
« midor, la justice règne, parce que la conven-
« tion a repris tous ses droits. » Il demanda le
rappel des membres proscrits, comme gage de
réunion dans l'assemblée et de salut pour la république. Merlin de Douai proposa aussitôt leur
rentrée au nom du comité de salut public; elle
fut accordée, et l'on vit reprendre leurs siéges,
après dix-huit mois de proscription, à vingt-deux
conventionnels, parmi lesquels se trouvaient
Isnard, Louvet, Lanjuinais, Kervelegan, Henri
Larivière, Laréveillère-Lepeaux, Lesage, restes
de la brillante et infortunée Gironde; ils s'al-
lièrent avec le parti modéré, qui se composa de
plus en plus des débris de partis divers. D'anciens ennemis, oubliant leurs ressentiments et

leur rivalité de domination, parce qu'ils avaient les mêmes intérêts et le même but, s'unirent ensemble. C'était un commencement de pacification entre ceux qui voulaient la république contre les royalistes, et une constitution praticable contre les révolutionnaires. A cette époque, toutes les mesures à l'égard des fédéralistes furent révoquées, et les Girondins tinrent la tête de la contre-révolution républicaine.

Cependant, la convention fut entraînée beaucoup trop loin par les réacteurs; elle tomba dans l'excès de la justice, en voulant tout réparer et tout punir. Il importait, après l'abolition du régime décemviral, de proclamer l'oubli du passé, et de fermer le gouffre de la révolution, après y avoir jeté quelques victimes expiatoires. La sécurité seule amène la pacification, et la pacification seule permet la liberté. En suivant de nouveau une marche passionnée, on ne fit qu'opérer un déplacement de tyrannie, de violence et de calamités. Jusque-là on avait sacrifié la bourgeoisie à la multitude, les marchands aux consommateurs; ce fut alors tout le contraire. L'agiotage remplaça le *maximum*, et les dénonciateurs de la classe moyenne renchérirent sur les dénonciateurs populaires. Tous ceux qui avaient participé au gouvernement dictatorial furent poursuivis avec le dernier acharnement.

Les sections, qui étaient le siége de la bourgeoisie, demandaient le désarmement et la punition des membres de leurs comités révolutionnaires, composés de Sans-culottes. Il y eut un cri général de *haro* contre les *terroristes*, dont on étendit chaque jour la classe. Les départements dénonçaient tous les anciens proconsuls, et l'on désespéra ainsi un parti nombreux, qui n'était plus à craindre, puisqu'il n'avait plus de pouvoir, en le menaçant de vastes et d'éternelles représailles.

La crainte de la proscription et plusieurs autres causes le disposèrent à la révolte. La disette était affreuse, la saison avait été mauvaise; le travail et ses produits étaient diminués depuis l'époque révolutionnaire, pendant laquelle les classes riches avaient été emprisonnées, et les classes pauvres avaient administré; la suppression du *maximum* avait occasionné une crise violente, dont profitaient les marchands et les fermiers, pour exercer un agiotage et un monopole désastreux. Pour surcroît de difficultés, les assignats étaient en discrédit, et leur valeur tombait chaque jour : on en avait émis pour plus de huit milliards. Le peu de sûreté de leur gage, à cause des confiscations révolutionnaires qui avaient déprécié les biens nationaux, et qu'on savait devoir être retirées de la masse hypothécaire; le défaut de confiance des bourgeois, des marchands, etc., dans la durée du gouvernement républicain, qu'ils regardaient comme provisoire; tout cela avait fait descendre les assignats à une valeur réelle quinze fois au-dessous de leur valeur nominale. On les recevait difficilement, et le numéraire était d'autant plus soigneusement enfoui, qu'il était plus recherché, et le papier-monnaie plus déchu. Le peuple, manquant de vivres, n'ayant pas même, avec des assignats, le moyen d'en acheter, se trouvait dans la détresse; il l'attribuait aux marchands, aux fermiers, aux propriétaires, au gouvernement, et il ne se souvenait pas sans regret que naguère il avait du pain et le pouvoir, sous le comité de salut public. La convention avait bien nommé un comité de subsistances pour approvisionner Paris. Mais ce comité faisait entrer au jour le jour, avec beaucoup de peine et à grands frais, les quinze cents sacs de farine nécessaires pour nourrir cette immense ville, et le peuple, qui attendait en troupes, pendant des demi-journées, à la porte des boulangers, la livre de mauvais pain qui était distribuée à chaque habitant, faisait entendre des plaintes et de violents murmures; il appelait Boissy-d'Anglas, président du comité des subsistances, *Boissy-Famine*. Tel était l'état d'une multitude exaspérée et fanatique, au moment où l'on jugea ses anciens chefs.

Le 12 ventose, peu de temps après la rentrée des derniers Girondins, l'assemblée avait décrété d'arrestation Billaud-Varennes, Collot-d'Herbois, Barrère et Vadier. Leur procès, devant la convention, devait commencer le 3 germinal. Le 1er qui était jour de décade et d'assemblée de sections, leurs partisans préparèrent une émeute pour les empêcher d'être mis en cause : les sections extérieures des deux faubourgs Saint-Antoine et Saint-Marceau leur étaient dévouées. C'est de là que, moitié pétitionnaires, moitié factieux, ils partirent pour se rendre à la convention; ils demandèrent du *pain*, la *constitution de 93* et la *liberté des patriotes détenus*. Quelques jeunes gens furent rencontrés par eux, et ils les jetèrent dans les bassins des Tuileries. Mais la nouvelle se répandit bientôt que la convention était exposée, que les Jacobins voulaient délivrer leurs chefs, et la troupe dorée, suivie d'environ cinq mille citoyens des sections intérieures, vint disperser les hommes des faubourgs, et servir de garde à l'assemblée. Celle-ci, instruite par ce nouveau danger, rétablit, sur la proposition de Sièyes, l'ancienne loi martiale, sous le nom de loi de grande police.

L'émeute en faveur des prévenus n'ayant pas réussi, ils furent traduits, le 3 germinal, devant la convention. Vadier seul était contumace. Leur conduite fut examinée avec la plus grande solennité: on leur reprocha d'avoir tyrannisé le peuple et opprimé la convention. Quoique les preuves ne manquassent pas à l'accusation, les prévenus se défendirent avec beaucoup d'adresse; ils rejetèrent sur Robespierre l'oppression de l'assemblée et la leur propre; ils s'excusèrent des mesures prises par le comité, et adoptées par la convention, sur l'exaltation du temps, sur la défense de la république et la nécessité du salut. Leurs anciens collègues portèrent témoignage en leur faveur, et voulurent faire cause commune avec eux. Les *Crétois* (c'est ainsi qu'on appelait alors les débris de la Montagne) les soutinrent vivement aussi. Il y avait neuf jours qu'on instruisait leur procès, et que chaque séance était consacrée à les accuser et à les entendre. Les sections des faubourgs étaient très-agitées. Les rassemblements, qui duraient depuis le 1er germinal, se multiplièrent le 12, et il y eut une nouvelle émeute pour suspendre le jugement, que la première n'avait pas pu prévenir. Les agitateurs, plus nombreux, plus hardis cette fois, forcèrent la garde de la convention, et pénétrèrent dans son enceinte, portant, écrits sur leurs chapeaux avec de la craie, ces mots: *Du pain, la constitution de 93, la liberté des pa-*

triotes. Un grand nombre des députés de la Crète se déclara en leur faveur; les autres, consternés au milieu du tumulte et du désordre de cette invasion populaire, attendirent que les sections intérieures vinssent les délivrer. Il n'y avait plus de délibération. Le tocsin, qu'on avait enlevé à la commune depuis sa défaite, et qui avait été placé sur le sommet des Tuileries, où siégeait la convention, sonnait l'alarme; le comité faisait battre la générale. Dans peu de temps, les citoyens des sections les plus voisines se réunirent, marchèrent en armes au secours de la convention, et la dégagèrent une seconde fois. Elle condamna à la déportation les prévenus qui servaient de prétexte au soulèvement, et décréta d'arrestation dix-sept membres de la Crète, qui, s'étant montrés favorables aux insurgés, pouvaient être regardés comme leurs complices. Parmi eux étaient Cambon, Ruamps, Léonard Bourdon, Thuriot, Chasles, Amar, et Lecointre, qui, depuis la rentrée des Girondins, était redevenu Montagnard. Le lendemain, les déportés et les détenus furent conduits au château de Ham.

La journée du 12 germinal ne décida rien. Les faubourgs avaient été repoussés sans avoir été vaincus, et pour qu'un parti finisse entièrement, il faut qu'une défaite décisive lui enlève le reste de ses forces et de sa confiance. Après tant de questions résolues contre les démocrates, il en restait une de la dernière importance, celle de la constitution. C'était de là que dépendait l'ascendant de la multitude, ou de la bourgeoisie. Les défenseurs du gouvernement révolutionnaire se replièrent alors sur la constitution démocratique de 93 qui leur offrait le moyen de reprendre l'autorité qu'ils avaient perdue. Leurs adversaires, de leur côté, tentèrent de la remplacer par une constitution qui assurât leurs avantages, en concentrant un peu plus le gouvernement et en le plaçant dans la classe moyenne. De part et d'autre, pendant un mois, les deux partis se disposèrent à combattre sur ce dernier champ de bataille. La constitution de 1793 ayant été sanctionnée par le peuple, avait un grand préjugé en sa faveur. Aussi l'attaqua-t-on avec des précautions infinies. On promit d'abord de l'exécuter sans restriction; on nomma ensuite une commission de onze membres, afin de préparer *les lois organiques*, qui devaient la rendre praticable; plus tard on hasarda des objections contre elle, parce qu'elle dispersait les pouvoirs et ne reconnaissait qu'une seule assemblée dépendante du peuple, jusque dans ses mesures de législation. Enfin une députation sectionnaire alla jusqu'à appeler la constitution de 93, *une constitution décemvirale dictée par la terreur.* Tous ses partisans, indignés et remplis de craintes, organisèrent un soulèvement pour la maintenir. Ce fut un nouveau 31 mai, aussi terrible que l'autre, mais qui n'ayant pas l'appui d'une commune toute-puissante, qui n'étant pas dirigé par un commandant général, qui ne rencontrant pas une convention épouvantée et des sections soumises, n'eut point le même résultat.

Les conjurés instruits par le mauvais succès des émeutes du 1er et du 12 germinal, n'oublièrent rien pour suppléer à leur défaut d'organisation et de but. Le 1er prairial, *au nom du peuple insurgé pour obtenir du pain et reprendre ses droits*, ils décrétèrent l'abolition du gouvernement révolutionnaire, l'établissement de la constitution démocratique de 93; la destitution des membres actuels du gouvernement, et leur arrestation; la mise en liberté des patriotes; la convocation des assemblées primaires pour le 25 prairial; la convocation de l'assemblée législative destinée à remplacer la convention pour le 25 messidor; la suspension de toute autorité non émanée du peuple. Ils décidèrent de créer une nouvelle municipalité pour leur servir de centre commun, de s'emparer des barrières, du télégraphe, du canon d'alarme, des tocsins, des tambours, et de ne se rasseoir qu'après avoir assuré la subsistance, le repos, le bonheur et la liberté de tous les Français. Ils invitèrent les canonniers, les gendarmes, les troupes à pied et à cheval, à se ranger sous les drapeaux du peuple; et ils marchèrent sur la convention.

Celle-ci délibérait dans ce moment sur les moyens d'empêcher l'insurrection. Les attroupements journaliers qui avaient lieu à cause de la distribution du pain et de la fermentation populaire, ne lui avaient pas permis d'apercevoir les préparatifs d'une grande émeute, et de prendre ses mesures à cet égard. Les comités vinrent à la hâte l'avertir du danger. Sur-le-champ, elle se déclara en permanence, rendit Paris responsable de la sûreté des représentants de la république ; fit fermer ses portes, mit tous les chefs d'attroupement *hors la loi*, appela tous les citoyens des sections aux armes, et nomma, pour se mettre à leur tête, huit commissaires parmi lesquels étaient Legendre, Henri Larivière, Kervelegan, etc. A peine étaient-ils partis, qu'un grand bruit se fit entendre au dehors. Une des portes extérieures venait d'être forcée, et les femmes se précipitèrent dans les tribunes, en criant: *Du pain et la constitution de* 93! La convention les reçut avec une contenance ferme. « Vos cris, leur dit le président Vernier, ne « changeront rien à notre attitude, ils ne hâte-

« ront pas d'un seul moment l'arrivage des sub-
« sistances, ils ne serviront qu'à l'empêcher. »
Un tumulte affreux couvrit la voix du président et interrompit les délibérations. On fit alors évacuer les tribunes. Mais les insurgés des faubourgs parvinrent bientôt jusqu'aux portes intérieures, et les trouvant fermées, ils les frappaient à coups redoublés de hache et de marteau. Les portes cédèrent; et la foule ameutée pénétra au milieu même de la convention.

L'enceinte des séances devint alors un champ de bataille. Les vétérans, et les gendarmes auxquels était confiée la garde de l'assemblée, crient aux armes; le député Auguis, le sabre nu à la main, se met à leur tête, et parvient d'abord à repousser les assaillants. On leur fait même quelques prisonniers. Mais les insurgés plus nombreux retournent au pas de charge, et envahissent de nouveau l'enceinte de la convention. Le député Féraud rentre précipitamment poursuivi par les insurgés, qui tirent plusieurs coups de fusil dans la salle. Ils couchent en joue Boissy-d'Anglas qui siégeait au fauteuil à la place de Vernier. Féraud s'élance à la tribune pour le couvrir de son corps: il y est assailli à coups de piques et de sabre, il tombe dangereusement blessé. Les insurgés l'entraînent dans les couloirs, et le confondant avec Fréron, ils lui coupent la tête qu'ils placent au bout d'une pique.

Après ce combat, ils s'étaient rendus maîtres de la salle. La plupart des députés avaient pris la fuite. Il ne restait que les hommes de la Crête et Boissy-d'Anglas, qui, calme, couvert, insensible aux outrages et aux menaces, protestait toujours, au nom de la convention, contre les violences populaires. On lui présenta la tête sanglante de Féraud, et il s'inclina avec respect devant elle. On voulut le forcer, les piques sur la poitrine, à mettre aux voix les propositions des insurgés, et il leur opposa constamment le plus courageux refus. Mais les *Crétois* qui approuvaient l'émeute s'emparèrent des bureaux, occupèrent la tribune et décrétèrent, au milieu des applaudissements de la multitude, tous les articles contenus dans le manifeste de l'insurrection. Le député Rome se rendit leur organe. Ils nommèrent de plus une commission exécutive composée de Bourbotte, Duroy, Duquesnoy, Prieur de la Marne, et un commandant général de la force armée, le député Soubrany. Ils préparaient ainsi le retour de leur domination. Ils décrétèrent le rappel de leurs collègues détenus, la destitution de leurs ennemis, la constitution démocratique, et le rétablissement des

Jacobins. Mais il ne suffisait point d'envahir momentanément l'assemblée, il fallait vaincre les sections; car c'était avec elles seulement qu'il pouvait y avoir bataille.

Les commissaires envoyés auprès des sections les avaient promptement rassemblées. Les bataillons de la *Butte-des-Moulins*, de *Lepelletier*, *des Piques*, de *la Fontaine Grenelle*, qui étaient les moins éloignés, occupèrent bientôt le Carrousel et ses principales avenues. Alors tout changea de face; Legendre, Kervelegan, Auguis, assiégèrent à leur tour les insurgés, à la tête des sectionnaires. Ils éprouvèrent d'abord quelque résistance. Mais bientôt ils pénétrèrent, la baïonnette en avant, dans la salle où délibéraient encore les conjurés, et Legendre s'écria: *Au nom de la loi, j'ordonne aux citoyens armés de se retirer.* Ils hésitèrent un moment, mais l'arrivée des bataillons qui entraient par toutes les portes les intimida, et ils évacuèrent la salle dans le désordre d'une fuite. L'assemblée se compléta, les sections furent remerciées, on reprit les délibérations, toutes les mesures adoptées dans l'intervalle furent annulées, et quatorze représentants auxquels on en joignit ensuite quatorze autres, furent arrêtés comme coupables d'avoir organisé l'insurrection ou de l'avoir approuvée par leurs discours. Il était alors minuit, et à cinq heures du matin, les prisonniers étaient déja à six lieues de Paris.

Malgré cette défaite, les faubourgs ne se tinrent pas pour battus, et le lendemain ils s'avancèrent en masse avec leurs canons contre la convention. Les sectionnaires de leur côté se rendirent auprès d'elle pour la défendre. Les deux partis étaient prêts à en venir aux mains, les canons des faubourgs qui avaient débouché sur le Carrousel, étaient déja braqués contre le château, lorsque l'assemblée envoya des commissaires auprès des insurgés. Les négociations s'entamèrent, un député des faubourgs, admis devant l'assemblée, demanda d'abord ce qu'on avait demandé la veille, ajoutant: « Nous sommes décidés « à mourir au poste que nous occupons, plutôt « que de rien relâcher de nos demandes. Je ne « crains rien, je me nomme Saint-Légier. Vive « la république! Vive la convention, si elle est « amie des principes comme je le crois! » On accueillit favorablement le député, et l'on fraternisa avec les faubourgs, sans toutefois leur rien accorder de positif. Ceux-ci n'ayant plus un conseil général de la commune pour soutenir leurs résolutions, ni un commandant comme Henriot pour les tenir campés jusqu'au moment où leurs propositions seraient décrétées, n'allèrent pas plus avant. Ils se retirèrent après avoir reçu l'assurance que la convention s'occupait avec sollicitude des subsistances, et qu'elle publierait bientôt *les lois organiques* de la constitution de 93. Ce jour-là il se vit bien qu'il ne suffit pas d'une force matérielle immense et d'un but bien arrêté pour réussir, qu'il faut encore des chefs et une autorité qui appuie l'insurrection et qui la dirige. Il n'existait plus qu'une seule puissance légale, la convention : le parti qui l'avait pour lui triompha.

Six montagnards démocrates, Goujon, Bourbotte, Rome, Duroy, Duquesnoy, Soubrany, furent traduits devant une commission militaire. Ils y parurent avec une contenance ferme, en hommes fanatiques de leur cause, et presque tous purs d'excès. Ils n'avaient contre eux que le mouvement de prairial, mais c'était assez en temps de parti, et ils furent condamnés à mort. Ils se frappèrent tous du même couteau, qu'ils se firent passer les uns aux autres en criant : *Vive la République!* Rome, Goujon et Duquesnoy furent assez heureux pour se frapper à mort, les trois autres furent conduits à l'échafaud mourants, et la figure encore sereine.

Cependant, les faubourgs, quoique repoussés le 1er prairial et éconduits le 2, conservaient encore les moyens de se soulever. Un évènement d'une importance bien moindre que les émeutes précédentes, occasionna leur ruine définitive. L'assassin de Féraud fut découvert, condamné, et le 4, jour de son exécution, un attroupement parvint à le délivrer. Il n'y eut qu'un cri contre ce nouvel attentat; et la convention ordonna le désarmement des faubourgs. Ils furent cernés par toutes les sections intérieures. Après s'être disposés à la résistance, ils cédèrent, abandonnant quelques-uns de leurs meneurs, leurs armes et leur artillerie. Le parti démocratique avait perdu ses chefs, ses clubs, ses autorités; il ne lui restait plus qu'une force armée qui se rendait encore redoutable, et des institutions qui pouvaient lui faire tout reconquérir. A la suite de son dernier échec, la classe inférieure fut entièrement exclue du gouvernement de l'état: les comités révolutionnaires, qui formaient ses assemblées, furent détruits; les canonniers, qui étaient sa troupe, furent désarmés; la constitution de 93 qui était son code, fut abolie, et le régime de la multitude finit là.

Du 9 thermidor au 1er prairial, le parti montagnard fut traité comme le parti girondin l'avait été du 2 juin au 9 thermidor. Soixante-seize de ses membres furent condamnés à mort ou décrétés d'arrestation. Il subit à son tour la destinée qu'il avait fait subir à l'autre; car, en temps de passions, les partis ne savent pas s'accommoder, et ne veulent que se vaincre. Comme les Girondins, ils s'insurgèrent pour ressaisir le pouvoir qu'ils avaient perdu; et comme eux ils succombèrent. Vergniaud, Brissot, Guadet, etc., furent jugés par un tribunal révolutionnaire; Bourbotte, Duroy, Soubrany, Rome, Goujon, Duquesnoy, le furent par une commission militaire. Les uns et les autres moururent avec le même courage : ce qui fait voir que tous les partis sont les mêmes, et se conduisent par les mêmes maximes, ou si l'on veut, par les mêmes nécessités. Depuis cette époque, la classe moyenne reprit au dehors la conduite de la révolution, et l'assemblée fut aussi unie sous les Girondins, qu'elle l'avait été après le 2 juin, sous les Montagnards.

CHAPITRE XI.

Campagne de 1793 et 1794. — Dispositions des armées à la nouvelle du 9 thermidor. — Conquête de la Hollande; positions sur le Rhin. — Paix de Bâle avec la Prusse; paix avec l'Espagne. — Descente de Quibéron. — La réaction cesse d'être conventionnelle et devient royaliste. — Massacre des révolutionnaires dans le midi. — Constitution directoriale de l'an III. — Décrets de fructidor qui exigent la réélection des deux tiers de la convention. — — Déchainement du parti royaliste sectionnaire. — Il s'insurge. — Journée du 13 vendémiaire. — Nomination des conseils et du directoire. — Fin de la convention; sa durée; son caractère.

La prospérité extérieure de la révolution contribua surtout à la chûte du gouvernement dictatorial et du parti des Jacobins. Les victoires croissantes de la république auxquelles ils avaient prodigieusement contribué par la vigueur de leurs mesures ou par leur exaltation, rendirent leur puissance superflue. C'était le comité de salut public qui, en accablant de sa forte et redoutable main l'intérieur de la France, avait développé des ressources, organisé des armées, trouvé des généraux, et commandé des victoires qui avaient définitivement assuré le triomphe de la révolution à l'égard de l'Europe. Une situation heureuse n'exigeait plus les mêmes efforts, et sa mission était accomplie, le propre d'une pareille dictature étant de sauver un pays et une cause, et de périr par le salut même qu'elle produit. Les évènements intérieurs nous ont empêché de faire connaître rapidement l'impulsion que le comité de salut public donna aux armées après le 31 mai, et les résultats qu'il en obtint.

La levée en masse qui eut lieu pendant l'été de 1793 forma les troupes de la Montagne. Les chefs de ce parti choisirent bientôt dans les rangs secondaires des généraux montagnards en remplacement des généraux girondins. Ces généraux furent Jourdan, Pichegru, Hoche, Moreau, Westermann, Dugommier, Marceau, Kléber, etc. Carnot devint par son entrée au comité de salut public le ministre de la guerre et le major-général de toutes les armées républicaines. Au lieu de corps dispersés et agissant avec peu de concert sur des points isolés, il procéda par fortes masses et concentriquement vers un but unique. Il commença la méthode de la grande guerre, qu'il essaya avec un succès décisif à Watignies, en qualité de commissaire de la convention. Cette victoire importante, à laquelle il coopéra de sa personne, rejeta les généraux réunis Clairfait et prince de Cobourg derrière la Sambre, et fit lever le siége de Maubeuge. Pendant l'hiver de 1793 à 1794, les deux armées restèrent en présence sans rien entreprendre.

A l'ouverture de la campagne, elles conçurent l'une et l'autre un projet d'invasion. L'armée autrichienne se jeta sur les villes de la Somme, Péronne, Saint-Quentin, Arras, et menaça Paris, tandis que l'armée française projeta de nouveau la conquête de la Belgique. Le plan du comité de salut public fut combiné bien autrement que le dessein vague de la coalition. Pichegru, à la tête de cinquante mille hommes, à l'armée du nord, pénétra dans la Flandre, en s'appuyant sur la mer et sur l'Escaut. A sa droite, vingt mille hommes commandés par Moreau, se portèrent sur Menin et Courtrai : le général Souham resta avec trente mille hommes sous Lille pour soutenir l'extrême droite de l'armée d'invasion contre les Autrichiens, tandis que Jourdan, avec l'armée de la Moselle, se dirigea vers Charleroi par Arlon et Dinant, pour se joidre à l'armée du nord.

Les-Autrichiens, attaqués en Flandre et menacés d'être pris à revers par Jourdan, quittèrent bien vite leurs positions de la Somme. Clairfait et le duc d'York se firent battre à Courtray et à Hooglède, par l'armée de Pichegru ; Cobourg à

Fleurus, par celle de Jourdan qui venait de prendre Charleroi. Les deux généraux victorieux achevèrent rapidement l'invasion des Pays-Bas. L'armée anglo-hollandaise se replia sur Anvers, d'Anvers sur Bréda, de Bréda sur Bois-le-Duc, en essuyant des échecs continuels. Elle passa le Vahal et se rejeta en Hollande. Les Autrichiens essayèrent tout aussi vainement de couvrir Bruxelles, Maëstricht; ils furent poursuivis et battus par l'armée de Jourdan qui, depuis sa jonction, avait pris le nom d'armée de *Sambre-et-Meuse*, et qui ne les laissa point derrière la Roër comme avait fait Dumouriez, mais les poussa au-delà du Rhin. Jourdan se rendit maître de Cologne, de Bonn, et communiqua par sa gauche avec la droite de l'armée de la Moselle, qui s'était avancée dans le pays de Luxembourg, et qui, conjointement avec lui, occupa Coblentz. Il y avait eu un mouvement général et concerté de toutes les armées françaises, qui s'ébranlèrent pour courir à la frontière du Rhin. A l'époque des défaites, les lignes de Veissembourg avaient été forcées. Le comité de salut public employa dans l'armée du Rhin, les mesures expéditives de sa politique. Les commissaires Saint-Just et Lebas donnèrent le commandement général à Hoche, mirent la terreur et la victoire à l'ordre du jour, et dans peu les généraux Brunswick et

Wurmser furent poussés de Haguenau sur les lignes de la Lauter, et ne pouvant pas même s'y maintenir, passèrent le Rhin à Philisbourg. Spire, Worms furent repris. Les troupes républicaines partout conquérantes, occupèrent la Belgique, la partie de la Hollande située sur la gauche de la Meuse, et toutes les villes placées sur le cours du Rhin, hors Mayence et Manheim qui furent serrés de près.

L'armée des Alpes ne fit pas beaucoup de progrès dans cette campagne. Elle tenta d'envahir le Piémont, mais elle ne réussit point. Sur la frontière d'Espagne, la guerre avait commencé sous de funestes auspices: les deux armées des Pyrénées-Orientales et des Pyrénées-Occidentales, peu fortes en nombre et peu aguerries, avaient été constamment battues, et s'étaient retirées, l'une sous Perpignan, l'autre sous Bayonne. Le comité de salut public ne dirigea qu'assez tard son attention et ses efforts sur ce point, qui n'était pas le plus dangereux pour lui. Mais, dès qu'il eut introduit son système, ses généraux et son organisation dans ces deux armées, les choses changèrent de face. Dugommier, après des succès multipliés, chassa les Espagnols du territoire français, et pénétra dans la péninsule par la Catalogne. Moncey l'envahit aussi par la vallée de Bastan, à l'autre ouverture des Pyrénées, et se rendit maître de Saint-Sébastien et de Fontarabie. Le coalition était partout vaincue, et quelques-unes des puissances confédérées commençaient à se repentir de leur trop confiante adhésion.

Ce fut sur ces entrefaites que la révolution du 9 thermidor parvint aux armées. Elles étaient entièrement républicaines, et elles craignirent que la chûte de Robespierre n'entraînât celle du gouvernement populaire : aussi l'apprirent-elles avec une désapprobation marquée. Mais, comme les armées étaient soumises au pouvoir civil, aucune d'elles ne s'insurgea. Les insurrections de l'armée n'eurent lieu que du 14 juillet au 31 mai, parce qu'étant le refuge des partis vaincus, leurs chefs avaient, à chaque crise, l'avantage de l'ancienneté politique, et combattaient avec toute l'ardeur des factions compromises. Sous le comité de salut public, au contraire, les généraux les plus renommés n'eurent aucune importance politique, et furent soumis à la discipline terrible des partis. La convention n'eut pas de peine à maintenir les armées dans l'obéissance.

Peu de temps après, le mouvement d'invasion se prolongea en Hollande et dans la péninsule espagnole. Les Provinces-Unies furent attaquées au milieu de l'hiver, et de plusieurs côtés, par Pichegru, qui appela les patriotes bataves à la liberté. Le parti opposé au stathoudérat seconda les efforts victorieux de l'armée française, et la révolution se fit en même temps que la conquête à Leyde, à Amsterdam, à La Haye, à Utrecht. Le sthathouder se réfugia en Angleterre ; son autorité fut abolie, et l'assemblée des états-généraux gouverna seule la république batave, qui contracta une union étroite avec la France. Cette importante conquête enleva un pied-à-terre aux Anglais, et força la Prusse, menacée sur le Rhin et par la Hollande, à conclure à Bâle avec la république française, une paix à laquelle ses revers et les affaires de Pologne l'avaient depuis quelque temps disposée. La paix se fit aussi avec l'Espagne alarmée de nos progrès sur son territoire. Figuière et le fort de Roses avaient été pris, et Pérignon s'avançait dans la Catalogne, tandis que Moncey, après s'être rendu maître de Villa-Réal, de Bilbao, de Vittoria, marchait contre les Espagnols retirés sur les frontières de la vieille-Castille. Le cabinet de Madrid demanda la paix. Il reconnut la république française, qui lui restitua ses conquêtes et qui reçut en échange la partie de Saint-Domingue, possédée par l'Espagne. Les deux armées aguerries des Pyrénées passèrent à l'armée des Alpes, qui, par ce moyen, envahit bientôt le Piémont, et déborda en Italie.

Ces pacifications partielles et les revers des

troupes coalisées dirigèrent les efforts de l'Angleterre et de l'émigration d'un autre côté. Le moment était revenu de prendre le point d'appui contre-révolutionnaire dans l'intérieur. En 1791, lorsqu'il y avait unanimité en France, les royalistes avaient tout espéré des puissances étrangères; aujourd'hui les dissidences du dedans, et les défaites de l'Europe, ne leur laissaient d'autre ressource que les conspirations. Les tentatives malheureusess, comme on le sait, ne désespèrent jamais les partis vaincus: il n'y a que la victoire qui lasse et qui épuise, et c'est ce qui, tôt ou tard, ramène la domination de ceux qui attendent.

Les évènements de prairial et la défaite du parti jacobin avaient décidé le mouvement contre-révolutionnaire. A cette époque, la réaction qui avait été conduite par les républicains modérés, devint généralement royaliste. Les partisans de la monarchie étaient encore aussi divisés qu'ils l'avaient été depuis l'ouverture des états-généraux jusqu'au 10 août. Dans l'intérieur, les anciens constitutionnels qui avaient leur siége dans les sections, et qui se composaient de la classe moyenne riche, n'entendaient pas la monarchie comme les royalistes absolus. Ils éprouvaient toujours la rivalité et l'éloignement d'intérêt naturels à des bourgeois contre des privilégiés. Les royalistes absolus eux-mêmes n'étaient pas d'accord : le parti qui s'était battu dans l'intérieur, sympathisait peu avec celui qui s'était enrôlé dans les armées de l'Europe. Mais, outre les dissidences qui existaient entre les Vendéens et les émigrés, il en existait aussi entre les émigrés d'après la date de leur sortie. Cependant tous ces royalistes d'opinions diverses, n'ayant pas à débattre encore le prix de la victoire, s'entendirent pour attaquer en commun la convention. Les émigrés et les prêtres qui, depuis quelques mois, étaient rentrés en grand nombre, prirent la bannière des sections, bien certains, s'ils l'emportaient au moyen de la classe moyenne, d'établir leur propre gouvernement; car ils avaient un chef désigné et un but précis, ce que les sectionnaires n'avaient point.

Cette réaction d'un nouveau caractère fut contenue pendant quelque temps à Paris, où la convention, puissance neutre et forte, voulait empêcher également les violences et les usurpations des deux partis. Tout en détruisant la domination des Jacobins, elle réprimait les vengeances des royalistes. Ce fut alors que la plus grande partie de *la troupe dorée* déserta sa cause; que les meneurs des sections préparèrent la bourgeoisie à combattre l'assemblée, et que la confédération des journalistes succéda à celle des Jacobins. La Harpe, Richer-de-Serisy, Poncelin, Tronçon-du-Coudray, Marchenna, etc., se firent les organes de cette nouvelle opinion, et furent les clubistes lettrés. Les troupes actives, quoique irrégulières de ce parti, se réunissaient au théâtre Feydeau, au boulevard des Italiens, au Palais-Royal, et faisaient *la chasse aux Jacobins* en chantant *le Réveil du peuple*. Le mot de proscription, dans ce temps, était celui de *terroriste*, au moyen duquel un *honnête homme* pouvait, en toute conscience, courir sur un révolutionnaire. La classe *des terroristes* s'étendait au gré des passions des nouveaux réacteurs, qui portaient les cheveux *à la victime*. Ils étaient armés d'un lourd assommoir, et avaient adopté depuis quelque temps l'habit gris à revers, collet noir ou vert, uniforme des chouans.

Mais cette réaction fut bien plus fougueuse dans les départements où aucune puissance ne put s'interposer pour prévenir le carnage. Il n'y avait là que deux partis, celui qui avait dominé et celui qui avait souffert sous la Montagne. La classe intermédiaire était alternativement gouvernée par les royalistes et par les démocrates. Ceux-ci, présageant les terribles représailles dont ils seraient l'objet en succombant, tinrent tant qu'ils purent, mais leur défaite à Paris entraîna leur chûte dans les départements. On vit alors des exécutions de parti semblables à celles des proconsuls du comité de salut public. Le midi fut surtout en proie aux massacres en masse et aux vengeances personnelles. Il s'était organisé des *compagnies de Jésus* et *des compagnies du Soleil*, qui étaient royalistes par leur institution, et qui exécutèrent d'épouvantables représailles. A Lyon, à Aix, à Tarascon, à Marseille, on égorgea dans les prisons ceux qui avaient participé au régime précédent. Presque tout le midi eut son 2 septembre. A Lyon, après les premiers massacres des révolutionnaires, les hommes de la compagnie faisaient la chasse à ceux qui n'avaient point été pris, et lorsqu'ils en rencontraient un, sans autre forme que ce seul mot, *Voilà un matavon* (c'est ainsi qu'ils les appelaient), ils le tuaient et le jetaient dans le Rhône. A Tarascon, on les précipitait du haut de la tour sur un rocher qui bordait le Rhône. Pendant cette terreur en sens inverse, et cette défaite générale du parti révolutionnaire, l'Angleterre et l'émigration tentèrent l'entreprise hardie de Quiberon.

Les Vendéens avaient été épuisés par leurs défaites réitérées, mais ils n'étaient pas entièrement réduits. Cependant leurs pertes, autant que les divisions de leurs deux principaux chefs Charette et Stofflet, les rendaient d'un bien faible secours. Charette avait même consenti à traiter avec la république, et une sorte de pacification avait été conclue à Jusnay entre lui et la convention. Le marquis de Puisaye, homme entreprenant mais léger, et plus capable d'intrigues que de fortes conceptions de parti, avait eu le dessein de remplacer l'insurrection presque éteinte de la Vendée par celle de la Bretagne. Il existait déja dans le Morbihan des bandes de *chouans*, composées de restes de partis, d'hommes déplacés et aventureux, de hardis contrebandiers, qui faisaient des expéditions, mais qui ne pouvaient pas tenir la campagne comme les Vendéens. Puisaye recourut à l'Angleterre pour étendre *la chouanerie*, il lui fit espérer un soulèvement général dans la Bretagne, et de là dans le reste de la France, si l'on débarquait un noyau d'armée, des munitions et des fusils.

Le ministère britannique, déçu du côté de la coalition, ne demandait pas mieux que de créer de nouveaux périls à la république, en attendant de ranimer le courage de l'Europe. Il prépara donc une expédition dont firent partie les émigrés les plus énergiques, presque tous les officiers de l'ancienne marine, et tous ceux qui, las du rôle d'exilés, et des douleurs d'une vie errante, voulurent tenter une dernière fois la fortune. La flotte anglaise déposa dans la presqu'île de Quiberon, quinze cents émigrés, six mille prisonniers républicains enrôlés sous l'émigration pour rentrer en France; soixante mille fusils et un équipement complet pour une armée de quarante mille hommes. Quinze cents chouans se joignirent à l'armée de débarquement, qui fut bientôt attaquée par le général Hoche. Les républicains parvinrent à la tourner, les prisonniers l'abandonnèrent, et elle fut vaincue après la plus vive résistance. Dans la guerre à mort de l'émigration et de la république, les vaincus furent traités comme étant *hors la loi*, et impitoyablement massacrés. Leur perte fut une plaie profonde et incurable pour l'émigration.

Les espérances fondées sur les victoires de l'Europe, sur les progrès de l'insurrection et la tentative des émigrés, se trouvant renversées, on recourut aux sections mécontentes. On espéra faire la contre-révolution, au moyen de la constitution nouvelle. Cette constitution était cependant l'œuvre du parti modéré républicain. Mais comme elle redonnait l'ascendant à la classe moyenne, les meneurs royalistes crurent entrer facilement par elle dans le corps législatif et dans le gouvernement.

Cette constitution était la meilleure, la plus sage, la plus libérale et la plus prévoyante qu'on eût encore établie ou projetée: elle était le résultat de six années d'expérience révolutionnaire et législative. La convention éprouvait à cette époque le besoin d'organiser le pouvoir, et de rasseoir le peuple, à la différence de la première assemblée, qui, par sa situation, n'avait ressenti que le besoin d'affaiblir la royauté et de remuer la nation. Tout avait été usé depuis le trône jusqu'au peuple : il fallait vivre aujourd'hui en reconstruisant, et rétablir l'ordre, tout en conservant un immense exercice à la nation. C'est ce que fit la constitution nouvelle. Elle s'éloigna peu de celle de 1791, quant à l'exercice de la souveraineté ; mais elle en différa beaucoup dans tout ce qui est relatif au gouvernement. Elle plaça le pouvoir législatif dans deux conseils : celui *des cinq cents* et celui *des anciens* ; le pouvoir exécutif, dans un *directoire* de cinq membres. Elle rétablit les deux degrés d'élection destinés à ralentir le mouvement populaire, et à donner des choix plus éclairés que les élections immédiates. Des conditions de propriété, sages mais bornées, pour être membres des assemblées primaires et des assemblées électorales, redonnèrent l'importance politique à la classe moyenne, à laquelle il fallait forcément revenir après le licenciement de la multitude et l'abandon de la constitution de 93.

Afin de prévenir le despotisme ou l'asservissement d'une seule assemblée, on voulut placer quelque part la puissance de l'arrêter ou de la défendre. La division du corps législatif en deux conseils qui avaient la même origine, la même durée, et dont les fonctions seules étaient différentes, atteignit le double but de ne point effaroucher le peuple par une institution aristocratique, et de contribuer à la formation d'un bon gouvernement. *Le conseil des cinq cents* dont les membres durent être âgés de trente ans, eut seul l'initiative et la discussion des lois. Le *conseil des anciens*, composé de deux cent cinquante membres, âgés de quarante ans accomplis, fut chargé de les admettre ou de les rejeter.

Pour éviter la précipitation des mesures législatives, et afin que, dans un moment d'effervescence populaire, on ne forçât point la sanction du conseil des anciens, il ne put se décider qu'après trois lectures fixées à cinq jours de distance au moins. Dans le *cas d'urgence* il fut dispensé de cette formalité; mais il était juge de l'urgence. Ce conseil agissait tantôt en pouvoir législatif lorsqu'il n'approuvait pas la mesure au fond, et qu'il se servait de la formule, *Le conseil des anciens ne peut pas adopter;* tantôt en pouvoir conservateur, lorsqu'il ne la considérait que sous son rapport légal, et qu'il disait: *La constitution annule.* On adopta pour la première fois les réélections partielles, et l'on fixa le renouvellement des conseils par moitié tous les deux ans, afin d'éviter ces levées de législateurs qui arrivaient avec un désir immodéré d'innovations, et changeaient subitement l'esprit d'une assemblée.

Le pouvoir exécutif fut séparé des conseils et n'exista plus dans les comités. On redoutait encore trop la monarchie pour nommer un président de la république. On se borna donc à créer un *directoire* de cinq membres, nommés par le conseil des anciens, sur la présentation de celui des cinq cents. Les directeurs purent être mis en jugement par les conseils, mais ils ne purent pas être révoqués par eux. On leur donna un pouvoir d'exécution général et indépendant; mais on voulut aussi qu'ils n'en abusassent point, et, surtout, que la trop longue habitude de l'autorité ne les conduisît pas à l'usurpation. Ils eurent la direction de la force armée et des finances, la nomination des fonctionnaires, la conduite des négociations : mais ils ne purent rien faire par eux-mêmes; il leur fallut des ministres et des généraux, de la conduite desquels ils furent responsables. Chacun d'eux fut président pendant trois mois, et eut alors la signature et les sceaux. Tous les ans le directoire dut se renouveler par cinquième. Les attributions de la royauté de 1791 furent, comme on le voit, partagées entre le conseil des anciens qui eut le *véto*, et le directoire qui eut le pouvoir exécutif. Le directoire reçut une garde, un palais national, le Luxembourg pour demeure, et une sorte de liste civile. Le conseil des anciens, destiné à arrêter les écarts du pouvoir législatif, fut investi des moyens de réprimer les usurpations du directoire : il put changer la résidence des conseils et du gouvernement.

La prévoyance de cette contitution était infinie : elle prévenait les violences populaires, les attentats du pouvoir, et pourvoyait à tous les périls qu'avaient signalés les diverses crises de la révolution. Certainement si une constitution avait pu se consolider à cette époqoe, c'était la constitution directoriale. Elle refaisait le pouvoir, permettait la liberté, et offrait aux divers partis l'occasion de la paix, si chacun d'eux, sans arrière-pensée, ne songeant plus à la domination exclusive, et se contentant du droit commun, eût pris sa véritable place dans l'état. Mais elle ne dura pas plus que les autres, parce qu'elle ne put pas établir l'ordre légal malgré les partis. Chacun d'eux aspira au gouvernement pour faire prévaloir son système et ses intérêts, et, au lieu du règne de la loi, il fallut retomber encore dans celui de la force et des coups d'état. Lorsque les partis ne veulent pas finir une révolution, et ceux qui ne dominent point ne le veulent jamais, une contitution, quelque bonne qu'elle soit, ne peut pas le faire.

Les membres de la commission des *onze*, qui, avant les journées de prairial, n'avaient pas d'autre mission que de préparer les lois organiques de la constitution de 93, et qui, après ces journées, firent celle de l'an III, étaient à la tête du parti conventionnel. Ce parti n'était ni l'ancienne Gironde, ni l'ancienne Montagne. Neutre jusqu'au 31 mai, assujetti jusqu'au 9 thermidor, il était entré en possession du pouvoir depuis cette époque, parce que la double défaite des Girondins et des Montagnards l'avait laissé le plus fort. C'est à lui que s'étaient réunis les hommes des côtés extrêmes, qui avaient commencé la fusion. Merlin (de Douai) représentait la partie de cette masse qui avait cédé aux circonstances, Thibaudeau la partie demeurée inactive, et Daunou la partie courageuse. Ce dernier s'était déclaré contre tous les coups d'état depuis l'ouverture de l'assemblée, et contre le 21 janvier, et contre le 31 mai, parce qu'il voulait le régime de la convention, sans les violences et les mesures des partis. Après le 9 thermidor, il blâma l'acharnement déployé contre les chefs du gouvernement révolutionnaire dont il avait été la victime comme l'un des *soixante-treize*. Il avait obtenu beaucoup d'ascendant à mesure qu'on avançait vers le régime légal. Son attachement éclairé pour la révolution, sa noble indépendance, la sûreté et l'étendue de ses idées, et son imperturbable constance, le rendirent l'un des acteurs les plus influents de cette époque. Il fut le principal auteur de la constitution de l'an III, et la convention le chargea, avec quelques autres de ses membres, de la défense de la république, dans la crise de vendémiaire.

La réaction continuait de plus en plus; elle était indirectement favorisée par les membres de la droite, qui, depuis le début de cette assemblée, n'avaient été qu'accidentellement républicains. Ils n'étaient pas disposés à repousser les attaques des royalistes avec la même énergie que celles des révolutionnaires. De ce nombre étaient Boissy-d'Anglas, Lanjuinais, Henri-Larivière, Saladin, Aubry, etc.; ils formaient dans l'assemblée le noyau du parti sectionnaire. D'anciens et de fougueux Montagnards, tels que Rovère, Bourdon de l'Oise, etc., entraînés par le mouvement contre-révolutionnaire, laissaient prolonger la réaction, sans doute pour faire leur paix avec ceux qu'ils avaient si violémment combattus.

Mais le parti conventionnel, rassuré du côté

des démocrates, mit tous ses efforts à empêcher le triomphe des royalistes. Il comprit que le salut de la république dépendait de la formation des conseils, et que les conseils, devant être choisis par la classe moyenne, que dirigeaient des chefs royalistes, seraient contre-révolutionnairement composés. Il lui importait de confier la garde du régime qu'on allait établir à ceux qui étaient intéressés à le défendre. Pour éviter la faute de la constituante, qui s'était exclue de la législature suivante, la convention décida, par un décret, que les deux tiers de ses membres seraient réélus. Par ce moyen, elle s'assura la majorité des conseils, la nomination du directoire; elle put accompagner dans l'état sa constitution, et la consolider sans secousse. Cette réélection *des deux tiers* était peu légale, mais elle était politique, et elle pouvait seule sauver la France du régime des démocrates, ou des contre-révolutionnaires. La convention s'accorda une dictature modératrice, par les décrets du 5 et du 13 fructidor, dont l'un établissait la réélection et dont l'autre en fixait le mode. Mais ces deux décrets exceptionnels furent soumis à la ratification des assemblées primaires, en même temps que l'acte constitutionnel.

Le parti royaliste fut pris au dépourvu par les décrets de fructidor. Il espérait entrer dans le gouvernement par les conseils, dans les conseils par les élections, et opérer le changement de régime, lorsqu'il serait constitué en puissance. Il se déchaîna contre la convention. Le comité royaliste de Paris, dont l'agent connu fut le fameux *Lemaître*, les journalistes, les meneurs des sections, se coalisèrent. Ils n'eurent pas de peine à se donner l'appui de l'opinion, dont ils se faisaient les seuls organes; ils accusèrent la convention de perpétuer son pouvoir, et d'attenter à la souveraineté du peuple. Les principaux partisans des *deux tiers*, Louvet, Daunou, Chénier, ne furent point ménagés, et tous les préparatifs d'un grand mouvement eurent lieu. Le faubourg Saint-Germain, naguère désert, se remplissait de jour en jour; les émigrés arrivaient en foule, et les conjurés, déguisant assez peu leurs desseins, avaient adopté l'uniforme des chouans.

La convention, voyant grossir l'orage, chercha son soutien dans l'armée, qui était alors la classe républicaine, et elle forma un camp sous Paris. Le peuple avait été licencié, et les royalistes s'étaient emparé de la bourgeoisie. Sur ces entrefaites, les assemblées primaires se réunirent, le 20 fructidor, pour délibérer sur l'acte constitutionnel et sur les décrets des *deux tiers*, qui devaient être adoptés ou rejetés ensemble. La section *Lepelletier* (anciennement *Filles-Saint-Thomas*) fut le centre de toutes les autres. Sur sa proposition, on décida *que les pouvoirs de toute autorité constituante cessaient en présence du peuple assemblé.* La section *Lepelletier*, dirigée par Richer-Serisy, La Harpe, Lacretelle jeune, Vaublanc, etc., s'occupa d'organiser le gouvernement insurrectionnel, sous le nom de *comité central.* Ce comité devait remplacer en vendémiaire, contre la convention, le comité du 10 août contre le trône, et du 31 mai contre les Girondins. La majorité des sections adopta cette mesure, qui fut cassée par la convention, dont le décret fut cassé à son tour par la majorité des sections. La lutte devint tout-à-fait ouverte; et, dans Paris, l'on sépara l'acte constitutionnel, qui fut adopté, des décrets de réélection, que l'on rejeta.

Le 1er vendémiaire, la convention proclama l'acceptation des décrets par le plus grand nombre des assemblées primaires de France. Les sections se réunirent de nouveau pour nommer les électeurs, qui devaient choisir les membres de la législature. Le 10, elles arrêtèrent que les électeurs s'assembleraient au Théatre-Français (il se trouvait alors au-delà des ponts); qu'ils y seraient conduits par la force armée des sections, après avoir juré de les défendre jusqu'à la mort. En effet, le 11, les électeurs se constituèrent sous la présidence du duc de Nivernois, et sous la garde de quelques détachements de chasseurs et de grenadiers.

La convention, avertie par le danger, se mit en permanence, appela autour de son enceinte les troupes du camp des Sablons, et concentra ses pouvoirs dans un comité de cinq membres, qui fut chargé de toutes les mesures de salut public. Ces membres étaient Colombel, Barras, Daunou, Letourneur et Merlin de Douai. Depuis quelque temps les révolutionnaires n'étaient plus à craindre, et l'on avait relâché tous ceux qui avaient été emprisonnés pour les événements de prairial. On enrégimenta, sous le nom de *Bataillon des patriotes de* 89, environ quinze ou dix-huit cents d'entre eux, qui avaient été poursuivis, dans les départements, ou à Paris, par les réactionnaires. Le 11 au soir, la convention envoya dissoudre, par la force, l'assemblée des électeurs, qui s'était déja séparée, en s'ajournant au lendemain.

Dans la nuit du 11, le décret qui dissolvait le collége des électeurs, et qui armait le *bataillon des patriotes de* 89, excita la plus grande agitation. On battit la générale ; la section Lepelletier tonna contre le despotisme de la convention, contre le retour de *la terreur*, et, pendant toute la journée du 12, elle disposa les autres sections à combattre. Le soir, la convention, non moins agitée elle-même, se décida à prendre l'initiative, à cerner la section conspiratrice, et à finir la crise en la désarmant. Le général de l'intérieur, Menou, et le représentant Laporte, furent chargés de cette mission. Le chef-lieu des sectionnaires était au couvent des Filles-Saint-Thomas, devant lequel ils avaient environ sept ou huit cents hommes en bataille. Ils furent cernés par des forces supérieures, en flanc par les boulevards, et en face du côté de la rue Vivienne. Au lieu de les désarmer, les chefs de l'expédition parlementèrent avec eux. Il fut convenu qu'on se retirerait de part et d'autre; mais, à peine les troupes conventionnelles furent-elles parties, que les sectionnaires revinrent en force. Ce fut pour eux une véritable victoire, qui fut exagérée dans Paris, comme il arrive toujours; qui exalta leurs partisans, augmenta leur nombre, et leur donna le courage d'attaquer la convention le lendemain.

Celle-ci apprit, à onze heures du soir, l'issue de cette expédition, et le dangereux effet qu'elle avait produit. Aussitôt elle destitua Menou, et donna le commandement de la force armée à Barras, le général du 9 thermidor. Barras demanda pour second, au comité des cinq, un jeune officier qui s'était distingué au siége de Toulon, destitué par le réactionnaire Aubry, homme de tête et de résolution, capable de servir la république dans un tel moment de péril. Ce jeune officier était Bonaparte; il parut devant le comité, et rien en lui n'annonçait encore ses étonnantes destinées. Peu homme de parti, appelé pour la première fois sur cette grande scène, il avait dans sa contenance quelque chose de timide et de mal assuré, qu'il perdit dans les préparatifs et dans le feu de la bataille. Il fit venir en toute hâte les pièces d'artillerie du camp des Sablons, et il les disposa, ainsi que les cinq mille hommes de l'armée conventionnelle, sur tous les points par où l'on pouvait être assailli. Le 13 vendémiaire, vers midi, l'enceinte de la convention avait l'aspect d'une place forte qu'il fallait prendre d'assaut. La ligne de défense s'étendait : sur le côté gauche des Tuileries, le long de la rivière, depuis le Pont-Neuf jusqu'au pont Louis XV; sur le côté droit, dans toutes les petites rues qui débouchent sur celle de Saint-Honoré, depuis celles de Rohan, de l'Échelle, cul-de-sac Dauphin, jusqu'à celle de la révolution. En face, le Louvre, le jardin de l'Infante, le Carrousel, étaient garnis de canons; et, par derrière, le Pont-Tournant et la place de la Révolution formaient un parc de réserve. C'est dans cet état que la convention attendit les insurgés.

Ceux-ci la cernèrent bientôt sur plusieurs points. Ils avaient environ quarante mille hommes sous les armes, commandés par les généraux Danican, Duhoux et l'ex-garde-du-corps Lafond. Les trente-deux sections, qui formaient la majorité, avaient fourni leur contingent militaire. Parmi les seize autres, plusieurs sections des faubourgs avaient leurs troupes dans le bataillon de 89. Quelques-unes envoyèrent du secours pendant l'action, comme celles des *Quinze-Vingts* et de *Montreuil;* d'autres ne le purent pas, quoique bien disposées, comme celle de *Popincourt;* enfin, d'autres restèrent neutres, comme celle de l'*Indivisibilité.* De deux heures à trois, le général Carteaux, qui occupait le Pont-Neuf avec quatre cents hommes et deux pièces de quatre, fut entouré par plusieurs colonnes de sectionnaires, qui l'obligèrent de se replier jusqu'au Louvre. Cet avantage enhardit les insurgés, qui étaient en force sur tous les points. Le général Danican somma la convention de faire retirer ses troupes et de désarmer les *terroristes.* Le parlementaire, introduit dans l'assemblée les yeux fermés, y jeta d'abord quelque trouble par sa mission. Plusieurs membres se déclarèrent pour des mesures conciliatoires. Boissy-d'Anglas fut d'avis d'entrer en conférence avec Danican; Gamon proposa une proclamation, dans laquelle on engagerait les citoyens à se retirer, en leur promettant de désarmer ensuite le *bataillon de 89*. Cette adresse excita les plus violents murmures. Chénier s'élança à la tribune : « Je suis étonné, dit-il, qu'on vienne nous entre-« tenir de ce que demandent les sections en ré-« volte. Il n'y a point de transaction : il n'y a « pour la convention nationale que la victoire « ou la mort! » Lanjuinais voulut soutenir cette adresse, en faisant valoir l'imminence et les malheurs de la guerre civile; mais la convention ne voulut pas l'entendre, et, sur la motion de Fermond, elle passa à l'ordre du jour. Les débats continuèrent pendant quelque temps encore sur les mesures de paix ou de guerre avec les sections, lorsqu'on entendit, vers quatre heures et demie, plusieurs décharges de mousqueterie, qui firent cesser toute délibération. On apporta sept cents fusils, et les conventionnels s'armèrent comme corps de réserve.

Le combat s'était engagé dans la rue Saint-Honoré, dont les insurgés étaient maîtres. Les premiers coups partirent de l'hôtel de Noailles; et un feu meurtrier se prolongea sur toute cette ligne. Peu d'instants après, sur l'autre flanc, deux colonnes, fortes d'environ quatre mille sectionnaires, commandées par le comte de Maulevrier, débouchèrent par les quais, et attaquèrent le Pont-Royal. La bataille fut alors générale; mais elle ne pouvait pas durer long-temps, la place était trop formidablement défendue, pour être prise d'assaut. Après une heure de combat, les sectionnaires furent débusqués de Saint-Roch et de la rue saint-Honoré par le canon de la convention, et par le bataillon des patriotes. La colonne du Pont-Royal essuya trois décharges d'artillerie en tête et en écharpe, par le pont et par les quais, qui l'ébranlèrent, et la mirent en pleine déroute. A sept heures, les troupes conventionnelles, victorieuses sur tous les points, prirent l'offensive; à neuf heures, elles avaient délogé les sectionnaires du théâtre de la République et des postes qu'ils occupaient encore dans le voisinage du Palais-Royal. Ils se disposaient à faire des barricades pendant la nuit, et l'on tira, dans la rue de la Loi (Richelieu), plusieurs volées pour empêcher les travaux. Le lendemain 14, les troupes conventionnelles désarmèrent la section Lepelletier, et firent rentrer les autres dans l'ordre.

L'assemblée, qui n'avait combattu que pour se défendre, montra beaucoup de modération. Le 13 vendémiaire fut le 10 août des royalistes contre la république, si ce n'est que la convention résista à la bourgeoisie beaucoup mieux que le trône aux faubourgs. La position dans laquelle se trouvait la France, contribua beaucoup à cette victoire. On voulait, dans ce moment, une république sans gouvernement révolutionnaire, un régime modéré sans contre-révolution. La convention, qui était une puissance médiatrice, également prononcée contre la domination exclusive de la classe inférieure qu'elle avait repoussée en prairial, et la domination réactionnaire de la bourgeoisie qu'elle repoussait en vendémiaire, paraissait seule capable de satisfaire ce double besoin, et de faire cesser entre les partis l'état de guerre, qui se prolonge par leur passage alternatif au gouvernement. Cette situation lui donna, autant que ses propres dangers, le courage de la résistance et la certitude de la victoire. Les sections ne pouvaient pas la surprendre, et pouvaient encore moins la prendre d'assaut.

Après les événements de vendémiaire, la convention s'occupa de former les conseils et le directoire. Le tiers, librement choisi, l'avait été dans le sens des réactionnaires. Quelques conventionnels, à la tête desquels était Talien, proposèrent d'annuler les élections de ce *tiers*, et voulurent suspendre quelque temps encore le gouvernement constitutionnel. Thibaudeau déjoua leur dessein avec beaucoup de courage et d'éloquence. Le parti conventionnel entier se rangea de son avis. Il repoussait tout arbitraire superflu, et se montrait impatient de sortir d'un état provisoire qui durait depuis trois années. La convention s'établit en *assemblée électorale nationale*, pour compléter dans son sein les *deux tiers*. Elle forma ensuite les conseils; celui *des anciens* des deux cent cinquante membres qui, selon le vœu de la nouvelle loi, avaient quarante ans accomplis; celui *des cinq-cents*, de tous les autres. Les conseils se constituèrent aux Tuileries. Il s'agit alors de former le gouvernement.

L'attaque de vendémiaire était toute récente; et le parti républicain, redoutant surtout la contre-révolution, convint de ne choisir les directeurs que parmi les conventionnels, et, de plus, parmi ceux qui avaient voté la mort du roi. Quelques membres des plus influents, du nombre desquels était Daunou, combattirent cette opinion qui limitait les choix, et qui conservait un caractère dictatorial et révolutionnaire au gouvernement; mais elle l'emporta. Les conventionnels élus furent Laréveillère-Lépeaux, investi d'une confiance générale à cause de sa conduite courageuse au 31 mai, de sa probité et de sa modération; Sièyes, la plus grande réputation de l'époque; Rewbell, qui avait une grande activité administrative; Letourneur, l'un des membres de la commission des cinq dans la dernière crise; et Barras, porté pour ses deux bonnes fortunes de thermidor et de vendémiaire. Sièyes, qui n'avait pas voulu faire partie de la commission législative *des onze*, ne voulut point entrer non plus dans le directoire. On ne sait si ce fut calcul ou antipathie insurmontable pour Rewbell. Il fut remplacé par Carnot, le seul des membres de l'ancien comité qu'on eût ménagé à cause de sa pureté politique, et de sa grande participation aux victoires de la république. Telle fut la première levée de directeurs. Le 4 brumaire, la convention porta une loi d'amnistie, pour entrer dans le gouvernement légal; changea le nom de la place de la Révolution en celui de place de la Concorde, et déclara sa session terminée.

La convention dura trois années, du 21 septembre 1792 jusqu'au 26 octobre 1795 (4 brumaire an IV). Elle suivit plusieurs directions. Pendant les six premiers mois de son existence, elle fut entraînée dans la lutte qui s'éleva entre le parti légal de la Gironde et le parti révolutionnaire de la Montagne. Celui-ci l'emporta depuis le 31 mai 1793 jusqu'au 9 thermidor an II (26 juillet 1794). La convention obéit alors au gouvernement du comité de salut public, qui ruina d'abord ses anciens alliés de la commune et de la Montagne, et qui périt ensuite par ses propres divisions. Du 9 thermidor jusqu'au mois de brumaire an IV (octobre 1795), la convention vainquit le parti révolutionnaire et le parti royaliste, et chercha à établir la république modérée malgré l'un et malgré l'autre.

Pendant cette longue et terrible époque, la violence de la situation changea la révolution en une guerre, et l'assemblée en un champ de bataille. Chaque parti voulut établir sa domination par la victoire, et l'assurer en fondant son système. Le parti girondin l'essaya et périt; le parti montagnard l'essaya et périt; le parti de la commune l'essaya et périt; le parti de Robespierre l'essaya et périt. On ne put que vaincre, on ne put pas fonder. Le propre d'une pareille tempête était de renverser quiconque cherchait à s'asseoir. Tout fut provisoire, et la domination, et les hommes, et les partis, et les systèmes, parce qu'il n'y avait qu'une chose de réelle et de possible, la guerre. Il fallut un an au parti conventionnel, dès qu'il eut repris le pouvoir, pour ramener la révolution à la situation légale; et il ne le put que par deux victoires, celle de prairial et celle de vendémiaire. Mais alors la convention étant retournée au point d'où elle était partie, remplit sa véritable mission qui était d'instituer la république après l'avoir défendue. Elle disparut de la scène du monde qu'elle avait étonné. Pouvoir révolutionnaire, elle commença au moment où l'ordre légal avait fini, et elle finit au moment où l'ordre légal recommença. Trois années de dictature avaient été perdues pour la liberté, mais non pour la révolution.

DIRECTOIRE EXÉCUTIF.

CHAPITRE XII.

Revue de la révolution.—Son second caractère de réorganisation; passage de la vie publique à la vie privée.—Les cinq directeurs; leurs travaux intérieurs.—Pacification de la Vendée.—Conspiration de Babœuf; dernière défaite du parti démocratique.—Plan de campagne contre l'Autriche; conquête de l'Italie par le général Bonaparte; traité de Campo-Formio; la république française est reconnue, avec ses acquisitions, et son entourage des républiques batave, lombarde, ligurienne, qui prolongent son système en Europe.—Élections royalistes de l'an V; elles changent la situation de la république.—Nouvelle lutte entre le parti contre-révolutionnaire, ayant son siége dans les conseils, dans le club *de Clichy*, dans les salons, et le parti conventionnel, posté au directoire, dans le club *de Salm* et dans l'armée.—Coup d'état du 18 fructidor, le parti de vendémiaire est encore une fois battu.

La révolution française, qui avait détruit l'ancien gouvernement, et bouleversé de fond en comble l'ancienne société, avait deux buts bien distincts, celui d'une constitution libre, et celui d'une civilisation plus perfectionnée. Les six années que nous venons de parcourir furent la recherche du gouvernement, de la part de chacune des classes qui composaient la nation française. Les privilégiés voulurent établir leur régime contre la cour et contre la bourgeoisie, par le maintien des ordres et des états-généraux; la bourgeoisie voulut établir le sien contre les privilégiés et contre la multitude, par le code de 1791; et la multitude voulut établir le sien contre tout le monde, par la constitution de 1793. Aucun de ces gouvernements ne put se consolider, parce que tous furent exclusifs. Mais, pendant leurs essais, chaque classe, momentanément dominatrice, détruisit dans les classes plus élevées ce qu'il y avait d'intolérant et ce qui devait s'opposer à la marche de la nouvelle civilisation.

Au moment où le directoire succéda à la convention, les luttes de classes se trouvèrent extrêmement ralenties. Le haut de chacune d'elles formait un parti qui combattait encore pour la possession et pour la forme du gouvernement; mais la masse de la nation, qui avait été si profondément ébranlée depuis 1789 jusqu'à 1795, aspirait à s'asseoir et à s'arranger d'après le nouvel ordre des choses. Cette époque vit finir le mouvement vers la liberté, et commencer celui vers la civilisation. La révolution prit son second caractère, son caractère d'ordre, de fondation et de repos, après l'agitation, l'immense travail, et la démolition complète de ses premières années.

Cette seconde période fut remarquable, en ce qu'elle parut une sorte d'abandon de la liberté. Les partis, ne pouvant plus la posséder d'une manière exclusive et durable, se découragèrent, et se jetèrent de la vie publique dans la vie privée. Cette seconde période se divisa elle-même en deux époques: elle fut libérale sous le directoire et au commencement du consulat, et militaire à la fin du consulat et sous l'empire. La révolution alla en se matérialisant chaque jour davantage; après avoir fait un peuple de sectaires, elle fit un peuple de travailleurs, et puis un peuple de soldats.

Déja beaucoup d'illusions s'étaient perdues; on avait passé par tant d'états différents, et vécu si vite en si peu d'années, que toutes les idées étaient confondues et toutes les croyances ébranlées. Le règne de la classe moyenne et celui de la multitude avaient passé comme une rapide fantasmagorie. On était loin de cette France du 14 juillet, avec sa profonde conviction, sa grande moralité, son assemblée exerçant la toute-puissance de la raison et de la liberté, ses magistratures populaires, ses gardes bourgeoises; ses dehors animés, brillants, paisibles, et portant le sceau de l'ordre et de l'indépendance. On était loin de la France plus rembrunie et plus orageuse du 10 août, où une seule classe avait occupé le gouvernement et la société, et y avait porté son langage, ses manières, son costume, l'agitation de ses craintes, le fanatisme de ses idées, les défiances et le régime de sa position. Alors on avait vu la vie publique remplacer entièrement la vie privée, la république offrir tour-à-tour l'aspect d'une assemblée et d'un camp, les riches soumis aux pauvres, et les croyances de la démocratie à côté de l'administration sombre et déguenillée du peuple. A chacune de ces époques on avait été fortement attaché à quelque idée : d'abord à la liberté et à la monarchie constitutionnelle; en dernier lieu, à l'égalité, *à la fraternité*, à la république. Mais au commencement du directoire on ne croyait plus à rien, et, pendant le grand naufrage des partis, tout s'était perdu, et la vertu de la bourgeoisie et la vertu du peuple.

On sortait affaibli et froissé de cette furieuse tourmente; et chacun, se rappelant l'existence politique avec épouvante, se jeta d'une manière effrénée vers les plaisirs et les rapprochements de l'existence privée, si long-temps suspendue.

Les bals, les festins, les débauches, les équipages somptueux, revinrent avec plus de vogue que jamais; ce fut la réaction des habitudes de l'ancien régime. Le règne des Sans-culottes ramena la domination des riches; les clubs, le retour des salons. Du reste il n'était guère possible que ce premier symptôme de la reprise de la civilisation nouvelle ne fût point aussi désordonné. Les mœurs directoriales étaient le produit d'une autre société, qui devait reparaître avant que la société nouvelle eût réglé ses rapports, et fait ses propres mœurs. Dans cette transition, le luxe devait faire naître le travail; l'agiotage, le commerce; les salons, le rapprochement des partis, qui ne pouvaient se souffrir que par la vie privée ; enfin, la civilisation recommencer la liberté.

La situation de la république était décourageante au moment de l'installation du directoire. Il n'existait aucun élément d'ordre et d'administration. Il n'y avait point d'argent dans le trésor public : les courriers étaient souvent retardés, faute de la somme modique nécessaire pour les faire partir. Au-dedans, l'anarchie et le malaise étaient partout; le papier-monnaie, parvenu au dernier degré de ses émissions et de son discrédit, détruisait toute confiance et tout commerce; la famine se prolongeait, chacun refusant de vendre ses denrées, car c'eût été les donner; les arsenaux étaient épuisés ou vides. Au dehors, les armées étaient sans caissons, sans chevaux, sans approvisionnements; les soldats étaient nus, et les généraux manquaient souvent de leur solde de huit francs numéraire par mois, supplément indispensable, quoique bien modique, de leur solde en assignats. Enfin, les troupes, mécontentes et sans discipline, à cause de leurs besoins, étaient de nouveau battues et sur la défensive.

Cette crise s'était déclarée après la chûte du comité de salut public. Celui-ci avait prévenu la disette, tant à l'armée que dans l'intérieur, par les réquisitions et le *maximum*. Personne n'avait osé se soustraire à ce régime financier, qui rendait les riches et les commerçants tributaires des soldats et de la multitude; et, pendant cette époque, les denrées n'avaient pas été enfouies. Mais depuis, la violence et la confiscation n'existant plus, le peuple, la convention, les armées, avaient été à la merci des propriétaires et des spéculateurs; et il était survenu une effroyable pénurie, réaction du *maximum*. Le système de la convention avait consisté en économie politique dans la consommation d'un immense capital, représenté par les assignats. Cette assemblée avait été un gouvernement riche, qui s'était ruiné à défendre la révolution. Près de la moitié du territoire français, consistant en domaines de la couronne, en biens du haut clergé, du clergé régulier et de la noblesse émigrée, avait été vendu; et le produit avait servi à l'entretien du peuple, qui travaillait peu, et à la défense extérieure de la république par les armées. Plus de huit milliards d'assignats avaient été émis avant le 9 thermidor, et, depuis cette époque, on avait ajouté trente milliards à cette somme, déjà si énorme. On ne pouvait plus continuer un tel système; il fallait recommencer le travail, et revenir à la monnaie réelle.

Les hommes chargés de remédier à une aussi grande désorganisation étaient la plupart ordinaires; mais ils se mirent à l'œuvre avec ardeur, courage et bon sens. « Lorsque les directeurs, « dit M. Bailleul (1), entrèrent dans le Luxem- « bourg, il n'y avait pas un meuble. Dans un « cabinet, autour d'une petite table boiteuse, « l'un des pieds étant rongé de vétusté; sur la- « quelle table ils déposèrent un cahier de papier « à lettre et une écritoire à calumet, qu'heureu- « sement ils avaient eu la précaution de prendre « au comité de salut public, assis sur quatre

---

(1) *Examen critique des considérations de madame de Staël sur la révolution française*, par M. J.-Ch. Bailleul, ancien député, tom. II, pag. 275 et 281.

« chaises de paille, en face de quelques bûches
« mal allumées, le tout emprunté au concierge
« Dupont; qui croirait que c'est dans cet équi-
« page que les membres du nouveau gouverne-
« ment, après avoir examiné toutes les difficultés,
« je dirai plus, toute l'horreur de leur situation,
« arrêtèrent qu'ils feraient face à tous les obsta-
« cles, qu'ils périraient, ou qu'ils sortiraient la
« France de l'abîme où elle était plongée!... Ils
« rédigèrent sur une feuille de papier à lettre
« l'acte par lequel ils osèrent se déclarer consti-
« tués ; acte qu'ils adressèrent aussitôt aux cham-
« bres législatives. »

Les directeurs se distribuèrent ensuite le travail. Ils consultèrent les motifs qui les avaient fait choisir par le parti conventionnel. Rewbell, doué d'une activité très-grande, homme de loi, versé dans l'administration et la diplomatie, eut, dans son département, la justice, les finances et les relations extérieures. Il devint bientôt, à cause de son habileté, ou de son caractère impérieux, le faiseur général civil du directoire. Barras n'avait aucune connaissance spéciale; son esprit était médiocre et de peu de ressources; ses habitudes paresseuses. Dans un moment de danger, il était propre, par sa résolution, à un coup de main, semblable à celui de thermidor ou de vendémiaire. Uniquement capable, en un temps ordinaire, de surveiller les partis, dont il pouvait mieux qu'un autre connaître les intrigues, il fut chargé de la police. Cet emploi lui convenait d'autant plus qu'il était souple, insinuant, sans attachement pour aucune secte politique, et qu'il avait des liaisons de révolutionnaire par sa conduite, tandis que sa naissance l'abouchait avec les aristocrates. Barras se chargea aussi de la représentation du directoire, et il établit au Luxembourg une sorte de régence républicaine. Le pur, le modéré La Réveillère, que sa douceur, mêlée de courage, que ses sincères attachements pour la république et pour les mesures légales, avaient fait porter au directoire d'un élan commun de l'assemblée et de l'opinion, eut dans ses attributions la partie morale, l'éducation, les sciences, les arts, les manufactures, etc. Letourneur, ancien officier d'artillerie, membre du comité de salut public, dans les derniers temps de la convention, avait été nommé pour diriger la guerre. Mais, dès que Carnot eut été choisi, au refus de Sièyes, il prit la conduite des opérations militaires, et laissa à son collègue Letourneur la marine et les colonies. Sa grande capacité et son caractère résolu lui donnèrent la haute main dans cette partie. Letourneur s'attacha à lui, comme La Réveillère à Rewbell, et Barras fut entre deux. Dans ce moment, les directeurs s'occupèrent avec le plus grand accord de la réparation et du bien-être de l'état.

Les directeurs suivirent franchement la route que leur traçait la constitution. Après avoir assis le pouvoir au centre de la république, ils l'organisèrent dans les départements, et établirent, autant qu'ils purent, une correspondance de but entre les administrations particulières et la leur. Placés entre les deux partis exclusifs et mécontents de prairial et de vendémiaire, ils s'appliquèrent, par une conduite décidée, à les assujétir à un ordre de choses qui tenait le milieu entre leurs prétentions extrêmes. Ils cherchèrent à rappeler l'enthousiasme et l'ordre des premières années de la révolution. « Vous, écrivirent-ils à « leurs agents, que nous appelons pour partager « nos travaux; vous, qui devez, avec nous, faire « marcher cette constitution républicaine; votre « première vertu, votre premier sentiment doit « être cette volonté bien prononcée, cette foi « patriotique, qui a fait aussi ses heureux en- « thousiastes et produit ses miracles. Tout sera « fait, quand, par vos soins, ce sincère amour « de la liberté, qui sanctifia l'aurore de la révo- « lution, viendra ranimer le cœur de tous les « Français. Les couleurs de la liberté flottant « sur toutes les maisons, la devise républicaine « écrite sur toutes les portes, présentent sans

« doute un spectacle bien intéressant. Obtenez
« davantage ; avancez le jour où le nom sacré
« de la république sera gravé volontairement
« dans tous les cœurs. »

Dans peu de temps, la conduite ferme et sage
du nouveau gouvernement rétablit la confiance,
le travail, le commerce, l'abondance. La circulation des subsistances fut assurée; et, au bout
d'un mois, le directoire se déchargea de l'approvisionnement de Paris, qui se fit tout seul.
L'immense activité, créée par la révolution,
commença à se porter vers l'industrie et l'agriculture. Une partie de la population quitta les
clubs et les places publiques, pour les ateliers
et les champs : alors se ressentit le bienfait d'une
révolution qui, ayant détruit les corporations,
morcelé la propriété, aboli les priviléges, quadruplé les moyens de civilisation, devait rapidement produire un bien-être prodigieux en
France. Le directoire favorisa ce mouvement de
travail par des institutions salutaires. Il rétablit
les expositions publiques de l'industrie, et perfectionna le système d'instruction décrété sous
la convention. L'Institut national, les écoles primaires, centrales et normales, formèrent un
ensemble d'institutions républicaines. Le directeur La Réveillère, chargé de la partie morale
du gouvernement, voulut alors fonder, sous le

nom de *Théophilanthropie*, le culte déiste, que le comité de salut public avait inutilement essayé d'établir par la *fête de l'Être suprême*. Il lui donna des temples, des chants, des formules et une sorte de liturgie : mais une pareille croyance ne pouvait qu'être individuelle, et ne pouvait pas long-temps rester publique. On se moqua beaucoup des *théophilanthropes*, dont le culte contrariait les opinions catholiques et l'incrédulité des révolutionnaires. Aussi, dans le passage des institutions publiques aux croyances individuelles, tout ce qui avait été liberté devint civilisation, et tout ce qui avait été culte devint opinion. Il resta des déistes; mais il n'y eut plus de *théophilanthropes*.

Le directoire, pressé par le besoin d'argent et par le désastreux état des finances, recourut à des moyens encore un peu extraordinaires. Il avait vendu ou engagé les effets les plus précieux du Garde-Meuble pour subvenir aux nécessités les plus urgentes. Il restait encore des biens nationaux; mais ils se vendaient mal et en assignats. Le directoire proposa un emprunt forcé, que les conseils décrétèrent : c'était un reste de mesure révolutionnaire à l'égard des riches; mais, ayant été accordée en tâtonnant, et conduite sans autorité, elle ne réussit pas. Le directoire essaya alors de rajeunir le papier-

36.

monnaie; il proposa des *mandats territoriaux*, qui devaient être employés à retirer les assignats en circulation, sur le pied de trente pour un, et à faire fonction de monnaie. Les mandats territoriaux furent décrétés par les conseils jusqu'à la valeur de deux milliards quatre cents millions. Ils eurent l'avantage de pouvoir être échangés sur-le-champ, et par l'effet de leur présentation avec les domaines nationaux, qui les représentaient. Ils en firent vendre beaucoup; et, de cette manière, ils achevèrent la mission révolutionnaire des assignats, dont ils furent la seconde période. Ils procurèrent au directoire une ressource momentanée; mais ils se décréditèrent aussi, et conduisirent insensiblement à la banqueroute, qui fut le passage du papier à la monnaie.

La situation militaire de la république n'était pas brillante: il y avait eu, à la fin de la convention, un ralentissement de victoires. La position équivoque et la faiblesse de l'autorité centrale, autant que la pénurie, avaient relâché la discipline des troupes. D'ailleurs, les généraux étaient disposés à l'insubordination, pour peu qu'ils eussent signalé leur commandement par des victoires, et qu'ils ne fussent pas éperonnés par un gouvernement énergique. La convention avait chargé Pichegru et Jourdan, l'un à la tête de l'armée du Rhin, l'autre avec celle de Sambre-et-

Meuse, de cerner Mayence et de s'en rendre maîtres, afin d'occuper toute la ligne du Rhin. Pichegru fit complètement manquer ce projet: quoique revêtu de toute la confiance de la république, et jouissant, à juste titre, de la plus grande renommée militaire de l'époque, il noua des trames contre-révolutionnaires avec le prince de Condé; mais ils ne purent pas s'entendre. Pichegru engageait le prince émigré à pénétrer en France avec ses troupes, par la Suisse ou par le Rhin, lui promettant son inaction, la seule chose qui dépendît de lui. Le prince exigeait, au préalable, que Pichegru fît arborer le drapeau blanc à son armée, qui était toute républicaine. Cette hésitation nuisit sans doute aux projets des réactionnaires, qui préparaient la conspiration de vendémiaire. Mais Pichegru, voulant, de manière ou d'autre, servir ses nouveaux alliés et trahir sa patrie, se fit battre à Heidelberg, compromit l'armée de Jourdan, évacua Manheim, leva le siége de Mayence avec des pertes considérables, et exposa cette frontière.

Le directoire trouva le Rhin ouvert, du côté de Mayence; la guerre de la Vendée rallumée, les côtes de l'Océan et de la Hollande menacées d'une descente de la part de l'Angleterre; enfin, l'armée d'Italie qui, manquant de tout, soutenait mal la défensive, sous Shérer et sous Kellerman. Carnot prépara un nouveau plan de campagne, qui devait, cette fois, porter les armées de la république au cœur même des états ennemis. Bonaparte, nommé général de l'intérieur, après les journées de vendémiaire, fut mis à la tête de l'armée d'Italie; Jourdan conserva le commandement de l'armée de Sambre-et-Meuse, et Moreau eut celui de l'armée du Rhin, à la place de Pichegru. Celui-ci, dont le directoire suspectait la trahison, sans en être assuré, reçut l'offre de l'ambassade de Suède, qu'il refusa pour se retirer à Arbois, sa patrie. Les trois grandes armées, placées sous les ordres de Bonaparte, de Jourdan et de Moreau, devaient attaquer la monarchie autrichienne par l'Italie et par l'Allemagne, se joindre au débouché du Tyrol, et marcher sur Vienne en s'échelonnant. Les généraux se disposèrent à exécuter ce vaste mouvement, qui, en réussissant, rendait la république maîtresse du chef-lieu de la coalition sur le continent.

Le directoire donna au général Hoche le commandement des côtes de l'Océan, et le chargea de finir la guerre de la Vendée. Hoche changea le système de guerre employé par ses prédécesseurs. La Vendée était disposée à la soumission. Ses victoires des premiers temps n'avaient pas amené le triomphe de sa cause; les défaites et la mauvaise fortune l'avaient exposée aux ravages et aux incendies. Les insurgés, irréparablement abattus par le désastre de Savenay, par la perte de leurs principaux chefs, de leurs meilleurs soldats, par le système dévastateur des colonnes infernales, ne demandaient plus qu'à bien vivre avec la république. La guerre ne tenait plus qu'à quelques chefs, à Charette, à Stofflet, etc. Hoche comprit qu'il fallait détacher d'eux la masse par des concessions, et les écraser ensuite; il sépara avec habileté la cause royaliste de la cause religieuse, et se servit des prêtres contre les généraux, en montrant beaucoup d'indulgence pour le culte catholique. Il fit battre le pays par quatre fortes colonnes, enleva aux habitants leurs bestiaux, et ne les leur rendit qu'au prix de leurs armes; il ne donna aucun relâche aux partis armés, vainquit Charette en plusieurs rencontres, le poursuivit de retraite en retraite, et finit par s'emparer de lui. Stofflet voulut relever sur son territoire l'étendard vendéen; mais il fut livré aux républicains. Ces deux chefs, qui avaient vu commencer l'insurrection, assistèrent à sa fin. Ils périrent avec courage, Stofflet à Angers, Charette à Nantes, après avoir développé un caractère et des talents dignes d'un plus vaste théâtre.

Hoche pacifia également la Bretagne. Le Morbihan était occupé par des bandes nombreuses de chouans, qui composaient une association formidable, dont le principal chef était Georges Cadoudal : sans tenir la campagne, elles maîtrisaient le pays. Hoche tourna contre elles toutes ses forces et toute son activité; il les eut bientôt ou détruites ou lassées. La plupart de leurs chefs quittèrent les armes, et se réfugièrent en Angleterre. Le directoire, en apprenant ces heureuses pacifications, annonça, le 28 messidor (juin 1796), aux deux conseils, par un message, que cette guerre civile était définitivement terminée.

C'est ainsi que se passa l'hiver de l'an IV. Mais il était difficile que le directoire ne fût point attaqué par les deux partis dont son existence empêchait la domination, les démocrates et les royalistes. Les premiers formaient une secte inflexible et entreprenante. Le 9 thermidor était pour eux une date de douleur et d'oppression; ils voulaient toujours établir l'égalité absolue malgré l'état de la société, et la liberté démocratique malgré la civilisation. Cette secte avait été vaincue, de manière à ne plus pouvoir dominer. Le 9 thermidor, elle avait été chassée du gouvernement; le 2 prairial, de la société, et elle avait perdu le pouvoir et les insurrections. Mais, quoique désorganisée et proscrite, elle était loin d'avoir disparu; après la mauvaise tentative des royalistes en vendémiaire, elle se releva de tout leur abaissement.

Les démocrates rétablirent au *Panthéon* leur club, que le directoire toléra pendant quelque temps; ils avaient pour chef *Gracchus* Babœuf, qui s'appelait lui-même *le Tribun du Peuple.* C'était un homme hardi, d'une imagination exaltée, d'un fanatisme de démocratie extraordinaire, et qui possédait une grande influence sur son parti. Il préparait, dans son journal, *au règne du bonheur commun.* La Société du Panthéon devint de jour en jour plus nombreuse, et plus alarmante pour le directoire, qui essaya d'abord de la contenir. Mais bientôt les séances se prolongèrent dans la nuit; les démocrates s'y rendirent en armes, et projetèrent de marcher contre le directoire et les conseils. Le directoire se décida à les combattre ouvertement; il ferma, le 8 ventose an IV (février 1796), la Société du Panthéon, et, le 9, il en avertit, par un message, le corps législatif.

Les démocrates, privés de leur lieu de rassemblement, s'y prirent d'une autre manière: ils séduisirent la *légion de police*, qui était composée en grande partie de révolutionnaires déplacés; et, de concert avec elle, ils devaient détruire la constitution de l'an III. Le directoire, instruit de cette nouvelle manœuvre, licencia la légion de police, qu'il fit désarmer par les autres troupes, dont il était sûr. Les conjurés, pris une seconde fois au dépourvu, s'arrêtèrent à un projet d'attaque et de soulèvement; ils formèrent un *comité insurrecteur de salut public*, qui communiquait par des agents secondaires avec le bas peuple des douze communes de Paris. Les membres de ce comité principal étaient Babœuf le chef du complot, des ex-conventionnels, tels que Vadier, Amar, Choudieu, Ricord, le représentant Drouet, les anciens généraux du comité décemviral, Rossignol, Parrein, Fyon, Lami. Beaucoup d'officiers déplacés, de patriotes des départements, et l'ancienne masse Jacobine, composaient l'armée de cette faction. Les chefs se réunissaient souvent dans un lieu qu'ils nommaient le *Temple de la Raison*; ils y chantaient des complaintes sur la mort de Robespierre, et ils y déploraient la *servitude du peuple*. Ils pratiquèrent des intelligences avec les troupes du camp de Grenelle, admirent parmi eux un capitaine de ce camp, nommé Grisel, qu'ils crurent des leurs, et concertèrent tout pour l'attaque.

Il convinrent d'établir le *bonheur commun*, et, pour cela, de distribuer les biens, et de faire prévaloir le gouvernement *des vrais*, *des purs*, *des absolus démocrates*; de créer une convention composée des soixante-huit Montagnards, reste des proscrits depuis la réaction de thermidor, et de leur adjoindre un démocrate par département; enfin, de partir des divers quartiers qu'ils s'étaient distribués, et de marcher en même temps contre le directoire et contre les conseils. Ils devaient, dans la nuit de l'insurrection, afficher deux placards, contenant, l'un, ces mots, *Constitution de 1793, liberté, égalité, bonheur commun ;* l'autre, cette déclaration, *Ceux qui usurpent la souveraineté doivent être mis à mort par les hommes libres.* Ils étaient prêts, les proclamations imprimées, le jour fixé, lorsqu'ils furent trahis par Grisel, comme il arrive dans le plus grand nombre des conspirations.

Le 21 floréal (mai), veille du jour où l'attaque devait se faire, les conjurés furent saisis dans leur conciliabule. On trouva chez Babœuf le plan et toutes les pièces du complot. Le directoire en avertit les conseils par un message, et il l'annonça au peuple dans une proclamation. Cette tentative bizarre, qui avait une teinte si prononcée de fanatisme, et qui ne devait être que la répétition du soulèvement de prairial, sans ses moyens et ses espérances de succès, inspira un effroi profond. Les imaginations étaient encore épouvantées de la domination récente des Jacobins. Babœuf, en conspirateur hardi, proposa la paix au directoire, tout prisonnier qu'il était.

« Regarderiez-vous au-dessous de vous, citoyens
« directeurs, leur écrivit-il, de traiter avec moi
« de puissance à puissance ? vous avez vu de
« quelle vaste confiance je suis le centre ; vous
« avez vu que mon parti peut bien balancer le
« vôtre ; vous avez vu quelles immenses rami-
« fications y tiennent. Je suis convaincu que cet
« aperçu vous a fait trembler. » Il finissait en leur disant : « Je ne vois qu'un parti sage à
« prendre : déclarez qu'il n'y a point eu de con-
« spiration sérieuse. Cinq hommes, en se mon-
« trant grands et généreux, peuvent aujourd'hui
« sauver la patrie. Je vous réponds encore que
« les patriotes vous couvriront de leurs corps ;
« les patriotes ne vous haïssent pas, ils n'ont haï
« que vos actes impopulaires. Je vous donnerai
« aussi, pour mon compte, une garantie aussi
« étendue que l'est ma franchise perpétuelle. » Les directeurs, au lieu de cet accommodement, rendirent publique la lettre de Babœuf, et envoyèrent les conjurés devant la haute-cour de Vendôme.

Leurs partisans firent encore une tentative.

Dans la nuit du 23 fructidor (août), vers onze heures du soir, ils marchèrent au nombre de six ou sept cents, armés de sabres et de pistolets, contre le directoire, qu'ils trouvèrent défendu par sa garde. Ils se rendirent alors au camp de Grenelle, qu'ils espérèrent gagner, à cause des intelligences qu'ils y avaient ménagées. Le camp était endormi, lorsque les conjurés arrivèrent. Au cri de *qui vive?* des vedettes, ils répondirent : *Vive la république! vive la constitution de 93!* Les sentinelles donnèrent l'alarme dans le camp. Les conjurés, comptant sur l'assistance d'un bataillon du Gard, qui avait été déplacé, marchèrent vers la tente du commandant Malo, qui fit sonner le boute-selle, et monter ses dragons à demi nus sur leurs chevaux. Les conjurés, surpris de cette réception, se mirent faiblement en défense : ils furent sabrés par les dragons, et mis en fuite, après avoir laissé nombre de morts et de prisonniers sur le champ de bataille. Cette mauvaise expédition fut à peu près la dernière du parti; à chaque défaite, il perdait sa force, ses chefs, et il acquérait la conviction secrète que son règne était passé. L'entreprise de Grenelle fut très-meurtrière pour lui : outre ses pertes dans la mêlée, il en fit de considérables devant les commissions militaires, qui furent pour lui ce que les tribunaux révolutionnaires avaient été pour ses ennemis. La commission du camp de Grenelle condamna, en cinq fois, trente-un des conjurés à la mort, trente à la déportation, vingt-cinq à la détention.

Quelque temps après, la haute-cour de Vendôme jugea Babœuf et ses complices, au nombre desquels étaient Amar, Vadier, Darthé, ancien secrétaire de Joseph Lebon. Ils ne se démentirent ni les uns, ni les autres; ils parlèrent en hommes qui ne craignaient ni d'avouer leur but, ni de mourir pour leur cause. Au commencement et à la fin de chaque audience, ils entonnaient la *Marseillaise*. Cet ancien chant de victoire, leur contenance assurée, frappaient les esprits d'étonnement, et semblaient les rendre encore redoutables. Leurs femmes les avaient suivis au tribunal. Babœuf, en terminant sa défense, se tourna vers elles, et dit *qu'elles les suivraient jusque sur le calvaire, parce que la cause de leur supplice ne saurait les faire rougir.* La haute-cour condamna à mort Babœuf et Darthé; en entendant leur sentence, ils se frappèrent l'un et l'autre d'un coup de poignard. Babœuf fut le dernier chef du parti de l'ancienne commune et du comité de salut public, qui s'étaient divisés avant thermidor, et qui se rallièrent ensuite. Ce parti allait en s'écoulant chaque jour davantage. De cette époque date surtout sa dispersion et son isolement. Sous la réaction, il avait formé une masse encore compacte ; sous Babœuf, il s'était maintenu en association redoutable. Depuis lors, il n'exista plus que des démocrates; mais le parti fut désorganisé.

Dans l'intervalle de l'entreprise de Grenelle à la condamnation de Babœuf, les royalistes firent aussi leur conspiration. Les projets des démocrates produisirent un mouvement d'opinion contraire à celui qu'on avait vu après vendémiaire, et les contre-révolutionnaires furent enhardis à leur tour. Les chefs secrets de ce parti espérèrent trouver des auxiliaires dans les troupes du camp de Grenelle, qui avaient repoussé la faction Babœuf. Ce parti, impatient et maladroit, ne pouvant pas se servir de la masse sectionnaire comme en vendémiaire, ou de la masse des conseils comme plus tard au 18 fructidor, employa trois hommes sans influence et sans nom, l'abbé Brothier, l'ancien conseiller au parlement, Lavilheurnois, et une espèce d'aventurier, nommé Dunan. Ils s'adressèrent tout simplement au chef d'escadron Malo, pour avoir le camp de Grenelle, et ramener par son moyen l'ancien régime. Malo les livra au directoire, qui les traduisit devant les tribunaux civils, n'ayant pas pu, ainsi qu'il le désirait, les faire juger par des commissions militaires. Ils furent traités avec beaucoup de ménagement par des juges de leur parti, élus sous l'influence de vendémiaire, et la peine prononcée contre eux fut une légère détention. A cette époque, la lutte s'engageait entre toutes les autorités nommées par les sections et le directoire, appuyé sur l'armée. Chacun prenant sa force et ses juges là où est son parti, il en résulta que, le pouvoir électoral se mettant aux ordres de la contre-révolution, le directoire fut réduit à introduire l'armée dans l'état; ce qui produisit par la suite d'énormes inconvénients.

Le directoire, vainqueur des deux partis dissidents, l'était aussi de l'Europe. La nouvelle campagne s'était ouverte sous les plus heureux auspices. Bonaparte, en arrivant à Nice, signala sa prise de commandement par la plus hardie des invasions. Cette armée avait jusque-là battu le flanc des Alpes. Elle était dénuée de tout, à peine forte de trente mille hommes : mais elle était bien pourvue de courage, de patriotisme, et c'est par son moyen que Bonaparte commença dès-lors cette longue surprise des hommes qui lui a réussi vingt ans. Il leva les cantonnements et s'engagea dans la vallée de Savone pour déboucher en Italie entre les Apennins et les

Alpes. Il avait devant lui quatre-vingt-dix mille coalisés, placés au centre, sous d'Argentau; à la gauche, sous Colli; à la droite, sous Beaulieu. Cette armée immense fut dispersée en quelques jours par des prodiges de génie et de courage. A Montenotte, Bonaparte culbuta le centre ennemi et pénétra dans le Piémont: à Millesimo, il sépara définitivement l'armée sarde de l'armée autrichienne; elles coururent défendre Turin et Milan, capitales de leur domination. Avant de poursuivre les Autrichiens, le général républicain se jeta sur la gauche pour en finir avec l'armée sarde; à Mondovi, le sort du Piémont fut décidé, et la cour de Turin épouvantée se hâta de se soumettre. On conclut à Chérasque un armistice qui fut bientôt suivi de la paix entre le roi de Sardaigne et la république. L'occupation d'Alexandrie, qui ouvre le pays lombard; la démolition des forteresses de Suze et de la Brunette sur les revers de la France; l'abandon du comté de Nice, de la Savoie; la disponibilité de l'autre armée des Alpes, sous Kellermann, furent le prix de quinze jours de campagne et de six victoires.

La guerre finie avec le Piémont, Bonaparte marcha contre l'armée autrichienne, à laquelle il ne laissa plus de relâche. Il passa le Pô à Plaisance et l'Adda à Lodi. Cette dernière victoire lui ouvrit les portes de Milan et lui valut la possession de la Lombardie. Le général Beaulieu fut poussé dans les gorges du Tyrol par l'armée républicaine qui investit Mantoue, et parut sur les montagnes de l'empire. Le général Wurmser vint alors remplacer Beaulieu, et une nouvelle armée se joignit aux débris de l'armée vaincue. Wurmser s'avança pour délivrer Mantoue et reporter en Italie le champ de bataille; mais il fut écrasé comme son prédécesseur par Bonaparte qui, après avoir levé le blocus de Mantoue afin de s'opposer à ce nouvel ennemi, le recommença avec plus de vigueur et reprit ses positions du Tyrol. Le plan d'invasion s'exécutait avec beaucoup d'accord et de succès. Tandis que l'armée d'Italie menaçait l'Autriche par le Tyrol, les deux armées de la Meuse et du Rhin s'avançaient dans l'Allemagne; Moreau, appuyé sur Jourdan par sa gauche, était près de joindre Bonaparte par sa droite. Ces deux armées avaient passé le Rhin à Newied et à Strasbourg, et elles s'étaient avancées sur un front échelonné de soixante lieues, en repoussant l'ennemi qui, tout en reculant devant elles, essayait d'arrêter leur marche et d'entamer leur ligne. Elles avaient presque atteint le but de leur entreprise, Moreau était entré dans Ulm, dans Ausbourg, avait passé le Leck, et son avant-garde touchait au derrière des gorges du Tyrol, lorsque Jourdan, qui était en mésintelligence avec lui, dépassa la ligne, fut entamé par l'archiduc Charles, et se mit en pleine retraite. Moreau, découvert sur son flanc gauche, fut réduit à revenir sur ses pas, et c'est alors qu'il exécuta sa mémorable retraite. La faute de Jourdan fut capitale : elle empêcha l'accomplissement de ce vaste plan de campagne, et donna du répit à la monarchie autrichienne.

Le cabinet de Vienne, qui avait perdu la Belgique dans cette guerre, et qui sentait l'importance de la conservation de l'Italie, la défendit avec la dernière obstination. Wurmser, après une nouvelle défaite, fut forcé de se jeter dans Mantoue avec les débris de son armée. Le général Alvinzi, à la tête de cinquante mille Hongrois, vint essayer encore la fortune, et ne fut pas plus heureux que Beaulieu et que Wurmser. De nouvelles victoires ajoutèrent aux prodiges déja opérés par l'armée d'Italie, et assurèrent sa conquête. Mantoue capitula; et les troupes républicaines, maîtresses de l'Italie, prirent à travers les montagnes la route de Vienne. Bonaparte avait en tête le prince Charles, dernier espoir de l'Autriche. Il franchit bientôt les défilés du Tyrol, et déboucha dans les plaines de l'Allemagne. Sur ces entrefaites, les deux armées, du Rhin, sous Moreau, et de la Meuse, sous

Hoche, reprirent avec succès le plan de la campagne précédente, et le cabinet de Vienne alarmé conclut l'armistice de Léoben. Il avait usé toutes ses forces, essayé tous ses généraux, tandis que la république française était dans toute sa vigueur conquérante.

L'armée d'Italie accomplit en Europe l'œuvre de la révolution française. Cette campagne prodigieuse fut due à la rencontre d'un général de génie, et d'une armée intelligente. Bonaparte eut pour lieutenants des généraux capables de commander eux-mêmes, qui surent prendre sur eux la responsabilité d'un mouvement ou d'une bataille, et une armée de citoyens, ayant tous l'esprit cultivé, l'ame haute, l'émulation des grandes choses, passionnés pour une révolution qui agrandissait leur patrie, qui conservait leur indépendance sous la discipline, et qui destinait chaque soldat à devenir général. Il n'est rien qu'un chef de génie ne fasse avec de pareils hommes. Il dut regretter plus tard, au souvenir de ses premières années, d'avoir appelé à lui toute liberté et toute intelligence, d'avoir fait des armées mécaniques et des généraux à mot d'ordre. Bonaparte commença la troisième époque de la guerre. La campagne de 1792 s'était faite d'après l'ancien système, avec des corps dispersés, agissant un à un, sans abandonner leur ligne. Le comité de salut public concentra les corps; les fit opérer non plus en face, mais à distance; il précipita leur mouvement et les dirigea sur un but commun. Bonaparte fit pour chaque bataille ce que le comité faisait pour chaque campagne. Il porta tous ces corps sur le point décisif et désorganisa plusieurs armées avec une seule, par la rapidité de ses coups. Il disposa des masses à son gré, les fit mouvoir hors du regard, et les eut sous la main, à point nommé, pour occuper une position ou pour gagner une bataille. Sa diplomatie fut aussi supérieure que sa science militaire.

Tous les gouvernements de l'Italie avaient adhéré à la coalition, mais les peuples penchaient pour la république française. Bonaparte s'appuya sur ces derniers; il annula le Piémont qu'il ne put pas conquérir; il transforma le Milanais, jusque-là placé sous la dépendance autrichienne, *en république cisalpine;* il affaiblit par des contributions les petits princes de Parme, de Modène, de Toscane, sans les déposséder; le pape, qui avait signé un armistice lors des premiers succès de Bonaparte contre Beaulieu, et qui ne craignit pas de l'enfreindre à l'arrivée de Wurmser, acheta la paix par la cession de la Romagne, du Bolonais et du Ferrarais, qui furent joints à la république cisalpine; enfin, l'aristocratie de Venise et de Gênes ayant favorisé la coalition et soulevé les derrières de l'armée, le gouvernement de ces deux états fut changé, et Bonaparte le rendit démocratique pour faire dominer le peuple contre les grands. La révolution pénétra de cette manière en Italie.

L'Autriche, par les préliminaires de Léoben, céda la Belgique à la France, et reconnut la république lombarde. Toutes les puissances confédérées avaient mis bas les armes, et l'Angleterre elle-même demandait à traiter. La France, paisible et libre au-dedans, avait atteint au-dehors ses limites naturelles, et elle était entourée de républiques naissantes, qui, telles que la Hollande, la Lombardie et la Ligurie, gardaient ses flancs, et prolongeaient son système en Europe. La coalition devait être peu disposée à assaillir de nouveau une révolution dont tous les gouvernements étaient victorieux, et l'anarchie après le 10 août, et la dictature après le 31 mai, et l'autorité légale sous le directoire; une révolution qui, à chaque hostilité nouvelle, s'avançait un peu plus loin sur le territoire européen. En 1792, elle n'était allée qu'en Belgique; en 1794, elle était allée en Hollande et jusqu'au Rhin; en 1796, elle avait franchi l'Italie et entamé l'Allemagne. Il était à croire, si elle reprenait sa marche, qu'elle pousserait à une station de conquêtes plus éloignée. Tout se disposa pour la paix générale.

Mais la situation du directoire changea beaucoup par les élections de l'an V (mai 1797). Ces élections, en introduisant, d'une manière légale, le parti royaliste au sein de la législature et du gouvernement, mirent de nouveau en question ce que la bataille de vendémiaire avait décidé. Jusqu'à cette époque, le directoire et les conseils avaient vécu de très-bonne intelligence. Composés de conventionnels unis par un intérêt commun, le besoin de fonder la république après avoir été battus par tous les vents des partis, ils avaient mis beaucoup de bienveillance dans leurs rapports et de concert dans leurs mesures. Les conseils avaient accédé aux diverses demandes du directoire; et à part quelques légères modifications, ils avaient approuvé ses projets sur les finances, sur l'administration; sa conduite à l'égard des conspirations, des armées et de l'Europe. La minorité anti-conventionnelle avait formé une opposition dans leur sein; mais cette opposition avait combattu avec réserve la politique du directoire, en attendant d'être renforcée par un nouveau tiers. A sa tête étaient Barbé-Marbois, Pastoret, Vaublanc, Dumas, Portalis, Siméon, Tronçon-Ducoudray, Dupont de Nemours, la plupart membres de la droite, sous la législative, et quelques uns royalistes avoués. Leur position devint bientôt moins équivoque et plus agressive, par le renfort des élus de l'an V.

Les royalistes formaient une confédération redoutable, active, qui avait ses chefs, ses agents, ses listes, ses journaux. Ils écartèrent des élections les républicains, entraînèrent la masse, qui suit le parti le plus énergique, et dont ils prirent momentanément la bannière. Ils ne voulurent pas même admettre des patriotes de la première époque, et n'élurent que des contre-révolutionnaires décidés ou des constitutionnels équivoques. Le parti républicain fut alors placé dans le gouvernement et dans l'armée; le parti royaliste, dans les assemblées électorales et dans les conseils.

Le 1er prairial an V, les conseils se constituèrent. Dès leur début, ils firent connaître l'esprit qui les animait. Pichegru, que les royalistes transportèrent sur le nouveau champ de bataille de la contre-révolution, fut élu avec enthousiasme président du conseil des jeunes; Barbé-Marbois obtint avec le même empressement la présidence des anciens. Le corps législatif procéda enfin à la nomination d'un directeur, pour remplacer *Letourneur*, qui, le 30 floréal, avait été désigné par le scrutin comme membre sortant. Son choix tomba sur Barthélemy, ambassadeur en Suisse, qui, en sa qualité de royaliste et de partisan de la paix, convenait aux conseils et à l'Europe; mais que son éloignement de la France, pendant toute la révolution, rendait peu propre au gouvernement de la république.

Ces premières hostilités contre le directoire et le parti conventionnel furent suivies d'attaques plus réelles. On poursuivit sans ménagement son administration et sa politique. Le directoire avait fait tout ce qu'il avait pu avec un gouvernement légal, dans une situation encore révolutionnaire. On lui reprocha la continuation de la guerre et le désordre des finances. La majorité législative s'empara avec adresse des besoins publics: elle soutint la liberté indéfinie de la presse, qui permettait aux journalistes d'attaquer le directoire et de préparer à un autre régime; la paix, qui opérait le désarmement de la république; enfin, l'économie.

Ces demandes avaient leur côté utile et national. La France, fatiguée, éprouvait le besoin de toutes ces choses pour compléter la restauration sociale : aussi était-elle de moitié dans le vœu des royalistes, mais par de tout autres motifs. Elle vit avec un peu plus d'inquiétude les mesures des conseils, relativement aux prêtres et aux émigrés. On désirait une pacification; mais on ne voulait pas que les vaincus de la révolution rentrassent en triomphateurs. Les conseils mirent une extrême précipitation dans les lois de grâce à leur égard. Ils abolirent justement la déportation ou l'emprisonnement contre les prêtres pour cause de religion ou d'incivisme; mais ils voulurent restaurer les anciennes prérogatives de leur culte; rendre le catholicisme, qui était rétabli, extérieur par l'usage des cloches, et soustraire les prêtres au serment des fonctionnaires publics. Camille Jordan, jeune député lyonnais, plein d'éloquence, de courage, mais professant des opinions intempestives, fut le principal panégyriste du clergé, dans le conseil des jeunes. Le discours qu'il prononça à ce sujet excita une grande surprise et de violentes oppositions. Ce qui restait d'enthousiasme était encore tout patriotique, et l'on fut étonné de voir renaître un autre enthousiasme, celui de la religion : le dernier siècle et la révolution en avaient entièrement déshabitué, et empêchaient de le comprendre. Ce moment était celui où l'ancien parti refaisait ses croyances, introduisait son langage, et les mêlait aux croyances et au langage du parti réformateur, qui jusque là avaient dominé seuls. Il en résulta, comme il arrive pour ce qui est inattendu, une impression défavorable de ridicule contre Camille Jordan, qu'on nomma *Jordan-Carillon*, *Jordan-les-Cloches*. La tentative des protecteurs du clergé ne réussit cependant pas, et le conseil des cinq-cents n'osa point décréter encore le rétablissement des cloches, ni rendre les prêtres indépendants. Après quelque hésitation, le parti modéré se joignit au parti directorial, et ils maintinrent le serment civique au cri de *Vive la république!*

Cependant les hostilités continuèrent contre le directoire, dans le conseil des cinq-cents surtout, qui était plus fougueux et plus impatient que celui des anciens. Tout cela enhardit beaucoup la faction royaliste, dans l'intérieur. On vit se renouveler les représailles contre-révolutionnaires à l'égard des *patriotes* et des acquéreurs de biens nationaux. Les émigrés et les prêtres réfractaires revinrent en foule, et, ne pouvant rien supporter de la révolution, ils ne cachaient point leurs projets de renversement. L'autorité directoriale, menacée au centre, méconnue dans les départements, devint tout-à-fait impuissante.

Mais le besoin de la défense, l'inquiétude de tous les hommes dévoués au directoire et surtout à la révolution, donna du courage et de l'appui au gouvernement. La marche agressive des conseils fit suspecter leur attachement pour la république; et la masse, qui les avait d'abord soutenus, les abandonna. Les constitutionnels de 1791 et le parti directorial se réunirent. Le club de *Salm*, formé sous les auspices de cette alliance, fut opposé au club de *Clichy*, qui était depuis long-temps le rendez-vous des membres les plus influents des conseils. Le directoire, tout en recourant à l'opinion, ne négligea point sa principale force, l'appui des troupes; il fit approcher de Paris plusieurs régiments de l'armée de Sambre et Meuse, commandée par Hoche. Le rayon constitutionnel de six myriamètres (12 lieues), que les troupes ne pouvaient pas franchir sans attentat, fut violé; et les conseils dénoncèrent cette violation au directoire, qui feignit une ignorance tout-à-fait suspecte, et donna de fort mauvaises excuses.

Les deux partis étaient en observation : l'un avait ses postes au directoire, au club de *Salm*, dans l'armée; l'autre, dans les conseils, à *Clichy*, et dans les salons royalistes. La masse était spectatrice. Chacun des deux partis était disposé à agir révolutionnairement à l'égard de l'autre. Un parti intermédiaire, constitutionnel et pacificateur, essaya de prévenir cette lutte, et de rétablir un accord tout-à-fait impossible. Carnot était à sa tête : quelques membres du conseil des jeunes, dirigés par Thibaudeau; un assez grand nombre d'anciens, secondaient ses projets de modération. Carnot, qui, à cette époque, était le directeur de la constitution, formait, avec Barthélemy, qui était le directeur de la législature, une minorité dans le gouvernement. Carnot, très-austère dans sa conduite, et très-opiniâtre dans ses vues, n'avait pu s'entendre ni avec Barras, ni avec l'impérieux Rewbell. A cette antipathie de caractère se joignit alors la différence de système; Barras et Rewbell, soutenus de la Réveillère, n'étaient point éloignés d'un coup d'état contre les conseils, tandis que Carnot voulait suivre strictement la loi. Ce grand citoyen avait parfaitement vu, à chaque époque de la révolution, le mode de gouvernement qui lui convenait, et son opinion était devenue aussitôt une idée fixe. Sous le comité de salut public, il avait eu l'idée fixe de la dictature; sous le directoire, il eut l'idée fixe du gouvernement légal. En ne reconnaissant aucune nuance dans la situation, il se trouva placé d'une manière équivoque; il voulait la paix dans un moment de guerre, et la loi dans un moment de coups d'état.

Les conseils un peu alarmés des préparatifs du directoire, parurent mettre leur accommodement au prix du renvoi de quelques ministres qui n'avaient pas leur confiance. Ces ministres étaient celui de la justice, Merlin de Douai; celui des relations extérieures, Lacroix; celui des finances, Ramel. Ils désiraient, au contraire, le maintien de Pétiet, à la guerre; de Bénésech, à l'intérieur; de Cochon de l'Apparent, à la police. A défaut du pouvoir directorial, le corps législatif voulait s'assurer du ministère. Loin de se rendre à ce vœu qui eût introduit l'ennemi dans le gouvernement, Rewbell, Laréveillère et Barras destituèrent les ministres protégés par les conseils et conservèrent les autres. Bénésech fut remplacé par François de Neufchâteau; Pétiet par Hoche, et bientôt par Shérer; Cochon de l'Apparent par Lenoir-Laroche; et Lenoir-Laroche, trop peu décidé, par Sotin. Talleyrand fit également partie de ce ministère. Il avait été rayé de la liste des émigrés depuis la fin de la session conventionnelle, comme révolutionnaire de 1791; et son immense perspicacité qui le plaça toujours dans le parti qui avait les plus grandes promesses de victoire, le rendit à cette époque républicain directorial. Il eut le portefeuille de Lacroix, et il contribua beaucoup, par ses conseils et par sa hardiesse, aux événements de fructidor.

La guerre parut alors de plus en plus inévitable. Le directoire ne voulait pas d'un accommodement qui eût ajourné tout au plus sa ruine et celle de la république aux élections de l'an VI. Il fit venir contre les conseils des adresses foudroyantes des armées. Augereau apporta celles de l'armée d'Italie. «*Tremblez, royalistes!* disaient les soldats; *de l'Adige à la Seine, il n'y a qu'un pas. Tremblez! vos iniquités sont comptées, et le prix en est au bout de nos baïonnettes!* — C'est avec indignation, disait l'état-major, *que nous avons vu les intrigues du royalisme, vouloir menacer la liberté. Nous avons juré, par les mânes des héros morts pour la patrie, guerre implacable à la royauté et aux royalistes. Tels sont nos sentiments, tels sont les vôtres; tels sont ceux des patriotes. Qu'ils se montrent les royalistes, et ils auront vécu!* » Les conseils s'élevèrent, mais inutilement, contre ces délibérations de l'armée. Le général Richepanse qui commandait les troupes venues de Sambre-et-Meuse, les posta à Versailles, à Meudon, à Vincennes.

Les conseils avaient été assaillants en prairial; mais comme le succès de leur cause pouvait être renvoyé en l'an VI, époque où il aurait lieu sans risque et sans combat, ils gardaient la défensive depuis thermidor (juillet 1797). Cependant ils firent alors toutes leurs dispositions pour le combat; ils ordonnèrent que les *cercles constitutionnels* seraient fermés, afin de se délivrer du club de Salm; ils augmentèrent aussi les pouvoirs de la *commission des inspecteurs de la salle*, qui devint le gouvernement du corps législatif, et dont firent partie les deux conspirateurs royalistes Willot et Pichegru. La garde des conseils, qui était subordonnée au directoire, fut mise sous les ordres immédiats des inspecteurs de la salle. Enfin, le 17 fructidor, le corps législatif songea à se donner l'assistance de la milice de vendémiaire, et il décréta, sur la proposition de Pichegru, la formation de la garde nationale. Le lendemain 18, cette mesure devait s'exécuter, et les conseils devaient, par un décret, ordonner l'éloignement des troupes. Au point où l'on en était venu, il fallait que la grande lutte de la révolution et de l'ancien régime se décidât de nouveau par une victoire. Le fougueux général Willot voulait qu'on prît l'initiative, qu'on décrétât d'accusation les trois directeurs Barras, Rewbell, Laréveillère; qu'on fît venir les deux autres dans le sein du corps législatif; que si le gouvernement refusait d'obéir, on sonnât le tocsin et qu'on marchât avec les anciens sectionnaires contre le directoire; que Pichegru fût mis à la tête de cette *insurrection légale*, et qu'on prît toutes ces mesures, vite, hardiment, et en plein jour. On dit que Pichegru hésita; et l'avis des hommes indécis l'emportant, on suivit la marche lente des préparatifs légaux.

Il n'en fut pas de même du directoire. Barras, Rewbell et Laréveillère résolurent d'atteindre sur-le-champ Carnot, Barthélemy et la majorité législative. Le matin du 18 fut fixé pour l'exécution du coup d'état. Dans la nuit, les troupes cantonnées autour de Paris entrèrent dans la ville sous le commandement d'Augereau. Le projet du triumvirat directorial était de faire occuper les Tuileries par les troupes, avant la réunion du corps législatif, afin d'éviter une expulsion violente; de convoquer les conseils dans le voisinage du Luxembourg, après avoir arrêté leurs principaux meneurs, et d'accomplir par une mesure législative un coup d'état, commencé par la force. Il était d'accord avec la minorité des conseils, et il comptait sur l'approbation de la masse. A une heure du matin, les troupes arrivèrent à l'Hôtel-de-Ville, se prolongèrent sur les quais, sur les ponts, aux Champs-Élysées, et bientôt douze mille hommes et quarante pièces de canon cernèrent les Tuileries. A quatre heures, le canon d'alarme fut tiré, et le général Augereau se présenta à la grille du Pont-Tournant.

La garde du corps législatif était sous les armes. Les inspecteurs de la salle, avertis le soir du mouvement qui se préparait, s'étaient rendus au Palais-National (les Tuileries) pour en défendre l'entrée. Le commandant de la garde législative, Ramel, était dévoué aux conseils, et il avait placé ses huit cents grenadiers aux diverses avenues du jardin, fermé par des grilles. Mais ce n'était point avec des forces si faibles et si peu sûres que

Pichegru, Willot et Ramel pouvaient opposer quelque résistance au directoire. Augereau n'eut pas même besoin de forcer le passage du Pont-Tournant; à peine en présence des grenadiers, il leur cria : *Êtes-vous républicains?* Ceux-ci baissèrent les armes, répondirent : *Vive Augereau! vive le directoire!* et se joignirent à lui. Augereau traversa le jardin, pénétra dans la salle des conseils, arrêta Pichegru, Willot, Ramel, tous les *inspecteurs de la salle*, et les fit conduire au Temple. Les membres des conseils, convoqués à la hâte par les inspecteurs, se rendaient en foule dans le lieu de leurs séances, mais ils furent arrêtés ou éconduits par la force armée. Augereau leur annonça que le directoire, pressé par le besoin de défendre la république contre des conspirateurs siégeant au milieu d'eux, avait indiqué pour lieu de réunion aux conseils l'*Odéon* et l'*École de Médecine*. La plupart des députés présents s'élevèrent contre la violence militaire et contre l'usurpation directoriale; mais ils furent contraints de céder.

A six heures du matin, l'expédition était terminée. Les Parisiens, en s'éveillant, trouvèrent les troupes encore sous les armes, et les murs placardés de proclamations, qui annonçaient la découverte d'une redoutable conspiration. On invitait le peuple à l'ordre et à la confiance. Le directoire avait fait imprimer une lettre du général Moreau, par laquelle il lui annonçait avec détails les complots de son prédécesseur Pichegru avec l'émigration, et une autre lettre du prince de Condé à Imbert-Colomès, membre des anciens. La population entière resta calme. Simple spectatrice d'une journée qui se fit sans la coopération des partis, et par l'assistance seule de l'armée, elle ne montra ni approbation, ni regret.

Le directoire avait besoin de légitimer et surtout d'achever cet acte extraordinaire. Dès que les membres des cinq-cents et ceux des anciens furent assemblés à l'Odéon et à l'École de Médecine, et qu'ils se trouvèrent en nombre suffisant pour délibérer, ils se mirent en permanence. Un message du directoire leur annonça les motifs qui l'avaient dirigé dans toutes ses mesures : « Citoyens législateurs, disait-il, si le directoire « eût tardé un jour de plus, la république était « livrée à ses ennemis. Le lieu même de vos « séances était le point de réunion des conjurés : « c'était de là qu'ils distribuaient hier leurs cartes « et les bons pour la délivrance des armes ; c'est « de là qu'ils correspondaient, cette nuit, avec « leurs complices ; c'est de là enfin, ou dans les « environs, qu'ils essaient encore des rassemble- « ments clandestins et séditieux, qu'en ce moment

« même la police s'occupe de dissiper. C'eût été
« compromettre la sûreté publique et celle des
« représentants fidèles, que de les laisser con-
« fondus avec les ennemis de la patrie, dans
« l'antre des conspirations. » Le conseil des jeunes nomma une commission, composée de Sièyes, Poulain-Grandpré, Villers, Chazal et Boulay de la Meurthe, chargée de présenter une loi *de salut public*. Cette loi fut une mesure d'ostracisme. Seulement la déportation succéda à l'échafaud, dans cette seconde période révolutionnaire et dictatoriale.

Les membres du conseil des cinq-cents condamnés à la déportation furent : Aubry, J.-J. Aimé, Bayard, Blain, Boissy-d'Anglas, Borne, Bourdon de l'Oise, Cadroy, Couchery, Delahaye, Delarue, Doumère, Dumolard, Duplantier, Gibert Desmolières, Henry-Larivière, Imbert-Colomès, Camille Jordan, Jourdan (des Bouches-du-Rhône), Gall, La Carrière, Lemarchand-Gomicourt, Lemérer, Mersan, Madier, Maillard, Noailles, André, Mac-Cartin, Pavie, Pastoret, Pichegru, Polissard, Praire-Montaud, Quatremère-Quincy, Saladin, Siméon, Vauvilliers, Vienot-Vaublanc, Villaret-Joyeuse, Willot. Du conseil des anciens : Barbé-Marbois, Dumas, Ferraud-Vaillant, Lafond-Ladebat, Laumont, Muraire, Murinais, Paradis, Portalis, Rovère, Tronçon-Ducoudray.

Du directoire : Carnot, Barthélemy. On y condamna en outre : l'abbé Brothier, La Villeheurnois, Dunan; l'ex-ministre de la police, Cochon; l'ex-employé de la police, Dossonville; les généraux Miranda, Morgan; le journaliste Suard, l'ex-conventionel Mailhe, et le commandant Ramel. Quelques proscrits parvinrent à se soustraire au décret d'exil : Carnot fut de ce nombre. La plupart des condamnés furent transportés à Cayenne; mais un grand nombre ne quitta pas l'île de Rhé.

Le directoire étendit beaucoup cet acte d'ostracisme. Les auteurs de trente-cinq journaux furent compris dans la déportation. Il voulut atteindre à-la-fois les ennemis de la république dans les conseils, dans les journaux, dans les assemblées électorales, dans les départements; en un mot, partout où ils s'étaient introduits. Les élections de quarante-huit départements furent cassées; les lois en faveur des prêtres et des émigrés furent rapportées, et bientôt la disparition de tous ceux qui avaient dominé dans les départements, depuis le 9 thermidor, releva le parti républicain abattu. Le coup d'état de fructidor ne fut point purement central, comme la victoire de vendémiaire; il ruina le parti royaliste, qui n'avait été que repoussé par la défaite précédente. Mais, en remplaçant de nouveau le gouvernement légal par la dictature, il rendit nécessaire une autre révolution, dont il sera parlé plus tard.

On peut dire qu'au 18 fructidor an V, il fallait que le directoire triomphât de la contre-révolution, en décimant les conseils; ou que les conseils triomphassent de la république, en renversant le directoire. La question ainsi posée, il reste à savoir, 1.° si le directoire pouvait vaincre autrement que par un coup d'état; 2° s'il n'a pas abusé de sa victoire.

Le gouvernement n'avait pas la faculté de dissoudre les conseils. Au sortir d'une révolution, qui avait eu pour but d'établir le droit extrême, on n'avait pas pu donner à une autorité secondaire le contrôle de la souveraineté du peuple, et subordonner, dans certains cas, la législature au directoire. Cette concession d'une politique expérimentale n'existant point, quel moyen restait-il au directoire pour chasser l'ennemi du cœur de l'état? Ne pouvant plus défendre la révolution en vertu de la loi, il n'avait pas d'autre ressource que la dictature : mais, en y recourant, il manqua aux conditions de son existence; et, tout en sauvant la révolution, il se perdit bientôt lui-même.

Quant à sa victoire, il l'entacha de violence, en voulant la rendre trop complète. La déportation fut étendue à trop de victimes; les petites passions d'hommes se mêlèrent à la défense de la cause, et le directoire ne montra point cette parcimonie d'arbitraire, qui est la seule justice des coups d'état. Il aurait dû, pour atteindre son but, n'exiler que les chefs conspirateurs; mais il est rare qu'un parti n'abuse pas de la dictature, et qu'en ayant la force en main il ne croie pas aux dangers de l'indulgence.

Les conseils de l'an V furent pour la république ce qu'avait été l'assemblée législative pour la monarchie, si ce n'est que les Girondins de la royauté n'ayant pas, comme les autres, un peuple derrière eux, et le directoire ayant une armée républicane, le 18 fructidor se fit au détriment de la contre-révolution, au lieu de s'exécuter pour elle. Cette défaite fut la quatrième du parti royaliste : deux eurent lieu pour le déposséder du pouvoir, celles du 14 juillet et du 10 août; deux pour l'empêcher de le reprendre, celles du 13 vendémiaire et du 18 fructidor. Cette répétition de tentatives impuissantes et de revers prolongés ne contribua pas peu à la soumission de ce parti, sous le consulat et sous l'empire.

CHAPITRE XIII.

Le directoire rentre, par le 18 fructidor, dans le gouvernement révolutionnaire, un peu mitigé. — Paix générale, excepté avec l'Angleterre. — Retour de Bonaparte à Paris; expédition d'Égypte. — Élections démocratiques de l'an VI; le directoire les annule, le 22 floréal. — Seconde coalition; la Russie, l'Autriche, l'Angleterrre, attaquent la république par l'Italie, la Suisse et la Hollande; défaites générales. — Élections démocratiques de l'an VII; le 30 prairial, les conseils prennent leur revanche, et désorganisent l'ancien directoire. — Deux partis dans le nouveau directoire et dans les conseils: le parti républicain modéré, sous Sièyes, Roger-Ducos, les *anciens;* celui des républicains extrêmes, sous Moulins, Gohier, les *cinq cents* et la Société du *Manége.* — Projets en divers sens. — Victoires de Masséna, en Suisse; de Brune, en Hollande. — Bonaparte revient d'Égypte; il s'entend avec Sièyes et son parti. — Journées du 18 et du 19 brumaire. — Fin du régime dictatorial.

La principale conséquence du 18 fructidor fut le retour du gouvernement révolutionnaire, mais un peu mitigé. Les deux anciennes classes privilégiées furent de nouveau mises hors de la société; les prêtres réfractaires furent une seconde fois déportés. Les chouans et les anciens fuyards, qui occupaient le champ de bataille des départements, l'abandonnèrent aux vieux républicains; ceux qui avaient fait partie de la maison militaire des Bourbons, les employés supérieurs de la couronne, les membres des parlements, les commandeurs de l'ordre du Saint-Esprit et de Saint-Louis, les chevaliers de Malte, tous ceux qui avaient protesté contre l'abolition de la noblesse, et qui en avaient conservé les titres, durent quitter le territoire de la république. Les ci-devant nobles ou anoblis ne purent exercer les droits de citoyens qu'au bout de sept années, après avoir fait, en quelque sorte, un apprentissage de Français. Ce parti, en voulant la domination, ramena la dictature.

Le directoire parvint, à cette époque, à son *maximum* de puissance; pendant quelque temps, il n'eut point d'ennemis sous les armes. Délivré de toute opposition intérieure, il imposa la paix continentale à l'Autriche par le traité de Campo-Formio, et à l'empire par le congrès de Rastadt. Le traité de Campo-Formio fut plus avantageux au cabinet de Vienne que les préliminaires de Léoben. On lui paya ses états belges et lombards avec une partie des états vénitiens. Cette vieille république fut partagée; la France garda les îles illyriennes, et donna à l'Autriche la ville de Venise, les provinces de l'Istrie et de la Dalmatie. Le directoire commit en cela une grande faute, et se rendit coupable d'un véritable attentat. On peut, lorsqu'on a le fanatisme d'un système, vouloir rendre une nation libre, mais on ne peut jamais la donner. En distribuant d'une manière arbitraire le territoire d'un petit état, le directoire fournit le mauvais exemple de ce trafic des peuples, trop suivi depuis. D'ailleurs, la domination de l'Autriche devait, tôt ou tard, être étendue en Italie, par l'imprudente cession de Venise.

La coalition de 1792 et 1793 était dissoute; il ne restait de puissance belligérante que l'Angleterre. Le cabinet de Londres n'était point disposé à céder à la France, qu'il avait attaquée dans l'espoir de l'affaiblir, la Belgique, le Luxembourg, Porentruy, Nice, la Savoie, le protectorat du Piémont, de Gênes, de Milan et de la Hollande. Mais, comme il avait besoin d'apaiser l'opposition anglaise, et de refaire ses moyens d'attaque, il fit des propositions de paix; il envoya en qualité de plénipotentiaire le lord Malmesbury, d'abord à Paris, ensuite à Lille. Mais les offres de Pitt n'étant point sincères, le directoire ne se laissa pas tromper par ses ruses diplomatiques. Les négociations furent rompues deux fois, et la guerre continua entre les deux puissances. Pendant que l'Angleterre négociait à Lille, elle préparait à Saint-Pétersbourg la *triple alliance* ou la seconde coalition.

Le directoire, de son côté, sans finances, sans parti intérieur, n'ayant d'autre appui que l'armée, et d'autre éclat que la continuation de ses victoires, était hors d'état de consentir à une paix générale. Il avait augmenté le mécontentement par l'établissement de certaines taxes et par la réduction de la dette publique à un *tiers consolidé*, seul payable en argent; ce qui avait ruiné les rentiers. Il fallait qu'il se maintînt par la guerre. L'immense classe des soldats ne pouvait être licenciée sans danger. Outre que le directoire se fût privé de sa force et se fût mis à la merci de l'Europe, il eût tenté une chose qui ne se fait jamais sans secousse que dans un temps d'extrême calme et d'un grand développement d'aisance et de travail. Le directoire fut poussé, par sa position, à l'expédition d'Égypte et à l'invasion de la Suisse.

Bonaparte était alors de retour à Paris. Le vainqueur de l'Italie et le pacificateur du continent fut reçu avec un enthousiasme obligé de la part du directoire, mais bien senti par le peuple. On lui accorda des honneurs que n'avait encore obtenus aucun général de la république. On dressa un autel de la patrie dans le

Luxembourg, et il passa sous une voûte de drapeaux, conquis en Italie, pour se rendre à la cérémonie triomphale, dont il était l'objet. Il fut harangué par Barras, président du directoire, qui, après l'avoir félicité de ses victoires, l'invita « d'aller couronner une si belle vie par une « conquête que la grande nation devait à sa di- « gnité outragée. » Cette conquête était celle de l'Angleterre. On paraissait tout préparer pour une descente, tandis qu'on avait réellement en vue l'invasion de l'Égypte.

Une pareille entreprise convenait et au directoire et à Bonaparte. La conduite indépendante de ce général en Italie, son ambition qui perçait par élans à travers une simplicité étudiée, rendaient sa présence dangereuse. Il craignait, de son côté, de compromettre, par son inaction, l'idée déjà immense qu'on avait conçue de lui; car les hommes exigent de ceux qu'ils font grands, toujours plus qu'ils ne peuvent. Ainsi, pendant que le directoire voyait dans l'expédition d'Egypte l'éloignement d'un général redoutable, l'espérance d'attaquer les Anglais par l'Inde, Bonaparte y vit une conception gigantesque, un emploi de son goût et un nouveau moyen d'étonner les hommes. Il partit de Toulon, le 30 floréal an VI (19 mai 1798), avec une flotte de quatre cents voiles et une partie des troupes d'Italie ; il cingla vers Malte, dont il se rendit maître, et de là vers l'Égypte.

Le directoire, qui violait la neutralité de la Porte ottomane pour atteindre les Anglais, viola celle de la Suisse pour expulser les émigrés de son territoire. Les opinions françaises avaient pénétré dans Genève et dans le pays de Vaud; mais la politique de la confédération suisse était ouvertement contre-révolutionnaire, à cause de l'influence de l'aristocratie de Berne. On avait chassé des cantons tous les Suisses qui s'étaient montrés partisans de la république française. Berne était le quartier général des émigrés, et c'était de là que se formaient tous les complots contre la révolution. Le directoire se plaignit; il ne fut pas satisfait. Les Vaudois placés par les anciens traités sous la protection de la France, invoquèrent son appui contre la tyrannie de Berne. L'appel des Vaudois, ses propres griefs, le désir d'étendre le système républicain-directorial en Suisse, beaucoup plus que la tentation de prendre le petit trésor de Berne, comme on le lui a reproché, décidèrent le directoire. Il y eut des pourparlers qui ne menèrent à rien, et la guerre s'engagea. Les Suisses se défendirent avec beaucoup de courage et d'obstination, et crurent ressusciter le temps de leurs ancêtres; mais ils succombèrent. Genève fut réunie à la

France, et la Suisse échangea son antique constitution pour la constitution de l'an III. Dès ce moment, il exista deux partis dans la confédération; dont l'un fut pour la France et la révolution, l'autre pour la contre-révolution et l'Autriche. La Suisse cessa d'être une barrière commune, et devint le grand chemin de l'Europe.

Cette révolution fut bientôt suivie de celle de Rome. Le général Duphot fut tué à Rome dans une émeute; et en châtiment de cet attentat auquel le gouvernement pontifical ne s'opposa point, Rome fut changée en république. Tout cela compléta le système du directoire, et le rendit prépondérant en Europe; il se vit à la tête des républiques helvétique, batave, ligurienne, cisalpine, romaine, toutes construites sur le même modèle. Mais pendant que le directoire étendait son influence au dehors, il était de nouveau menacé par les partis intérieurs.

Les élections de floréal an VI (mai 1798), ne furent point favorables au directoire; elles eurent lieu dans un sens entièrement contraire à celles de l'an V. Depuis le 18 fructidor, l'éloignement des contre-révolutionnaires avait redonné toute l'influence au parti républicain exclusif, qui avait rétabli les clubs sous le nom de *cercles constitutionnels*. Ce parti domina dans les assemblées électorales, qui, par extraordinaire, avaient à nommer quatre cent trente-sept députés ; deux cent quatre-vingt-dix-huit pour le conseil des cinq cents, cent trente-neuf pour celui des anciens. Dès l'approche des élections, le directoire s'éleva beaucoup contre *les anarchistes.* Mais ses proclamations n'ayant pas pu prévenir des choix démocratiques, il se décida à les annuler en vertu d'une loi de circonstance, par laquelle les conseils, après le 18 fructidor, lui avaient accordé le *pouvoir de juger* les opérations des assemblées électorales. Il invita par un message le corps législatif à nommer dans ce but une commission de cinq membres. Le 22 floréal, les élections furent en grande partie annulées, le parti directorial frappa à cette époque les républicains extrêmes, comme, neuf mois auparavant, il avait frappé les royalistes.

Le directoire voulait maintenir l'équilibre politique, qui avait été le caractère de ses deux premières années; mais sa situation était bien changée. Il ne pouvait plus être, depuis son dernier coup d'état, un gouvernement impartial, parce qu'il n'était plus un gouvernement constitutionnel. Avec ces prétentions d'isolement, il mécontenta tout le monde : cependant il vécut encore de cette manière jusqu'aux élections de l'an VII. Il montra beaucoup d'activité, mais une activité un peu étroite et tracassière. Merlin (de Douai), et Treilhard, qui avaient remplacé Carnot et Barthélemy, étaient deux procureurs politiques. Rewbell avait au plus haut degré le courage d'un homme d'état, sans en avoir les grandes vues; La Réveillère s'occupait beaucoup trop de la secte des théophilanthropes, pour un chef de gouvernement. Quant à Barras, il continuait sa vie dissolue et sa régence directoriale : son palais était le rendez-vous des joueurs, des femmes galantes et des agioteurs de toute espèce. L'administration des directeurs se ressentit de leur caractère, mais surtout de leur position, aux embarras de laquelle vint encore ajouter la guerre avec toute l'Europe.

Pendant que les plénipotentiaires républicains négociaient encore à Rastadt la paix avec l'empire, la seconde coalition entra en campagne. Le traité de Campo-Formio n'avait été pour l'Autriche qu'une suspension d'armes. L'Angleterre n'eut point de peine à l'engager dans une nouvelle confédération; excepté la Prusse et l'Espagne, toutes les puissances européennes en firent partie. Les subsides du cabinet britannique et l'attrait de l'Occident décidèrent la Russie; la Porte et les États Barbaresques y accédèrent à cause de l'invasion de l'Égypte; l'empire pour recouvrer la rive gauche du Rhin, et les petits princes d'Italie afin de détruire les républiques nouvelles. On discutait à Rastadt le traité relatif à la cession de la rive gauche du Rhin, à la navigation de ce fleuve, et à la démolition de quelques forteresses de la rive droite, lorsque les Russes débouchèrent en Allemagne, et l'armée autrichienne s'ébranla. Les plénipotentiaires français, pris au dépourvu, reçurent l'ordre de partir dans les vingt-quatre heures; ils obéirent sur-le-champ, et ils se mirent en route après avoir obtenu des sauf-conduits des généraux ennemis. A quelque distance de Rastadt, ils furent arrêtés par des hussards autrichiens qui, s'étant assurés de leur nom et de leur titre, les assassinèrent : Bonnier et Roberjot furent tués, Jean de Bry fut laissé pour mort. Cette violation inouie du droit des gens, cet assassinat prémédité de trois hommes revêtus d'un caractère sacré, excita une horreur générale. Le corps législatif décréta la guerre; et la décréta d'indignation contre les gouvernements sur lesquels retombait cet énorme attentat.

Les hostilités avaient déjà commencé en Italie et sur le Rhin. Le directoire, averti de la marche des troupes russes, et suspectant les intentions de l'Autriche, fit porter une loi de recrutement par les conseils. La *conscription militaire* mit deux cent mille jeunes gens à la disposition de la république. Cette loi, qui eut des suites incalculables, fut le résultat d'un ordre de choses plus régulier. Les levées en masse avaient été le service révolutionnaire de la patrie; la conscription en devint le service légal.

Les puissances les plus impatientes, et qui formaient l'avant-garde de la coalition, avaient déjà engagé l'attaque. Le roi de Naples s'était avancé sur Rome; et le roi de Sardaigne avait levé des troupes et menacé la république ligurienne. Comme ils n'étaient pas de force à soutenir le choc des armées françaises, ils furent facilement vaincus et dépossédés. Le général Championnet entra dans Naples après une victoire sanglante. Les lazzaronis défendirent l'intérieur de la ville pendant trois jours; mais ils succombèrent, et la *république parthénopéenne* fut proclamée. Le général Joubert occupa Turin, et l'Italie entière se trouva sous la main des Français, lorsque la nouvelle campagne s'ouvrit.

La coalition était supérieure à la république en forces effectives et en préparatifs; elle l'attaqua par les trois grandes ouvertures de l'Italie, de la Suisse et de la Hollande. Une forte armée autrichienne déboucha dans le Mantouan; elle battit deux fois Shérer sur l'Adige, et fut bientôt jointe par le bizarre, et jusque-là victorieux, Souvarof. Moreau prit la place de Shérer, et fut battu comme lui; il fit sa retraite du côté de Gênes pour garder la barrière des Apennins, et se joindre avec l'armée de Naples, commandée par Macdonald, qui fut écrasé à la Trébia. Les confédérés portèrent alors leurs principales forces sur la Suisse. Quelques corps russes se réunirent à l'archiduc Charles, qui avait battu Jourdan sur le Haut-Rhin, et qui se disposa à franchir la barrière helvétique. En même temps, le duc d'York débarqua en Hollande avec quarante mille Austro-Russes. Les petites républiques qui protégeaient la France étaient envahies, et, avec quelques nouvelles victoires, les confédérés pouvaient pénétrer dans la place même de la révolution.

Ce fut au milieu de ces désastres militaires et du mécontentement des partis que se firent les élections de floréal an VII (mai 1799); elles furent républicaines, comme celles de l'année précédente. Le directoire ne se trouva plus assez fort contre les malheurs publics et les rancunes des partis. La sortie légale de Rewbel, que remplaça Sièyes, lui fit perdre le seul homme qui pût faire tête à l'orage; elle introduisit dans son sein l'antagoniste le plus déclaré de ce gouvernement compromis et usé. Les modérés et les républicains extrêmes se réunirent pour demander compte aux directeurs de la situation intérieure et extérieure de la république. Les conseils se mirent en permanence. Barras abandonna ses collègues. Le déchaînement des conseils se dirigea uniquement contre Treilhard, Merlin et La Réveillère, derniers soutiens de l'ancien directoire. Ils destituèrent Treilhard, parce qu'il n'y avait pas eu, ainsi que l'exigeait la constitution, une année d'intervalle entre ses fonctions législatives et directoriales. L'ex-ministre de la justice Gohier fut aussitôt mis à sa place. Les orateurs des conseils attaquèrent vivement alors Merlin et La Réveillère, qu'ils ne pouvaient pas destituer, et qu'ils voulaient contraindre à se démettre. Les directeurs menacés envoyèrent aux conseils un message justificatif, et leur proposèrent la paix. Le 30 prairial, le républicain Bertrand (du Calvados) monta à la tribune, et, après avoir examiné les offres des directeurs, il s'écria : « Vous avez proposé une réunion ; et « moi, je vous propose de réfléchir si vous-mêmes « pouvez encore conserver vos fonctions. Vous « n'hésiterez pas à vous décider, si vous aimez la « république. Vous êtes dans l'impuissance de « faire le bien : vous n'aurez jamais ni la con- « fiance de vos collègues, ni celle du peuple, ni « celle des représentants, sans laquelle vous ne « pouvez faire exécuter les lois. Déjà, je le sais, « grâce à la constitution, il existe dans le direc-

« toire une majorité qui jouit de la confiance du
« peuple et de celle de la représentation natio-
« nale. Qu'attendez-vous pour mettre l'unanimité
« de vœux et de principes entre les deux pre-
« mières autorités de la république? Vous n'avez
« plus même la confiance de ces vils flatteurs
« qui ont creusé votre tombeau politique. Ter-
« minez votre carrière par un acte de dévoue-
« ment, que le bon cœur des républicains saura
« seul apprécier. »

Merlin et La Réveillère, privés de l'appui du gouvernement par la sortie de Rewbel, la destitution de Treilhard et l'abandon de Barras, pressés par l'exigence des conseils, et par des motifs patriotiques, cédèrent aux circonstances, et se démirent de l'autorité directoriale. Cette victoire, que remportèrent les républicains et les modérés réunis, tourna au profit des uns et des autres. Les premiers introduisirent le général Moulins dans le directoire; les seconds y firent entrer Roger Ducos. La journée du 30 prairial, qui désorganisa l'ancien gouvernement de l'an III, fut de la part des conseils la revanche du 18 fructidor et du 22 floréal contre le directoire. A cette époque, les deux grands pouvoirs de l'état avaient violé, chacun à son tour, la constitution : le directoire, en décimant la législature; la législature, en expulsant le directoire.

Il n'était guère possible que cette forme de gouvernement, dont tous les partis avaient à se plaindre, eût une existence prolongée.

Après le succès du 30 prairial, Sièyes travailla à détruire ce qui restait encore du gouvernement de l'an III, afin de rétablir sur un autre plan le régime légal. C'était un homme d'humeur et de système, mais qui avait un sentiment sûr des situations. Il rentrait dans la révolution à une époque singulière, avec le dessein de la fermer par une constitution définitive. Après avoir coopéré aux principaux changements de 1789, par sa motion du 17 juin, qui transforma les états-généraux en assemblée nationale, et par son plan d'organisation intérieure, qui substitua les départements aux provinces, il était demeuré passif et silencieux durant toute la période intermédiaire. Il avait attendu que le temps de la défense publique fît de nouveau place à celui de l'institution. Nommé, sous le directoire, à l'ambassade de Berlin, on lui attribuait le maintien de la neutralité de la Prusse. A son retour, il accepta les fonctions, jusque-là refusées, de directeur, parce que Rewbel sortit du gouvernement, et qu'il crut les partis assez fatigués pour entreprendre la pacification définitive et l'établissement de la liberté. C'est dans ce but qu'il s'appuya, au directoire, sur Roger-Ducos;

dans la législature, sur le conseil des anciens; au-dehors, sur la masse des hommes modérés et sur la classe moyenne, qui, après avoir voulu des lois comme une nouveauté, voulait du repos comme une nouveauté aussi. Ce parti cherchait un gouvernement fort et rassurant, qui n'eût ni passé, ni inimitiés, et qui pût dès-lors satisfaire toutes les opinions et tous les intérêts. Comme ce qui s'était fait depuis le 14 juillet jusqu'au 9 thermidor par le peuple, de complicité avec une partie du gouvernement, se faisait depuis le 13 vendémiaire par les soldats, Sièyes avait besoin d'un général; il jeta les yeux sur Joubert, qui fut mis à la tête de l'armée des Alpes, afin qu'il gagnât, par des victoires et par la libération de l'Italie, une grande importance politique.

Cependant la constitution de l'an III était encore soutenue par les deux directeurs Gohier et Moulins, par le conseil des cinq-cents, et au dehors par le parti du *Manége*. Les républicains prononcés s'étaient réunis en club dans cette salle où avait siégé la première de nos assemblées. Le nouveau club formé des débris de celui de *Salm*, avant le 18 fructidor; de celui du *Panthéon*, au commencement du directoire; et de l'ancienne Société des *Jacobins*, professait avec exaltation les principes républicains, mais non les opinions démocratiques de la classe inférieure. Chacun des deux partis occupait aussi le ministère qui avait été renouvelé en même temps que le directoire. Cambacérès avait la justice; Quinette, l'intérieur; Reinhard placé là momentanément pendant l'interrègne ministériel de Talleyrand, les relations extérieures; Robert-Lindet, les finances; Bourdon (de Vatry), la marine; Bernadotte, la guerre; Bourguignon, bientôt remplacé par Fouché (de Nantes), la police.

Cette fois, Barras était neutre entre les deux moitiés de la législature, du directoire et du ministère. Voyant que les choses allaient à un changement plus considérable que celui du 30 *prairial*, il crut que le dépérissement de la république entraînerait la restauration des Bourbons, et il traita avec le prétendant Louis XVIII. Il paraît qu'en négociant le rétablissement de la monarchie par son agent David Monnier, il ne s'oublia pas lui-même. Barras ne tenait à rien avec conviction, et se déclarait toujours pour le parti qui avait les plus grandes chances de victoire. Après avoir été montagnard démocrate, au 31 mai; montagnard réactionnaire, au 9 thermidor; directeur révolutionnaire contre les royalistes, au 18 fructidor; directeur républicain extrême contre ses anciens collègues, au 30 prairial, il devenait aujourd'hui directeur royaliste contre le gouvernement de l'an III.

La faction déconcertée par le 18 fructidor et la paix du continent, avait aussi repris courage. Les succès militaires de la nouvelle coalition, la loi de *l'emprunt forcé*, et celle *des otages*, qui forçait chaque famille d'émigrés de donner des garanties au gouvernement, avaient fait reprendre les armes aux royalistes du midi et de l'ouest. Ils reparaissaient par bandes, qui devenaient de jour en jour plus redoutables, et qui recommençaient la petite, mais désastreuse guerre de la chouanerie. Ils attendaient l'arrivée des Russes, et croyaient à la restauration prochaine de la monarchie. Ce moment était celui d'une nouvelle candidature pour tous les partis. Chacun d'eux aspirait à l'héritage de la constitution agonisante, comme on l'avait vu à la fin de la session conventionnelle. En France, on est averti, par une sorte d'odorat politique, qu'un gouvernement se meurt, et tous les partis vont à la curée.

Heureusement pour la république, la guerre changea de face sur les deux principales frontières du Haut et du Bas-Rhin. Les alliés, après avoir acquis l'Italie, voulurent pénétrer en France, par la Suisse et par la Hollande, mais les généraux Masséna et Brune arrêtèrent leur marche jusque là victorieuse. Masséna s'avança contre Korsakof et Souvarof. Pendant douze jours de grandes combinaisons et de victoires consécutives, courant tour à tour de Constance à Zurich, il repoussa les efforts des Russes, les força à la retraite, et désorganisa la coalition. Brune battit aussi le duc d'York en Hollande, l'obligea de remonter sur ses vaisseaux, et de renoncer à sa tentative d'invasion. L'armée d'Italie seule fut moins heureuse. Elle perdit son général, Joubert, qui fut tué à la bataille de Novi, en chargeant lui-même les Austro-Russes. Mais cette frontière, qui était fort éloignée du centre des évènements, ne fut point entamée malgré la défaite de Novi, et Championnet la défendit habilement. Elle devait être bientôt dépassée par les troupes républicaines, qui, après avoir été un moment battues à chaque reprise d'armes, reprenaient leur supériorité, et recommençaient leurs victoires. L'Europe, en donnant par ses attaques répétées plus d'exercice à la puissance militaire, la rendait chaque fois plus envahissante.

Mais au-dedans rien n'était changé. Les divisions, le mécontentement et le malaise étaient les mêmes. La lutte s'était prononcée davantage entre les républicains modérés et les républicains extrêmes. Sièyes poursuivait ses projets contre ces derniers. Il s'éleva au Champ-de-Mars dans l'anniversaire du 10 août, contre les *Jacobins*. Lucien Bonaparte, qui avait beaucoup de crédit dans les cinq-cents, par son caractère, ses talents, et l'importance militaire du conquérant de l'Italie et de l'Égypte, fit dans cette assemblée un tableau effrayant de la *terreur*, et dit que la France était menacée de son retour. A peu près vers ce temps, Sièyes fit destituer Bernadotte, et Fouché ferma, d'accord avec lui, la *réunion du Manége*. La masse, à laquelle il suffit de présenter le fantôme du passé pour lui inspirer l'épouvante, se rangea du côté des modérés dans la crainte de la terreur; et les républicains extrêmes ayant voulu faire déclarer la *patrie en danger*, comme à la fin de la législative, ne purent pas y réussir. Mais Sièyes, après avoir perdu Joubert, cherchait un général qui pût entrer dans ses desseins, et qui protégeât la république sans en devenir l'oppresseur. Hoche était mort depuis plus d'un an; Moreau était déconsidéré par sa conduite équivoque envers le directoire avant le 18 fructidor, et par la dénonciation subite de son ancien ami Pichegru, dont il avait caché la trahison pendant une année; Masséna n'était point un général politique; Bernadotte et Jourdan étaient dévoués au parti du Manége; Sièyes se trouvait dans cette pénurie, et ajournoit son coup d'état, faute d'un homme.

Bonaparte avait appris en orient l'état de la France. Son expédition, dans le récit de laquelle je n'ai pas le dessein d'entrer, avait été brillante, mais sans résultat. Après avoir battu les Mameloucks, et ruiné leur domination, dans la Basse et dans la Haute-Égypte, il s'était avancé en Syrie ; mais le mauvais succès du siége de Saint-Jean-d'Acre l'avait contraint de retourner dans sa première conquête. C'est là qu'après avoir défait une armée ottomane sur le rivage d'Aboukir, si fatal une année auparavant à la flotte française, il se décida à quitter cette terre de déportation et de renommée, pour faire servir à son élévation la nouvelle crise de la France. Il laissa le général Kléber pour commander l'armée d'orient, et traversa, sur une frégate, la Méditerranée couverte de vaisseaux anglais. Il débarqua à Fréjus le 17 vendémiaire an VIII (9 octobre 1799), dix-neuf jours après la victoire de Berghen, remportée par Brune sur les Anglo-Russes du duc d'York, et quatorze jours après celle de Zurich, remportée par Masséna sur les Austro-Russes de Korsakof et de Souvarof. Il parcourut la France, des côtes de la Méditerranée à Paris, en triomphateur. Son expédition presque fabuleuse avait surpris et occupé les imaginations, et avait encore ajouté à sa renommée déja si grande par la conquête de l'Italie. Ces deux entreprises l'avaient mis hors de ligne avec les autres généraux de la république. L'éloignement du théâtre sur lequel il avait combattu lui avait permis de commencer sa carrière d'indépendance et d'autorité. Général victorieux, négociateur avoué et obéi, créateur de républiques, il avait traité tous les intérêts avec adresse, toutes les croyances avec modération. Préparant de loin ses destinées ambitieuses, il ne s'était fait l'homme d'aucun système, et il les avait tous ménagés pour s'élever de leur consentement. Il avait entretenu cette pensée d'usurpation dès ses victoires d'Italie. Au 18 fructidor, si le directoire avait été vaincu par les conseils, il se proposait de marcher contre ces derniers avec son armée, et de saisir le protectorat de la république. Après le 18 fructidor, voyant le directoire trop puissant et l'inaction continentale trop dangereuse pour lui, il accepta l'expédition d'Égypte, afin de ne pas déchoir et de n'être pas oublié. A la nouvelle de la désorganisation du directoire au 30 prairial, il se rendit en toute hâte sur le lieu des évènements.

Son arrivée excita l'enthousiasme de la masse modérée de la nation; il reçut des félicitations générales, et il fut aux enchères des partis, qui voulurent tous le gagner. Les généraux, les directeurs, les députés, les républicains même du Manége, le virent et le sondèrent. On lui donna des fêtes et des repas; il se montrait grave, simple, peu empressé, et observateur; il avait déja une familiarité supérieure et des habitudes involontaires de commandement. Malgré son défaut d'empressement et d'ouvertures, on apercevait en lui une arrière-pensée de conspiration. Sans le dire, il le laissait deviner, parce qu'il faut toujours qu'une chose soit attendue pour qu'elle se fasse. Il ne pouvait pas s'appuyer sur les républicains du Manége, qui ne voulaient ni d'un coup d'état, ni d'un dictateur, et Sièyes craignait avec raison qu'il ne fût trop ambitieux pour entrer dans ses vues constitutionnelles. Aussi Sièyes hésita-t-il à s'aboucher avec lui. Mais enfin, pressés par des amis communs, ils se virent et se concertèrent. Le 15 brumaire, ils arrêtèrent leur plan d'attaque contre la constitution de l'an III. Sièyes se chargea de préparer les conseils par les *commissions des inspecteurs*, qui avaient en lui une confiance illimitée. Bonaparte dut gagner les généraux et les divers corps de troupes qui se trouvaient à Paris, et qui montraient beaucoup d'enthousiasme et de dévouement pour sa personne. On convint de convoquer, d'une manière extraordinaire, les membres les plus modérés des conseils, de peindre *aux anciens* les dangers publics; de leur demander, en leur présentant l'imminence du jacobinisme, la translation du corps législatif à Saint-Cloud et la nomination du général Bonaparte au commandement de la force armée, comme le seul homme qui pût sauver la patrie; d'obtenir ensuite, au moyen du nouveau pouvoir militaire, la désorganisation du directoire et la dissolution momentanée du corps législatif. L'entreprise fut fixée au 18 brumaire, au matin.

Pendant ces trois jours le secret fut fidèlement gardé. Barras, Moulins et Gohier, qui formaient la majorité du directoire, dont Gohier était alors président, auraient pu, en prenant l'avance sur les conjurés, comme au 18 fructidor, déjouer leur coup d'état. Mais ils croyaient à des espérances de leur part, et non à des projets arrêtés. Le 18 au matin, les membres des anciens furent convoqués d'une manière inusitée par les *inspecteurs*; ils se rendirent aux Tuileries, et entrèrent en séance vers les sept heures, sous la présidence de Lemercier. Cornudet, Lebrun et Fargues, trois des conjurés les plus influents dans le conseil, présentèrent le tableau le plus alarmant de la situation publique; ils assurèrent que les Jacobins venaient en foule à Paris de tous les départements, qu'ils voulaient rétablir le gouvernement révolutionnaire, et que la *terreur* ravagerait de nouveau la république, si le conseil n'avait pas le courage et la sagesse d'en prévenir le retour. Un autre conjuré, Régnier (de la Meurthe), demanda *aux anciens*, déja ébranlés, qu'en vertu du droit que leur conférait la constitution, ils transférassent le corps législatif à Saint-Cloud, et que Bonaparte, nommé par eux commandant de la 17e division militaire, fût chargé de la translation. Soit que le conseil entier fût complice de cette manœuvre, soit qu'il fût frappé d'une crainte réelle, d'après une convention si précipitée et des discours si alarmants, il accorda tout ce que les conjurés demandèrent.

Bonaparte attendait avec impatience le résultat de cette délibération, dans sa maison, rue du Mont-Blanc; il était entouré de généraux, du commandant de la garde du directoire, Lefèvre, et de trois régiments de cavalerie, qu'il devait passer en revue. Le décret du conseil des anciens, rendu à huit heures, lui fut apporté à huit heures et demie par un messager d'état. Il reçut les félicitations de tous ceux qui formaient son cortége : les officiers tirèrent leurs épées en signe de fidélité. Il se mit à leur tête, et ils marchèrent aux Tuileries; il se rendit à la barre du conseil des anciens, prêta serment de fidélité, et nomma pour son lieutenant Lefèvre, chef de la garde directoriale.

Néanmoins ce n'était là qu'un commencement de succès. Bonaparte était chef du pouvoir armé; mais le pouvoir exécutif du directoire et le pouvoir législatif des conseils existaient encore. Dans la lutte qui devait infailliblement s'établir, il n'était pas sûr que la grande et, jusque-là, victorieuse force de la révolution ne l'emportât point. Sièyes et Roger-Ducos se rendirent du Luxembourg au camp législatif et militaire des Tuileries, et donnèrent leur démission. Barras, Moulins et Gohier, avertis de leur côté, mais un peu tard, de ce qui se passait, voulurent user de leur pouvoir, et s'assurer de leur garde; mais celle-ci, ayant reçu, par Bonaparte, communication du décret des anciens, refusa de leur obéir. Barras, découragé, envoya sa démission, et partit pour sa terre de Grosbois. Le directoire fut dissous de fait; et il y eut un antagoniste de moins dans la lutte. Les cinq-cents et Bonaparte restèrent seuls en présence.

Le décret du conseil des anciens et des proclamations de Bonaparte furent affichés sur les murs de Paris. On apercevait dans cette grande ville l'agitation qui accompagne les évènements extraordinaires. Les républicains éprouvaient, non sans raison, de sérieuses alarmes pour la liberté. Mais lorsqu'ils témoignaient des craintes sur les desseins de Bonaparte, dans lequel ils

voyaient *un César* ou *un Cromwell*, on leur répondait par ces paroles du général : *Mauvais rôles, rôles usés, indignes d'un homme de sens, quand ils ne le seraient pas d'un homme de bien. Ce serait une pensée sacrilége que celle d'attenter au gouvernement représentatif, dans le siècle des lumières et de la liberté. Il n'y aurait qu'un fou qui voulût de gaîté de cœur faire perdre la gageure de la république contre la royauté, après l'avoir soutenue avec quelque gloire et quelques périls.* Cependant l'importance qu'il s'accordait dans ses proclamations était de mauvais augure. Il reprochait également au directoire la situation de la France d'une manière tout-à-fait extraordinaire : « Qu'avez-vous fait, leur disait-il, de
« cette France, que je vous ai laissée si brillante?
« Je vous ai laissé la paix, j'ai retrouvé la guerre;
« je vous ai laissé des victoires, j'ai retrouvé des
« revers; je vous ai laissé les millions de l'Italie,
« et j'ai trouvé partout des lois spoliatrices et la
« misère. Qu'avez-vous fait de cent mille Français
« que je connaissais, tous mes compagnons de
« gloire? Ils sont morts.... Cet état de choses ne
« peut durer; avant trois ans, il nous mènerait
« au despotisme. » C'était la première fois, depuis dix années, qu'un homme rapportait tout à lui seul, qu'il demandait compte de la république comme de son propre bien. On est doulourou-

sement surpris en voyant un nouveau venu de la révolution s'introduire dans l'héritage, si laborieusement acquis, de tout un peuple.

Le 19 brumaire, les membres des conseils se rendirent à Saint-Cloud. Sièyes et Roger-Ducos accompagnèrent Bonaparte sur ce nouveau champ de bataille; ils s'étaient rendus à Saint-Cloud dans l'intention de s'opposer aux desseins des conjurés. Sièyes, qui entendait la tactique des révolutions, voulait, pour assurer les évènements, qu'on arrêtât provisoirement leurs chefs, et qu'on n'admît dans les conseils que la masse modérée; mais Bonaparte s'y était refusé. Il n'était pas homme de parti; et n'ayant agi et vaincu jusque-là qu'avec des régiments, il croyait entraîner des conseils législatifs, comme une armée, par un mot d'ordre. La galerie de Mars avait été préparée pour les anciens; l'orangerie, pour les cinq-cents. Une force armée considérable entourait le siége de la législature, comme la multitude, au 2 juin, entourait la convention. Les républicains, réunis en groupe dans les jardins, attendaient l'ouverture des séances; ils étaient agités d'une généreuse indignation contre la brutalité militaire dont ils étaient menacés; ils se communiquaient leurs projets de résistance. Le jeune général, suivi de quelques grenadiers, parcourait les cours et les appartements; et, se livrant prématurément à son caractère, il disait, comme le vingtième roi d'une dynastie: *Je ne veux plus de factions: il faut que cela finisse; je n'en veux plus absolument.* Vers deux heures après midi, les conseils se réunirent dans leurs salles respectives au bruit des instruments, qui exécutaient *la Marseillaise.*

Dès que la séance est ouverte, Émile Gaudin, l'un des conjurés, monte à la tribune des cinq-cents. Il propose de remercier le conseil des anciens des mesures qu'il a prises, et de le faire expliquer sur le moyen de sauver la république. Cette motion devient le signal du plus violent tumulte, de tous les coins de la salle s'élèvent des cris contre Gaudin. Les députés républicains assiégent la tribune et le bureau que présidait Lucien Bonaparte. Les conjurés Cabanis, Boulay (de la Meurthe), Chazal, Gaudin, Lucien, etc., pâlissent sur leurs bancs. Après une longue agitation au milieu de laquelle personne ne peut se faire entendre, le calme se rétablit un moment et Delbred propose de renouveler le serment à la constitution de l'an III. Aucune voix ne s'élevant contre cette motion qui devenait capitale dans une pareille conjoncture, le serment est prêté avec une unanimité et un accent d'enthousiasme qui compromettent la conjuration.

Bonaparte, instruit de ce qui se passait aux cinq-cents, et placé dans l'extrême péril d'une destitution et d'une défaite, se présente au conseil des anciens. Il était perdu si ce dernier, qui penchait pour la conjuration, était entraîné par l'élan du conseil des jeunes. « Représentants du
« peuple, leur dit-il, vous n'êtes point dans des
« circonstances ordinaires ; vous êtes sur un vol-
« can. Hier, j'étais tranquille, lorsque vous m'a-
« vez appelé pour me notifier le décret de trans-
« lation, et me charger de l'exécuter. Aussitôt j'ai
« rassemblé mes camarades ; nous avons volé à
« votre secours. Hé bien ! aujourd'hui on m'a-
« breuve de calomnies ! On parle de César, on
« parle de Cromwell, on parle de gouvernement
« militaire ! Si j'avais voulu opprimer la liberté
« de mon pays, je ne me serais point rendu aux
« ordres que vous m'avez donnés ; je n'aurais pas
« eu besoin de recevoir cette autorité de vos
« mains. Je vous le jure, représentants du peuple,
« la patrie n'a pas de plus zélé défenseur que
« moi ; mais c'est sur vous seuls que repose son
« salut. Il n'y a plus de gouvernement : quatre
« des directeurs ont donné leur démission, le
« cinquième (Barras) a été mis en surveillance
« pour sa sûreté ; le conseil des cinq-cents est
« divisé ; il ne reste que le conseil des anciens.
« Qu'il prenne des mesures ; qu'il parle, me

« voilà pour exécuter. Sauvons la liberté, sau-
« vons l'égalité ». Un membre républicain, Lin-
glet, se leva alors et lui dit : « Général, nous
« applaudissons à ce que vous dites : jurez donc
« avec nous obéissance à la constitution de l'an
« III, qui peut seule maintenir la république ».
C'en était fait de lui, si cette proposition eût
été accueillie comme aux cinq-cents. Elle surprit
le conseil, et Bonaparte fut un instant décon-
certé. Mais il reprit bientôt : « La constitution
« de l'an III, vous n'en avez plus. Vous l'avez
« violée au 18 fructidor; vous l'avez violée au 22
« floréal; vous l'avez violée au 30 prairial. La
« constitution ! elle est invoquée par toutes les
« factions, et elle a été violée par toutes; elle
« ne peut être pour nous un moyen de salut,
« parce qu'elle n'obtient plus le respect de per-
« sonne : la constitution violée, il faut un autre
« pacte, de nouvelles garanties ». Le conseil applaudit aux reproches que lui adressait Bonaparte, et il se leva en signe d'approbation.

Bonaparte, trompé par le succès facile de sa
démarche auprès des anciens, croit que sa présence seule appaisera le conseil orageux des
cinq-cents. Il s'y rend à la tête de quelques
grenadiers, qu'il laisse à la porte, mais dans
l'intérieur de la salle; et il s'avance seul, le
chapeau bas. A l'apparition des baïonnettes,

tout le conseil se lève d'un mouvement subit. Les législateurs, croyant que son entrée est le signal de la violence militaire, poussent en même temps le cri de : *Hors la loi ! à bas le dictateur!* Plusieurs membres s'élancent à sa rencontre ; et le républicain Bigonet, le saisissant par les bras, *Que faites-vous?* lui dit-il, *téméraire ! Retirez-vous; vous violez le sanctuaire des lois.* Bonaparte pâlit, se trouble, recule, et il est enlevé par les grenadiers qui lui avaient servi d'escorte.

Son éloignement ne fit point cesser la tumultueuse agitation du conseil. Tous les membres parlaient à la fois, tous proposaient des mesures de salut public et de défense. On accablait Lucien Bonaparte de reproches : celui-ci justifiait son frère, mais avec timidité. Il parvint, après de longs efforts, à monter à la tribune pour inviter le conseil à juger son frère avec moins de rigueur. Il assura qu'il n'avait aucun dessein contraire à la liberté, il rappela ses services. Mais aussitôt plusieurs voix s'élevèrent et dirent : — *Il vient d'en perdre tout le prix : à bas le dictateur! à bas les tyrans !* Le tumulte devint alors plus violent que jamais ; et l'on demanda *la mise hors la loi du général Bonaparte.* — *Quoi,* dit Lucien, *vous voulez que je prononce la mise hors la loi contre mon frère !* — *Oui, oui, le* hors la loi, *voilà pour les tyrans.* On proposa et on fit mettre aux voix, au milieu de la confusion, que le conseil fût en permanence, qu'il se rendît sur-le-champ dans son palais à Paris; que les troupes rassemblées à Saint-Cloud fissent partie de la garde du corps législatif, que le commandement en fût confié au général Bernadotte. Lucien, étourdi par toutes ces propositions et par la mise *hors la loi*, qu'il crut adoptée comme les autres, quitta le fauteuil, monta à la tribune, et dit, dans la plus grande agitation : « Puisque je n'ai « pu me faire entendre dans cette enceinte, je « dépose, avec un sentiment profond de dignité « outragée, les marques de la magistrature popu- « laire ». Il se dépouilla, en même temps, de sa toque, de son manteau et de son écharpe.

Cependant Bonaparte avait eu quelque peine, au sortir du conseil des cinq-cents, à se remettre de son trouble. Peu accoutumé aux scènes populaires, il était vivement ébranlé. Ses officiers l'entourèrent; et Sièyes, qui avait plus d'habitude révolutionnaire, conseilla de ne point perdre de temps et d'employer la force. Le général Lefebvre donna aussitôt l'ordre d'enlever Lucien du conseil. Un détachement entra dans la salle, se dirigea vers le fauteuil, qu'occupait de nouveau Lucien, le prit dans ses rangs, et retourna avec lui au milieu des troupes. Dès que Lucien fut sorti, il monta à cheval à côté de son frère, et, quoique dépouillé de son caractère légal, il harangua les troupes comme président. De concert avec Bonaparte, il inventa la fable, si répétée depuis, des poignards levés sur le général dans le conseil des cinq-cents, et il s'écria : « Citoyens « soldats, le président du conseil des cinq-cents « vous déclare que l'immense majorité de ce « conseil est dans ce moment sous la terreur de « quelques représentants à stylets qui assiègent la « tribune, présentent la mort à leurs collègues, « et enlèvent les délibérations les plus affreu- « ses !.... Général, et vous, soldats, et vous tous, « citoyens, vous ne reconnaîtrez pour législateurs « de la France, que ceux qui vont se rendre au- « près de moi ! Quant à ceux qui resteraient dans « l'orangerie, que la force les expulse. Ces bri- « gands ne sont plus représentants du peuple, « mais les représentants du poignard ». Après cette furieuse provocation adressée aux troupes, par un président conspirateur, qui, selon l'usage, calomniait ceux qu'il voulait proscrire, Bonaparte prit la parole : « Soldats, dit-il, je « vous ai menés à la victoire, puis-je compter « sur vous ? — Oui ! oui ! vive le général ! — Sol- « dats, on avait lieu de croire que le conseil des « cinq-cents sauverait la patrie ; il se livre, au « contraire, à des déchirements ; des agitateurs « cherchent à le soulever contre moi ! Soldats,

« puis-je compter sur vous? — Oui! oui! vive
« Bonaparte! — Eh bien! je vais les mettre à la
« raison ». Il donna aussitôt à quelques officiers
supérieurs qui l'entouraient l'ordre de faire évacuer la salle des cinq-cents.

Le conseil, depuis le départ de Lucien, était en proie à une anxiété extrême, et à la plus grande irrésolution. Quelques membres proposaient de sortir en masse et d'aller à Paris chercher abri au milieu du peuple. D'autres voulaient que la représentation nationale n'abandonnât point son poste, et qu'elle y bravât les outrages de la force. Sur ces entrefaites une troupe de grenadiers entre dans la salle, y pénètre lentement, et l'officier qui la commandait notifie au conseil l'ordre de se disperser. Le député Prudhon rappelle l'officier et ses soldats au respect des élus du peuple; le général Jourdan leur fait envisager aussi l'énormité d'un pareil attentat. Cette troupe reste un moment indécise, mais un renfort entre en colonne serrée. Le général Leclerc s'écrie : « Au nom du général Bonaparte,
« le corps législatif est dissous, que les bons ci-
« toyens se retirent. Grenadiers, en avant ». Dès cris d'indignation s'élèvent de tous les bancs de la salle, mais ils sont étouffés par le bruit des tambours. Les grenadiers s'avancent dans toute la largeur de l'orangerie, avec lenteur et en pré-

sentant la baïonnette. Ils chassent ainsi devant eux les législateurs, qui font entendre encore en sortant le cri de *vive la république !* A cinq heures et demie, le 19 brumaire an VIII (10 novembre 1799), il n'y eut plus de représentation.

Ainsi fut consommée cette dernière violation de la loi, ce dernier coup d'état contre la liberté. La force brutale commença sa domination. Le 18 brumaire fut le 31 mai de l'armée contre la représentation, si ce n'est qu'il ne fut pas dirigé contre un parti, mais contre la puissance populaire. Il devint le tombeau de la révolution; mais il est juste pourtant de distinguer le *dix-huit Brumaire* de ses suites. On pouvait croire alors que l'armée n'était qu'un auxiliaire de la révolution, comme au 13 vendémiaire, comme au 18 fructidor, et que ce changement indispensable ne tournerait pas au profit d'un homme, d'un homme seul, qui changerait bientôt la France en un régiment, et qui ne ferait entendre dans le monde, jusque-là agité par une si grande commotion morale, que les pas de son armée et le bruit de sa volonté.

CONSULAT.

CHAPITRE XIV.

Espérances des divers partis après le 18 brumaire.—Gouvernement provisoire. — Constitution de Sièyes; elle est dénaturée dans la constitution consulaire de l'an VIII. — Formation du gouvernement; desseins pacificateurs de Bonaparte. — Campagne d'Italie; victoire de Marengo.— Paix générale; sur le continent, par le traité de Lunéville; avec l'Angleterre, par le traité d'Amiens.—Fusion des partis; prospérité intérieure de la France. — Système ambitieux du premier consul; il constitue de nouveau le clergé dans l'état, par le concordat de 1802; il crée un ordre de chevalerie militaire, au moyen de la Légion-d'Honneur; il complète cet ordre de choses par le consulat à vie. — Reprise des hostilités avec l'Angleterre.— Conspiration de Georges et de Pichegru.—La guerre et les tentatives des royalistes servent de prétexte à l'érection de l'empire.—Napoléon Bonaparte, nommé empereur héréditaire, est sacré par le pape, le 2 décembre 1804, dans l'église de Notre-Dame.—Abandon successif de la révolution, et progrès du pouvoir absolu pendant les quatre années du consulat.

LE 18 brumaire eut une popularité immense. On ne vit point dans cet évènement la promotion d'un seul homme au-dessus des conseils du peuple; on n'y vit point le terme du grand mouvement du 14 juillet, qui avait commencé l'existence nationale. Le 18 brumaire ne se présenta que sous son aspect d'espérance et de restauration. Quoique la nation fût bien fatiguée, bien peu capable de défendre une souveraineté qui lui était à charge, et qui était même devenue l'objet de sa propre moquerie, depuis que le bas peuple l'avait exercée, cependant elle croyait si peu au despotisme, que personne ne lui paraissait en état de l'asservir. On éprouvait le besoin de se refaire sous une main habile, et Bonaparte convenait en sa qualité de grand homme et de général victorieux.

C'est pour cela, qu'à part les républicains directoriaux, tout le monde se déclara pour la dernière journée. La violation des lois et les coups d'état contre les assemblées avaient été si fréquents durant la révolution, qu'on avait pris l'habitude de ne plus les juger sur leur légitimité, mais d'après leurs suites. Depuis le parti de Sièyes jusqu'aux royalistes de 1788, chacun se félicita du 18 brumaire, et s'attribua les futurs profits politiques de ce changement. Les modérés constitutionnels croyaient que la liberté définitive serait établie; les royalistes se berçaient de l'espoir, en comparant mal à propos cette époque de notre révolution à l'époque de 1660 dans la révolution anglaise, que Bonaparte commençait le rôle de Monk et qu'il restaurerait bientôt la monarchie des Bourbons; la masse peu intelligente, et intéressée au repos, comptait sur le retour de l'ordre sous un protecteur puissant; les classes proscrites et les hommes ambitieux attendaient de lui leur amnistie ou leur élévation. Pendant les trois mois qui suivirent le 18 brumaire, l'approbation et l'attente furent générales. On avait nommé un gouvernement provisoire, composé de trois consuls, Bonaparte, Sièyes et Roger-Ducos; ainsi que deux commissions législatives chargées de préparer la constitution et un ordre de choses définitif.

Les consuls et les deux commissions furent installés le 21 brumaire. Ce gouvernement provisoire abolit la loi sur les ôtages et l'emprunt forcé; il permit le retour des prêtres, proscrits depuis le 18 fructidor; il renvoya hors des prisons et de la république les émigrés que le naufrage avait jetés sur les côtes de Calais, et qui, depuis quatre années, étaient captifs en France, et se trouvaient exposés à la dure peine de l'émigration armée. Toutes ces mesures furent très-favorablement accueillies. Mais l'opinion se révolta d'une proscription exercée contre les républicains extrêmes. Trente-sept d'entre eux furent condamnés à la déportation à la Guyane, et vingt-un à la mise en surveillance dans le département de la Charente-Inférieure, par un simple arrêté des consuls, sur le rapport du ministre de la police. On n'aimait pas les hommes que frappait le gouvernement; mais on se souleva contre un acte aussi arbitraire et aussi injuste. Aussi les consuls reculèrent devant leur propre ouvrage; ils changèrent d'abord la déportation en simple surveillance, et ils annulèrent bientôt la surveillance elle-même.

La rupture ne tarda pas d'éclater entre les auteurs du 18 brumaire, pendant la durée de leur autorité provisoire; elle fut peu bruyante, parce qu'elle eut lieu dans le sein des commissions législatives. La constitution nouvelle en fut la cause. Sièyes et Bonaparte ne pouvaient point s'entendre à cet égard; l'un voulait instituer, et l'autre gouverner la France.

Le projet de constitution de Sièyes, qui fut défiguré dans la constitution consulaire de l'an VIII, mérite d'être connu, ne fût-ce que comme curiosité législative (1). Sièyes distribuait la France en trois divisions politiques; la commune, la

---

(1) Cette constitution nous a été communiquée par un membre de la convention, à qui plusieurs entretiens avec Sièyes sur ce sujet ont permis de retracer exactement les

province ou département, et l'état. Chacune avait ses pouvoirs d'administration et de judicature, placés dans un ordre hiérarchique : la première, les municipalités et les tribunaux de paix et d'instance; la seconde, des préfectures populaires et les tribunaux d'appel; la troisième, le gouvernement central et la cour de cassation. Il y avait pour remplir les diverses fonctions de la commune, du département et de l'état, trois listes de *notabilité*, dont les membres n'étaient que de simples candidats présentés par le peuple.

Le pouvoir exécutif résidait dans le *proclamateur-électeur*, fonctionnaire supérieur, inamovible, irresponsable, chargé de représenter la nation au dehors, et de former le gouvernement; dans un conseil d'état délibérant et un ministère responsable. Le proclamateur-électeur choisissait dans les listes de candidature, des juges, depuis les tribunaux de paix jusqu'à la cour de cassation; des administrateurs, depuis les maires jusqu'aux ministres. Mais il était incapable de gouverner lui-même; le pouvoir était dirigé par le conseil-d'état, et exercé par le ministère.

---

ressorts de sa machine politique encore mal connue. On trouvera à la fin du volume un tableau qui les représente en détail, et d'une manière saillante.

La Législature s'éloignait de la forme établie jusque-là; elle cessait d'être une assemblée délibérante, pour devenir une cour judiciaire. C'était devant elle que le *conseil d'état*, au nom du gouvernement, et le *tribunat*, au nom du peuple, plaidaient leurs projets respectifs. Sa sentence était la loi. Sièyes, à ce qu'il semble, avait pour but d'arrêter les usurpations violentes des partis, et, tout en plaçant la souveraineté dans le peuple, de lui trouver des limites en elle-même : cette intention ressort du jeu compliqué de sa machine politique. Les assemblées primaires, composées du dixième de la population générale, nommaient la *liste communale de candidature*. Des colléges d'électeurs, également nommés par elles, choisissaient dans la *liste communale* la liste supérieure des candidats provinciaux, et dans la *liste provinciale* la liste des candidats nationaux. En tout ce qui concernait le gouvernement, il y avait un contrôle réciproque. Le proclamateur-électeur prenait ses fonctionnaires parmi les candidats présentés par le peuple; et le peuple pouvait destituer les fonctionnaires, en ne les maintenant pas sur les listes de candidature, qui étaient renouvelées, la première tous les deux ans, la seconde tous les cinq ans, la troisième tous les dix ans. Mais le proclamateur-électeur n'intervenait point dans la nomination des tribuns et des législateurs, dont les attributions étaient purement populaires.

Cependant, pour placer un contrepoids dans le sein de cette autorité même, Sièyes séparait l'initiative et la discussion de la loi, qui résidaient dans le tribunat, de son adoption qui appartenait à l'assemblée législative. Mais, outre ces prérogatives différentes, le corps législatif et le tribunat n'étaient point élus de la même manière. Le tribunat se composait de droit des cent premiers membres de la *liste nationale*, tandis que le corps législatif était directement choisi par les colléges électoraux. Les tribuns devant être plus actifs, plus bruyants, plus populaires, étaient nommés à vie, et par un procédé plein de lenteur, afin qu'ils n'arrivassent point dans un moment de passion, et, comme on l'avait vu jusque-là, dans la plupart des assemblées, avec des projets de renversement et de colère. Les mêmes dangers ne se trouvant point dans l'autre assemblée, qui n'avait que le jugement calme et désintéressé de la loi, son élection était immédiate et son autorité passagère.

Enfin il existait, comme complément de tous les autres pouvoirs, un corps conservateur, incapable d'ordonner, incapable d'agir, uniquement destiné à pourvoir à l'existence régulière de l'état. Ce corps était le *juri constitutionnaire* ou sénat conservateur; il devait être pour la loi politique ce que la cour de cassation était pour la loi civile. Le tribunat ou le conseil d'état se pourvoyaient devant lui, lorsque la sentence du corps législatif n'était pas conforme à la constitution. Il avait en outre la faculté d'appeler dans son sein un chef de gouvernement trop ambitieux ou un tribun trop populaire, par le *droit d'absorption*, et lorsqu'on était sénateur ou devenait inhabile à toute autre fonction. De cette manière, il veillait doublement au salut de la république, et en maintenant la loi fondamentale, et en protégeant la liberté contre l'ambition des hommes.

Quoi qu'on pense de cette constitution, qui paraît trop bien réglée pour être praticable, on ne saurait nier la prodigieuse force d'esprit et même les grandes connaissances pratiques qui l'ont dictée. Sièyes y tenait trop peu compte des passions des hommes; il en faisait des êtres trop raisonnables et des machines obéissantes. Il voulait, par des inventions habiles, éviter les abus des constitutions humaines et fermer toutes les portes à la mort, c'est-à-dire au despotisme, de quelque part qu'il vînt. Je crois peu à l'efficacité des constitutions; je ne crois, en pareil temps, qu'à la force des partis, à leur domination, et, de temps à autre, à leur accommodement. Mais je reconnais aussi que si une constitution convenait à une époque, c'était celle de Sièyes à la France de l'an VIII.

Après l'épreuve de dix années, qui n'avaient montré que des dominations exclusives; après le passage toujours violent des Constitutionnels de 1789 aux Girondins, des Girondins aux Montagnards, des Montagnards aux Réacteurs, des Réacteurs au directoire, du directoire aux conseils, des conseils à la force militaire, il ne pouvait plus y avoir de repos et de vie publique que là. On était fatigué des constitutions usées, et celle de Sièyes était neuve; on ne voulait plus d'hommes exclusifs, et elle interdisait, par l'élaboration des votes, l'arrivée subite ou des contre-révolutionnaires, comme au début du directoire, ou des démocrates ardents, comme à la fin de ce gouvernement. C'était une constitution de modérés propre à finir une révolution et à asseoir un peuple. Mais par cela seul, que c'était une constitution de modérés; par cela seul, que les partis n'avaient plus assez d'ardeur pour demander une loi de domination, il devait se trouver un homme plus fort que les partis abattus et que les modérés législateurs, qui refusât cette loi ou qui en abusât en l'acceptant. C'est ce qui arriva.

Bonaparte assistait aux délibérations du comité

constituant; il saisit avec son instinct du pouvoir tout ce qui dans les idées de Sièyes était capable de servir ses projets, et il fit rejeter le reste; Sièyes lui destinait les fonctions de grand électeur, avec six millions de revenus, une garde de trois mille hommes, le palais de Versailles pour habitation, et toute la représentation extérieure de la république. Mais le gouvernement réel devait résider dans deux consuls, l'un de la guerre, l'autre de la paix, auxquels Sièyes ne pensait pas en l'an III, mais qu'il adoptait en l'an VIII pour s'accommoder sans doute aux idées du temps. Cette magistrature insignifiante fut loin de convenir à Bonaparte. « Et comment avez-vous
« pu imaginer, dit-il, qu'un homme de quelque
« talent, et d'un peu d'honneur, voulût se rési-
« gner au rôle d'un cochon à l'engrais de quel-
« ques millions? » Dès ce moment il n'en fut plus question; Roger-Ducos, et la plupart des membres du comité, se déclarèrent pour Bonaparte; et Sièyes, qui abhorrait la discussion, ne sut ou ne voulut pas défendre ses idées. Il vit que les lois, les hommes, la France, étaient à la merci de celui qu'il avait contribué à élever.

Le 24 décembre 1799 (nivose an VIII) quarante-cinq jours après le 18 brumaire, fut publiée la constitution de l'an VIII; elle était composée des débris de celle de Sièyes, devenue une constitution de servitude. Le gouvernement fut mis dans les mains d'un premier consul, qui eut pour seconds deux consuls à voix consultative. Le sénat, primitivement choisi par les consuls, choisit lui-même dans la liste des candidats nationaux les membres du tribunat et du corps législatif. Le gouvernement eut seul l'initiative des lois. Ainsi plus de corps d'électeurs qui nomment les candidats des diverses listes, les tribuns et les législateurs ; plus de tribuns indépendants qui plaident de mouvement la cause du peuple devant l'assemblée législative; plus d'assemblée législative sortie immédiatement du sein de la nation, et n'étant comptable qu'à elle ; enfin plus de nation politique. Au lieu de tout cela, il existe un consul tout puissant, disposant des armées et du pouvoir, général et dictateur; un conseil d'état destiné à se mettre à l'avant-garde de l'usurpation; enfin un sénat de quatre-vingts membres dont l'unique fonction est d'annuler le peuple, de choisir des tribuns sans puissance et des législateurs muets. La vie passe de la nation au gouvernement. La constitution de Sièyes servit ainsi de prétexte à un mauvais ordre de choses. Il faut remarquer que jusqu'en l'an VIII toutes les constitutions avaient été originaires du contrat social, et que depuis elles furent toutes, jusqu'en 1814, originaires de la constitution de Sièyes.

Le nouveau gouvernement s'installa de suite. Bonaparte fut premier consul; et il s'adjoignit, pour second et pour troisième consul, Cambacérès, ancien membre de la Plaine de la convention, et Lebrun, ancien coopérateur du chancelier Maupeou; il compta, par leur moyen, agir sur les révolutionnaires et sur les royalistes modérés. C'est aussi dans ce but que l'ex-grand-seigneur Talleyrand et l'ex-montagnard Fouché furent placés aux ministères des relations extérieures et de la police. Sièyes répugnait beaucoup à se servir de Fouché. Mais Bonaparte le voulut. *Nous formons*, dit-il, *une nouvelle époque; il ne faut nous souvenir, dans le passé, que du bien, et oublier le mal.* Peu lui importait la bannière qu'on avait suivie jusque-là, pourvu qu'on se rangeât sous la sienne, et qu'on y appelât surtout d'anciens compagnons de royalisme ou de révolution.

Les deux consuls nouveaux et les consuls sortants nommèrent, sans attendre les listes d'éligibilité, soixante sénateurs; les sénateurs nommèrent cent tribuns et trois cents législateurs; et les auteurs du 18 brumaire se distribuèrent les fonctions de l'état, comme le butin de leur victoire. Cependant il est juste de dire que le parti modéré-libéral prévalut dans ce partage, et que, tant qu'il conserva de l'influence, Bonaparte gouverna d'une manière douce, avantageuse et républicaine. La constitution de l'an VIII, soumise à l'acceptation du peuple, fut approuvée par trois millions onze mille sept citoyens. Celle de 1793 avait obtenu un million huit cent un mille neuf cent dix-huit suffrages; et celle de l'an III, un million cinquante-sept mille trois cent quatre-vingt-dix. La loi nouvelle satisfaisait la masse modérée, qui tenait moins à ses garanties qu'à son repos, tandis que le code de 93 n'avait trouvé des partisans que dans la classe inférieure, et tandis que celui de l'an III avait été également repoussé par les démocrates et les royalistes. La constitution de 1791 avait seule obtenu une approbation générale, et, sans avoir été soumise à une acceptation individuelle, elle avait été jurée par la France entière.

Le premier consul, pour satisfaire au vœu de la république, fit à l'Angleterre des offres de paix, qu'elle refusa. Il désirait avec raison prendre les dehors de la modération et donner à son gouvernement, avant de traiter, le lustre de nouvelles victoires. La continuation de la guerre fut donc décidée; et les consuls firent une proclamation remarquable, en ce qu'ils s'adressèrent

à des sentiments nouveaux dans la nation. Jusque-là, on l'avait appelée aux armes pour la défense de la liberté; on commença à l'exciter alors au nom de l'honneur. « Français, vous
« désirez la paix. Votre gouvernement la désire
« avec plus d'ardeur encore: ses premiers vœux,
« ses démarches constantes, ont été pour elle.
« Le ministère anglais la repousse; le ministère
« anglais a trahi le secret de son horrible poli-
« tique. Déchirer la France, détruire sa marine
« et ses ports, l'effacer du tableau de l'Europe,
« ou l'abaisser au rang des puissances secondaires;
« tenir toutes les nations du continent divisées,
« pour s'emparer du commerce de toutes et s'en-
« richir de leurs dépouilles : c'est pour obtenir
« ces affreux succès que l'Angleterre répand l'or,
« prodigue les promesses, multiplie les intrigues.
« C'est à vous de commander la paix; pour la
« commander il faut de l'argent, du fer et des
« soldats ; que tous s'empressent de payer le
« tribut qu'ils doivent à la défense commune!
« que les jeunes citoyens se lèvent! ce n'est
« plus pour des factions; ce n'est plus pour le
« choix des tyrans qu'ils vont s'armer, c'est pour
« la garantie de ce qu'ils ont de plus cher; c'est
« pour l'honneur de la France, c'est pour les
« intérêts sacrés de l'humanité! »

La Hollande et la Suisse avaient été mises à

l'abri de l'invasion dans la campagne précédente. Le premier consul réunit toutes les forces de la république sur le Rhin et aux Alpes. Il donna le commandement de l'armée du Rhin à Moreau, et marcha lui-même en Italie. Il partit le 16 floréal an VIII (6 mai 1800) pour cette brillante campagne, qui ne dura que quarante jours. Il lui importait de ne pas rester long-temps éloigné de Paris au début de son pouvoir, et surtout de ne pas laisser la guerre indécise. Le feld-maréchal Mélas avait cent trente mille hommes sous les armes; il occupait l'Italie entière. L'armée républicaine qui lui était opposée, ne s'élevait pas à quarante mille hommes. Il laissa le feld-maréchal-lieutenant Ott avec trente mille hommes devant Gênes, et marcha contre le corps du général Suchet. Il entra dans Nice, se disposa à passer le Var et à pénétrer en Provence. Ce fut alors que Bonaparte franchit le grand Saint-Bernard, à la tête d'une armée de réserve de quarante mille hommes; descendit en Italie, sur les derrières de Mélas, entra dans Milan le 16 prairial (2 juin), et plaça les Autrichiens entre Suchet et lui. Mélas, dont la ligne d'opération se trouvait coupée, revint promptement sur Nice, et de là sur Turin; il établit son quartier général à Alexandrie et se décida à renouer ses communications par une bataille. Il y eut, le 9 juin, à Montébello, une victoire d'avant-garde glorieuse pour les républicains, et dont le général Lannes eut le principal honneur. Mais ce fut le 14 juin (25 prairial) que se décida le sort de l'Italie dans la plaine de Marengo : les Autrichiens furent écrasés. N'ayant pas pu forcer le passage de la Bormida par une victoire, ils se trouvèrent sans retraite entre l'armée de Suchet et celle du premier consul. Le 15, ils obtinrent de retourner derrière Mantoue, en remettant toutes les places du Piémont, de la Lombardie, des légations; et la victoire de Marengo valut ainsi la possession de l'Italie entière.

Dix-huit jours après, Bonaparte fut de retour à Paris. On le reçut avec tous les témoignages d'admiration qu'excitaient une si prodigieuse activité et des victoires si décisives. L'enthousiasme fut universel; il y eut une illumination spontanée, et la foule se porta aux Tuileries pour le voir. Ce qui redoubla la joie publique, ce fut l'espérance d'une prochaine pacification. Le premier consul assista, le 25 messidor, à la fête anniversaire du 14 juillet. Lorsque les officiers lui présentèrent les drapeaux enlevés à l'ennemi, il leur dit : « De retour dans les camps, « dites aux soldats que pour l'époque du 1er ven-« démiaire, où nous célébrerons l'anniversaire « de la république, le peuple français attend,

« ou la publication de la paix, ou, si l'ennemi y
« mettait des obstacles invincibles, de nouveaux
« drapeaux, fruit de nouvelles victoires. » Mais
la paix se fit attendre un peu plus de temps
encore.

Dans l'intervalle de la victoire de Marengo à
la pacification générale, le premier consul s'occupa surtout d'asseoir le peuple, et de diminuer
le nombre des mécontents, en faisant rentrer
dans l'état les factions déplacées. Il se montra
très-accommodant envers les partis qui renonçaient à leurs systèmes, et très prodigue de faveurs envers les chefs qui renonçaient à leurs
partis. Comme on se trouvait dans un temps
d'intérêts et de relâchement, il n'eut pas de
peine à réussir. Déjà les proscrits du 18 fructidor avaient été rappelés, à l'exception de quelques conspirateurs royalistes, comme Pichegru,
Willot, etc. Bonaparte employa même bientôt
ceux des bannis qui, tels que Portalis, Siméon,
Barbé-Marbois, s'étaient montrés plus anti-conventionnels que contre-révolutionnaires. Il avait
aussi gagné des opposants d'une autre espèce.
Les derniers chefs de la Vendée, le fameux
Bernier, curé de Saint-Lô, qui avait assisté à
toute l'insurrection, Châtillon, d'Autichamp et
Suzannet, avaient fait leur accommodement par
le traité de Montluçon (17 janvier 1800). Il

s'adressa également aux chefs des bandes bretonnes, Georges Cadoudal, Frotté, Laprévelaye et Bourmont. Les deux derniers consentirent seuls à se soumettre. Frotté fut surpris et fusillé; et Georges, battu à Grand-Champ par le général Brune, capitula. La guerre de l'ouest fut définitivement terminée.

Mais les chouans qui s'étaient réfugiés en Angleterre, et qui n'avaient plus d'espoir que dans la mort de celui en qui se concentrait la puissance de la révolution, projetèrent son assassinat. Quelques-uns d'entre eux débarquèrent sur les côtes de France, et se rendirent secrètement à Paris. Comme il n'était pas facile d'atteindre le premier consul, ils s'arrêtèrent à un complot vraiment horrible. Le 3 nivose, à huit heures du soir, Bonaparte devait se rendre à l'Opéra, par la rue Saint-Nicaise. Les conjurés placèrent un tonneau de poudre sur une petite charrette qui embarrassait le passage; et Saint-Régent, l'un d'entre eux, fut chargé d'y mettre le feu, lorsqu'il recevrait le signal de l'approche du premier consul. A l'heure indiquée, Bonaparte partit des Tuileries et traversa la rue Saint-Nicaise. Son cocher fut assez adroit pour passer entre la charrette et la muraille; mais le feu avait déjà été mis à la mèche, et, à peine la voiture était-elle au bout de la rue, que *la ma-*

chine infernale fit explosion, couvrit le quartier Saint-Nicaise de ruines, et ébranla la voiture, dont les glaces furent brisées.

La police, prise au dépourvu, quoique dirigée par Fouché, attribua cette conspiration aux démocrates, contre lesquels le premier consul avait une antipathie bien plus prononcée que contre les chouans. Plusieurs d'entre eux furent mis en prison, et cent trente furent déportés par un simple *sénatus-consulte* demandé et obtenu de nuit. On découvrit enfin les véritables auteurs du complot, dont quelques-uns furent condamnés à mort. Le consul fit créer, dans cette occasion, des tribunaux militaires spéciaux. Le parti constitutionnel se sépara davantage de lui, et commença son énergique, mais inutile opposition. Lanjuinais, Grégoire, qui avait courageusement résisté au parti extrême dans la convention, Garat, Lambrechts, Lenoir-Laroche, Cabanis, etc., combattirent, dans le sénat, la proscription illégale de cent trente démocrates : et les tribuns Isnard, Daunou, Chénier, Benjamin Constant, Bailleul, Chazal, etc., s'élevèrent contre les cours spéciales. Mais la paix vint faire oublier ces empiètements de pouvoir.

Les Autrichiens, vaincus à Marengo, et défaits en Allemagne par Moreau, se décidèrent à quitter les armes. Le 8 janvier 1801, la république, le cabinet de Vienne et l'empire, conclurent le traité de Lunéville. L'Autriche ratifia toutes les conditions du traité de Campo Formio, et céda de plus la Toscane à l'infant de Parme. L'empire reconnut l'indépendance des républiques batave, helvétique, ligurienne et cisalpine. La pacification devint bientôt générale, par le traité de Florence (18 février 1801) avec le roi de Naples, qui céda l'île d'Elbe et la principauté de Piombino ; par le traité de Madrid (29 septembre 1801) avec le Portugal ; par le traité de Paris (8 octobre 1801) avec l'empereur de Russie ; enfin, par les *préliminaires* (9 octobre 1801) avec la Porte ottomane. Le continent, en déposant les armes, força l'Angleterre à une paix momentanée. Pitt, Dundas et lord Grenville, qui avaient entretenu ces sanglantes divisions, sortirent du ministère au moment où leur système cessa de pouvoir être suivi. L'opposition anglaise les y remplaça ; et, le 25 mars 1802, le traité d'Amiens acheva la pacification du monde. L'Angleterre consentit à toutes les acquisitions continentales de la république française, reconnut l'existence des républiques secondaires, et restitua nos colonies.

Pendant la guerre maritime avec l'Angleterre, la marine française avait été presque entièrement ruinée. Trois cent quarante vaisseaux avaient été pris ou détruits, et la plupart des colonies étaient tombées entre les mains des Anglais. Celle de Saint-Domingue, la plus importante de toutes, après avoir secoué le joug des blancs, avait continué cette révolution américaine qui, commencée par les colonies d'Angleterre, devait finir par celles de l'Espagne, et rendre le nouveau monde indépendant de l'ancien. A cette époque, les noirs de Saint-Domingue voulurent maintenir, à l'égard de la métropole, leur affranchissement, qu'ils avaient conquis sur les colons, et su défendre contre les Anglais. Ils avaient à leur tête un des leurs, le fameux Toussaint-Louverture. La France devait consentir à cette révolution, déjà assez coûteuse à l'humanité. Le gouvernement métropolitain ne pouvait plus être rétabli à Saint-Domingue; et il fallait, en resserrant les liens commerciaux avec cette ancienne colonie, se donner les seuls avantages réels que l'Europe puisse retirer aujourd'hui de l'Amérique. Au lieu de cette politique prudente, Bonaparte tenta une expédition afin de soumettre l'île. Quarante mille hommes furent embarqués pour cette entreprise désastreuse. Il était impossible que les noirs résistassent d'abord à une pareille armée; mais, après les premières victoires, elle fut atteinte par le climat, et de nouvelles insurrections assurèrent l'indépendance de la colonie. La France essuya la double perte d'une armée, et de relations commerciales avantageuses.

Bonaparte, qui avait eu jusque là pour but principal la fusion des partis, tourna alors toute son attention vers la prospérité intérieure de la république et l'organisation du pouvoir. Les anciens privilégiés de la noblesse et du clergé étaient rentrés dans l'état, sans former des classes particulières. Les prêtres réfractaires, moyennant un serment d'obéissance, pouvaient exercer leur culte et touchaient leurs pensions du gouvernement. Un acte d'amnistie avait été porté en faveur des prévenus d'émigration : il ne restait plus qu'une liste de mille noms pour ceux qui demeuraient attachés à la famille et aux droits du prétendant. L'œuvre de la pacification était terminée. Bonaparte, sachant que le plus sûr moyen de commander à une nation est d'augmenter son bien-être, excita le développement de l'industrie, et favorisa le commerce extérieur si long-temps interrompu. Il joignait à ses motifs politiques, des vues plus élevées, et il attachait sa gloire à la prospérité de la France; il parcourut les départements, fit creuser des canaux et des ports, construire des ponts, réparer les routes, élever des monuments, multiplier les communications. Il tint surtout à se montrer le protecteur et le législateur des intérêts privés. Les codes *civil, pénal, de commerce*, qu'il fit entreprendre, soit à cette époque, soit un peu plus tard, complétèrent à cet égard l'œuvre de la révolution, et réglèrent l'existence intérieure de la nation, d'une manière à peu près conforme à son état réel. Malgré le despotisme politique, la France eut, pendant la domination de Bonaparte, une législation privée, supérieure à celle de toutes les sociétés européennes qui, avec le gouvernement absolu, conservaient l'état civil du moyen âge. La paix générale, la tolérance commune, le retour de l'ordre, et la création du système administratif, changèrent en peu de temps la face de la république. La civilisation se développa d'une manière extraordinaire; et le consulat fut, sous ce rapport, la période renforcée du directoire, depuis son début jusqu'au 18 fructidor.

C'est surtout après la paix d'Amiens que Bonaparte jeta les fondements de sa puissance future. Il dit lui-même dans les mémoires publiés en son nom: « Les idées de Napoléon étaient « fixées (1); mais il lui fallait pour les réaliser le

---

(1) *Mémoires pour servir à l'Histoire de France sous Napoléon*, écrits à Sainte-Hélène, tom. I, page 248.

« secours du temps et des événements. L'orga-
« nisation du consulat n'avait rien de contradic-
« toire avec elles; il accoutumait à l'unité, et
« c'était un premier pas. Ce pas fait, Napoléon
« demeurait assez indifférent aux formes et dé-
« nominations des divers corps constitués. Il était
« étranger à la révolution.... Sa sagesse était de
« marcher à la journée, sans s'écarter d'un point
« fixe, étoile polaire sur laquelle Napoléon va
« prendre sa direction pour conduire la révolu-
« tion au port où il veut la faire aborder. »

Il fit marcher de front, au commencement de 1802, trois grands projets qui tendaient au même but. Il voulut constituer le clergé, qui n'avait encore qu'une existence religieuse; créer, par la Légion d'Honneur, un ordre militaire permanent dans l'armée; et rendre son propre pouvoir d'abord viager, ensuite héréditaire. Bonaparte s'était installé aux Tuileries, où il reprenait peu à peu les usages et le cérémonial de la vieille monarchie. Il songeait déja à mettre des corps intermédiaires entre le peuple et lui. Depuis quelque temps, il était en négociation avec le pape Pie VII pour les affaires du culte. Le fameux concordat qui créait neuf archevêchés, quarante-un évêchés, avec érection de chapitres, qui établissait le clergé dans l'état et le remettait sous la monarchie extérieure du pape, fut signé à Paris, le 15 juillet 1801; ratifié à Rome, le 15 août 1801.

Bonaparte, qui avait détruit la liberté de la presse, créé des tribunaux exceptionnels, et qui s'éloignait de plus en plus des principes de la révolution, comprit qu'il fallait, avant d'aller plus loin, rompre tout-à-fait avec le parti libéral du 18 brumaire. En ventose an X (mars 1802), les tribuns les plus énergiques furent éliminés par une simple opération du sénat. Le tribunat fut réduit à quatre-vingts membres, et le corps législatif subit une épuration semblable. Environ un mois après, le 15 germinal (6 avril 1802), Bonaparte, ne redoutant plus d'opposition, soumit le concordat à l'acceptation de ces assemblées, dont il avait ainsi préparé l'obéissance. Elles l'adoptèrent à une très-forte majorité. Le dimanche et les quatre grandes fêtes religieuses furent rétablis, et dès ce moment le gouvernement cessa de suivre le système décadaire. Ce fut le premier abandon du calendrier républicain. Bonaparte espéra s'attacher le parti sacerdotal, plus disposé qu'aucun autre à l'obéissance passive; enlever ainsi le clergé à l'opposition royaliste, et le pape aux intérêts de la coalition.

Le concordat fut inauguré en grande pompe dans l'église de Notre-Dame. Le sénat, le corps législatif, le tribunat, et les principaux fonctionnaires, assistèrent à cette cérémonie nouvelle. Le premier consul s'y rendit dans les voitures de l'ancienne cour, avec l'entourage et l'étiquette de la vieille monarchie; des salves d'artillerie annoncèrent ce retour du privilége et cet essai de la royauté. Une messe pontificale fut célébrée par le cardinal-légat Caprara, et l'on fit entendre au peuple, dans une proclamation, un langage depuis long-temps inaccoutumé : « C'était « au souverain pontife, disait-on, que l'exemple « des siècles et la raison commandaient de re- « courir pour rapprocher les opinions et récon- « cilier les cœurs. Le chef de l'église a pesé dans « sa sagesse et dans l'intérêt de l'église les pro- « positions que l'intérêt de l'état avait dictées ». Il y eut le soir illumination et concert au jardin des Tuileries. Les militaires se rendirent à contre-cœur à la cérémonie de l'inauguration, et témoignèrent hautement leur désapprobation. De retour dans son palais, Bonaparte questionna à ce sujet le général Delmas. — *Comment*, lui dit-il, *avez-vous trouvé la cérémonie? — C'était une belle capucinade*, répondit Delmas; *il n'y manquait qu'un million d'hommes qui ont été tués pour détruire ce que vous rétablissez.*

Un mois après, le 25 floréal an X (15 mai 1802), il fit présenter un projet de loi relatif à *la création d'une Légion-d'Honneur.* Cette légion devait être composée de quinze cohortes de dignitaires à vie, disposés dans un ordre hiérarchique, ayant un centre, une organisation et des revenus. Le premier consul était le chef de la légion. Chaque cohorte était composée de sept grands officiers, vingt commandants, trente officiers, et trois cent cinquante légionnaires. Le but de Bonaparte fut de commencer une noblesse nouvelle. Il s'adressa au sentiment, mal éteint, de l'inégalité. En discutant ce projet de loi dans le conseil d'état, il ne craignit pas de faire connaître ses intentions aristocratiques. Le conseiller d'état Berlier ayant désapprouvé une institution aussi contraire à l'esprit de la république, dit : « que les distinctions étaient les « hochets de la monarchie. — Je défie, répondit « le premier consul (1), qu'on me montre une « république, ancienne, ou moderne, dans la- « quelle il n'y ait pas eu de distinctions. On ap- « pelle cela DES HOCHETS. Eh bien! c'est avec des

---

(1) Ce passage est extrait des mémoires inédits de M. Thibaudeau sur le consulat. Il y a dans ces mémoires, extrêmement curieux, des conversations politiques de Bonaparte, des détails sur son gouvernement intérieur, et sur les principales séances du conseil d'état, qui répandent beaucoup de jour sur cette époque, encore peu connue.

« HOCHETS que l'on mène les hommes. Je ne di-
« rais pas cela à une tribune; mais dans un con-
« seil de sages, et d'hommes d'état, on doit tout
« dire. Je ne crois pas que le peuple français
« aime LA LIBERTÉ ET L'ÉGALITÉ. Les Français ne
« sont point changés par dix ans de révolution;
« ils n'ont qu'un sentiment, L'HONNEUR. Il faut
« donc donner de l'aliment à ce sentiment-là; il
« leur faut des distinctions. Voyez comme le peu-
« ple se prosterne devant les CRACHATS des étran-
« gers; ils en ont été surpris; aussi ne manquent-
« ils pas de les porter.... On a tout détruit; il
« s'agit de recréer. Il y a un gouvernement, des
« pouvoirs; mais tout le reste de la nation, qu'est-
« ce? des grains de sable. Nous avons au milieu
« de nous les anciens priviléges, organisés de
« principes et d'intérêts, et qui savent bien ce
« qu'ils veulent. Je peux compter nos ennemis.
« Mais nous, nous sommes épars, sans système,
« sans réunion, sans contact. Tant que j'y serai,
« je réponds bien de la république; mais il faut
« prévoir l'avenir. Croyez-vous que la république
« soit définitivement assise? Vous vous trompe-
« riez fort. Nous sommes maîtres de le faire;
« mais nous ne l'avons pas et nous ne l'aurons
« pas, si nous ne jetons point sur le sol de la
« France quelques masses de granit ». Bonaparte
annonçait par là tout un système de gouverne-

ment opposé à celui que la révolution se proposait d'établir, et que réclamait la société nouvelle.

Cependant, malgré la docilité du conseil d'état, malgré l'épuration subie par le tribunat et le corps législatif, ces trois corps combattirent vivement une loi qui recommençait l'inégalité. La Légion d'Honneur n'obtint dans le conseil d'état que quatorze voix contre dix, dans le tribunat que trente-huit contre cinquante-six, et dans le corps législatif que cent soixante-six contre cent dix. L'opinion montra pour ce nouvel ordre de chevalerie, une répugnance encore plus marquée : ceux qu'on en investit d'abord en furent presque honteux, et le reçurent avec une sorte de dérision. Mais Bonaparte suivit sa marche contre-révolutionnaire, sans s'inquiéter de mécontentements qui ne pouvaient plus enfanter de résistance.

Il voulut assurer son pouvoir par l'établissement du privilége, et affermir le privilége par la durée de son pouvoir. Sur la proposition de Chabot (de l'Allier) le tribunat émit le vœu : — *Qu'il fût donné au général Bonaparte, premier consul*, UN GAGE ÉCLATANT *de la reconnaissance nationale*. Conformément à ce vœu, le 6 mai 1802, un sénatus-consulte organique nomma Bonaparte consul pour dix ans de plus.

Mais la prolongation du consulat ne parut point suffisante à Bonaparte; et deux mois après, le 2 août 1802, le sénat, sur la décision du tribunat et du corps législatif, et avec l'assentiment du peuple consulté par des registres publics, porta le décret suivant:

1. Le peuple français nomme, et le sénat proclame, Napoléon Bonaparte premier consul à vie;

2. Une statue de la paix, tenant d'une main le laurier de la victoire et de l'autre le décret du sénat, attestera à la postérité la reconnaissance de la nation;

3. Le sénat portera au premier consul l'expression de la confiance, de l'amour et de l'admiration du peuple français.

On compléta cette révolution, en accommodant au consulat à vie, et par un simple sénatus-consulte organique, la constitution déjà assez despotique du consulat temporaire. « Sénateurs, « dit Cornudet en leur présentant la nouvelle « loi, il faut fermer sans retour la place publi- « que aux Gracques. Le vœu des citoyens sur « les lois politiques auxquelles ils obéissent s'ex- « prime par la prospérité générale; la garantie « des droits de la société place absolument le « dogme de la pratique de la souveraineté du « peuple dans le sénat, qui est le lien de la na-

« tion. Voilà la seule doctrine sociale. » Le sénat admit cette nouvelle doctrine sociale; il s'empara de la souveraineté, et la garda en dépôt jusqu'au moment convenable, pour la passer à Bonaparte.

La constitution du 16 thermidor an X (4 août 1802), éconduisit le peuple de l'état. Les fonctions publiques et administratives s'immobilisèrent comme celles du gouvernement. Les électeurs furent à vie; le premier consul put augmenter leur nombre; le sénat eut le droit de changer les institutions, de suspendre les fonctions du jury, de mettre les départements hors de la constitution, d'annuler les jugements des tribunaux, de dissoudre le corps législatif et le tribunat; le conseil d'état fut renforcé; le tribunat, déjà décimé par des éliminations, parut encore assez redoutable pour être réduit à cinquante membres. Tels furent en deux années les effrayants progrès du privilége et du pouvoir absolu. Tout, vers la fin de 1802, se trouva entre les mains du consul à vie, qui eut une classe dévouée, dans le clergé; un ordre militaire, dans la Légion-d'Honneur; un corps d'administration, dans le conseil d'état; une machine à décrets, dans l'assemblée législative; une machine à constitutions, dans le sénat. N'osant pas détruire encore le tribunat, d'où s'élevaient de temps à autre quelques paroles de liberté et de contradiction, il le priva de ses membres les plus courageux et les plus éloquents, afin d'entendre sa volonté docilement répétée par tous les corps de la nation.

Cette politique intérieure d'usurpation fut étendue au dehors. Bonaparte réunit, le 26 août, l'île d'Elbe, et, le 11 septembre 1802, le Piémont, au territoire français. Le 9 octobre, il occupa les états de Parme, laissés vacants par la mort du duc ; enfin, le 21 octobre, il fit entrer en Suisse une armée de trente mille hommes, pour appuyer un acte fédératif, qui réglait la constitution de chaque canton, et qui avait excité des troubles. Il fournit par là des prétextes de rupture à l'Angleterre, qui n'avait pas sincèrement souscrit à la paix. Le cabinet britannique n'avait éprouvé que le besoin d'une suspension d'armes ; et il prépara, peu après le traité d'Amiens, une troisième coalition, ainsi qu'il l'avait fait après le traité de Campo-Formio et au moment du congrès de Rastadt. L'intérêt et la situation de l'Angleterre devaient seuls amener une rupture, que précipitèrent les réunions d'état opérées par Bonaparte, et l'influence qu'il conservait sur les républiques voisines, appelées à une indépendance complète d'après les derniers traités. Bonaparte, à son tour, ne respirant que la gloire des champs de bataille, voulant agrandir la France par des conquêtes, et achever sa propre élévation par des victoires, ne pouvait pas se condamner au repos : il lui fallait la guerre, puisqu'il n'avait pas voulu la liberté.

Les deux cabinets échangèrent quelque temps des notes diplomatiques fort aigres. Le lord Witworth, ambassadeur d'Angleterre, finit par quitter Paris le 25 floréal an XI (13 mai 1803). La paix fut définitivement rompue en prairial (juin) : de part et d'autre on se prépara à la guerre. Le parti des chouans émigrés, qui n'avait rien entrepris depuis la machine infernale et la paix continentale, fut encouragé par cette reprise d'hostilités. L'occasion lui parut favorable; et il ourdit à Londres, du consentement du cabinet britannique, une conspiration, à la tête de laquelle furent Pichegru et Georges Cadoudal. Les conjurés débarquèrent secrètement sur les côtes de France, et se rendirent tout aussi secrètement à Paris. Ils s'abouchèrent avec le général Moreau que sa femme avait entraîné dans le parti royaliste. Mais au moment où ils s'apprêtaient à exécuter leur coup de main, ils furent la plupart arrêtés par la police, qui avait découvert le complot et suivi leurs traces. Georges fut puni de mort, on trouva Pichegru étranglé dans sa prison; et Moreau fut condamné à deux ans de détention, qui se changèrent en bannissement.

Cette conspiration, découverte au milieu de février 1804, rendit encore plus chère à la masse du peuple, la personne menacée du premier consul; il reçut des adresses de tous les corps de l'état et de tous les départements de la république. Vers ce même temps il frappa une illustre victime. Le 15 mars, le duc d'Enghien fut enlevé par un escadron de cavalerie, au château d'Etteinheim, dans le grand duché de Bade, à quelques lieues du Rhin. Le premier consul crut, d'après des indices de police, que ce prince avait dirigé le dernier complot. Le duc d'Enghien fut conduit précipitamment à Vincennes, jugé en quelques heures par une commission militaire, et fusillé dans les fossés du château. Cet attentat ne fut point un acte de politique, d'usurpation, mais bien de violence et de colère. Les royalistes avaient pu croire, au 18 brumaire, que le premier consul étudiait le rôle de Monk; mais, depuis quatre années, il les avait guéris de cette espérance. Il n'avait plus besoin de rompre avec eux d'une manière aussi sanglante, ni de rassurer, comme on l'a dit, les Jacobins, qui n'existaient plus. Les hommes qui restaient attachés à la république, craignaient alors beaucoup plus le despotisme que la contre-révolution. Tout porte à croire que Bonaparte, qui comptait peu avec la vie des hommes, peu avec le droit des gens, qui avait déja pris l'habitude d'une politique emportée et expéditive, crut le prince un des conjurés, et voulut en finir, par un terrible exemple, avec les conspirations, le seul danger pour son pouvoir à cette époque.

La guerre avec la Grande-Bretagne, et la conspiration de Georges et de Pichegru, servirent d'échelon à Bonaparte pour monter du consulat à l'empire. Le 6 germinal an XII (27 mars 1804), le sénat, en recevant communication du complot, envoya une députation au premier consul. Le président François de Neuchâteau s'exprima en ces termes : « Citoyen premier consul, vous
« fondez une ère nouvelle, mais vous devez l'é-
« terniser : l'éclat n'est rien sans la durée. Nous
« ne saurions douter que cette grande idée ne
« vous ait occupé, car votre génie créateur em-
« brasse tout, et n'oublie rien. Mais ne différez
« point; vous êtes pressé par le temps, par les
« évènements, par les conspirateurs, par les am-
« bitieux; vous l'êtes, dans un autre sens, par
« une inquiétude qui agite les Français. Vous
« pouvez enchaîner le temps, maîtriser les évè-
« nements, désarmer les ambitieux, tranquilliser
« la France entière, en lui donnant des institu-

« tions qui cimentent votre édifice, et qui pro-
« longent pour les enfants ce que vous fîtes pour
« les pères. Citoyen premier consul, soyez bien
« assuré que le sénat vous parle ici au nom de
« tous les citoyens. »

Bonaparte répondit de Saint-Cloud, le 5 floréal an XII (25 avril 1804), au sénat : « Votre
« adresse n'a pas cessé d'êt présente à ma pen-
« sée; elle a été l'objet de mes méditations les
« plus constantes. Vous avez jugé l'hérédité de la
« suprême magistrature nécessaire pour mettre le
« peuple à l'abri des complots de nos ennemis
« et des agitations qui naîtraient d'ambitions ri-
« vales. Plusieurs de nos institutions vous ont en
« même temps paru devoir être perfectionnées
« pour assurer sans retour le triomphe de l'éga-
« lité et de la liberté publique, et offrir à la na-
« tion et au gouvernement la double garantie
« dont ils ont besoin. A mesure que j'ai arrêté
« mon attention sur ces grands objets, j'ai senti
« de plus en plus que, dans une circonstance
« aussi nouvelle qu'importante, les conseils de
« votre sagesse et de votre expérience m'étaient
« nécessaires pour fixer toutes mes idées. Je vous
« invite donc à me faire connaître votre pensée
« tout entière. » Le sénat répliqua à son tour,
le 14 floréal (3 mai) : « Le sénat pense qu'il est
« du plus grand intérêt du peuple français de

« confier le gouvernement de la république à
« *Napoléon Bonaparte*, empereur héréditaire. »
C'est par cette scène arrangée qu'on préluda à
l'établissement de l'empire.

Le tribun Curée engagea la discussion, dans
le tribunat, par une motion d'ordre; il fit valoir
les mêmes motifs que ceux des sénateurs. Sa
motion fut accueillie avec empressement. Carnot
seul eut le courage de combattre l'empire : « Je
« suis loin, dit-il, de vouloir atténuer les louan-
« ges données au premier consul; mais, quelques
« services qu'un citoyen ait pu rendre à sa patrie,
« il est des bornes que l'honneur, autant que la
« raison, imposent à la reconnaissance nationale.
« Si ce citoyen a restauré la liberté publique,
« s'il a opéré le salut de son pays, sera-ce une
« récompense à lui offrir que le sacrifice de cette
« même liberté, et ne serait-ce pas anéantir son
« propre ouvrage que de faire de son pays son
« patrimoine particulier? Du moment qu'il fut
« proposé au peuple français de voter sur la
« question du consulat à vie, chacun put aisé-
« ment juger qu'il existait une arrière-pensée :
« on vit se succéder une foule d'institutions évi-
« demment monarchiques. Aujourd'hui se dé-
« couvre enfin, d'une manière positive, le terme
« de tant de mesures préliminaires : nous sommes
« appelés à nous prononcer sur la proposition

« formelle de rétablir le système monarchique,
« et de conférer la dignité impériale et hérédi-
« taire au premier consul.

« La liberté fut-elle donc montrée à l'homme,
« pour qu'il ne pût jamais en jouir! Non, je ne
« puis consentir à regarder ce bien, si univer-
« sellement préféré à tous les autres, sans lequel
« tous les autres ne sont rien, comme une simple
« illusion! mon cœur me dit que la liberté est
« possible, que le régime en est facile et plus
« stable qu'aucun gouvernement arbitraire. J'ai
« voté dans le temps contre le consulat à vie, je
« vote de même contre le rétablissement de la
« monarchie, comme je pense que ma qualité
« de tribun m'oblige à le faire. »

Mais il fut le seul à penser ainsi; et ses collègues s'élevèrent à l'envi et avec étonnement contre l'opinion de ce seul homme, resté libre. Il faut voir, dans les discours de cette époque, le prodigieux changement qui s'était opéré dans les idées et dans le langage. La révolution avait rétrogradé jusqu'aux limites de l'ancien régime : il y avait la même exaltation et le même fanatisme, mais c'était une exaltation de flatterie et un fanatisme de servitude. Les Français se jetaient dans l'empire, comme ils s'étaient jetés dans la révolution. Ils avaient tout rapporté à l'affranchissement des peuples, au siècle de la raison; ils ne parlèrent plus que de la grandeur d'un homme et du siècle de Bonaparte; et ils combattirent bientôt pour faire des rois, comme naguère pour créer des républiques.

Le tribunat, le corps législatif, et le sénat, votèrent à l'envi l'empire, qui fut proclamé à Saint-Cloud, le 2 floréal an XII (18 mai 1804). Le même jour, un sénatus-consulte modifia la constitution, qui fut appropriée au nouvel ordre de choses. Il fallut son attirail à cet empire: on lui donna des princes français, de grands dignitaires, des maréchaux, des chambellans, et des pages. Toute publicité fut détruite. La liberté de la presse avait été déjà soumise à une commission de censure; il ne restait qu'une tribune, elle fut abolie. Les séances du tribunat furent partielles et secrètes, comme celles du conseil d'état; et, à dater de ce jour, pendant dix années, la France fut gouvernée à huis-clos. Joseph et Louis Bonaparte furent reconnus princes français. Berthier, Murat, Moncey, Jourdan, Masséna, Augereau, Bernadote, Soult, Brune, Lannes, Mortier, Ney, Davoust, Bessières, Kellermann, Lefebvre, Pérignon, Serrurier, furent nommés maréchaux d'empire. Les départements firent des adresses, et le clergé compara Napoléon à un nouveau Moïse, à un nouveau Mathatias, à un nouveau Cyrus, etc. Il vit dans son élévation *le doigt de Dieu*, et il dit : *Que la soummission lui était due, comme dominant sur tous; à ses ministres, comme envoyés par lui; parce que tel était l'ordre de la Providence.* Le pape, Pie VII, vint à Paris pour consacrer la nouvelle dynastie. Le couronnement eut lieu, le dimanche 2 décembre, daus l'église de Notre-Dame.

Cette solennité fut préparée long-temps d'avance, et l'on en régla tout le cérémonial d'après les anciens usages. L'empereur se rendit à l'église métropolitaine, escorté par sa garde, avec l'impératrice Joséphine, dans une voiture surmontée d'une couronne, et traînée par huit chevaux blancs. Le pape, les cardinaux, les archevêques, les évêques et tous les grands corps de l'état, l'attendaient dans la cathédrale, qui avait été magnifiquement ornée pour cette cérémonie extraordinaire. Il fut harangué à la porte; et il monta ensuite, revêtu du manteau impérial, la couronne sur la tête et le sceptre à la main, sur un trône élevé au fond de l'église.

Le grand aumônier, un cardinal et un évêque vinrent le prendre et le conduisirent au pied de l'autel pour y être sacré. Le pape lui fit une triple onction sur la tête et sur les deux mains, et il prononça l'oraison suivante : « Dieu tout-« puissant, qui avez établi Hazaël pour gouver-« ner la Syrie, et Jéhu roi d'Israël, en leur ma-

« nifestant vos volontés par l'organe du prophète
« Élie ; qui avez également répandu l'onction
« sainte des rois sur la tête de Saül et de David
« par le ministère du prophète Samuel, répan-
« dez par mes mains les trésors de vos graces et
« de vos bénédictions sur votre serviteur Napo-
« léon, que, malgré notre indignité personnelle,
« nous consacrons aujourd'hui empereur en votre
« nom. »

Le pape le ramena solennellement à son trône, et, après qu'il eut prêté sur l'évangile le serment prescrit par la nouvelle constitution, le chef des hérauts d'armes cria d'une voix forte : *Le très-glorieux et très-auguste empereur des Français est couronné et intrônisé! vive l'empereur!* L'église retentit aussitôt du même cri, il y eut une salve d'artillerie, et le pape entonna le *Te Deum*. Pendant plusieurs jours les fêtes se multiplièrent : mais ces fêtes commandées, ces fêtes du pouvoir absolu, ne respiraient point cette joie vive, franche, populaire, unanime, de la première fédération du 14 juillet; et quelque affaissée que fût la nation, elle ne salua point le début du despotisme comme elle avait salué celui de la liberté!

Le consulat fut la dernière période de l'existence de la république. La révolution commença à se faire homme. Pendant la première époque du gouvernement consulaire, Bonaparte s'attacha les classes proscrites en les rappelant; il trouva un peuple encore agité de toutes les passions, qu'il ramena au calme par le travail, au bien-être par le rétablissement de l'ordre; enfin, il força l'Europe, une troisième fois vaincue, à reconnaître son élévation. Jusqu'au traité d'Amiens, il rappela dans la république la victoire, la concorde, le bien-être, sans sacrifier la liberté. Il pouvait alors, s'il l'avait voulu, se faire le représentant de ce grand siècle, qui réclamait la consécration d'une égalité bien entendue, d'une liberté sage, d'une civilisation plus développée, ce noble système de la dignité humaine. La nation était entre les mains du grand homme, ou du despote; il dépendait de lui de la conserver affranchie, ou de l'asservir. Il aima mieux l'accomplissement de ses projets égoïstes, et il se préféra tout seul à l'humanité entière. Élevé sous la tente, venu tard dans la révolution, il ne comprit que son côté matériel et intéressé; il ne crut ni aux besoins moraux qui l'avaient fait naître, ni aux croyances qui l'avaient agitée, et qui tôt ou tard devaient revenir et le perdre. Il vit un soulèvement qui prenait fin, un peuple fatigué qui était à sa merci, et une couronne à terre qu'il pouvait prendre.

EMPIRE.

CHAPITRE XV.

Caractère de l'empire. — Changement des républiques créées par le directoire, en royaumes. — Troisième coalition; prise de Vienne; victoire d'Austerlitz; paix de Presbourg; érection des deux royaumes de Bavière et de Wurtemberg contre l'Autriche. — Confédération du Rhin. — Joseph Napoléon est nommé roi de Naples; Louis Napoléon, roi de Hollande. — Quatrième coalition; bataille d'Iéna; prise de Berlin; victoires d'Eylau et de Friedland; paix de Tilsitt; la monarchie prussienne est réduite de moitié; les deux royaumes de Saxe et de Westphalie sont institués contre elle. — Celui de Westphalie est donné à Jérôme Napoléon. — Le *grand empire* s'élève avec ses royaumes secondaires, sa confédération du Rhin, sa médiation suisse, ses grands fiefs; il est modelé sur celui de Charlemagne. — Blocus continental; Napoléon emploie la cessation du commerce pour réduire l'Angleterre, comme il a employé les armes pour soumettre le continent. — Invasion du Portugal et de l'Espagne; Joseph Napoléon est nommé roi d'Espagne; Murat le remplace sur le trône de Naples. — Nouvel ordre d'évènements: insurrection nationale de la Péninsule; lutte religieuse du pape; opposition commerciale de la Hollande. — Cinquième coalition. — Victoire de Wagram; paix de Vienne;

mariage de Napoléon avec l'archiduchesse Marie-Louise. — Le premier essai de résistance échoue; le pape est détrôné, la Hollande réunie à l'empire, et la guerre d'Espagne poursuivie avec vigueur. — La Russie renonce au système continental; campagne de 1812; prise de Moscow; désastreuse retraite. — Réaction contre la puissance de Napoléon; campagne de 1813; défection générale. — Coalition de toute l'Europe; fatigue de la France; merveilleuse campagne de 1814. — Les confédérés à Paris; abdication de Fontainebleau; caractère de Napoléon; son rôle dans la révolution française. — Conclusion.

Depuis l'établissement de l'empire, le pouvoir devint plus arbitraire, et la société se reforma d'une manière aristocratique. Le grand mouvement de recomposition, qui avait commencé au 9 thermidor, allait toujours en croissant. La convention avait licencié les classes; le directoire, battu les partis; le consulat, gagné les hommes; l'empire les corrompit par des distinctions et des priviléges. Cette seconde période fut l'opposé de la première. Sous l'une, on vit le gouvernement des comités exercé par des hommes éligibles tous les trois mois, sans gardes, sans honoraires, sans représentation, vivant de quelques francs par jour, travaillant dix-huit heures sur de simples tables de noyer; sous l'autre, le gouvernement de l'empire avec tout son attirail d'administration, ses chambellans, ses gentilshommes, sa garde prétorienne, son hérédité, son immense liste civile, et sa bruyante ostentation. Il n'exista plus alors de l'activité nationale que le travail et la guerre. Tous les intérêts matériels, toutes les passions ambitieuses, s'arrangèrent hiérarchiquement sous un seul chef, qui, après avoir sacrifié la liberté par l'établissement du pouvoir absolu, détruisit l'égalité par la noblesse.

Le directoire avait érigé tous les états environnants en républiques; Napoléon voulut les constituer sur le modèle de l'empire. Il commença par l'Italie. La *consulte d'état* de la république cisalpine décida qu'on rétablirait la monarchie héréditaire en faveur de Napoléon. Son vice-président, M. Melzy, vint à Paris lui transmettre cette décision. Le 26 ventose an XIII (17 mars 1805), il fut reçu aux Tuileries en audience solennelle. Napoléon était sur son trône, environné de sa cour et de tout l'éclat du pouvoir souverain, dont il aimait la représentation. M. Melzy lui offrit la couronne au nom de ses concitoyens : « Sire, lui dit-il en finissant, daignez combler « le vœu de l'assemblée que j'ai l'honneur de pré- « sider. Interprète de tous les sentiments qui « animent tous les cœurs italiens, elle vous en « apporte l'hommage le plus sincère. Elle leur

« apprendra avec joie qu'en l'acceptant, vous
« avez redoublé la force des liens qui vous atta-
« chent à la conservation, à la défense, à la pro-
« spérité de la nation italienne. Oui, sire, vous
« voulûtes que la république italienne existât,
« et elle a existé. Veuillez que la monarchie ita-
« lienne soit heureuse, et elle le sera.

L'empereur alla prendre possession de ce royaume ; et, le 26 mai 1805, il reçut, à Milan, la couronne de fer des Lombards. Il nomma pour vice-roi d'Italie son fils adoptif, le prince Eugène de Beauharnais; et il se rendit à Gênes, qui renonça également à sa souveraineté. Le 4 juin 1805, son territoire fut réuni à l'empire, et forma les trois départements de Gênes, de Montenotte, et des Apennins. La petite république de Lucques se trouva comprise dans cette révolution monarchique. Sur la demande de son gonfalonnier, elle fut donnée en apanage au prince et à la princesse de Piombino, l'une des sœurs de Napoléon. Celui-ci, après cette tournée royale, repassa les Alpes, et revint dans la capitale de son empire ; il partit bientôt pour le camp de Boulogne, où se préparait une expédition maritime contre l'Angleterre.

Ce projet de descente, que le directoire avait eu après la paix de Campo-Formio, et le premier consul après la paix de Lunéville, avait été repris avec beaucoup d'ardeur depuis la nouvelle rupture. Au commencement de 1805, une flottille de deux mille petits bâtiments, servis par seize mille marins, portant une armée de cent soixante mille hommes, neuf mille chevaux, une nombreuse artillerie, était rassemblée dans les ports de Boulogne, d'Étaples, Wimereux, Ambleteuse et Calais. L'empereur hâtait par sa présence le dénouement de cette expédition maritime, lorsqu'il apprit que toutes les forces de la monarchie autrichienne s'étaient ébranlées. Quatre-vingt-dix mille hommes, sous l'archiduc Ferdinand et le général Mach, avaient passé l'Inn, envahi Munich et chassé l'électeur de Bavière, allié de la France ; trente mille, sous l'archiduc Jean, occupaient le Tyrol; et l'archiduc Charles, avec cent mille hommes, s'avançait sur l'Adige. Deux armées russes se disposaient à joindre les Autrichiens. L'Angleterre avait organisé cette troisième coalition. L'établissement du royaume d'Italie, la réunion de Gênes et du Piémont à la France, l'influence ouverte de l'empereur sur la Hollande et la Suisse, soulevaient de nouveau l'Europe, qui redoutait aujourd'hui l'ambition de Napoléon, comme elle avait craint, dans les premiers temps, les principes de la révolution. Le traité d'alliance entre le ministère britannique et le cabinet russe avait été signé le 11 avril

1805, et l'Autriche y avait accédé le 9 août.

Napoléon quitta Boulogne, retourna à Paris en toute hâte, se rendit au sénat le 23 septembre, obtint une levée de quatre-vingt mille hommes, et partit, le lendemain, pour commencer la campagne. Il passa le Rhin le 1er octobre, et entra en Bavière, le 6, avec une armée de cent soixante mille hommes. Masséna arrêta le prince Charles en Italie, et l'empereur fit la guerre d'Allemagne au pas de course. En quelques jours il passa le Danube, entra dans Munich, remporta la victoire de Vertingen, et força, à Ulm, le général Mach à mettre bas les armes. Cette capitulation désorganisa l'armée autrichienne. Napoléon poursuivit le cours de ses victoires, occupa Vienne le 13 novembre, et marcha en Moravie, à la rencontre des Russes auxquels s'étaient ralliés les débris des troupes battues.

Le 2 décembre 1805, anniversaire du couronnement, les deux armées en vinrent aux mains, dans la plaine d'Austerlitz. Les ennemis avaient quatre-vingt-quinze mille hommes sous les drapeaux; les Français, quatre-vingt mille. De part et d'autre, l'artillerie était formidable. La bataille commença au soleil. Ces masses énormes s'ébranlèrent; l'infanterie russe ne tint point contre l'impétuosité de nos troupes et les manœuvres de leur général. La gauche de l'ennemi fut coupée

la première; la garde impériale russe donna, pour rétablir la communication, et fut entièrement écrasée. Le centre essuya le même sort, et à une heure après midi la victoire la plus décisive avait complété cette merveilleuse campagne. Le lendemain, l'empereur félicita l'armée par une proclamation, sur le champ de bataille même : « Sol-
« dats, leur dit-il, je suis content de vous; vous
« avez décoré vos aigles d'une immortelle gloire !
« Une armée de cent mille hommes, commandée
« par les empereurs de Russie et d'Autriche, a
« été en moins de quatre jours ou coupée, ou
« dispersée; ce qui a échappé à votre fer s'est
« noyé dans les lacs. Quarante drapeaux, les
« étendards de la garde impériale de Russie, cent
« vingt pièces de canon, vingt généraux, plus
« de trente mille prisonniers, sont le résultat de
« cette journée à jamais célèbre. Cette infanterie
« tant vantée, et en nombre supérieur, n'a pu
« résister à votre choc ; et désormais vous n'avez
« plus de rivaux à redouter. Ainsi, en deux mois,
« cette troisième coalition a été vaincue et dis-
« soute ! » Un armistice fut conclu avec l'Autriche; et les Russes, qui auraient pu être écrasés, obtinrent de se retirer par journées d'étape.

La paix de Presbourg suivit les victoires d'Ulm et d'Austerlitz; elle fut signée le 26 décembre. La maison d'Autriche, qui avait perdu ses possessions extérieures, la Belgique et le Milanais, fut entamée cette fois dans l'Allemagne même. Elle céda les provinces de la Dalmatie et de l'Albanie au royaume d'Italie; le comté du Tyrol, la ville d'Augsbourg, la principauté d'Eichstett, une partie du territoire de Passau, et toutes ses possessions dans la Souabe, le Brisgau et Ortenau, aux électorats de Bavière et de Wurtemberg, qui furent transformés en royaumes. Le grand duché de Bade profita aussi de ses dépouilles. Le traité de Presbourg compléta l'abaissement de l'Autriche, commencé par le traité de Campo-Formio, et continué par celui de Lunéville. L'empereur, de retour à Paris, couronné de tant de gloire, devint l'objet d'une admiration si générale et si empressée, qu'il fut lui-même étourdi par l'enthousiasme public, et s'enivra de sa fortune. Les corps de l'état rivalisèrent d'obéissance et de flatteries. Il reçut le titre de *grand;* et le sénat, par un décret, lui consacra un monument triomphal.

Napoléon s'affermit davantage encore dans le système qu'il avait embrassé. La victoire de Marengo et la paix de Lunéville avaient sanctionné le consulat; la victoire d'Austerlitz et la paix de Presbourg consacrèrent l'empire. Les derniers restes de la révolution furent abandonnés. Le 1er janvier 1806, on remplaça définitivement le calendrier républicain par le calendrier grégorien, après quatorze années d'existence. Le *Panthéon* fut rendu au culte, et bientôt le tribunat cessa même d'exister. Mais l'empereur s'attacha surtout à étendre sa domination sur le continent. Le roi de Naples, Ferdinand, ayant violé, pendant la dernière guerre, le traité de paix avec la France, eut ses états envahis; et, le 30 mars, Joseph Bonaparte fut déclaré roi des Deux-Siciles. Peu après, le 5 juin 1806, la Hollande fut changée en royaume, et reçut un autre frère de l'empereur, Louis Bonaparte, pour monarque. Il n'existait plus aucune des républiques créées par la convention ou par le directoire. Napoléon, qui nommait des rois secondaires, rétablit le régime militaire hiérarchique et les titres du moyen âge. Il érigea la Dalmatie, l'Istrie, le Frioul, Cadore, Bellune, Conégliano, Trévise, Feltre, Bassano, Vicence, Padoue, Rovigo, en duchés grands fiefs de l'empire. Le maréchal Berthier fut investi de la principauté de Neufchâtel, le ministre Talleyrand de celle de Bénévent, le prince Borghèse et sa femme de celle de Guastalla, Murat du grand-duché de Clèves et de Berg. Napoléon, qui n'avait osé détruire la république suisse, s'en était déclaré *le Médiateur*; et il acheva l'organisation de son empire militaire, en plaçant sous sa dépendance l'ancien corps germanique. Le 12 juillet 1806, quatorze princes du midi et de l'ouest de l'Allemagne se réunirent *en confédération du Rhin*, et reconnurent Napoléon pour protecteur. Le 1er août, ils notifièrent à la diète de Ratisbonne leur séparation du corps germanique; l'empire d'Allemagne n'exista plus, et François II en abdiqua le titre, par une proclamation.

Napoléon eut tout l'occident sous sa main. Maître absolu de la France et de l'Italie, comme *empereur et roi*, il l'était encore de l'Espagne, par la subordination de cette cour; de Naples et de la Hollande, par ses deux frères; de la Suisse, par l'acte de médiation; et il disposait en Allemagne des rois de Bavière, de Wurtemberg, et de la confédération du Rhin, contre l'Autriche et la Prusse. Il aurait pu, après la paix d'Amiens, en maintenant la liberté, se faire le protecteur de la France et le modérateur de l'Europe. Mais ayant cherché sa gloire dans la domination, et sa vie dans les conquêtes, il se condamna à une longue lutte qui devait finir par la dépendance du continent ou par sa propre ruine.

Cette marche envahissante occasionna la quatrième coalition. La Prusse, demeurée neutre depuis la paix de Bâle, avait été sur le point, dans la dernière campagne, de se réunir aux confédérés. La rapidité des victoires de l'empereur l'avait seule retenue; mais effrayée cette fois de l'accroissement de l'empire, et encouragée par le bel état de ses troupes, elle se ligua avec la Russie pour chasser les Français de l'Allemagne. Le cabinet de Berlin exigea, sous peine de guerre, que les troupes repassassent le Rhin. Il voulut en même temps former dans le nord de l'Allemagne, une ligue contre la confédération du midi. L'empereur, qui était dans le temps de ses prospérités, de la jeunesse de son pouvoir, et de l'assentiment national, marcha contre la Prusse, loin de se soumettre à son *ultimatum*.

La campagne s'ouvrit aux premiers jours d'octobre. Napoléon accabla, selon son ordinaire, la coalition par la promptitude de sa marche, et la vigueur de ses coups. Le 14 octobre, il détruisit à Iéna la monarchie militaire de Prusse, par une victoire décisive; le 16, quatorze mille Prussiens mirent bas les armes à Erfurth; le 25, l'armée française entra dans Berlin, et la fin de 1806 fut employée à prendre les forteresses prussiennes, et à marcher en Pologne contre l'armée russe. La campagne de Pologne fut moins rapide, mais aussi brillante que celle de Prusse. La Russie se mesura, pour la troisième fois, avec la France. Vaincue à Zurich, vaincue à Austerlitz, elle le fut encore à Eylau et à Friedland. Après ces mémorables journées, l'empereur Alexandre entra en négociation et conclut à Tilsitt, le 21 juin 1807, un armistice qui fut suivi, le 7 juillet, d'un traité définitif.

La paix de Tilsitt étendit la domination française sur le continent. La Prusse fut réduite de moitié. Napoléon avait institué, dans le midi de l'Allemagne, les deux royaumes de Bavière et de Wurtemberg contre l'Autriche; il créa, plus avant dans le nord, les deux royaumes feudataires de Saxe et de Westphalie contre la Prusse. Celui de Saxe fut formé de l'électorat de ce nom et de la Pologne prussienne, érigée en grand duché de Varsovie; celui de Westphalie comprit les états de Hesse-Cassel, de Brunswick, de Fuld, de Paderborn, la plus grande partie du Hanovre, et fut donné à Jérôme Napoléon. L'empereur Alexandre, qui souscrivit à tous ces arrangements, évacua la Moldavie et la Valachie. La Russie demeura pourtant la seule puissance intacte, quoique vaincue. Napoléon suivait de plus en plus les traces de Charlemagne; il avait fait porter devant lui, le jour de son sacre, la couronne, l'épée et le sceptre du roi franc. Un pape avait passé les Alpes pour consacrer sa dynastie, et il modelait ses états sur le vaste empire de ce conquérant. La révolution avait voulu rétablir la liberté antique; Napoléon restaura la hiérarchie militaire du moyen âge; elle avait fait des citoyens, il fit des vassaux; elle avait changé l'Europe en républiques, il la transforma en fiefs. Comme il était grand et fort, comme il était survenu après une secousse qui avait fatigué le monde en l'ébranlant, il put l'arranger passagèrement, selon sa pensée. *Le grand empire* s'éleva au dedans avec son système d'administration, qui remplaça le gouvernement des assemblées; ses cours spéciales, ses lycées, où l'éducation militaire fut substituée à l'éducation républicaine des écoles centrales; sa noblesse héréditaire, qui compléta, en 1808, le rétablissement de l'inégalité; sa discipline civile, qui rendit la France entière obéissante au mot d'ordre comme une armée; au dehors, avec ses royaumes secondaires, ses états confédérés, ses grands fiefs et son chef suprême. Napoléon n'éprouvant plus de résistance nulle part, put courir et commander d'un bout du continent à l'autre.

A cette époque, toute l'attention de l'empereur se dirigea sur l'Angleterre, la seule puissance qui pût se soustraire à ses atteintes. Pitt était mort depuis un an, mais le cabinet britannique suivait avec beaucoup d'ardeur et d'opiniâtreté ses plans à l'égard de la révolution et de l'empire. Après avoir vainement formé une troisième et une quatrième coalition, il ne déposa point les armes. La guerre était à mort. La Grande-Bretagne avait déclaré la France en état de *blocus;* et elle fournit à l'empereur le moyen de la placer elle-même, par une mesure semblable, hors des relations européennes. *Le blocus continental* qui commença en 1807, fut la seconde période du système de Bonaparte. Pour arriver à une suprématie universelle et non contestée, il employa les armes contre le continent, et la cessation du commerce contre l'Angleterre. Mais en interdisant aux états de terre-ferme toute communication avec la Grande-Bretagne, il se prépara de nouvelles difficultés, et il ajouta bientôt aux inimitiés d'opinion qu'excitait son despotisme, aux haines d'état que lui faisait encourir sa domination conquérante, le déchaînement des intérêts privés, et la souffrance commerciale, occasionnés par le blocus.

Cependant toutes les puissances semblaient unies dans le même dessein. L'Angleterre fut mise au ban de l'Europe jusqu'à la paix générale. La Russie et le Danemark dans les mers du nord, la France, l'Espagne et la Hollande, dans la Méditerranée et dans l'Océan, se déclarèrent contre elle. Ce moment fut celui du maximum de la puissance impériale. Napoléon employa toute son activité et tout son génie à créer des ressources maritimes capables de balancer les forces de l'Angleterre, qui avait alors onze cents vaisseaux de guerre de toute espèce. Il fit creuser des ports, fortifier les côtes, construire des vaisseaux, et disposa tout pour combattre dans quelques années sur ce nouveau champ de bataille. Mais avant que ce moment arrivât, il voulut s'assurer de la péninsule espagnole, et y placer sa dynastie pour y introduire une politique plus ferme et plus personnelle. L'expédition de Portugal en 1807 et l'invasion de l'Espagne en 1808, commencèrent pour lui et pour l'Europe un nouvel ordre d'evénements.

Le Portugal était une véritable colonie anglaise. L'empereur, d'accord avec les Bourbons de Madrid, décida par le traité de Fontainebleau du 27 octobre 1807, que la maison de Bragance avait cessé de régner. Une armée française, sous les ordres de Junot, entra dans le Portugal. Le prince régent s'embarqua pour le Brésil, et les Français occupèrent Lisbonne le 30 novembre 1807. Cette invasion ne fut qu'un acheminement à celle de l'Espagne. La famille royale était dans la plus grande anarchie : le favori Godoï était maudit par le peuple et le prince des Asturies; Ferdinand conspirait contre le pouvoir du favori de son père. Quoique l'empereur ne dût pas craindre beaucoup un pareil gouvernement, il avait été alarmé d'un armement maladroit fait par Godoï, lors de la guerre de Prusse. C'est sans doute à cette époque qu'il projeta de mettre un de ses frères sur le trône d'Espagne; il crut abattre facilement une famille divisée, une monarchie mourante, et obtenir l'assentiment d'un peuple qu'il rappellerait à la civilisation. Sous le prétexte de la guerre maritime et du blocus, ses troupes pénétrèrent dans la péninsule, occupèrent ses côtes, ses principales places, et se postèrent près de Madrid. On insinua alors à la famille royale de se retirer dans le Mexique à l'exemple de la maison de Bragance. Mais le peuple se souleva contre ce départ; Godoï, objet de la haine publique, courut les plus grands risques pour sa vie; et le prince des Asturies fut proclamé roi, sous le nom de Ferdinand VII. L'empereur profita de cette révolution de cour pour opérer la sienne. Les Français entrèrent dans Madrid, et il se rendit lui-même à Bayonne où il appela les princes espagnols. Ferdinand restitua la couronne à son père, qui s'en démit à son tour en faveur de Napoléon; celui-ci la fit décerner à son frère Joseph par une junte suprême, par le conseil de Castille et la municipalité de Madrid. Ferdinand fut mis au château de Valençay, et Charles VI vint habiter Compiègne. Napoléon appela son beau-frère Murat, grand duc de Berg, au trône de Naples, en remplacement de Joseph.

A cette époque commença la première opposition contre la domination de l'empereur et le système continental. La réaction se déclara dans trois pays, jusque-là alliés de la France, et provoqua la cinquième coalition. La cour de Rome était mécontente : la Péninsule était blessée dans son orgueil national, par l'imposition d'un roi étranger; dans ses usages par la suppression des couvents, de l'inquisition et de la grandesse; la Hollande souffrait dans ses relations commerciales par le blocus, et l'Autriche supportait impatiemment ses pertes et sa position subordonnée. L'Angleterre, qui épiait toutes les occasions de ranimer la lutte sur le continent, provoqua la résistance de Rome, de la Péninsule et du cabinet de Vienne. Le pape était en froideur avec la France depuis 1805; il avait espéré qu'en retour de sa complaisance pontificale pour le sacre de Napoléon, on restituerait au domaine ecclésiastique les provinces que le directoire avait réunies à la république Cisalpine. Déçu dans son attente, il rentra dans l'opposition européenne contre-révolutionnaire, et de 1807 à 1808 les états romains devinrent le rendez-vous des émissaires anglais. Après des représentations un peu vives, l'empereur donna l'ordre au général Miollis d'occuper Rome; le pape le menaça d'excommunication, et Napoléon lui enleva les légations d'Ancône, d'Urbin, de Macérata, de Camérino, qui firent partie du royaume italien. Le légat quitta Paris le 3 avril 1808; et la lutte religieuse, pour des intérêts temporels, s'engagea avec le chef de l'église, qu'il aurait fallu ne pas reconnaître, ou ne pas dépouiller.

La guerre avec la Péninsule fut plus sérieuse encore. Les Espagnols reconnurent pour roi Ferdinand VII, dans une junte provinciale tenue à Séville le 27 mai 1808, et ils prirent les armes dans toutes les provinces que n'occupaient point les troupes françaises. Les Portugais se soulevèrent aussi le 16 juin à Oporto. Ces deux insurrections eurent d'abord les suites les plus heureuses; elles firent en peu de temps de rapides progrès. Le général Dupont mit bas les armes à Baylen dans le royaume de Cordoue, et ce premier revers des armes françaises excita l'enthousiasme et l'espérance des Espagnols. Joseph Napoléon quitta Madrid, où fut proclamé Ferdinand VII; et vers le même temps Junot n'étant pas assez fort en troupes pour garder le Portugal, consentit à l'évacuer avec tous les honneurs de la guerre, par la convention de Cintra. Le général anglais Wellington prit possession de ce royaume avec vingt-cinq mille hommes. Tandis que le pape se déclarait contre Napoléon, tandis que les insurgés espagnols entraient dans Madrid, tandis que les insulaires remettaient le pied sur le continent, le roi de Suède se montrait ennemi de la ligue impériale européenne, et l'Autriche faisait des armements considérables, et se disposait à une nouvelle lutte,

Heureusement pour Napoléon, la Russie resta fidèle à l'alliance et aux engagements de Tilsitt. L'empereur Alexandre était alors dans un accès d'enthousiasme et d'affection pour ce puissant et extraordinaire mortel. Napoléon qui, avant de porter ses forces dans la Péninsule, voulait s'assurer du nord, eut avec Alexandre une entrevue, à Erfurth, le 27 septembre 1808. Les deux maîtres de l'occident et du nord se garantirent le repos et la soumission de l'Europe; Napoléon marcha en Espagne, et Alexandre se chargea de la Suède. La présence de l'empereur fit bientôt changer la fortune de la guerre dans la Péninsule; il amenait avec lui quatre-vingt mille vieux soldats, venus d'Allemagne. Des victoires multipliées le rendirent maître de la plupart des provinces espagnoles. Il fit son entrée dans Madrid, et il se présenta aux habitants de la Péninsule, non comme un maître, mais comme un libérateur. « J'ai aboli, leur disait-il, ce tribunal d'inquisition
« contre lequel le siècle et l'Europe réclamaient.

« Les prêtres doivent guider les consciences,
« mais ne doivent exercer aucune juridiction
« extérieure et corporelle sur les citoyens. J'ai
« supprimé les droits féodaux, et chacun pourra
« établir des hôtelleries, des fours, des moulins,
« des madragues, des pêcheries, et donner un
« libre essor à son industrie. L'égoïsme, la ri-
« chesse et la prospérité d'un petit nombre
« d'hommes nuisaient plus à votre agriculture,
« que les chaleurs de la canicule. Comme il n'y
« a qu'un Dieu, il ne doit y avoir dans un état
« qu'une justice. Toutes les justices particulières
« avaient été usurpées, et étaient contraires aux
« droits de la nation; je les ai détruites.... La
« génération présente pourra varier dans son opi-
« nion; trop de passions ont été mises en jeu:
« mais vos neveux me béniront comme votre
« régénérateur; ils placeront au nombre des
« jours mémorables ceux où j'ai paru parmi
« vous, et de ces jours datera la prospérité de
« l'Espagne. »

Tel était en effet le rôle de Napoléon dans la Péninsule, qui ne pouvait être rendue à une existence meilleure et à la liberté que par la reprise de la civilisation. On ne brusque pas plus l'établissement de l'indépendance qu'autre chose; et lorsqu'un pays est ignorant, arriéré, pauvre, couvert de couvents et gouverné par des moines, il faut refaire son état social avant de songer à sa liberté. Napoléon, qui opprimait les nations civilisées, était un restaurateur véritable pour la Péninsule. Mais les deux partis de la liberté civile et de la servitude religieuse, celui des cortès et celui des moines, quoique bien opposés dans leur but, s'entendirent pour se défendre en commun. L'un était à la tête de la classe supérieure et de la classe moyenne, l'autre à la tête du bas peuple, et ils exaltèrent à l'envi les Espagnols par le sentiment de l'indépendance, ou par le fanatisme religieux. Voici le catéchisme dont les prêtres faisaient usage.

« *Dis-moi, mon enfant, qui es-tu ?— Espagnol par la grace de Dieu.— Quel est l'ennemi de noter félicité ?— L'empereur des Français.—Combien a-t-il de natures?—Deux : la nature humaine et la diabolique. — Combien y a-t-il d'empereurs des Français ?— Un véritable, en trois personnes trompeuses.—Comment les nomme-t-on?—Napoléon, Murat et Manuel Godoï.—Lequel des trois est le plus méchant?—Ils le sont tous trois également.—De qui dérive Napoléon?—Du péché.— Murat? — De Napoléon. — Et Godoï?— De la fornication des deux. — Quel est l'esprit du premier?—L'orgueil et le despotisme.—Du second? —La rapine et la cruauté.—Du troisième?—La cupidité, la trahison et l'ignorance.—Que sont les*

Français? — D'anciens chrétiens devenus hérétiques.—Est-ce un péché de mettre un Français à mort?—Non, mon père, on gagne le ciel en tuant un de ces chiens d'hérétiques. — Quel supplice mérite l'Espagnol qui manque à ses devoirs?—La mort et l'infamie des traîtres. — Qui nous délivrera de nos ennemis?—La confiance entre nous autres, et les armes. » Napoléon s'était engagé dans une entreprise longue, périlleuse, et dans laquelle tout tout son système de guerre était en défaut. La victoire ne consistait plus ici dans la défaite d'une armée et dans la possession d'une capitale, mais dans l'occupation entière du territoire, et, ce qui était plus difficile encore, dans la soumission des esprits. Cependant Napoléon s'apprêtait à dompter ce peuple avec son irrésistible activité et son inébranlable obstination, lorsqu'il fut rappelé en Allemagne, par la cinquième coalition.

L'Autriche avait mis à profit son éloignement et celui de ses troupes. Elle fit un puissant effort, leva cinq cent cinquante mille hommes, en y comprenant les Landwher, et entra en campagne au printemps de 1809. Le Tyrol se souleva, le roi Jérôme fut chassé par les Westphaliens; l'Italie était chancelante, et la Prusse n'attendait qu'un revers de Napoléon pour reprendre les armes; mais l'empereur était encore dans toute la force de sa vie et de ses prospérités. Il accourut de Madrid, passa le Rhin, s'enfonça dans l'Allemagne, gagna les victoires d'Eckmulh et d'Esling, occupa Vienne une seconde fois, et déconcerta par la bataille de Wagram cette nouvelle coalition, après quatre mois de campagne. Pendant qu'il poursuivait les armées autrichiennes, les Anglais se présentèrent devant Anvers, mais une levée de gardes nationales suffit pour empêcher leur expédition de l'Escaut. La paix de Vienne du 14 octobre 1809 enleva quelques provinces de plus à la maison d'Autriche et la fit entrer dans le système continental.

Cette période fut remarquable par la nature nouvelle de la lutte. Elle commença la réaction de l'Europe contre l'empire, et signala l'alliance des dynasties, des peuples, du sacerdoce et du commerce. Tous les intérêts mécontents firent un essai de résistance qui, la première fois, devait échouer. Napoléon était entré depuis la rupture de la paix d'Amiens dans une carrière au bout de laquelle il devait trouver la possession ou l'inimitié de toute l'Europe. Entraîné par son caractère et par sa position, il avait créé contre les peuples un système d'administration d'une utilité inouie pour le pouvoir; contre l'Europe, un système de monarchies secondaires et de grands fiefs, qui secondait ses volontés conquérantes ; enfin, contre l'Angleterre, le blocus, qui suspendait son commerce. Rien ne l'arrêta pour réaliser ces desseins immenses, mais insensés. Le Portugal communiqua avec les Anglais, il l'envahit; la famille royale d'Espagne compromit, par ses querelles et par ses incertitudes, les derrières de l'empire, il la contraignit d'abdiquer, afin de soumettre la Péninsule à une politique plus hardie et moins chancelante : le pape entretint des relations avec l'ennemi, on réduisit son patrimoine; il menaça d'une excommunication, les Français entrèrent dans Rome; il réalisa sa menace par une bulle; il fut détrôné, en 1809, comme souverain temporel; enfin, après la victoire de Wagram, et la paix de Vienne, la Hollande devint un entrepôt de marchandises anglaises à cause de ses besoins commerciaux, et l'empereur déposséda son frère Louis de ce royaume qui, le 1er juillet 1810, fut incorporé à l'empire. Il ne recula devant aucune invasion, parce qu'il ne voulut point souffrir de contrariété ni d'hésitation même nulle part. Il fallut que tout se soumît, les alliés comme les ennemis, le chef de l'église comme les rois, ses frères comme les étrangers. Mais, quoique vaincus cette fois, tous ceux qui étaient entrés dans cette nouvelle ligue n'attendaient qu'une occasion pour se relever.

Cependant, après la paix de Vienne, Napoléon ajouta encore à l'étendue et à la puissance de l'empire. La Suède, qui avait éprouvé une révolution intérieure, et dont le roi Gustave-Adolphe IV avait été forcé à l'abdication, admit le système continental. Bernadotte, prince de Ponte-Corvo, fut élu, par les états-généraux, prince héréditaire de Suède, et le roi Charles XIII l'adopta pour fils. Le blocus fut observé dans toute l'Europe; et l'empire, augmenté des états romains, des provinces illyriennes, du Valais, de la Hollande, et des villes anséatiques, eut cent trente départements, et s'étendit depuis Hambourg et Dantzick jusqu'à Trieste et Corfou. Napoléon, qui paraissait suivre une politique téméraire, mais inflexible, dévia de sa route, à cette époque, par son second mariage. Il fit prononcer son divorce avec Joséphine, afin de donner un héritier à l'empire, et il épousa Marie-Louise, archiduchesse d'Autriche. Ce fut une véritable faute. Il quitta sa position et son rôle de monarque parvenu et révolutionnaire, qui agissait en Europe contre les anciennes cours, comme la république contre les anciens gouvernements ; il se plaça dans une mauvaise situation à l'égard de l'Autriche, qu'il fallait ou écraser après la victoire de Wagram, ou rétablir dans ses possessions après le mariage avec l'archiduchesse. Les alliances solides ne reposent que sur les intérêts réels, et Napoléon ne sut pas enlever au cabinet de Vienne ou le désir ou le pouvoir de le combattre de nouveau. Ce mariage changea aussi le caractère de son empire, et le sépara davantage des intérêts populaires; il rechercha les vieilles familles pour en décorer sa cour, et il fit tout ce qu'il put pour mêler ensemble l'ancienne et la nouvelle noblesse, comme il mêlait les dynasties. Austerlitz avait consacré l'empire roturier, Wagram vit s'établir l'empire noble. La naissance d'un fils, en mars 1811, qui reçut le titre de *roi de Rome*, sembla consolider la puissance de Napoléon, en lui assurant un successeur.

La guerre d'Espagne fut poussée avec vigueur pendant les années 1810 et 1811. Le territoire de la Péninsule était défendu pied à pied, et il fallait prendre les villes d'assaut. Suchet, Soult, Mortier, Ney, Sébastiani, se rendirent maîtres de plusieurs provinces; et la junte espagnole, ne pouvant pas se maintenir à Séville, s'enferma dans Cadix, dont un armée française commença le blocus. La nouvelle expédition de Portugal fut moins heureuse. Masséna, qui la dirigeait, força d'abord Wellington à la retraite, et prit Oporto et Olivenza : mais le général anglais s'étant retranché dans la forte position de Torres-Vedras, Masséna ne put pas l'entamer; il fut contraint d'évacuer le pays.

Pendant que la guerre continuait dans la Péninsule avec avantage, mais sans succès décisif, une nouvelle campagne se préparait dans le nord. La Russie voyait l'empire de Napoléon s'approcher d'elle. Resserrée dans ses propres limites, elle demeurait sans influence et sans acquisitions; souffrant du blocus, sans profiter de la guerre. Ce cabinet, d'ailleurs, supportait impatiemment une suprématie à laquelle il aspirait lui-même, et qu'il poursuivait avec lenteur, mais sans interruption depuis le règne de Pierre Ier. Dès la fin de 1810, il augmenta ses armées, renoua ses relations commerciales avec la Grande-Bretagne, et ne parut pas éloigné d'une rupture. Toute l'année 1811 se passa en négociations qui n'aboutirent à rien, et, de part et d'autre, on se disposa à la guerre. L'empereur, dont les armées étaient alors devant Cadix, et qui comptait sur la coopération de l'occident et du nord contre la Russie, fit avec ardeur les préparatifs d'une entreprise qui devait réduire la seule puissance qu'il n'eût pas encore entamée, et porter jusqu'à Moscou ses aigles victorieuses. Il obtint l'assistance de la Prusse et de l'Autriche, qui s'engagèrent, par les traités du 24 février et du 14 mars 1812, à fournir un corps auxiliaire, l'une de vingt mille, l'autre de trente mille hommes. Toutes les forces disponibles de la France furent mises sur pied. Un sénatus-consulte distribua la garde nationale en trois bans pour le service de l'intérieur, et affecta cent cohortes du premier ban (près de cent mille hommes) au service militaire actif. Le 9 mars, Napoléon partit de Paris pour cette vaste expédition; il établit pendant plusieurs mois sa cour à Dresde, où l'empereur d'Autriche, le roi de Prusse et tous les souverains d'Allemagne, vinrent s'incliner devant sa puissance et sa fortune. Le 22 juin, la guerre fut déclarée contre la Russie.

Napoléon se dirigea dans cette campagne d'après des maximes qui lui avaient jusque-là réussi. Il avait terminé toutes les guerres qu'il avait entreprises par la défaite rapide de l'ennemi, l'occupation de sa capitale, et la paix avec le morcellement de son territoire. Son projet fut de réduire la Russie par la création du royaume de Pologne, comme il avait réduit l'Autriche en formant les royaumes de Bavière et de Wurtemberg, après Austerlitz; et la Prusse, en organisant ceux de Saxe et de Westphalie, après Iéna. Il avait stipulé dans ce but avec le cabinet de Vienne, par le traité du 14 mars, l'échange de la Gallicie avec les provinces illyriennes. Le rétablissement du royaume de Pologne fut proclamé par la diète de Varsovie, mais d'une manière incomplète : et Napoléon, qui, selon ses habitudes, voulait tout achever dans une campagne, s'avança au cœur de la Russie, au lieu d'organiser prudemment contre elle la barrière polonaise. Son armée était forte d'environ cinq cent mille hommes. Il passa le Niémen le 24 juin; s'empara de Wilna, de Witepsk; battit les Russes à Ostrowno, Polotzk, Mohilow, Smolensk, à la Moskowa, et fit, le 14 septembre, son entrée dans Moscow.

Le cabinet russe n'avait pas seulement placé son moyen de défense dans ses troupes, mais dans son vaste territoire et dans son climat. A mesure que ses armées vaincues reculaient devant les nôtres, elles incendiaient les villes, dévastaient les provinces, préparant ainsi, en cas de revers ou de retraite, de grandes difficultés à Napoléon. D'après ce système de défense, Moscow fut brûlé par son gouverneur Rostopchin, comme l'avaient été Smolensk, Dorigoboni, Wiasma, Gjhat, Mojaisk, et un grand nombre de villes et de villages. L'empereur aurait dû voir que cette guerre ne se terminerait point comme les autres : cependant, vainqueur de l'ennemi, et maître de sa capitale, il conçut des espérances de paix, que les Russes entretinrent habilement. L'hiver approchait, et Napoléon prolongea pendant près de six semaines son séjour à Moscow. Il ne se décida à la retraite que le 19 octobre. Cette retraite fut désastreuse, et commença l'ébranlement de l'empire. Napoléon ne pouvait pas être abattu de main d'homme, car quel général aurait pu triompher de ce général incomparable? quelle armée aurait pu vaincre l'armée française? Mais les revers étaient placés pour lui aux dernières limites de l'Europe, aux limites glacées où devait être portée et où devait finir sa domination conquérante. Il perdit, à la fin de cette campagne, non par une défaite, mais par le froid, par la faim, au milieu des solitudes et des neiges de la Russie, sa vieille armée et le prestige de sa fortune.

La retraite se fit avec un reste d'ordre jusqu'à la Bérézina, où elle devint une vaste déroute. Après le passage de cette rivière, Napoléon, qui jusque-là avait suivi l'armée, partit sur un traîneau, et revint en toute hâte à Paris, où avait éclaté une conspiration pendant son absence. Le général Mallet avait conçu, avec quelques hommes, le dessein de renverser ce colosse de puissance. Son entreprise était fort audacieuse; et, comme elle reposait sur une erreur, la mort de Napoléon, il aurait fallu tromper trop de monde pour réussir. D'ailleurs, l'empire était encore fermement établi, et ce n'était pas un complot, mais une défection lente et générale qui pouvait le détruire. La conjuration de Mallet échoua, et ses chefs furent mis à mort. L'empereur, à son retour, trouva la nation surprise d'un désastre inaccoutumé; mais les corps de l'état lui témoignèrent toujours une obéissance sans bornes. Il arriva, le 18 décembre, à Paris, obtint une levée de trois cent mille hommes, donna l'élan des sacrifices, refit en peu de temps, avec sa prodigieuse activité, une nouvelle armée, et se remit en campagne le 15 avril 1813.

Mais, depuis sa retraite de Moscow, Napoléon était entré dans une nouvelle série d'évènements. C'est en 1812 que se déclara la décadence de son empire. La fatigue de sa domination était générale. Tous ceux du consentement desquels il s'était élevé prenaient parti contre lui. Les prêtres conspiraient sourdement depuis sa rupture avec le pape. Huit prisons d'état avaient été créées d'une manière officielle contre les dissidents de ce parti. La masse nationale se montrait aussi lasse de conquêtes, qu'elle l'avait été jadis des factions. Elle avait attendu de lui le

ménagement des intérêts privés, l'accroissement du commerce, le respect des hommes, et elle se trouvait accablée par les conscriptions, par les impôts, par le blocus, par les cours prévôtales et par les droits réunis, suites inévitables de son système conquérant. Il n'avait plus seulement pour adversaires le peu d'hommes restés fidèles au but politique de la révolution, et qu'il appelait *idéologues*, mais tous ceux qui, sans opinions précises, voulaient recueillir les avantages matériels d'une meilleure civilisation. Au dehors, les peuples gémissaient sous son joug militaire, et les dynasties abaissées aspiraient à se relever. Le monde entier était mal à l'aise, et un échec devait amener un soulèvement universel. « Je triomphais, dit Napoléon lui-même, en
« parlant des campagnes précédentes, au milieu
« de périls toujours renaissants. Il me fallait
« sans cesse autant d'adresse que de force.... Si
« je n'eusse vaincu à Austerlitz, j'allais avoir
« toute la Prusse sur les bras; si je n'eusse triom-
« phé à Iéna, l'Autriche et l'Espagne se décla-
« raient sur mes derrières; si je n'eusse battu à
« Wagram, qui ne fut pas une victoire aussi dé-
« cisive, j'avais à craindre que la Russie ne m'a-

---

(1) Mémorial de Sainte-Hélène, tom. III, pag. 221.

« bandonnât, que la Prusse ne se soulevât, et les
« Anglais étaient devant Anvers. » Telle était sa
condition : plus il avançait dans la carrière, plus
il avait besoin de vaincre d'une manière décisive.
Aussi dès qu'il eut été battu, les rois qu'il avait
soumis, les rois qu'il avait faits, les alliés qu'il
avait agrandis, les états qu'il avait incorporés à
l'empire, les sénateurs qui l'avaient tant flatté, et
ses compagnons d'armes eux-mêmes, l'abandonnèrent successivement. Le champ de bataille,
porté à Moscow en 1812, recula vers Dresde
en 1813, et autour de Paris en 1814, tant fut
rapide ce retour de fortune!

Le cabinet de Berlin commença les défections.
Le 1er mars 1813, il se réunit à la Russie et à
l'Angleterre, qui formèrent la *sixième coalition*,
à laquelle accéda bientôt la Suède. Cependant
l'empereur, que les confédérés croyaient abattu
par le dernier désastre, ouvrit la campagne par
de nouvelles victoires. La bataille de Lutzen,
gagnée, le 2 mai, avec des conscrits; l'occupation de Dresde, la victoire de Bautzen et la
guerre portée sur l'Elbe, étonnèrent la coalition.
L'Autriche, qui était placée depuis 1810 sur le
pied de paix, venait de se remettre en armes;
elle méditait déjà un changement d'alliance, et
elle se proposa comme médiatrice entre l'empereur et les confédérés. Sa médiation fut ac-

ceptée. On conclut un armistice à Plesswitz, le 4 juin, et un congrès s'assembla à Prague pour négocier la paix. Mais il n'était guère possible de s'entendre : Napoléon ne voulait pas consentir à déchoir, ni l'Europe à lui rester soumise. Les puissances confédérées, d'accord avec l'Autriche, demandèrent que l'empire fût restreint au Rhin, aux Alpes et à la Meuse. Les négociateurs se séparèrent sans avoir rien conclu. L'Autriche entra dans la coalition, et les hostilités recommencèrent. La guerre seule pouvait vider ce grand débat. L'empereur n'avait que deux cent quatre-vingt mille hommes contre cinq cent vingt mille; il voulait refouler l'ennemi derrière l'Elbe, et dissoudre, à son ordinaire, cette nouvelle coalition par la promptitude et la vigueur de ses coups. La victoire parut le seconder d'abord. Il battit à Dresde les alliés réunis; mais les défaites de ses lieutenants dérangèrent ses desseins. Macdonald fut vaincu en Silésie; Ney, près de Berlin; Vandamme à Kulm. Ne pouvant plus faire barrière contre l'ennemi prêt à le déborder de toutes parts, Napoléon songea à la retraite. Les princes de la confédération du Rhin choisirent ce moment pour déserter l'empire. Un vaste engagement ayant eu lieu à Leipsik entre les deux armées, les Saxons et les Wurtembergeois passèrent à l'ennemi sur le champ de bataille même. Cette défection et la force des coalisés, qui avaient appris à faire une guerre plus serrée et plus habile, contraignirent Napoléon à la retraite, après une lutte de trois jours. L'armée marcha avec beaucoup de confusion vers le Rhin, dont les Bavarois, qui avaient également défectionné, voulurent lui fermer le passage. Mais elle les écrasa à Hanau, et rentra sur le territoire de l'empire le 30 octobre 1813. La fin de cette campagne fut aussi désastreuse que celle de la campagne précédente. La France fut menacée dans ses propres limites, comme en 1799; mais elle n'avait plus le même enthousiasme d'indépendance; et l'homme qui l'avait destituée de ses droits, la trouva, dans cette grande crise, incapable de le soutenir et de se défendre. On expie tôt ou tard la servitude des nations.

Napoléon retourna à Paris, le 9 novembre 1813. Il obtint du sénat une levée de trois cent mile hommes, et fit avec la plus grande ardeur les préparatifs d'une nouvelle campagne. Il convoqua le corps législatif pour l'associer à la défense commune; il lui communiqua les pièces relatives aux négociations de Prague, et lui demanda un nouvel et dernier effort, afin d'assurer glorieusement la paix, qui était le vœu universel de la France. Mais le corps législatif, jusque-là muet et obéissant, choisit cette époque pour résister à Napoléon.

Il était accablé de la fatigue commune, et se trouvait, sans le savoir, sous l'influence du parti royaliste, qui s'agitait secrètement depuis que la décadence de l'empire avait relevé son espoir. Une commission, composée de MM. Lainé, Raynouard, Gallois, Flaugergues, Maine de Biran, fit un rapport très-hostile sur la marche suivie par le gouvernement, et demanda l'abandon des conquêtes et le rétablissement de la liberté. Ce vœu, très-juste dans un autre temps, n'était propre alors qu'à faciliter l'invasion étrangère. Quoique les confédérés parussent mettre la paix au prix de l'évacuation de l'Europe, ils étaient disposés à pousser la victoire jusqu'au bout. Napoléon, irrité de cette opposition inattendue et inquiétante, renvoya subitement le corps législatif. Ce commencement de résistance annonça les défections intérieures. Après s'être étendues de la Russie à toute l'Allemagne, elles allaient s'étendre de l'Allemagne à l'Italie et à la France. Mais tout dépendait cette fois, comme les précédentes, du sort de la guerre, que l'hiver n'avait pas ralentie. Napoléon tourna de ce côté toutes ses espérances; il partit de Paris, le 25 janvier, pour cette immortelle campagne.

L'empire était envahi par tous les points. Les

Autrichiens s'avançaient en Italie; les Anglais, qui s'étaient rendus maîtres de la Péninsule entière dans les deux dernières années, avaient passé la Bidassoa sous le général Wellington, et paraissaient aux Pyrénées. Trois armées pressaient la France à l'est et au nord. La grande armée alliée, forte de cent cinquante mille hommes sous Schwartzemberg, avait débouché par la Suisse; celle de Silésie, de cent trente mille sous Blucher, était entrée par Francfort; et celle du nord, de cent mille hommes sous Bernadotte, avait envahi la Hollande, et pénétrait dans la Belgique. Les ennemis négligeaient à leur tour les places fortes, et, formés à la grande guerre par leur vainqueur, ils marchaient sur la capitale. Au moment où Napoléon quitta Paris, les deux armées de Schwartzemberg et de Blucher étaient sur le point d'opérer leur jonction dans la Champagne. Privé de l'appui du peuple, qui demeurait en observation, Napoléon restait seul contre le monde entier avec une poignée de vieux soldats et son génie, qui n'avait rien perdu de son audace et de sa vigueur. Il est beau de le voir, dans ce moment, non plus oppresseur, non plus conquérant, défendre pied à pied, par de nouvelles victoires, le sol de la patrie en même temps que son empire et sa renommée!

Il marcha en Champagne contre les deux grandes armées ennemies. Le général Maison était chargé d'arrêter Bernadotte en Belgique; Augereau, les Autrichiens à Lyon; Soult, les Anglais sur la frontière d'Espagne. Le prince Eugène devait défendre l'Italie; et l'empire, quoique envahi au centre, étendait encore ses vastes bras jusqu'au fond de l'Allemagne par ses garnisons d'outre-Rhin. Napoléon ne désespéra point de rejeter, au moyen d'une puissante réaction militaire, cette foule d'ennemis hors de la France, et de reporter ses drapeaux sur le territoire étranger. Il se plaça habilement entre Blucher, qui descendait la Marne, et Schwartzemberg, qui descendait la Seine; il courut de l'une de ces armées à l'autre, et les battit tour à tour. Blucher fut écrasé à Champaubert, à Montmirail, à Château-Thierry, à Vauchamps; et lorsque son armée eut été détruite, Napoléon revint sur la Seine, culbuta les Autrichiens à Montereau, et les chassa devant lui. Ses combinaisons furent si fortes, son activité si grande et ses coups si sûrs, qu'il parut sur le point d'atteindre la désorganisation entière de ces deux formidables armées, et d'anéantir avec elles la coalition.

Mais, s'il était vainqueur partout où il se portait, l'ennemi gagnait du terrain partout où il n'était pas. Les Anglais étaient entrés dans Bordeaux, qui s'était prononcé pour la famille des

Bourbons; les Autrichiens occupaient Lyon; l'armée de la Belgique s'était réunie aux débris de celle de Blucher, qui paraissait de nouveau sur les derrières de Napoléon. La défection s'introduisait dans sa propre famille, et Murat venait de répéter, en Italie, la conduite de Bernadotte, en accédant à la coalition. Les grands-officiers de l'empire le servaient encore, mais mollement, et il ne retrouvait de l'ardeur et une fidélité à l'épreuve que dans les généraux inférieurs et dans ses infatigables soldats. Napoléon avait de nouveau marché sur Blucher, qui lui échappa trois fois : sur la gauche de la Marne, par une gelée subite qui raffermit les boues, au milieu desquelles les Prussiens s'étaient engagés et devaient périr; sur l'Aisne, par la défection de Soissons, qui leur ouvrit passage au moment où il ne leur restait pas une issue pour s'échapper; à Craonne, par la faute du duc de Raguse, qui empêcha de livrer une bataille décisive, en se laissant enlever dans une surprise de nuit. Après tant de fatalités, qui déconcertaient ses plans, les plans les plus sûrs, Napoléon, mal soutenu de ses généraux, et débordé par la coalition, conçut le hardi dessein de se porter sur Saint-Dizier pour fermer à l'ennemi la sortie de la France. Cette marche audacieuse et pleine de génie ébranla un instant les généraux confédérés, auxquels elle devait interdire toute retraite; mais, excités par de secrets encouragements, sans s'inquiéter de leurs derrières, ils s'avancèrent sur Paris.

Cette grande ville, la seule des capitales du continent qui n'eût point été envahie, vit déboucher dans ses plaines les troupes de toute l'Europe, et fut sur le point de subir l'humiliation commune. Elle était abandonnée à elle-même. L'impératrice, nommée régente quelques mois auparavant, venait de la quitter et de se rendre à Blois. Napoléon était loin. Il n'y avait pas ce désespoir et ce mouvement de liberté qui seuls portent les peuples à la résistance, la guerre ne se faisant plus aux nations, mais aux gouvernements, et l'empereur ayant placé tout l'intérêt public en lui seul, et tous ses moyens de défense dans les troupes mécaniques. La fatigue était grande : un sentiment d'orgueil, de bien juste orgueil, rendait seul douloureuse l'approche de l'étranger, et serrait tout cœur français en voyant le sol national foulé par des armées si long-temps vaincues ; mais ce sentiment n'était pas assez fort pour soulever la masse de la population contre l'ennemi ; et les intrigues du parti royaliste, à la tête duquel s'était placé le prince de Bénévent, l'appelaient dans la capitale. Cependant on se battit, le 30 mars, sous les murs Paris; mais, le 31, les portes en furent ouvertes aux confédérés, qui y entrèrent par une capitulation. Le sénat consomma la grande défection impériale, en abandonnant son ancien maître; il était dirigé par le prince Talleyrand, qui se trouvait depuis peu dans la disgrâce de l'empereur. Cet acteur obligé de toute crise de pouvoir, venait de se déclarer contre lui; sans attachement de parti, d'une profonde indifférence politique, il pressentait de loin, avec une sagacité merveilleuse, la chûte d'un gouvernement, se retirait à propos; et lorsque le moment précis pour l'abattre était venu, il s'y aidait de ses moyens, de son influence, de son nom, et de l'autorité qu'il avait eu soin de ne pas complètement perdre. Pour la révolution, sous la constituante; pour le directoire, au 18 fructidor; pour le consulat, au 18 brumaire; pour l'empire, en 1804, il était pour la restauration de la famille royale en 1814. Il paraissait le grand-maître des cérémonies du pouvoir, et c'était lui qui, depuis trente années, congédiait et installait les divers gouvernements. Le sénat, sous son influence, nomma un gouvernement provisoire, déclara *Napoléon déchu du trône, le droit d'hérédité aboli dans sa famille, le peuple français et l'armée déliés envers lui du serment de fidélité.* Il proclama *tyran* celui dont il avait facilité le despotisme par ses longues adulations.

Cependant Napoléon, pressé par ses alentours

de secourir la capitale, avait abandonné sa marche sur Saint-Dizier, et accourait à la tête de cinquante mille hommes, espérant y empêcher encore l'entrée de l'ennemi. Mais en arrivant, le 1er avril, il apprit la capitulation de la veille, et il se concentra sur Fontainebleau où il fut instruit de la défection du sénat et de sa déchéance. C'est alors que, voyant tout plier autour de lui sous la mauvaise fortune, et le peuple, et le sénat, et les généraux, et les courtisans, il se décida à abdiquer en faveur de son fils. Il envoya le duc de Vicence, le prince de la Moskowa, le duc de Tarente, comme plénipotentiaires vers les confédérés; ils devaient prendre en route le duc de Raguse, qui couvrait Fontainebleau avec un corps d'armée.

Napoléon pouvait imposer encore, avec ses cinquante mille hommes et sa forte position militaire, la royauté de son fils à la coalition. Mais le duc de Raguse abandonna son poste, traita avec l'ennemi, et laissa Fontainebleau à découvert. Napoléon fut alors réduit à subir les conditions des alliés : leurs prétentions augmentaient avec leur puissance. A Prague, ils lui cédaient l'empire avec les limites des Alpes et du Rhin; après l'invasion de la France, ils lui offraient à Châtillon les possessions seules de l'ancienne monarchie; plus tard ils lui refusaient de traiter avec lui pour ne traiter qu'en faveur de son fils; mais aujourd'hui, décidés à détruire tout ce qui restait de la révolution par rapport à l'Europe, ses conquêtes et sa dynastie, ils forcèrent Napoléon à une abdication absolue. Le 11 avril 1814, renonça pour lui et ses enfants aux trônes de France et d'Italie, et reçut en échange de sa vaste souveraineté, dont les limites s'étendaient naguère encore du détroit de Cadix à la mer Baltique, la petite île d'Elbe. Le 20, après avoir fait de touchants adieux à ses vieux soldats, il partit pour sa nouvelle principauté.

Ainsi tomba cet homme qui avait seul rempli le monde pendant quatorze ans. Son génie entreprenant et organisateur, sa puissance de vie et de volonté, son amour de la gloire, et l'immense force disponible que la révolution avait mise entre ses mains, ont fait de lui l'être le plus gigantesque des temps modernes. Ce qui rendrait la destinée d'un autre extraordinaire, compte à peine dans la sienne. Sorti de l'obscurité, porté au rang suprême, de simple officier d'artillerie devenu le chef de la plus grande des nations, il a osé concevoir la monarchie universelle et l'a réalisée un moment. Après avoir obtenu l'empire par ses victoires, il a voulu soumettre l'Europe au moyen de la France, réduire l'Angleterre au moyen de l'Europe, et il a établi le système militaire contre le continent, le blocus contre la Grande-Bretagne. Ce dessein lui a réussi pendant quelques années; et de Lisbonne à Moscou il a assujetti les peuples et les potentats à son mot d'ordre de général et au vaste séquestre qu'il avait prescrit. Mais il a manqué de cette manière à la mission réparatrice du 18 brumaire. En exerçant pour son propre compte la puissance qu'il avait reçue, en attaquant la liberté du peuple par ses institutions despotiques, l'indépendance des états par la guerre, il a mécontenté et les opinions et les intérêts du genre humain; il a excité d'universelles inimitiés, la nation s'est retirée de lui; et après avoir été long-temps victorieux, après avoir planté ses étendards sur toutes les capitales; après avoir, pendant dix années, augmenté son pouvoir et gagné un royaume à chaque bataille, un seul revers a réuni le monde entier contre lui, et il a succombé en prouvant combien de nos jours le despotisme est impossible!

Cependant Napoléon, à travers les désastreux résultats de son système, a donné une prodigieuse impulsion au continent; ses armées ont porté derrière elles les usages, les idées et la civilisation plus avancée de la France. Les sociétés européennes ont été remuées de dessus leurs vieux fondements. Les peuples se sont mêlés par de fréquentes communications; des ponts jetés sur les fleuves limitrophes, de grandes routes pratiquées au milieu des Alpes, des Apennins, des Pyrénées, ont rapproché les territoires; et Napoléon a fait pour le matériel des états, ce que la révolution a fait pour l'esprit des hommes. Le blocus a complété l'impulsion de la conquête; il a perfectionné l'industrie continentale, afin de suppléer à celle de l'Angleterre, et il a remplacé le commerce colonial par les produits des manufactures. C'est ainsi que Napoléon, en agitant les peuples, a contribué à leur civilisation. Il a été contre-révolutionnaire par son despotisme à l'égard de la France; mais son esprit conquérant l'a rendu rénovateur vis-à-vis de l'Europe presque immobile et dans laquelle plusieurs nations, assoupies avant sa venue, vivront de la vie qu'il leur a apportée. Mais en cela Napoléon n'a obéi qu'à sa nature. Né de la guerre, la guerre a été son penchant, son plaisir; la domination, son but; il lui fallait maîtriser le monde, et les circonstances le lui ont mis dans la main, afin qu'il s'en aidât à exister.

Napoléon a représenté pour la France, comme Cromwell pour l'Angleterre, le gouvernement de l'armée, qui s'établit toujours lorsqu'une révolution est combattue; elle change alors de nature peu à peu, et devient militaire de civile qu'elle était d'abord. Dans la Grande-Bretagne la guerre intérieure, n'étant pas compliquée de guerre étrangère, à cause de la situation géographique du pays, qui l'isolait des autres états, dès que les ennemis de la réforme eurent été vaincus, l'armée passa du champ de bataille au gouvernement. Son intervention étant précoce, Cromwell son général trouva encore les partis dans toute la fougue de leurs passions, dans tout le fanatisme de leur croyance, et il dirigea uniquement contre eux son administration militaire. La révolution française, opérée sur le continent, vit les peuples disposés à la liberté, et les souverains ligués par la crainte de l'affranchissement des peuples. Elle eut non-seulement des ennemis intérieurs, mais encore des ennemis étrangers à combattre; et tandis que les armées repoussaient l'Europe, les partis se culbutèrent eux-mêmes dans les assemblées. L'intervention militaire fut plus tardive; et Napoléon trouvant les factions abattues, et leurs croyances presque abandonnées, obtint de la nation une obéissance facile, et dirigea le gouvernement militaire contre l'Europe.

Cette différence de position influa beaucoup sur la conduite et le caractère de ces deux hommes extraordinaires. Napoléon, disposant d'une force immense et d'une puissance non contestée, se livra en sécurité à ses vastes desseins, et au rôle de conquérant, tandis que Cromwell, privé de l'assentiment qu'amène la fatigue populaire, sans cesse attaqué par les factions, fût réduit à les neutraliser les unes au moyen des autres, et à se montrer jusqu'au bout dictateur militaire des partis. L'un employa son génie à entreprendre, l'autre à résister; aussi l'un eut la franchise et la décision de la force, et l'autre la ruse et l'hypocrisie de l'ambition combattue. Cette situation devait détruire leur domination. Toutes les dictatures sont passagères, et il est impossible, quelque grand et fort qu'on soit, de soumettre long-temps des partis, ou d'occuper long-temps des royaumes. C'est ce qui devait tôt ou tard amener la chûte de Cromwell (s'il eût vécu plus long-temps) par les conspirations intérieures, et celle de Napoléon par le soulèvement de l'Europe. Tel est le sort des pouvoirs qui, nés de la liberté, ne se fondent plus sur elle.

En 1814, l'empire venait d'être détruit; les partis de la révolution n'existaient plus depuis le 18 brumaire; tous les gouvernements de cette période politique avaient été épuisés. Le sénat rappela l'ancienne famille royale. Déjà peu populaire par sa servilité passée, il se perdit dans l'opinion, en publiant une constitution assez libérale, mais qui plaçait sur la même ligne les pensions des sénateurs et les garanties de la nation. Le comte d'Artois vint le premier en France, en qualité de lieutenant-général du royaume. Il signa, le 23 avril, la *convention de Paris*, qui réduisit le territoire de la France à ses limites du 1er janvier 1792, et par laquelle la Belgique, la Savoie, Nice, Genève et un immense matériel militaire, cessèrent de nous appartenir. Louis XVIII débarqua à Calais, le 24 avril, et fit son entrée solennelle à Paris, le 3 mai 1814, après avoir donné, le 2, la *déclaration de Saint-Ouen*, qui consacrait les principes du gouvernement représentatif, et qui, le 2 juin, fut suivie de la promulgation de la charte.

A cette époque, commence une nouvelle série d'événements. L'année 1814 fut la limite du grand mouvement qui avait eu lieu les vingt-cinq années précédentes. La révolution avait été politique, comme dirigée contre le pouvoir absolu de la cour et les privilèges des classes; et militaire, parce que l'Europe l'avait attaquée. La réaction qui se déclara alors atteignit seulement l'empire, et amena en Europe la coalition; en France, le régime représentatif: telle devait être sa première période. Plus tard, elle a combattu la révolution, et elle a produit la sainte-alliance contre les peuples, et le gouvernement d'un parti contre la charte. Ce mouvement rétrograde doit avoir son cours et son terme. On ne peut régir désormais la France d'une manière durable, qu'en satisfaisant le double besoin qui lui a fait entreprendre la révolution. Il lui faut, dans le gouvernement, une liberté politique réelle, et, dans la société, le bien être matériel que produit le développement sans cesse perfectionné de la civilisation.

FIN.

TABLE.

Introduction. Caractère de la révolution française, ses résultats, sa marche. — Formes successives de la monarchie. — Louis XIV et Louis XV. — État des esprits, des finances, du pouvoir et des besoins publics, à l'avénement de Louis XVI. — Son caractère. — Maurepas, premier ministre; sa tactique. — Il choisit des ministres populaires et réformateurs; dans quel but. — Turgot, Malesherbes, Necker; leurs plans; ils rencontrent l'opposition de la cour et des privilégiés; ils échouent. — Mort de Maurepas; influence de la reine Marie-Antoinette. — Aux ministres populaires succèdent des ministres courtisans. — Calonne et son système; Brienne, son caractère, ses tentatives. — Détresse des finances, opposition de l'assemblée des notables, opposition du parlement, opposition des provinces. — Renvoi de Brienne, second ministère de Necker. — Convocation des états généraux. — Comment la révolution a été inévitable..........Pag. 1

ASSEMBLÉE CONSTITUANTE.

Chapitre I. Ouverture des états généraux. — Opinions de la cour, du ministère, des divers corps du royaume touchant les états. — Vérification des pouvoirs; question du vote par ordre ou par tête. — L'ordre des communes se forme en assemblée nationale. — La cour fait fermer la salle des états; serment du jeu de paume. — La majorité de l'ordre du clergé se réunit aux communes. — Séance royale du 23 juin; son inutilité. — Projets de la cour; événements du 12, 13, et 14 juillet; renvoi de Necker, insurrection de Paris, formation de la garde nationale; siége et prise de la Bastille. — Suites du 14 juillet. — Décrets de la nuit du 4 août. — Caractère de la révolution qui vient de s'opérer...................... 35

CHAPITRE II. État de l'assemblée constituante. — Parti du haut clergé et de la noblesse; Maury et Cazalès. — Parti du ministère et des deux chambres; Mounier, Lally-Tollendal. — Parti populaire; triumvirat de Barnave, Duport et Lameth, sa position; influence de Sièyes; Mirabeau chef de l'assemblée à cette époque. — Ce qu'il faut penser du parti d'Orléans. Travaux constitutionnels : déclaration des droits; permanence et unité du corps législatif; sanction royale, agitation extérieure qu'elle cause. — Projet de la cour, repas des gardes-du-corps, insurrection des 5 et 6 octobre; le roi vient habiter Paris...... 97

CHAPITRE III. Suites des événements d'octobre. — Changement des provinces en départements; organisation des autorités administratives et municipales d'après le système de la souveraineté populaire et de l'élection. — Finances; tous les moyens auxquels on a recours sont insuffisants; on proclame les biens du clergé, biens nationaux. — La vente des biens du clergé amène les assignats. — Constitution civile du clergé; opposition civile des évêques. — Anniversaire du 14 juillet, abolition des titres, fédération du Champ-de-Mars. — Nouvelle organisation de l'armée, opposition des officiers. — Schisme à propos de la constitution civile du clergé. — Clubs. — Mort de Mirabeau. — Pendant toute cette époque la séparation des partis devient de plus en plus prononcée................ 129

CHAPITRE IV. Politique de l'Europe avant la révolution française; système d'alliances suivi par les divers états. — Coalition générale contre la révolution; motifs de chaque puissance. — Déclaration de Mantoue. — Fuite de Varennes; arrestation du Roi; sa suspension. — Le parti républicain se sépare pour la première fois du parti constitutionnel-monarchique. — Ce dernier rétablit le roi. — Déclaration de Pilnitz. — Le roi accepte la constitution; fin de l'assemblée constituante; jugement sur elle..... 174

ASSEMBLÉE NATIONALE LÉGISLATIVE.

CHAPITRE V. Premiers rapports de l'assemblée législative avec le roi. — État des partis : les Feuillants appuyés sur la classe moyenne, les Girondins sur le peuple. — Émigration et clergé réfractaire; décret contre eux; *veto* du roi. — Annonces de la guerre. — Ministère Girondin; Dumouriez et Roland. — Déclaration de guerre contre le roi de Hongrie et de Bohême. — Désastre de nos armées; décret d'un camp de réserve de vingt mille hommes sous Paris; décret de bannissement contre les prêtres non assermentés; *veto* du roi; chute du ministère Girondin. — Pétition insurrectionnelle du 20 juin pour faire accepter les décrets, et reprendre les ministres. — Dernières tentatives du parti constitutionnel. — Manifeste du duc de Brunswick. — Évènements du 10 août. — Insurrection militaire de La Fayette contre les auteurs du 10 août; elle échoue. — Division de l'assemblée et de la nouvelle commune; Danton. — Invasion des Prussiens. — Massacres du 2 septembre. — Campagne de l'Argonne. — Causes des évènements sous la législative..................... 299

CONVENTION NATIONALE.

CHAPITRE VI. Premières mesures de la convention. — Manière dont elle est composée. — Rivalité des Girondins et des Montagnards. — Force et vues de ces deux partis. — Robespierre; les Girondins l'accusent d'aspirer à la dictature. — Marat. — Nouvelle accusation de Robespierre par Louvet; défense de Robespierre; la convention passe à l'ordre du jour. — Les Montagnards, sortis victorieux de cette lutte, demandent le jugement de Louis XVI. — Opinions des partis à cet égard. — La convention décide que Louis XVI sera jugé, et le sera par elle. — Louis XVI au Temple; ses réponses en présence de la convention; sa défense; sa condamnation; courage et sérénité de ses derniers instants. Ce qu'il avait et ce qui lui manquait comme roi. 293

Chapitre VII. Situation politique et militaire de la France. — L'Angleterre, la Hollande, l'Espagne, Naples, et tous les cercles de l'Empire, accèdent à la coalition. — Dumouriez, après avoir conquis la Belgique, tente une expédition en Hollande. — Il veut rétablir la monarchie constitutionnelle. — Revers de nos armées. — Lutte des Montagnards et des Girondins; conspiration du 10 mars. — Insurrection de la Vendée, ses progrès. — Défection de Dumouriez. — Les Girondins accusés de complicité avec lui; nouvelles conjurations contre eux. — Établissement de la commission des Douze pour déjouer les conspirateurs. — Insurrections des 27 et 31 mai contre la commission des Douze; elle est supprimée. — Insurrection du 2 juin contre les vingt-deux principaux Girondins; ils sont mis en arrestation. — Défaite entière de ce parti. 336

Chapitre VIII. Insurrection des départements contre le 31 mai; revers prolongés aux frontières; progrès des Vendéens. — Les Montagnards décrètent la constitution de 1793, et la suspendent aussitôt pour maintenir et renforcer le gouvernement révolutionnaire.— Levée en masse; loi des suspects.— Victoires des Montagnards dans l'intérieur et sur les frontières.— Mort de la reine, des vingt-deux Girondins, etc.— Comité de salut public; sa puissance; ses membres.— Calendrier républicain.— Les vainqueurs du 31 mai se divisent.— La faction ultra-révolutionnaire de la commune ou *des hébertistes* fait abolir le catholicisme, et décréter le *culte de la raison;* sa lutte avec le comité de salut public; sa défaite.— La faction modérée de la Montagne ou *des dantonistes* veut détruire la dictature révolutionnaire, et rétablir le gouvernement légal; sa chute.— Le comité de salut public reste seul et triomphant. 382

CHAPITRE IX. Redoublement de terreur; sa cause.— Système des démocrates; Saint-Just.— Puissance de Robespierre.— Fête de l'Être suprême.— Couthon présente la loi du 22 prairial, qui réorganise le tribunal révolutionnaire; troubles, débats, puis obéissance de la convention.— Les membres actifs des comités se divisent: d'un côté sont Robespierre, Saint-Just et Couthon; de l'autre, Billaud-Varennes, Collot-d'Herbois, Barrère et les membres du comité de sûreté générale.— Projets de Robespierre; il s'absente des comités, et s'appuie sur les Jacobins et la commune.— Le 8 thermidor, il demande le renouvellement des comités; il ne réussit pas.— Séance du 9 thermidor; Saint-Just dénonce les comités; il est interrompu par Talien: Billaud-Varennes attaque violemment Robespierre: déchaînement général de la convention contre les triumvirs; ils sont mis en arrestation— La commune s'insurge, et délivre les prisonniers.— Danger et courage de la convention; elle met les insurgés hors la loi.— Les sections se déclarent pour elle.— Défaite et supplice de Robespierre et des insurgés. 435

CHAPITRE X. La convention après la chute de Robespierre.— Parti des comités; parti thermidorien; leur composition et leur but.—Décadence du parti démocratique des comités.—Accusation de Lebon et de Carrier.—État de Paris: les Jacobins et les faubourgs se déclarent pour les anciens comités; *la jeunesse* dorée et les sections pour les thermidoriens. — Combats journaliers. — Clôture des Jacobins. — Mise en accusation de Billaud-Varennes, Collot-d'Herbois, Barrère et Vadier. — Mouvement de germinal. — Déportation des accusés et de quelques Montagnards, leurs partisans. — Insurrection du 1er prairial. — Défaite du parti démocratique; désarmement des faubourgs; la classe inférieure est exclue du gouvernement, est privée de la constitution de 93, et perd sa force matérielle. 481

CHAPITRE XI. Campagne de 1793 et 1794. — Dispositions des armées à la nouvelle du 9 thermidor.—Conquête de la Hollande; positions sur le Rhin. — Paix de Bâle avec la Prusse; paix avec l'Espagne. — Descente de Quibéron. — La réaction cesse d'être conventionnelle et devient royaliste. — Massacre des révolutionnaires dans le midi. — Constitution directoriale de l'an III.—Décrets de fructidor qui exigent la réélection des deux tiers de la convention.— —Déchaînement du parti royaliste sectionnaire. — Il s'insurge. —Journée du 13 vendémiaire.—Nomination des conseils et du directoire.—Fin de la convention; sa durée; son caractère. 519

DIRECTOIRE EXÉCUTIF.

CHAPITRE XII. Revue de la révolution.—Son second caractère de réorganisation; passage de la vie publique à la vie privée.—Les cinq directeurs; leurs travaux intérieurs. —Pacification de la Vendée.— Conspiration de Babœuf;

dernière défaite du parti démocratique. — Plan de campagne contre l'Autriche ; conquête de l'Italie par le général Bonaparte ; traité de Campo-Formio ; la république française est reconnue, avec ses acquisitions, et son entourage des républiques batave, lombarde, ligurienne, qui prolongent son système en Europe. — Élections royalistes de l'an V ; elles changent la situation de la république. — Nouvelle lutte entre le parti contre-révolutionnaire, ayant son siége dans les conseils, dans le club *de Clichy*, dans les salons, et le parti conventionnel, posté au directoire, dans le club *de Salm* et dans l'armée. — Coup d'état du 18 fructidor, le parti de vendémiaire est encore une fois battu.............................. 592

Chapitre XIII. Le directoire rentre, par le 18 fructidor, dans le gouvernement révolutionnaire, un peu mitigé. — Paix générale, excepté avec l'Angleterre. — Retour de Bonaparte à Paris ; expédition d'Égypte. — Élections démocratiques de l'an VI ; le directoire les annule, le 22 floréal. — Seconde coalition ; la Russie, l'Autriche, l'Angleterre, attaquent la république par l'Italie, la Suisse et la Hollande ; défaites générales. — Élections démocratiques de l'an VII ; le 30 prairial, les conseils prennent leur revanche, et désorganisent l'ancien directoire. — Deux partis dans le nouveau directoire et dans les conseils : le parti républicain modéré, sous Sièyes, Roger-Ducos, les *anciens*; celui des républicains extrêmes, sous Moulins, Gohier, les *cinq cents* et la Société du *Manége*. — Projets en divers sens. — Victoires de Masséna, en Suisse ; de Brune, en Hollande. — Bonaparte revient d'Égypte ; il s'entend avec Sièyes et son parti. — Journées du 18 et du 19 brumaire. — Fin du régime directorial................ 600

CONSULAT.

Chapitre XIV. Espérances des divers partis après le 18 brumaire.—Gouvernement provisoire.—Constitution de Sièyes; elle est dénaturée dans la constitution consulaire de l'an VIII.—Formation du gouvernement; desseins pacificateurs de Bonaparte.—Campagne d'Italie; victoire de Marengo.—Paix générale; sur le continent, par le traité de Lunéville; avec l'Angleterre, par le traité d'Amiens.—Fusion des partis; prospérité intérieure de la France.—Système ambitieux du premier consul; il constitue de nouveau le clergé dans l'état, par le concordat de 1802; il crée un ordre de chevalerie militaire, au moyen de la Légion-d'Honneur; il complète cet ordre de choses par le consulat à vie.—Reprise des hostilités avec l'Angleterre.—Conspiration de Georges et de Pichegru.—La guerre et les tentatives des royalistes servent de prétexte à l'érection de l'empire.—Napoléon Bonaparte, nommé empereur héréditaire, est sacré par le pape, le 2 décembre 1804, dans l'église de Notre-Dame.—Abandon successif de la révolution, et progrès du pouvoir absolu pendant les quatre années du consulat. 636

EMPIRE.

Chapitre XV. Caractère de l'empire.—Changement des républiques créées par le directoire, en royaumes.—Troisième coalition; prise de Vienne; victoire d'Austerlitz; paix de Presbourg; érection des deux royaumes de Bavière et de Wurtemberg contre l'Autriche.—Confédération du Rhin.—Joseph Napoléon est nommé roi de Naples; Louis Napoléon, roi de Hollande.—Quatrième coalition; bataille d'Iéna; prise de Berlin; victoires d'Eylau et de Friedland;

paix de Tilsitt; la monarchie prussienne est réduite de moitié; les deux royaumes de Saxe et de Westphalie sont institués contre elle. — Celui de Westphalie est donné à Jérôme Napoléon. — Le *grand empire* s'élève avec ses royaumes secondaires, sa confédération du Rhin, sa médiation suisse, ses grands fiefs; il est modelé sur celui de Charlemagne. — Blocus continental; Napoléon emploie la cessation du commerce pour réduire l'Angleterre, comme il a employé les armes pour soumettre le continent. — Invasion du Portugal et de l'Espagne; Joseph Napoléon est nommé roi d'Espagne; Murat le remplace sur le trône de Naples. — Nouvel ordre d'évènements : insurrection nationale de la Péninsule; lutte religieuse du pape; opposition commerciale de la Hollande. — Cinquième coalition. — Victoire de Wagram; paix de Vienne; mariage de Napoléon avec l'archiduchesse Marie-Louise. — Le premier essai de résistance échoue; le pape est détrôné, la Hollande réunie à l'empire, et la guerre d'Espagne poursuivie avec vigueur. — La Russie renonce au système continental; campagne de 1812; prise de Moscow; désastreuse retraite. — Réaction contre la puissance de Napoléon; campagne de 1813; défection générale. — Coalition de toute l'Europe; fatigue de la France; merveilleuse campagne de 1814. — Les confédérés à Paris; abdication de Fontainebleau; caractère de Napoléon; son rôle dans la révolution française. — Conclusion. . . 678

FIN DE LA TABLE.

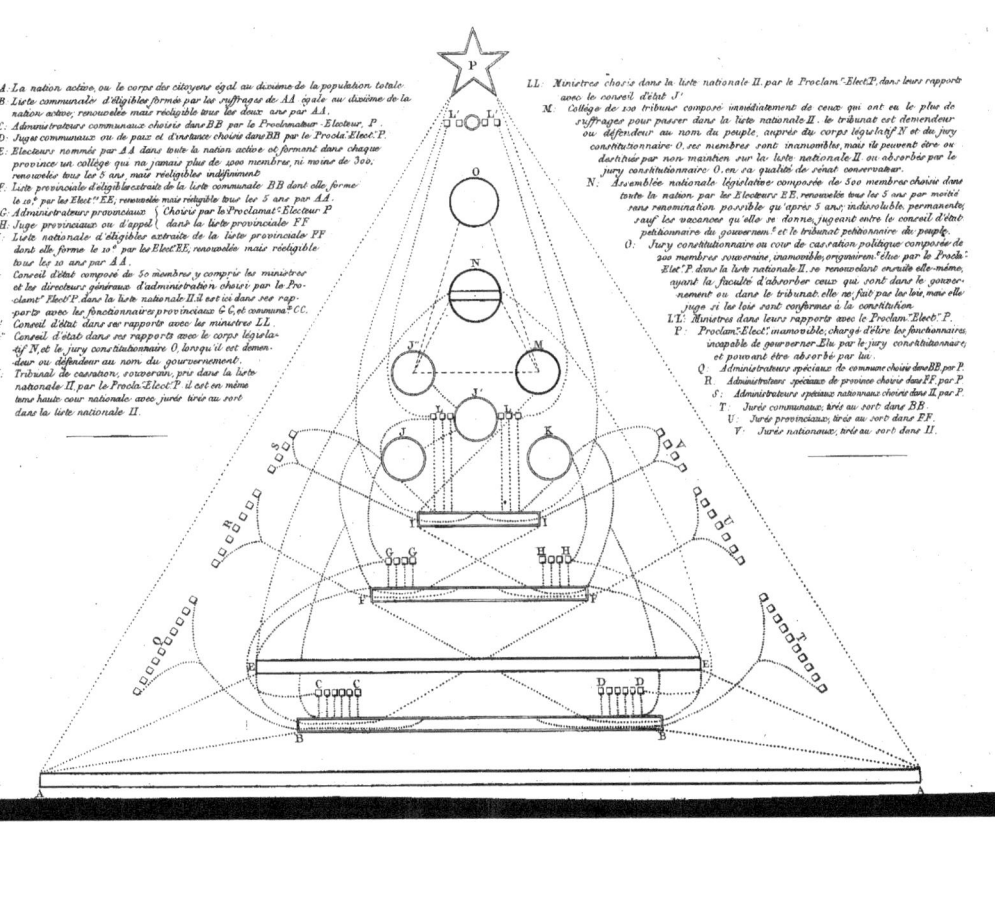

www.ingramcontent.com/pod-product-compliance
Lightning Source LLC
Chambersburg PA
CBHW070747020526
44115CB00032B/1269